AMERICA

Das frühe Bild der Neuen Welt

Herausgegeben von

Hans Wolff

im Auftrag der Bayerischen Staatsbibliothek

Prestel-Verlag

Dieses Katalogbuch erschien anläßlich der Ausstellung ›America – Das frühe Bild der Neuen Welt‹ in der Bayerischen Staatsbibliothek München vom 10. April bis 27. Juni 1992

Bayerische Staatsbibliothek · Ausstellungskataloge · 58
KulturStiftung der Länder · PATRIMONIA · 38

Mit Beiträgen von Susi Colin, Rüdiger Finsterwalder, Hans-Joachim König, Uta Lindgren und Hans Wolff

Umschlagvorderseite: Sebastian Münster:
Die Neue Welt, 1540/1546 (Kat. 108)

Umschlagrückseite: Peter Apian:
Zwiebelförmige Weltkarte, 1520 (Kat. 81)

Frontispiz: Martin Waldseemüller:
Segmente des Erdglobus, 1507 (Kat. 43)

Abbildungsnachweis siehe S. 192

Die Deutsche Bibliothek – CIP-Einheitsaufnahme

America: Das frühe Bild der Neuen Welt; [anläßlich der Ausstellung ›America – Das frühe Bild der Neuen Welt‹ in der Bayerischen Staatsbibliothek München] / hrsg. von Hans Wolff [mit Beiträgen von Susi Colin ...]
München: Prestel, 1992

Gestaltung: Heinz Ross, München
Satz: Setzerei Vornehm, München
Reproduktionen: Brend'amour, Simhardt GmbH & Co., München
Papier: Arctic Natura matt, 150 g/qm, der Papierfabrik Håfreströms AB, Åsenbruk/Schweden
Druck: Pera-Druck Matthias KG, Gräfelfing
Bindung: Conzella Verlagsbuchbinderei Urban Meister GmbH & Co. KG, Aschheim-Dornach

Printed in Germany

ISBN 3-7913-1207-3

Inhalt

Der Erwerb der Globensegmente Waldseemüllers von 1507 durch die Bayerische Staatsbibliothek

America – bei diesem uns so selbstverständlichen Namen handelt es sich um eine reichlich zufällige Benennung des vor 500 Jahren neu entdeckten Kontinents. COLUMBUS glaubte, daß es sich bei den von ihm im Jahre 1492 entdeckten Inseln um solche ›im Indischen Meer‹, um ›Inseln jenseits des Ganges‹ handle. Er hatte ja den Auftrag, eine westliche Route nach Indien zu finden, und ahnte nicht, daß sich ihm ein ganzer Kontinent in den Weg stellte. Die Bezeichnung der dort lebenden Völker als ›Indios‹ und ›Indianer‹ spiegelt noch die damalige Erwartungshaltung wider. Bald fanden sich jedoch für den entdeckten Kontinent Namen wie ›Neue Welt‹, ›Terra Nova‹, ›Mundus Novus‹, ›Terra Incognita‹ oder ›Novus Orbis‹.

Der Name *America* wurde von den deutschen Humanisten und Geographen MARTIN WALDSEEMÜLLER (um 1470-um 1518) und MATTHIAS RINGMANN (um 1482-1521) geprägt, die beide dem vom lothringischen Herzog RENÉ II. (1451-1508) in Saint-Dié gegründeten Gymnasium Vosagense angehörten. Sie leiteten in ihrem berühmt gewordenen und im Jahre 1507 erstmals veröffentlichten Werk *Cosmographiae Introductio* die Bezeichnung *America* von dem Vornamen des AMERICUS VESPUTIUS ab, den sie als den Entdecker des neuen Kontinents ansahen. Dabei wendeten sie den Namen ins Weibliche, da auch Europa und Asien nach Frauen benannt worden seien (vgl. S. 112). RINGMANN und WALDSEEMÜLLER bezogen freilich den Namen *America* nur auf das heutige Südamerika.

AMERIGO VESPUCCI (1454-1512) hatte wohl als erster deutlich ausgesprochen, daß auf der Suche nach der Westpassage ein neuer Kontinent entdeckt worden war und nicht nur einige Indien vorgelagerte Inseln. Der Florentiner VESPUCCI war im Auftrag der MEDICI an den portugiesischen Entdeckungsfahrten nach Südamerika beteiligt gewesen und hatte darüber in seinen *Quattuor Navigationes* detailliert berichtet. WALDSEEMÜLLER distanzierte sich später in seiner 1516 gedruckten *Carta Marina Navigatoria* zwar von seiner Benennung *America* und sprach von der *Terra Nova,* aber das Wort *America* war griffig und bürgerte sich für den ganzen Doppelkontinent ein.

Zur *Cosmographiae Introductio* gab WALDSEEMÜLLER 1507 auch eine große, von zwölf Holzstöcken gedruckte Karte heraus. Gleichzeitig schuf er einen kleinen Erdglobus in Form von zwölf aneinanderhängenden Globensegmenten, die als Holzschnitte gedruckt und auf eine Kugel geklebt wurden. Erstmals erscheint auf der Karte bzw. dem Globus in Konsequenz des eigenen Vorschlags der Name *America* als Bezeichnung des neuen Kontinents – der ›Taufschein Amerikas‹, wie man auch schon sagte.

Von der Erstausgabe der Karte existiert kein Exemplar mehr, wohl aber ein etwas späterer Druck als kostbarer Besitz der Erbgrafen zu Waldburg-Wolfegg. Die Globensegmente sind jedoch in zwei Exemplaren erhalten, einzigartige, unmittelbar greifbare Dokumente der Schöpfung eines großen, sich mit Geschichte füllenden Namens. Eines der beiden Exemplare konnte die Bayerische Staatsbibliothek im Dezember 1990 erwerben.

Bis 1960 war nur ein Exemplar der Globensegmente von WALDSEEMÜLLER bekannt. Es fand sich 1890 in der Sammlung FRANZ RITTER VON HAUSLAB (1798-1883) in Wien, die nach dessen Tod von den Fürsten von Liechtenstein erworben und später nach Vaduz überführt wurde. 1954 erwarb die James Ford Bell Collection in der Universität von Minnesota/USA dieses Exemplar.

Unser Exemplar der Globensegmente war jahrhundertelang der Öffentlichkeit verborgen und von den Besitzern in seiner Bedeutung wohl nicht erkannt. Es ist eingebunden in eine 1486 bei JOHAN REGER in Ulm gedruckte Ausgabe der *Cosmographia* des PTOLEMÄUS, auch ein höchst kostbares Buch. Während die montierten Globen im Laufe der Zeit offensichtlich mißachtet wurden und verloren gingen, erhielt sich unser Exemplar der gedruckten Globensegmente im Schutze des Buches, in das es eingeklebt worden war. Wer dies getan hat, ist nicht mehr feststellbar. Unser Buch taucht für uns überhaupt erst im 18. Jahrhundert aus dem Dunkel der Vergangenheit auf, nimmt ab da seinen Weg über Wernigerode am Harz nach Moskau, kam möglicherweise über Leipzig nach Militsch in Schlesien, läßt sich dann wieder in London greifen, um schließlich über Ridgefield bei New York nach München zu gelangen.

Im 18. Jahrhundert befand es sich, wie ein eingeklebtes Exlibris kundtut, in der bekannten und für ihre Zeit mit

35000 Bänden höchst beachtlichen Wernigeroder Schloßbibliothek des Grafen Christian Ernst zu Stolberg-Wernigerode (1691-1771).

Ein zweites Exlibris läßt uns unser Buch im 19. Jahrhundert in Moskau wiederfinden, und zwar in der Bibliothek des mit Puschkin befreundeten Bibliophilen Sergej Aleksandrovič Sobolevskij (1803-1870), der auf ausgedehnten Reisen durch Europa 25000 Bände zusammengetragen hatte.[1] Unserer Ptolemäus-Ausgabe gab vermutlich er den historisierenden Kalbsledereinband mit Gold- und Blindpressung. Den Großteil seiner Bibliothek ließ seine Erbin S. N. L'vova von dem Leipziger Antiquariat List und Francke verkaufen. In dem *Catalogue de la ... bibliothèque de Feu M. Serge Sobolewski (de Moscou)* von List und Francke 1873 wird unser Exemplar freilich nicht angeboten.

Ein kleines handgemaltes Sammlerzeichen, ein ›M‹ in einem Schild, weist Andreas Joachim Mortimer Graf Maltzan, Freiherr zu Wartenberg und Penzlin (1863-1921) auf Schloß Militsch (polnisch: Milicz) nördlich von Breslau als nächsten Besitzer aus.

Auf einer Auktion der Firma Sotheby am 31. Mai 1960 erscheint unsere Ptolemäus-Ausgabe wieder im Lichte der Öffentlichkeit. Offensichtlich wurden hierbei unsere Globensegmente identifiziert und in ihrem Wert erkannt.[2] Auf dieser Auktion erwarb sie der bekannte, aus Wien nach New York emigrierte Händler Hans Peter Kraus (1907-1988). Er berichtet über diesen Kauf voller Stolz in seiner Autobiographie *Die Saga von den kostbaren Büchern*[3], wobei er zunächst darauf eingeht, daß es ihm 1949 zwar gelungen war, die große Sammlung kostbarer Karten des Fürsten von Liechtenstein zu kaufen, nicht aber »die Hauptattraktion, die Waldseemüller-Globensegmente, die einzigen damals bekannten«. Es handelte sich um die, die später die Bell Collection in Minnesota erwarb. Kraus resümiert seinen 1960 geglückten Kauf des nun zweiten bekannt gewordenen Exemplars mit den Worten: »Es ist wirklich außerordentlich, daß sich die einzigen beiden bekannten Exemplare in amerikanischem Besitz befinden.« Er stellte 1969 sein Exemplar in dem Katalog *Monumenta Cartographia*[4] im Anhang als unverkäufliches Stück seiner Privatsammlung in Ridgefield vor.

Nach seinem Tod bot seine Witwe Hanni Kraus 1990 die Globensegmente, eingeklebt in die *Cosmographia* des Ptolemäus, im Katalog *Americana Vetustissima* der Firma H. P. Kraus[5] zum Verkauf an. Dank des Einsatzes des Bayerischen Ministerpräsidenten, Herrn Dr. h.c. Max Streibl, der Förderung durch den Unternehmer, Herrn Professor Dr. h.c. Hans L. Merkle, Stuttgart, und der großzügigen Bereitschaft der Kulturstiftung der Länder, den Ankauf maßgeblich zu unterstützen, konnte die Bayerische Staatsbibliothek die *Cosmographia* des Ptolemäus, Ulm 1486, mit den eingeklebten Globensegmenten Waldseemüllers von 1507 in einer schnellen Aktion kaufen, nachdem es gelungen war, die Verkäuferin von ihrer ursprünglichen Preisforderung deutlich herunterzuhandeln. Die Bayerische Staatsbibliothek war damit, wie von der Verkäuferin zu erfahren war, der Library of Congress in Washington zuvorgekommen.

So aber befindet sich wenigstens eines der beiden erhaltenen Exemplare der Globensegmente mit der ersten Bezeichnung *America* wieder in Europa, das sie beide ja erst nach dem Zweiten Weltkrieg verlassen hatten. Die Bayerische Staatsbibliothek als eine der großen und führenden Bibliotheken in Europa ist ein geeigneter Ort für die Aufbewahrung des ›europäischen Exemplars‹ oder des ›Münchner Exemplars‹ der ›America-Globuskarte‹, besitzt sie doch eine Kartensammlung, in der höchst bedeutende Stücke aus aller Welt verwahrt werden, eine Sammlung, die ständig im Ausbau begriffen ist und deren Wert sich u.a. darin dokumentiert, daß die Deutsche Forschungsgemeinschaft Mittel für die Herstellung eines modernen, EDV-geführten Kataloges der älteren Karten bis zum Erscheinungsjahr 1850 bereitgestellt hat.

Es soll erwähnt werden, daß der Erwerb dieser bedeutenden Karte des frühen 16. Jahrhunderts auch in einem anderen Zusammenhang ein deutliches Zeichen setzt. Die Volkswagen-Stiftung hat vor zwei Jahren das Erwerbungsprogramm ›Sammlung deutscher Drucke 1450-1912‹ gestartet und im Rahmen dieses Programms der Bayerischen Staatsbibliothek nicht unerhebliche Mittel für den Erwerb von Druckschriften des 15. und 16. Jahrhunderts aus dem deutschen Sprachbereich zur Verfügung gestellt. Es soll damit erreicht werden, daß die Literatur dieser Zeit in möglichster Vollständigkeit an einer Stelle gesammelt und der Wissenschaft zugänglich gemacht wird. Der Freistaat Bayern hat die Absicht erklärt, nach Auslauf der fünfjährigen Förderung durch die Volkswagen-Stiftung das Programm weiterzuführen. Dies dient freilich in erster Linie dem Erwerb der Literatur in ihrer ganzen Breite und nicht dem Kauf großer Spitzenstücke. Der Erwerb der ›America-Globuskarte‹ setzt diesem Gemeinschaftsprogramm von fünf deutschen Bibliotheken zur Sammlung der nationalen Literatur ein besonderes Glanzlicht auf.

Der Erwerb der Globensegmente von Waldseemüller gab den Anlaß für die Ausstellung und diesen Katalog im Jahre der 500. Wiederkehr der Entdeckung Amerikas durch Columbus. Das Katalogbuch geht nicht auf die wirtschaftlichen und politischen Motivationen für die

1 *Russkij biografičesskij slovar'*. Bd. Sm-Su. St. Petersburg 1909, S. 35-40
2 *Catalogue of highly important printed books and manuscripts.* Auktionskatalog Sotheby. London, 31. Mai 1960, S. 34-36
3 Deutsche Ausgabe 1982, S. 397
4 New York 1969 (Catalogue 124)
5 New York 1990 (Catalogue 185), Nr. 9

Suche eines Westweges nach Indien und nur am Rande auf deren missionarische Begleitumstände, gepaart mit dem eurozentrischen Unverständnis für vorgefundene Kulturen und die dadurch bedingten Zerstörungen, ein. Es zeichnet vor allem ein Bild der in den Karten sich dokumentierenden Ausweitung der Erkenntnisse über die westliche Hemisphäre. Kastilien und Portugal versuchten beide, sich die Neue Welt mit ihrem Gold und ihren Edelsteinen, ihren Gewürzen und ihren Arbeitskräften zu eigen zu machen und sie, auch mit Hilfe des Papstes ALEXANDER VI., für die ›Missionierung‹ aufzuteilen. Als Konkurrenten waren sie jedoch daran interessiert, ihre neu gewonnenen geographischen Kenntnisse geheim zu halten. Doch konnte dies die moderne Kartographie, die sich vor allem in Deutschland und in Italien entwickelte, nicht aufhalten.

Ich danke außer Herrn Dr. Hans Wolff, der die Ausstellung besorgt hat, den Wissenschaftlerinnen und Wissenschaftlern, die das Thema so vorzüglich zu gestalten halfen: Frau Dr. Susi Colin, Cedar Grove (USA), Herrn Prof. Dr. Rüdiger Finsterwalder, Technische Universität München, Herrn Prof. Dr. Hans-Joachim König, Universität Eichstätt, Frau Prof. Dr. Uta Lindgren, Universität Bayreuth. Ihre Aufsätze gehen einerseits auf die im Katalogteil aufgeführten Karten und Bücher ein, zum anderen berücksichtigen sie jedoch zudem unter den Gesichtspunkten ihres jeweiligen Themas weitere wichtige kartographische Dokumente.

America, die Neue Welt, gefunden auf dem Westweg nach Indien, *Terra incognita* damals, wurde ein selbständiger, die Welt mitbestimmender politischer und wirtschaftlicher Faktor. Das konnte WALDSEEMÜLLER bei seiner Namensgebung in Saint-Dié im Elsaß freilich nicht wissen.

Franz Georg Kaltwasser
Direktor der Bayerischen Staatsbibliothek

Das Weltbild am Vorabend der Entdeckung Amerikas – Ausblick

Hans Wolff

Vor 500 Jahren, am 12. Oktober 1492, ging CHRISTOPH COLUMBUS (1451-1506) vor einer der amerikanischen Inseln vor Anker und glaubte, Ostasien erreicht zu haben. Mit bewundernswerter Tatkraft und Beharrlichkeit hatte der in Italien und Portugal zum Seefahrer und praktischen Kartographen ausgebildete Italiener COLUMBUS nach Überwindung großer finanzieller und organisatorischer Probleme (vgl. S. 103) im Auftrag der Spanischen Krone die Route nach Westen zu seinem vermeintlichen Ziel durchgeführt, und dies nicht nur einmal. Zwischen 1492 und 1504 schlossen sich die zweite, dritte und vierte Westfahrt an. Tragend für COLUMBUS war zum einen die Überzeugung, daß die Erde eine Kugel sei, und zum anderen, daß er den bislang unbekannten Ozean zwischen den Küsten Europas und Ostasiens für wesentlich kleiner hielt als die Wirklichkeit schließlich zeigen sollte. Die Quellen, die COLUMBUS zur Verfügung standen und die er verwendete, reichen weit zurück.[1]

Wir gedenken deshalb 1992 nicht nur C. COLUMBUS', sondern auch der bedeutenden Gelehrten des Altertums, so der Älteren Ionischen Naturphilosophen, der Pythagoräer, des ARISTOTELES, die die Kugelgestalt der Erde aus einer Reihe geographisch-geodätischer und astronomischer Beobachtungen bereits im sechsten, fünften, vierten und dritten vorchristlichen Jahrhundert ableiteten. Schon die Babylonier hatten die These von der Erdkugel aufgestellt. ERATOSTHENES VON KYRENE berechnete um 250 v. Chr. als erster den Umfang der Erde mit einer erstaunlich hohen Genauigkeit und legte nicht nur damit den Grundstein für die wissenschaftliche Geographie und Kartographie. Im Sinne moderner Naturwissenschaften konnte er Einzelbeobachtungen in eine Hypothese einbauen und diese mathematisch untermauern. Unter Berücksichtigung der verschiedenen Maßeinheiten, die ERATOSTHENES verwendet haben könnte, ergibt sich für seine Berechnung des Erdumfangs lediglich ein Fehler zwischen ca. 5 und 15 Prozent.

Der berühmte Polyhistor, Mathematiker und Astronom CLAUDIUS PTOLEMÄUS (um 100- nach 160 n. Chr.) schließlich wirkte einige Jahrhunderte nach ERATOSTHENES ebenfalls in Alexandria und ging wie dieser von der mathematisch faßbaren Kugelgestalt der Erde aus, allerdings von Meßergebnissen sehr unterschiedlicher Qualität. Ein Hauptfehler war, daß er seinen Berechnungen einen von MARINOS VON TYROS übernommenen zu geringen Erdumfang von nur etwa 29 000 km zugrunde legte.

Mit seinem berühmten Werk *Geographia* oder *Cosmographia* hatte PTOLEMÄUS die antike Geographie als mathematisch-astronomische Wissenschaft zu einem grandiosen Abschluß und Höhepunkt geführt. Daraus erklärt sich auch die Renaissance des ptolemäischen Erdbildes im 15. und 16. Jahrhundert mit den zahlreichen, an vielen Orten erschienenen Ausgaben der *Geographia*, deren Bearbeitung sich die bedeutendsten Humanisten mit Begeisterung widmeten. Die Ausgaben enthalten in der Regel eine Weltkarte, die ein gewisser AGATHODAIMON am Museion

Abb. 1 CHRISTOPH COLUMBUS. Gemälde von SEBASTIANO DEL PIOMBO, 1519. The Metropolitan Museum of Art, New York

Abb. 2 Die Santa Maria, das Flaggschiff von Columbus. Rekonstruktion der spanischen Marine zum 500. Gedenkjahr der Entdeckung Amerikas, 1992

von Alexandria gezeichnet haben soll, sowie eine Reihe von Regionalkarten. Die Weltkarte umfaßt die in der Antike bekannte Oikumene.

Ebenfalls im Altertum und im Mittelalter überliefert war die Vorstellung von einem Erdkreis, einer vom Ozeanring umgebenen Erdscheibe, ein Bild, das dem durchschnittlichen Empfinden zweifellos näher stand als die weniger augenscheinliche Theorie der Erdkugel. Die Rundkarten, ›Mappae mundi‹, die im Mittelalter von hohen kirchlichen Würdenträgern oder in klösterlichen Skriptorien hergestellt wurden, suchten die Erde weder mit wissenschaftlichen Methoden noch unter praktischen Zielsetzungen darzustellen – also das Diesseits exakt zu klären –, sondern entstanden aus einer religiös bestimmten Weltanschauung heraus: Sie dienten als Glaubenshilfe und Illustration der göttlichen Schöpfung nach den Lehren der Bibel und den Dogmen der christlichen Theologie. Damit wäre es auch verfehlt, sie als »Dokumente schlimmster geographischer Unkenntnis und verwerflichen Rückschritts hinter die Leistungen des Altertums«[2] zu bezeichnen. Dergleichen war nicht ihr Ziel. Von Interesse ist in unserem Zusammenhang die Gruppe der antik-mittelalterlichen Klimazonenschemata, da sie ohne Zweifel von der Kugelgestalt der Erde ausgehen und im Zusammenhang mit ihrer Bewohnbarkeit in den verschiedenen Zonen teilweise auch Menschen auf der südlichen Halbkugel (Antipoden) in Betracht ziehen.

Im 15. Jahrhundert öffneten sich die mönchischen Weltbildmaler in ihren Klosterzellen den Erkenntnissen und Karten der Seefahrt, den seit Ende des 13. Jahrhunderts bekannten Portolankarten sowie dem Kartenbild des Ptolemäus, von dessen *Geographia* griechische Abschriften im Lauf der Türkenbewegung durch Mönche und andere kirchliche Würdenträger von Byzanz nach Florenz und Rom gelangten und Anfang des 15. Jahrhunderts in Florenz ins Lateinische übersetzt wurden. Freilich stellte man die Erde weiterhin noch in der Regel als eine vom Ozean umsäumte Kreiskarte dar, doch sind die einzelnen Erdteile nun nach geographischen Erkenntnissen strukturiert, wobei natürlich besonders der Mittelmeerraum und Europa relativ ausführlich erscheinen. Hervorgehoben seien die Weltkarte des Benediktinerpaters Andreas Walsperger von 1448 (Kat. 7a), die mandelförmige sog. ›Genuesische Weltkarte‹ von 1457 und besonders die des Venezianers Fra Mauro von 1459 (Kat. 7b). Hier finden sich sowohl ptolemäische Züge als auch Einflüsse von Portolankarten und Erkenntnissen durch die neuen Seefahrten, vor allem zur Erkundung Afrikas.

Eine Renaissance des antiken Kulturgutes erfolgte bekanntlich im 15. Jahrhundert nicht zum ersten Mal. Bereits in der Karolingerzeit und verstärkt in der Stauferzeit konnten Strömungen einer Neubelebung antiker Geisteswelt zum Tragen kommen. Auch die Theorie von der Erdkugel wurde hier wieder im Rahmen eines modifizierten ptolemäischen (geozentrischen) Weltbildes mit Interesse vertreten und verbreitet. Diese weltoffenen Denkrichtungen konnten sich jedoch damals nicht nachhaltig durchsetzen; sie waren im wesentlichen von der Förderung einzelner herausragender Führungspersönlichkeiten abhängig, so von Karl dem Grossen und seinen Nachfolgern sowie später von den Staufern Friedrich Barbarossa (1122-1190) und Friedrich II. (1194-1250).[3]

Im Zusammenhang mit der Kugeltheorie vertraten im Spätmittelalter z.B. Albertus Magnus, Roger Bacon und Pierre d'Ailly aufgrund des Studiums antiker Quellen die Meinung, daß der Osten Asiens über eine Westroute quer durch das Westmeer erreicht werden könne. Auch für den Ostasienreisenden Marco Polo (1254-1324) war die Kugelgestalt der Erde eine Selbstverständlichkeit, wie aus seinen Äußerungen z.B. über die Lage Südostasiens und die Position des Polarsterns hervorgeht.

1 In der Columbus-Bibliothek zu Sevilla ist noch eine Reihe von Büchern erhalten, die der Seefahrer benutzte und mit Notizen versah.

2 *Die großen Entdeckungen* 1984, S. 2. Zur Kartographie von Altertum und Mittelalter vgl. z. B. Muris/Saarmann 1961 (mit umfangreichem Literaturverzeichnis) – Grosjean/Kinauer 1970 – Meine 1982 (mit umfangreichem Literaturverzeichnis) – A. D. van den Brincken, in: *Lexikon zur Geschichte der Kartographie* 1986, S. 499 f. u. 812 ff. (mit wichtigen Literaturhinweisen) – U. Lindgren: ›Warum wurde die Erde für eine Kugel gehalten?‹ In: *Geschichte in Wissenschaft u. Unterricht*, 1990, 9, S. 562-574 – Dies.: ›Die Tradierung der Lehre von der Kugelgestalt der Erde im Mittelalter.‹ In: *Anzeiger d. German. Nationalmuseums*, 1991, S. 21-23 – G. Sammet: *Der vermessene Planet. Bilderatlas zur Geschichte der Kartographie.* Hamburg 1990 – H.-D. Richter: ›Die Entdeckung der Erdkugelgestalt in der griechischen Antike.‹ In: *Focus Behaim-Globus.* Referate d. internat. Kolloquiums im German. Nationalmuseum Nürnberg 1990, S. 16-20 (Anzeiger d. German. Nationalmuseums u. Berichte aus d. Forschungsinstitut f. Realienkunde, 1991).

3 Muris/Saarmann 1961, S. 41.

Abb. 3 Claudius Ptolemäus und die Alte Welt. Ausschnitt aus Martin Waldseemüllers Weltkarte von 1507 (Abb. S. 114/115)

Die Seeleute und Kartographen, die die ersten bekannten Portolankarten im 13. Jahrhundert erstellten, waren keineswegs, wie D. Henze[4] meint, von dem kritischen Geist beseelt, der sich der den Kirchenvätern verpflichteten klösterlichen Kartographie mit ihren Fabelgespinsten entgegenstellte. Sie schufen die Seekarten schlicht und einfach unter praktischen Zielsetzungen nach neuen nautischen Möglichkeiten, um sich so von der traditionellen küstengebundenen Schiffahrt zu lösen. Ob die erstaunlich hohe Genauigkeit der spätmittelalterlichen Portolankarten auf Kompaßmessungen der Nautiker oder auf unbekannte antike Landvermessungen zurückgeht, ist seit langem umstritten.

Schon Ende des 14. und zunehmend im 15. Jahrhundert stellte sich für die Portugiesen das Problem eines Seeweges nach Indien, um mit dem dominierenden Mittelmeerhandel Venedigs konkurrieren zu können. Als weitere Konkurrenten bei diesen wirtschaftlich motivierten Seefahrten traten vor allem die Spanier hervor. Die stärkste Triebkraft besaßen jedoch die portugiesischen Seefahrer und Politiker in ihrem Prinzen Heinrich (1394-1460), dem sogenannten Seefahrer, der nicht nachließ, Expeditions- und Handelsschiffe auszusenden, um den Atlantik im Westen Afrikas zu erforschen, Handelsstationen an der Küste Afrikas zu errichten und dessen Südspitze zu erreichen. Von den Portugiesen wurde auch die lateingetakelte Karavelle als Synthese einer jahrhundertealten europäischen und arabischen Schiffbautechnik entwickelt, ein Schiff, das sich durch seine besondere Seetüchtigkeit (geringer Tiefgang, Wendigkeit, geschlossenes Deck) für ausgedehnte Seefahrten auf dem Weltmeer eignen sollte.

Die Öffnung des Seeweges nach Indien um die Südspitze Afrikas herum gelang in den von Aufbruchstimmung geprägten letzten zwei Jahrzehnten des 15. Jahrhunderts. Bartolomeu Diaz konnte seinem König Johann II. die 1487 erfolgte Umseglung des nachmaligen Kaps der Guten Hoffnung melden, worauf elf Jahre später, also 1498, Vasco da Gama Indien auf diesem Weg erreichte. Dies war nun die eine Möglichkeit für Portugal, über See mit dem Fernen Osten Handel zu treiben und dessen Reichtum zu nutzen.

Die antik-mittelalterlichen Vorstellungen über die Form der Erde, besonders über ihre Kugelgestalt, fanden in der zweiten Hälfte des 15. Jahrhunderts in der gebildeten Oberschicht vor allem dank der Erfindung des Buchdrucks Verbreitung. Somit ist natürlich auch Columbus als Kind seiner Zeit und Umwelt zu sehen, geprägt von der geistesgeschichtlichen Situation der beginnenden Renais-

Abb. 4 Amerigo Vespucci und die Neue Welt. Ausschnitt aus Martin Waldseemüllers Weltkarte von 1507 (Abb. S. 114/115)

sance, den weltwirtschaftlichen und handelspolitischen Fragestellungen und den wissenschaftlichen, technischen und speziell nautischen Errungenschaften: Neben der bereits erwähnten hochseetüchtigen Karavelle sei die Weiterentwicklung des Kompasses sowie die Zusammenstellung astronomischer Tafeln mit den für die Seefahrt bedeutsamen Positionen wichtiger Himmelskörper erwähnt. Dazu kamen bei den Seefahrern Wagemut, Abenteurergeist und der Wunsch nach Reichtum.

Der Gedanke an die Westroute nach dem Fernen Osten lag damals in der Luft und wurde schon seit längerem verfolgt, wobei wir die früheren Entdeckungen und Besiedlungen amerikanischen Landes durch die Wikinger hier übergehen wollen. Schon kurz nach der Mitte und in den siebziger Jahren des 15. Jahrhunderts hatte die Portugiesische Krone mehrfach Patentbriefe zur Entdeckung und Erkundung von Ländern im Westen ausgegeben, um Näheres über sagenhafte Inseln im Atlantik zu erfahren, wie sie auf zahlreichen Portolankarten des 15. Jahrhunderts eingetragen waren. Vor allem die Darstellung der relativ großen Inseln *Antil(l)ia* und *Saluaga (Satanaxes)* »spiegelt sicher zeitgenössische Gerüchte oder Vermutungen über Land weit draußen im Ozean wider, wozu ältere irische oder arabische Überlieferungen von Reisen in den Westen beigetragen haben könnten. Auf vielen Karten der Renaissance wird die größere Insel *Antillia* ›Insel der Sieben Städte‹ genannt, und zwar aufgrund von Assoziationen mit einer Legende aus dem achten Jahrhundert. Aus den Schiffahrtsbedingungen im Nordatlantik, aus der Etymologie der Nomenklatur und aus der historischen Wahrscheinlichkeit im Zusammenhang mit den zeitgenössischen Unternehmungen auf dem Gebiet der Schiffahrt und Forschung ist geschlossen worden, daß *Antillia* und *Satanaxes* auf den Karten für eine Entdeckung des nordamerikanischen Teils von Westindien durch die Portugiesen vor 1424 sprechen.«[5]

Wie aus seinen Briefen des Jahres 1474 hervorgeht, die sehr wahrscheinlich zur Information des portugiesischen Königs Alfonso v. bestimmt waren, dachte bereits der hochbetagte und international angesehene Arzt, Mathematiker, Astronom und Geograph Paolo dal Pozzo Toscanelli (1397-1482) in Florenz, einem frühen Humanistenzentrum, in dem die Kosmographie und speziell geographische Probleme wie die Form Afrikas und die atlantischen Inseln die Geister erregten, an die Möglichkeit, daß China auf dem Westweg in relativ kurzer Zeit erreichbar wäre.[6] Von Toscanelli stammt auch eine Weltkarte mit parallelen Meridianen und Breitenkreisen in

4 In: *Die großen Entdeckungen* 1984, S. 2. Daß die bereits bis ins 13. Jahrhundert zurückgehenden Kenntnisse englischer Fischer von der Insel Neufundland und ihren reichen Fischgründen den Geographen nicht oder kaum bekannt waren, hängt wohl mit der Geheimhaltung seitens der Nutznießer zusammen, um Konkurrenz zu vermeiden.
5 Cumming u.a. 1972, S. 41.
6 Vgl. z. B. *Die großen Entdeckungen* 1984, S. 9.

der Projektion einer quadratischen Plattkarte, auf der China (*Cathay*) und Japan (*Zipangu*) mehr als 100 Längengrade zu weit im Osten festgelegt waren (Abb. 6). Auch dieses im Original verlorene Dokument sowie ein möglicherweise persönlicher Brief Toscanellis an Columbus (zwischen 1480 und 1482), in dem er ihn zu einer Westfahrt ermunterte, gehörten zu dessen geistigen Grundlagen. Dasselbe läßt sich bei Martin Behaim vermuten, da dessen Globus in vielen Merkmalen mit den Informationen des Toscanelli-Briefes von 1474 übereinstimmt.[7]

Die Weltkarten des vielleicht aus Nürnberg stammenden Deutschen Henricus Martellus Germanus (Heinrich Hammer), der lange Zeit in Florenz, wahrscheinlich in der bedeutenden Kartenoffizin Ros(s)elli arbeitete, gaben das Wissen am Vorabend der Entdeckung der Neuen Welt kartographisch am besten wieder (Abb. 5).[8] Sie erschienen aufgrund des großen Interesses in der gebildeten Welt kurz darauf (1492/93) bei Ros(s)elli in Form von Kupferdrucken. Besondere Aktualität zeigten die Karten in der Wiedergabe Afrikas ohne Verbindung mit dem Südkontinent entsprechend den Angaben Bartolomeu Diaz' sowie in dem nach Süden offenen Indischen Ozean. Damit war in noch stärkerem Maße als bei Fra Mauro das ptolemäische Weltbild aufgebrochen und ein bedeutsamer Schritt in Richtung frühneuzeitliches Weltbild getan. So ist es nicht erstaunlich, daß Martellus-Karten auf das Bild des ›Erdapfels‹ von Martin Behaim, auf die Pläne von Columbus und noch 1507 auf das Weltbild Martin Waldseemüllers einen erheblichen Einfluß ausübten.

Martin Behaim schuf 1491/92 seinen ›Erdapfel‹, den ältesten erhaltenen Erdglobus, wobei es auch ihm darum ging, den Seeweg nach Indien auf Westkurs augenscheinlich zu demonstrieren (vgl. Kat. 11b). Daß sich diesem Seeweg der amerikanische Kontinent als gewaltige Barriere in den Weg stellen würde und der Erdumfang wesentlich größer als angenommen war, ahnten Behaim und seine Zeitgenossen ebensowenig wie ihre Vorgänger, die antiken und mittelalterlichen Vertreter der Erdkugel-Theorie seit Ptolemäus. Behaim baute auf allen zur Verfügung stehenden Fundamenten theoretischer und praktischer Art auf, als er die Erdvorstellung gebildeter Kreise, das präkolumbianische Erdbild, in seinem räumlichen Modell festhielt, und das im selben Jahr, in dem Columbus die Neue Welt wieder entdeckte. Festzuhalten ist dabei, daß Columbus keineswegs plante, das Erdbild zu revolutionieren. Er wollte lediglich auf dem Seeweg nach Westen Indien erreichen.

Soweit zum geistes- und kulturgeschichtlichen Hintergrund des beginnenden Entdeckungszeitalters. Hauptthema dieses Buches und der damit verbundenen Ausstellung sind jedoch nicht Christoph Columbus[9] oder die nachfolgenden Entdecker selbst, sondern das kartographisch-geographische Amerika-Bild, wie es sich im Lauf des 16. Jahrhunderts zunehmend aufgrund der Entdekkungen und Erkundungsreisen entwickelte und differenzierte. Dabei klärten sich die Vorstellungen nicht nur, sondern es wurden ebenso Irrtümer, alte unbewiesene Hypothesen und Mythen auch von bedeutenden Geographen und Kartographen manifestiert. Mitunter dauerte es lange, bis sie durch neue Beobachtungen widerlegt werden konnten. Wir wollen versuchen, die teilweise mehrgleisige und nicht ohne Sackgassen verlaufende Evolution des Amerika-Bildes mit Hilfe von gedruckten, handgezeichneten und handgemalten Karten bildlich und in Form kurzer Erläuterungen zu skizzieren. Eine Vertiefung wird durch Aufsätze erreicht, die sich unter spezielleren Aspekten teilweise mit den im Katalogteil dargestellten Karten auseinandersetzen, andererseits jedoch auch weitere bedeutende Karten mit einbeziehen.

Abb. 5 Henricus Martellus Germanus: Weltkarte. Kolorierte Handzeichnung, 47 x 30 cm. Florenz um 1489/90. British Library, London

Hervorgehoben seien an dieser Stelle Manuskriptkarten der Entdeckerzeit – in der Regel handelt es sich um Weltkarten im Portolanstil –, wobei die portugiesischen Seefahrer und Kartographen besonderen Ruhm verbuchen konnten. Sie waren es, die die antik-mittelalterlichen

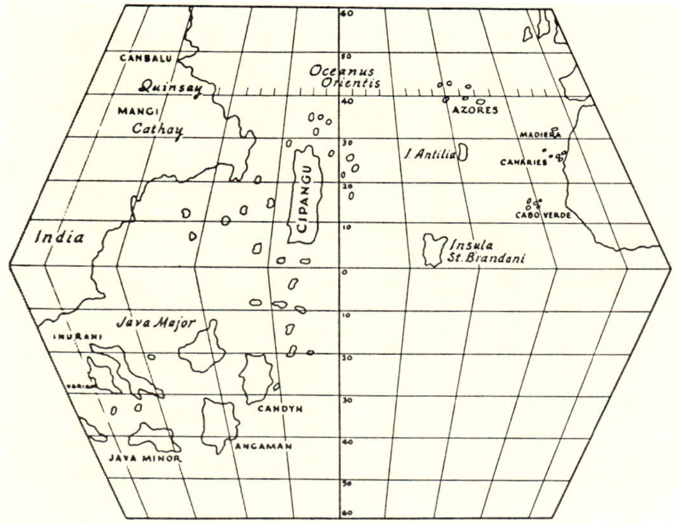

Abb. 6 Paolo dal Pozzo Toscanelli: Die westliche Hälfte der Erde, 1474 (Rekonstruktion)

Auffassungen zu Fall brachten. Schauerlich mußte die Aussage Garcia de Ortas (1563) in den Ohren von Humanisten geklungen haben: »Heute lernen wir mehr an einem Tag von den Portugiesen als man in hundert Jahren wissen konnte durch die Römer.«[10]

Ein eigener Abschnitt kommt auch Martin Waldseemüller als dem bedeutendsten Kosmographen des beginnenden 16. Jahrhunderts zu. Von ihm und seinem Mitarbeiter Matthias Ringmann wurde nämlich das Konzept des Seefahrers und Kosmographen Amerigo Vespucci, die »kürzlich entdeckten Länder und Inseln« als neuen Kontinent zu verstehen, übernommen. Und von ihm erhielt diese Neue Welt, der *Mundus Novus*, geistesgeschichtlich nicht ohne Berechtigung, nach Amerigo Vespucci im Jahre 1507 einen dreiteiligen ›Taufschein‹ mit dem Namen: *America*.

Im Gefolge der gedruckten Weltkarten Waldseemüllers (1507) einerseits, Contarinis (1506), Ruyschs (1507/08) und Ros(s)ellis (um 1508) andererseits entstanden über viele Jahrzehnte hinweg Weltkarten, die die Neue Welt als selbständigen Kontinent oder in Verbindung mit Asien zeigen. Dabei ist oft nur der nord- und mittelamerikanische Teil (einschließlich Grönland) als Fortsetzung Asiens gesehen, während die südamerikanische Landmasse als eigener neuer Kontinent erscheint. Nordamerika kann mit Asien auf mehr oder weniger breite Erstreckung oder nur durch eine schmale Landbrücke verbunden sein. Wird es als selbständiger Kontinent dargestellt, trennt es teils eine schmale Meeresstraße, teils ein Nordpazifik unterschiedlicher Breite von Asien.

Die verschiedenen Konfigurationen Südamerikas bewegen sich zwischen einer naturnahen Dreiecksform, wie sie als erster M. Waldseemüller auf seiner Weltkarte eintrug, einem ovalähnlichen, in sich unterschiedlich gegliederten Subkontinent, ohne den sich nach Süden zunehmend verjüngenden oder mit einem schmalen Fortsatz, und der in der zweiten Hälfte des 16. Jahrhunderts verbreiteten ›Kartoffelform‹. Besonders in den gedruckten, gegenüber Handzeichnungen meist wesentlich kleineren, vereinfachten und generalisierten Karten manifestierten sich verschiedene Denkrichtungen, Lehrmeinungen bzw. Theorien über die Beziehung der Alten zur Neuen Welt. Eine hervorragende Rolle spielen dabei deutsche und italienische Karten, hinter denen französische, besonders jedoch portugiesische und spanische zurücktreten.

7 Ebenda, S. 13, 98-99; *Lexikon zur Geschichte der Kartographie* 1986, S. 815.

8 Zu Germanus vgl. z. B. R. Almagià: ›On the cartographic work of Francesco Rosselli.‹ In: *Imago Mundi* 1951, 8, S. 27-34 – O. Vietor: ›A Pre-Columbian map of the world, ca. 1489.‹ In: *Imago Mundi* 1963, 17, S. 95-96 – Shirley 1983, Nr. 18 – F. Wawrik: ›Antike Überlieferungen auf deutschen Weltkarten und Globen zwischen 1480 und 1520.‹ In: *Focus Behaim-Globus*. Referate d. internat. Kolloquiums im German. Nationalmuseum Nürnberg 1990, S. 61-70 (Anzeiger d. German. Nationalmuseums u. Berichte aus d. Forschungsinstitut f. Realienkunde, 1991).

9 Zu Columbus erschienen zahlreiche, teilweise umfangreiche Werke, zuletzt das Begleitbuch von Zvi Dor-Ner zu der internationalen Fernsehserie *Kolumbus und das Zeitalter der Entdeckungen* (Köln 1991. 363 S., zahlr. Abb.).

10 Vgl. Hooykaas 1980, S. 21

AMERICA – Das frühe Bild der Neuen Welt

Hans Wolff

Bücher und Karten, die im 15. Jahrhundert die Welt bedeuten

1 AMBROSIUS A. T. MACROBIUS: Antike Welteinteilung

Holzschnitt, Durchm. ca. 14 cm
In: *Somnium Scipionis.* Brescia 1483
2° L. impr. c. n. mss. 34 m

Große Geister der Antike – KRATES, HIPPARCH, MARINOS VON TYROS, PTOLEMÄUS und MACROBIUS – entwickelten Vorstellungen über die Einteilung der Erdkugel in klimatische Zonen. Die Weltkarte des *Somnium Scipionis*, eines der im Mittelalter beliebten Werke des spätrömischen Philosphen MACROBIUS, zeigt in der in Einzelheiten aktualisierten Frühdruckausgabe von 1483 die Landmassen der Erde auf zwei Komplexe verteilt, die durch einen äquatorialen Ozean getrennt sind. Nach solchen Hypothesen lag der Gedanke an eine Umfahrbarkeit Afrikas und damit einen Seeweg nach Indien und China nicht fern. Allerdings galt die Zone zu beiden Seiten des Äquators als sehr heiß, lebensfeindlich und unpassierbar, was im Verlauf des Vordringens portugiesischer Karavellen an der Westküste Afrikas widerlegt wurde.

Literatur:
Destombes 1964, besonders Pl. O, Fig. XIII, c – Shirley 1983, Nr. 13 – Lindgren 1985 (3), S. 217 – F. Wawrik, in: *Lexikon zur Geschichte der Kartographie* 1986, S. 415 – Campbell 1987, S. 114 ff.

Kat. 1

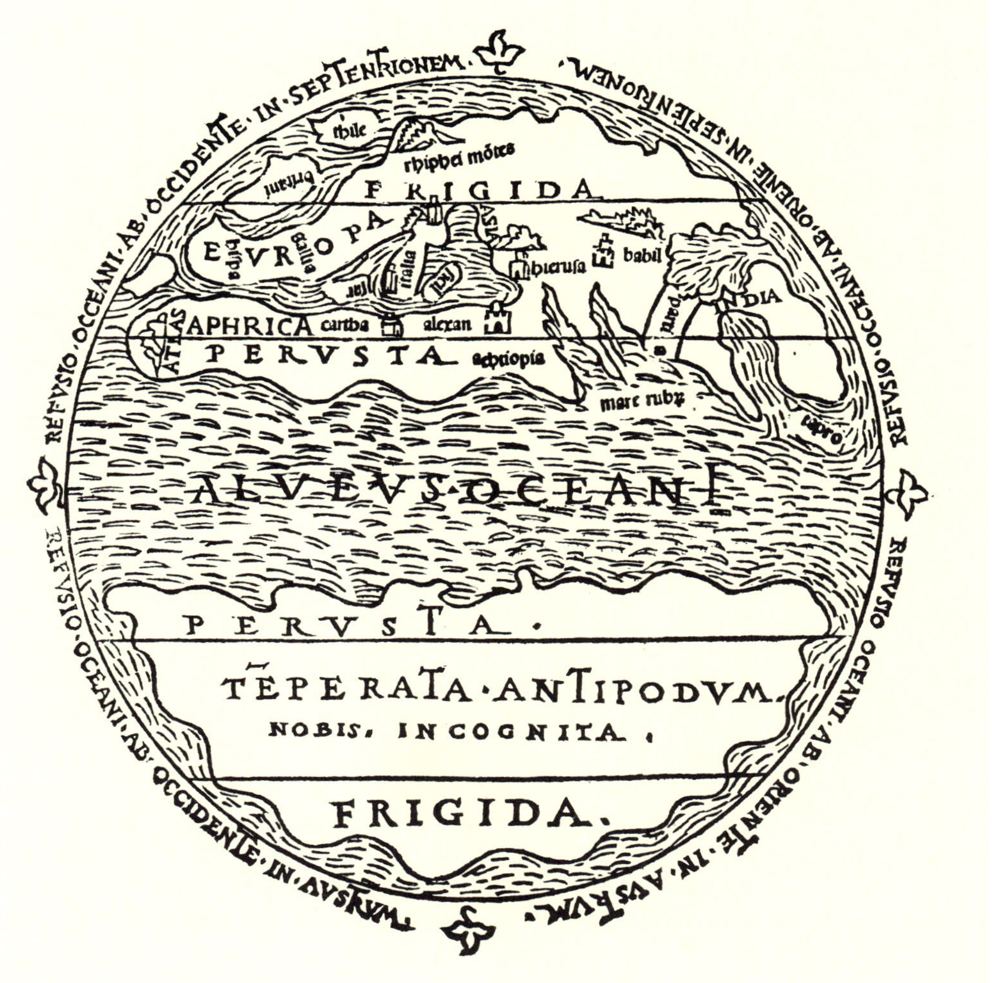

2 Das Meerbuch St. BRENDANS

Brandans Meerfahrt. Augsburg: Anton Sorg um 1477
2° Inc. s. a. 238 ohne Abb.

»BRANDANUS oder BRENDAN war ein irischer Abt und legendärer Seefahrer des 6. Jahrhunderts. Er gründete verschiedene Klöster in Irland und Wales, wurde vor allem aber als Titelheld der seit dem 9. Jahrhundert belegten ›Navigatio Brandani‹ bekannt, einer mit Elementen irischer Volksmärchen durchsetzten Legende, die über seine lange Seereise zum ›gelobten Land der Heiligen‹ berichtet. Die nach ihm benannte legendäre St. Brendansinsel im Westen des Ozeans ist als christianisierte Version der antiken, im Westen gelegenen Insel der Hesperiden

Die Maße werden Breite vor Höhe angegeben. Signaturen ohne Ortsangabe beziehen sich auf die Bayerische Staatsbibliothek München.

zu verstehen. Der Bericht der sagenumwobenen Seefahrt BRENDANS dürfte auch COLUMBUS bekannt gewesen sein.« (Kohl) Auf Karten finden sich die Brendan-Inseln vom 13. bis zum 14. Jahrhundert. Noch im 18. Jahrhundert wurden Expeditionen unternommen, um sie zu suchen.

Als Heiligen- bzw. Seefahrerlegende mit zahlreichen publikumswirksamen Details wie Meeresungeheuern, andächtigen Fischen, sprechenden Tieren und dem berühmten Walfisch Jasconius fand *Brandans Meerfahrt* sowohl als Handschrift im Spätmittelalter als auch nach Erfindung des Buchdrucks begeisterte Abnehmer. Zu dem großen Erfolg der frühen Drucke trugen besonders die phantasieanregenden Holzschnitt-Illustrationen bei.

Literatur:
Brandans Meerfahrt. Ausstellung in der Universitätsbibliothek Regensburg 1969. Msk. 44 S. – Kohl 1982, S. 282, Nr. 1/11 – W. P. Geritsen u. a.: *De wereld van Sint Brandann*. Utrecht 1986. 132 S. m. Abb. – *Die Neuen Welten* 1988, S. 182 ff.

3 MARCO POLO: Die größte Reise des Mittelalters – wundersame Reiseberichte über den Nahen und Fernen Osten, Ende 13. Jh.

Hie hebt sich an das puch des edlen Ritters und landtfarers Marcko polo.
Nürnberg: F. Creussner 1477
2° Inc. c. a. 652 c — ohne Abb.

Der Bericht MARCO POLOS (1254-1324) über seine mit Vater und Onkel 1274 begonnene Reise in den Nahen und Fernen Osten, von der die venezianischen Kaufleute und Abenteurer nach 24 Jahren zurückkehrten, fand in lateinischer, italienischer und in anderen Sprachen zunächst handschriftlich und später in gedruckter Form weite Verbreitung. COLUMBUS gewann daraus starke Anregungen für seine Bemühungen, die gepriesenen sagenhaften und reichen Länder Ostasiens aufzusuchen. MARCO POLO und PIERRE D'AILLY (vgl. Kat. 6) trugen wesentlich zu dem welthistorisch außerordentlich bedeutsamen Irrtum von COLUMBUS – seiner viel zu kleinen Bestimmung des Erdumfanges – bei.

Auch auf die Darstellung von Asien und speziell China auf späteren Karten und Globen, so z. B. bei A. CRESQUES (Kat. 4b), BEHAIM (Kat. 11b) und selbst GERHARD MERCATOR (Globus von 1541) oder JACOPO GASTALDI, hatte MARCO POLO Einfluß.

Literatur:
Wagner 1949 – M. Polo: *Il Milione. Die Wunder der Welt.* Nachwort von E. Guignart. Zürich 1983 – Herde 1989, S. 100, 106 – Jandesek 1991

4 Das Nachwirken MARCO POLOS im Weltbild des späteren Mittelalters

a JEAN DE MANDEVILLE: Fiktive Reiseerzählungen über den Nahen und Fernen Osten, um 1356-1371

Das buch des ritters herr hannsen von monte villa.
Augsburg: Anton Sorg 1481
2° Inc. c. a. 1083 — ohne Abb.

Die im Original französischsprachigen Reisebeschreibungen des bis heute nur unter seinem Pseudonym MANDEVILLE bekannten Autors (um 1300-1372) galten im Spätmittelalter und in der frühen Neuzeit als authentische Berichte, die freilich einem faszinierenden Abenteuerroman gleichkamen. Mittlerweile sind jedoch MARCO POLO und andere ›Vorläufer‹ als Quellen des beliebten Werks erkannt, von dem vor 1500 bereits zahlreiche Ausgaben in verschiedenen Sprachen erschienen und das natürlich auch von Seefahrern bzw. ›Weltreisenden‹ mit großem Interesse gelesen wurde.

Literatur:
Dreyer-Eimbcke 1991, S. 20 ff. u. passim – Jandesek 1991

b ABRAHAM CRESQUES: Der ›Katalanische Weltatlas‹, 1375

Kolorierte Handzeichnung auf 6 Pergamentblättern (je 50 x 65 cm), auf Holztafeln aufgezogen, Gesamtgröße 300 x 65 cm
Mallorca 1375
Bibliothèque Nationale, Paris — ohne Abb.

Das wertvollste Beispiel einer Portolankarte der katalanisch-mallorquinischen Kartographenschule umfaßt die Alte Welt bis zu den ostasiatischen Inseln. Sie zeigt erstmals auf einer in Europa angefertigten Karte eine relativ detaillierte und bis zum 16. Jahrhundert unübertroffene Darstellung des Nahen und Fernen Ostens unter Verwendung der Reiseberichte MARCO POLOS. Die prächtige Weltkarte, eine Luxusausgabe des Kartenmalers und ›Meisters der Weltkarten und Bussolen‹ A. CRESQUES, war ein Geschenk von DON JUAN, dem Sohn des damaligen Herrschers von Aragon, PEDRO EL CEREMONIOSO, an König KARL V. von Frankreich.

Literatur:
I. Kretschmer, in: *Lexikon zur Geschichte der Kartographie* 1986, S. 401 f. (dort weitere Lit.) – Nebenzahl 1990, S. 6 f.

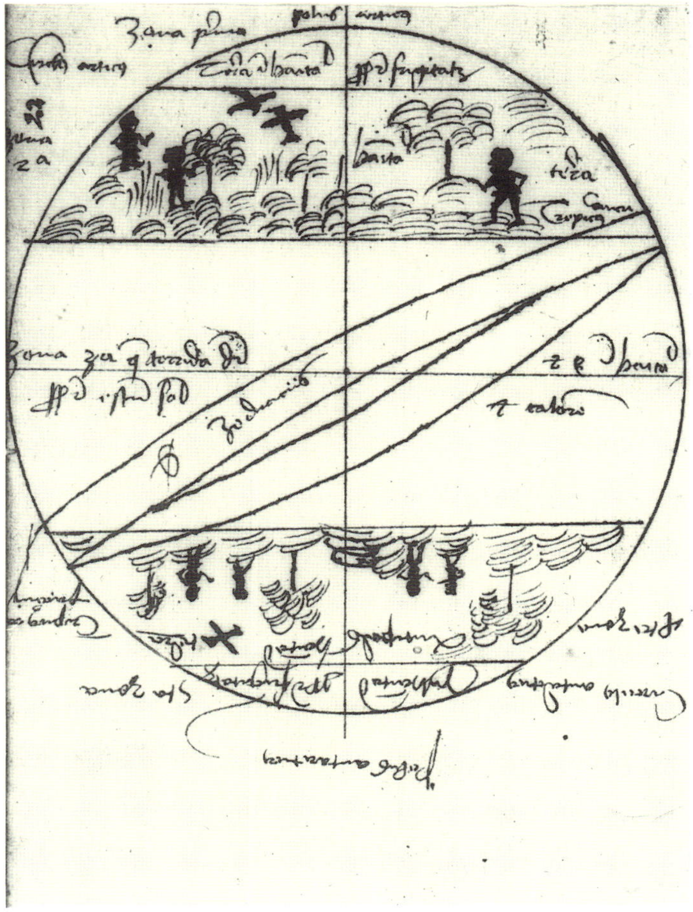

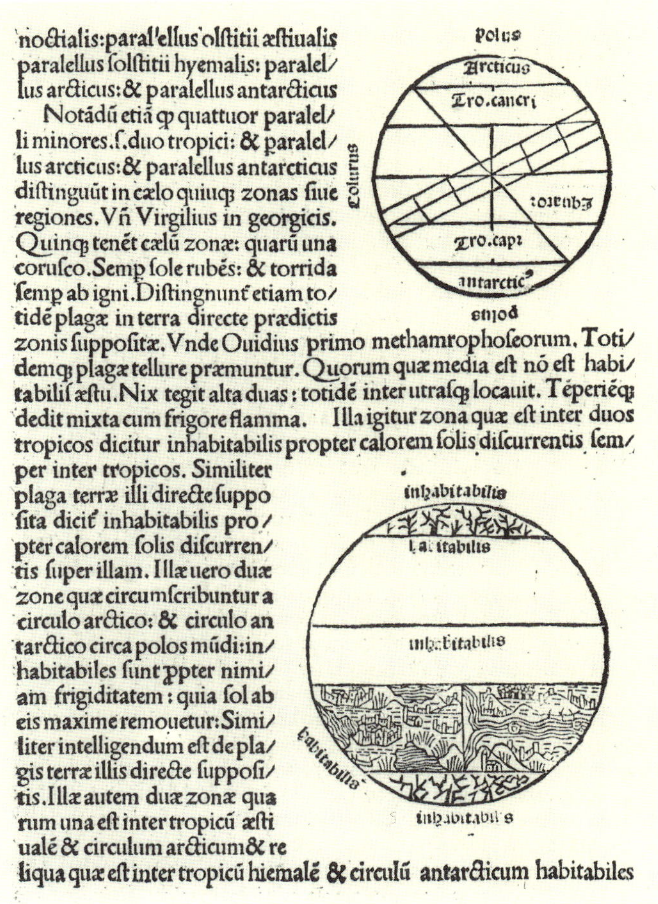
noctialis:paral'ellus'olſtitii æſtiualis paralellus ſolſtitii hyemalis: paralel/ lus arcticus:& paralellus antarcticus
Notādū etiā q̄ quattuor paralel/ li minores.ſ.duo tropici: & paralel/ lus arcticus:& paralellus antarcticus diſtinguūt in cælo quinq̄ zonas ſiue regiones. Vn̄ Virgilius in georgicis. Quinq̄ tenēt cælū zonæ: quarū una coruſco.Semp ſole rubēs: & torrida ſemp ab igni.Diſtingnunt etiam to/ tidē plagæ in terra directe prædictis zonis ſuppoſitæ.Vnde Ouidius primo methamrophoſeorum.Toti/ demq̄ plagæ tellure præmuntur. Quorum quæ media eſt nō eſt habi/ tabilis æſtu.Nix tegit alta duas: totidē inter utraſq̄ locauit. Tēperieq̄ dedit mixta cum frigore flamma. Illa igitur zona quæ eſt inter duos tropicos dicitur inhabitabilis propter calorem ſolis diſcurrentis ſem/ per inter tropicos. Similiter plaga terræ illi directe ſuppo ſita dicit inhabitabilis pro/ pter calorem ſolis diſcurren/ tis ſuper illam. Illæ uero duæ zone quæ circumſcribuntur a circulo arctico: & circulo an tarctico circa polos mūdi: in/ habitabiles ſunt pp̄ter nimi/ am frigiditatem: quia ſol ab eis maxime remouetur: Simi/ liter intelligendum eſt de pla/ gis terræ illis directe ſuppoſi/ tis. Illæ autem duæ zonæ qua rum una eſt inter tropicū æſti ualē & circulum arcticum & re liqua quæ eſt inter tropicū hiemalē & circulū antarcticum habitabiles

5 Johannes de Sacro Bosco: Von der Weltsphäre, 1. Hälfte 13. Jh.

a Holzschnitt, Durchm. ca. 5 cm
In: *Sphaera Mundi.* Venedig: Sandritter 1488
4° Inc. c. a. 604

b Handzeichnung, Durchm. 10,5 cm
In: *De sphaera cum commentario.*
Handschrift, 15. Jh.
Clm. 25007, fol. 22

Im 13. und 14. Jahrhundert gingen vor allem zwei Gelehrte in ihren Schriften über das Universum und die Erde auf deren Kugelgestalt ein, Johannes de Sacro Bosco (John Halifax of Hollywood) und Pierre d'Ailly (Kat. 6).

»Sacrobosco lebte zwischen 1220 und 1256. Er war von Geburt Engländer und lehrte an der Pariser Universität Mathematik und Astronomie. Sein Hauptwerk *Opusculum Sphericum* (*De Sphera* oder *Sphaera Mundi*) erlebte etwa 65, meist ausführlich kommentierte Ausgaben.

Das Werk des Sacrobosco lehnt sich inhaltlich an den *Almagest* des Ptolemäus an und verdankt seine Beliebtheit der Begabung des Verfassers, die schwierige Materie in leicht verständlicher Form vorzutragen. Sacrobosco bekannte sich zur Kugelgestalt der Erde, teilte sie in fünf Klimazonen und lehrte das Vorhandensein von Antipoden. Als Beweis führt er die Verse 49-51 aus dem ersten Gedicht der Metamorphosen des Ovid an. Da sich Sacrobosco auch in eigenen Kapiteln mit der Stern- und Planetenbewegung auseinandersetzte, wurde sein Werk von portugiesischen Seefahrern und Entdeckern viel benutzt.« (Seifert)

Literatur:
Destombes 1964 – Seifert 1973, S. 5 – Lindgren 1985 (3), S. 217 – Campbell 1987, S. 105 ff.

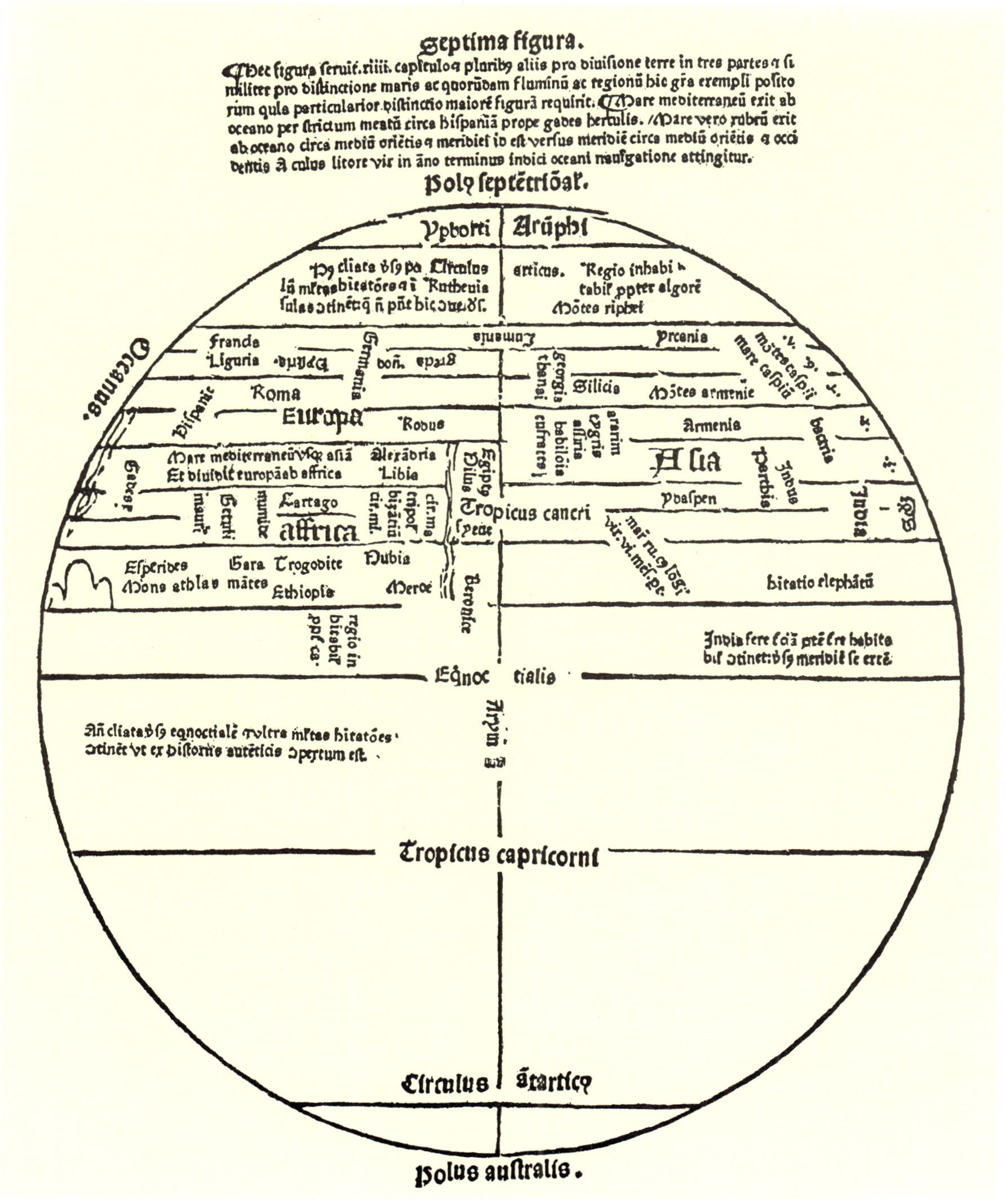

Kat. 6

6 Pierre d'Ailly: Weltschemata, um 1415

Holzschnitte, Durchm. je 20 cm
In: *Imago Mundi*. Löwen um 1483
2° Inc. s.a. 51

Der französische Kardinal Pierre d'Ailly (Petrus de Alliaco; 1352-1420) war ein bedeutender Kirchenpolitiker in der Zeit des Abendländischen Schismas. Neben seinen meist theologischen Schriften verfaßte er eine Kosmographie *Imago Mundi*, die sich zu großen Teilen auf Aristoteles, Plinius und Ptolemäus sowie die Werke des englischen Philosophen, Mathematikers und Physikers Roger Bacon stützt. Bemerkenswerterweise legte der hohe Kirchenmann einen Schwerpunkt auf Informationen über die Kugelgestalt der Erde. Zwei Weltschemata zeigen einerseits die Klimazonen-Einteilung der Erde, andererseits das einfache T-O-Schema mittelalterlicher ›Mönchskarten‹ mit Eintragung von Ländernamen auf der Nordhälfte.

Auch findet sich die These eines Seeweges nach Indien Richtung Westen über den unbekannten Ozean, der die von dem phönizischen Geographen und Kartographen Marinos von Tyros (um 100 n. Chr.) übernommene falsch angesetzte Ostausdehnung Eurasiens und die viel zu geringe Breite des Atlantiks zugrunde liegt. Das erstaunliche Werk hatte starken, ja womöglich ausschlaggebenden Einfluß auf die Seefahrer und vor allem Columbus. Sein gedrucktes Handexemplar, die Löwener Ausgabe von 1483, ist noch erhalten und befindet sich in der Biblioteca Colombina in Sevilla.

Literatur:
Seifert 1973, S. 5 f. – Kohl 1982, S. 282, Nr. 1/12 – Shirley 1983, Nr. 12 – Campbell 1987, S. 87 f. – Herde 1989, S. 121 – Dreyer-Eimbcke 1991, S. 22, 143 ff.

7 Höhepunkte mittelalterlicher Radkarten

a Weltkarte des Andreas Walsperger, 1448

Kolorierte Handzeichnung, Durchm. 57,5 cm (mit Sphärenringen)
Kloster Reichenau 1448
Biblioteca Vaticana, Rom — ohne Abb.

b Weltkarte des Fra Mauro, 1459

Kolorierte Handzeichnung, 196 x 193 cm
Murano (Venedig) 1459
Biblioteca Nazionale Marciana, Venedig

Zu den bedeutenden Manuskriptkarten des 15. Jahrhunderts im Stil spätmittelalterlicher Weltdarstellungen gehören die Radkarte des Benediktiners Andreas Walsperger von 1448, die mandelförmige, früher dem Florentiner Paolo Toscanelli zugeschriebene ›Genuesische Weltkarte‹ von 1457 (Biblioteca Nazionale Centrale, Florenz) und die berühmte monumentale Wandkarte Fra Mauros von 1459.

Kat. 7b

Fra Mauro, Kartograph und Mönch des Klosters San Michele auf der Insel Murano bei Venedig, erreichte mit seinem Werk den Höhepunkt mittelalterlicher Möchskartographie. Die Handzeichnung auf Pergament ist im Stil der italienischen Renaissance kunstvoll ausgearbeitet. Zwar noch als vom Ozean umspülte Erdscheibe konzipiert und damit in Harmonie mit der kirchlichen Lehre der Zeit, weist die geographische Erfassung der Alten Welt doch weit in die Zukunft. Fra Mauro verschmolz das Weltbild des Ptolemäus mit den Ergebnissen von Seekarten und geographischen Informationen von Marco Polo bis zu seiner Zeit. Antik-mittelalterliche Vorstellungen aufgreifend und zugleich seiner Zeit voraus, umsäumte er analog anderen Mönchskarten und nach Berichten arabischer Seeleute den afrikanischen Kontinent, dessen südlicher Verlauf bei Ptolemäus nicht dargestellt ist, mit Meerwasser und verband somit bereits den Atlantischen und Indischen Ozean, obwohl die Südspitze Afrikas erst von Bartolomeu Diaz 1487 umsegelt wurde.

Fra Mauro, der sich zwei Jahrzehnte mit Kartographie befaßt hatte, konnte sein Werk 1459, ein Jahr vor seinem Tode, vollenden. Erhalten ist die für die Stadt Venedig erstellte Kopie des Werks, das im Auftrag des Königs von Portugal, Alfonso V., entstanden war. Dieser hatte Fra Mauro aktuelle Informationen über die portugiesischen Entdeckungen geliefert.

Die Karte enthält im Gegensatz zu zahlreichen berühmten mittelalterlichen Karten keine biblischen oder mythologischen Szenen, sondern eine Fülle von textlichen Informationen über Erkundungsreisen in Afrika und Asien.

Literatur:
R. Almagià: *Il Mappamondo di Fra Mauro*. Faksimile-Ausg. Rom 1956 – *Weltkarte des Andreas Walsperger*. Faksimile-Ausg. mit Erl. Zürich 1981 – F. Wawrik, in: *Lexikon zur Geschichte der Kartographie* 1986, S. 230 f. – Nebenzahl 1990, S. 12 f.

8 Claudius Ptolemäus bei der Beobachtung von Sternhöhen mit dem Quadranten

Holzschnitt, 12,5 x 16 cm
In: Gregor Reisch: *Margarita philosophica …*
Basel: Michael Furter 1517
Res. 4 Ph. U. 121

In der Renaissance spielte das astronomische und geographische Werk von Claudius Ptolemäus, der im 2. Jahrhundert n. Chr. in Alexandrien, der antiken Hochburg der Wissenschaften, gewirkt hatte, bei den geographisch ausgerichteten Humanisten eine eminent wichtige Rolle.

Die allegorische Frauengestalt der Astronomie leitet Ptolemäus bei der Sternbeobachtung an. Die Sterne werden über die beiden Abseh-Vorrichtungen an der Kante des Quadranten anvisiert. Links unten sieht man eine Armillarsphäre, die neben dem Quadranten eines der ältesten Instrumente der Astronomie darstellt. Die Krone verweist als Symbol der Herrscher Ägyptens, der Ptolemäer, auf die ägyptische Herkunft des Ptolemäus.

9 **Claudius Ptolemäus:**
Die antike Welt in Renaissance-Drucken

Kolorierte Holzschnitte und Kupferstiche
In: *Cosmographia (Geographia)*. Ausgaben Bologna 1462 (richtig 1477; Kupferstich) und Ulm 1482 (Holzschnitt), Lyon 1535 (Holzschnitt) und Köln 1584 (Kupferstich)
2° Rar. 124; 2° Inc. c.a. 1820; Res. 2° A.gr.b.992; 2° Mapp. 113

Die ersten gedruckten Ausgaben der *Cosmographia* des Ptolemäus erschienen in Vicenza, Bologna und Rom, wobei die beiden letzteren bereits das Kartenrepertoire nach Ptolemäus enthielten. Die Weltkarten zeigen in ptolemäischer Sicht den antiken Erdkreis, also den halben Erdumfang von den Kapverdischen Inseln (*Fortunate Insula*) bis zum Golf von Siam, in seiner Ost-West-Ausdehnung etwa 55° überschätzt. Gravierende Fehler sind u.a. auch die um ca. 20° zu große Längenausdehnung des Mittelmeerraumes, die Gestaltung Nordafrikas und die Darstellung des Indischen Ozeans als Binnenmeer. In den verschiedenen Ausgaben unterscheiden sich die Weltkarten, abgesehen vom Dekor, in der Projektion (mit geraden oder gebogenen Meridianen; vgl. S. 163 ff.) und in geographischen Details. Beispielsweise ist der Indische Ozean in der Straßburger Ausgabe 1513 nicht mehr geschlossen.

In Ulm erschien 1482 die erste außerhalb Italiens gedruckte Ptolemäus-Fassung und zugleich die erste Holzschnitt-Ausgabe. Die zahlreichen Editionen im 15. und 16. Jahrhundert spiegeln die kaum zu überschätzende Bedeutung des in der Renaissance von Wissenschaften und Künsten wiederbelebten antiken Weltbildes wider, gegenüber dem eine aus der Praxis erwachsende Geographie, wie sie sich mit den spätmittelalterlichen Portolankarten ergab, zunächst im Hintergrund blieb. Aber auch nach seiner Überwindung zu Beginn des 16. Jahrhunderts hatte das ptolemäische Weltbild, das so einschneidende Ereignisse wie die Westfahrt von Columbus mitverantwortete, noch lange Zeit in historischer Betrachtungsweise nachhaltigen Einfluß.

Literatur:
Grosjean/Kinauer 1970, S. 36-41 – Meine 1982 – Shirley 1983 – Lindgren 1985 (2) – Wingen-Trennhaus 1991

Die Weltkarten in den Ptolemäus-Ausgaben Bologna 1462 (*oben*) und Ulm 1482 (*unten*)

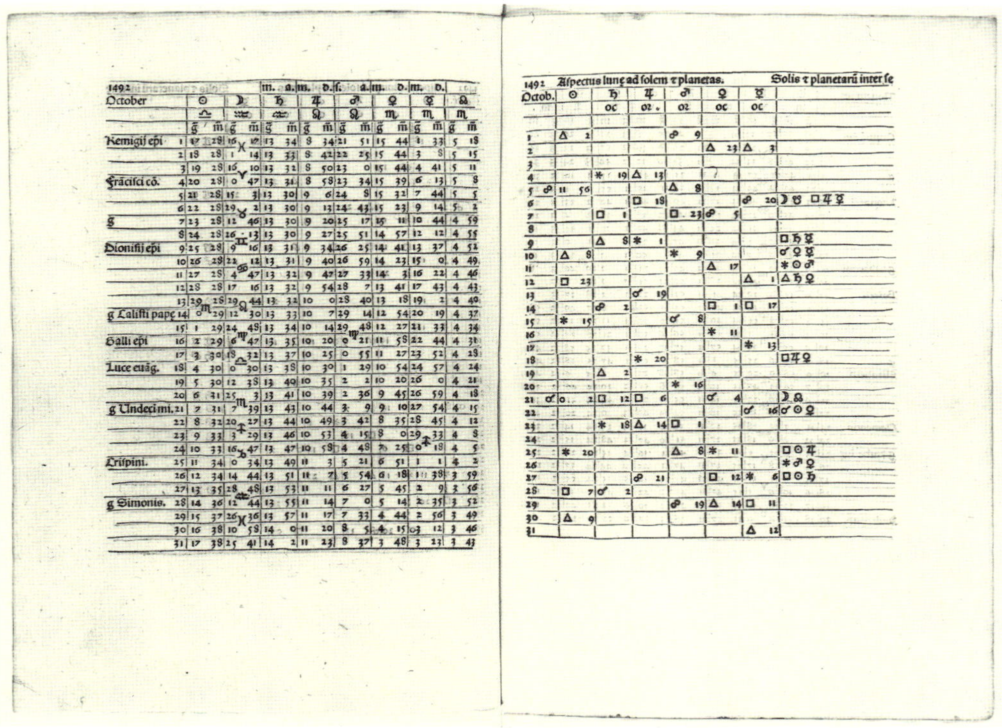

10 Johannes Regiomontanus: Ephemeriden 1475-1506

Tabellen
In: *Ephemerides 1475-1506.*
Nürnberg: Johannes Regiomontanus 1474
4° Inc. c.a. 381a

Die erste Ausgabe seiner *Ephemeriden* wurde von dem bedeutenden spätmittelalterlichen Mathematiker und Astronomen Johannes Regiomontan (1436-1476) zu Nürnberg selbst gedruckt. Regiomontan berechnete für die Jahrbücher der Planetenbewegungen die täglichen Stellungen von Sonne, Mond und Planeten für den Zeitraum 1475-1506 mit Hilfe eigens konstruierter astronomischer Instrumente. Die Tabellen gelten als die besten der damaligen Zeit und dienten Columbus, Vasco da Gama und Amerigo Vespucci auf ihren Entdeckungsreisen.

Gezeigt ist hier der Oktober 1492, die Zeit, in der Columbus auf Land der Neuen Welt stieß.

Literatur:
Pilz 1977, S. 82 ff.

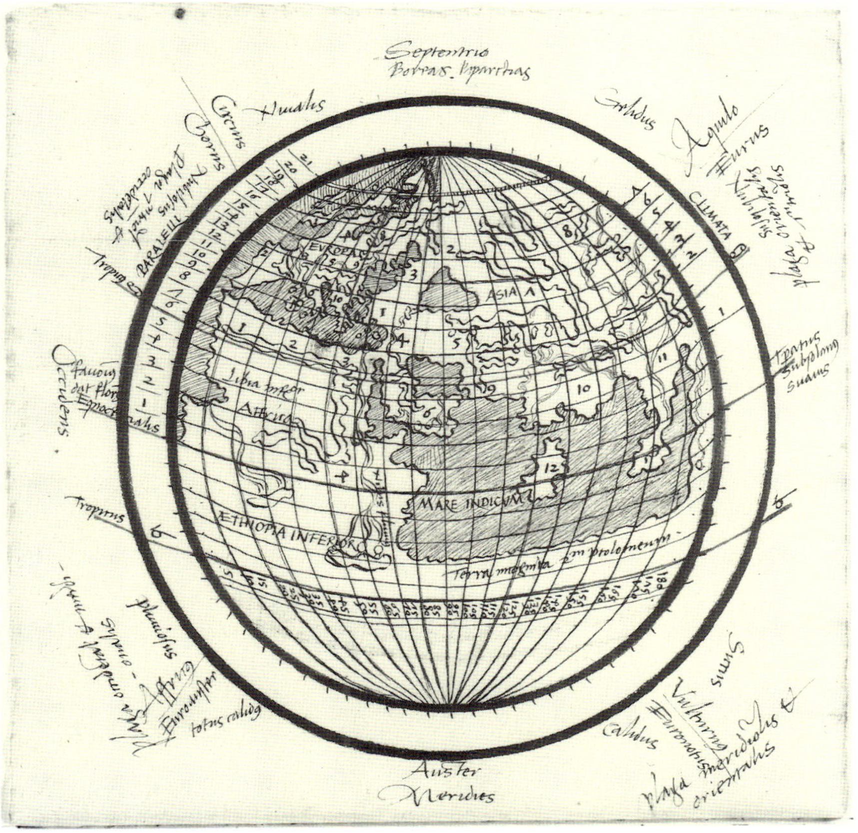

11 Das Weltbild in Nürnberg 1492/1493

a Anonymus: Der ›Deutsche Ptolemäus‹, um 1493

Nürnberg: Georg Stuchs um 1493
Rar. 559 ohne Abb.

Nachzeichnung des Planiglobus aus dem ›Deutschen Ptolemäus‹, Tusche, Durchm. ca. 14,5 cm, Blattgröße ca. 22,5 x 22 cm
In: Sammelhandschrift mit einer Abschrift des ›Deutschen Ptolemäus‹
Cod. lat. 388

Um 1493 entstand in Nürnberg eine in deutscher Sprache abgefaßte Kosmographie eines unbekannten Verfassers, die auf Ptolemäus (vor allem der Ulmer Ausgabe von 1486) und anderen Autoren aufbaut. Die zugehörige Weltkarte zeigt nach Fischer als erste gedruckte östliche Planiglobushälfte die antike Welt im ptolemäischen Stil als Teil einer Kugel. Text und Karte des kleinen Werks bieten einen weiteren interessanten Beleg dafür, daß die Ansicht von der Kugelgestalt der Erde damals in weiten Kreisen verbreitet war.

Die Handzeichnung stellt eine Kopie des Holzschnitts dar, der im Druck des ›Deutschen Ptolemäus‹ der Bayerischen Staatsbibliothek fehlt.

Außerhalb der Karte sind die Winde mit ihren Haupteigenschaften in lateinischer Sprache bezeichnet (*nivalis* = schneebringend; *gelidus* = frostig; *nubilosus* = wolkig; *sicchus* = trocken; *temperatus* = gemäßigt; *suavis* = mild; *calidus, totus calidus* = kalt, sehr kalt; *pluviosus* = regnerisch; *dat flores* = blumenbringend).

Literatur:
Fischer 1910 – Rosenthal 1944 – W. Matthey: ›Wurde der 'Deutsche Ptolemäus' vor 1492 gedruckt?‹ In: *Gutenberg-Jb.*, 1961, S. 77 ff. – Bagrow/Skelton 1973, Fig. 21 – Shirley 1983, Nr. 16 – Bayer. Staatsbibliothek: *Inkunabelkatalog*. Bd. 2. München 1991

Der Erdglobus Martin Behaims von 1492: die Alte Welt

b Der Erdglobus MARTIN BEHAIMS, 1492

Handgezeichnet und von GEORG GLOCKENDON D. Ä. handgemalt,
Durchm. 51 cm, Höhe 133 cm
Germanisches Nationalmuseum Nürnberg

Nachbildung mit Hilfe der Ravenstein-Segmente von 1908,
H. Leibold Nürnberg 1919/20
Deutsches Museum München

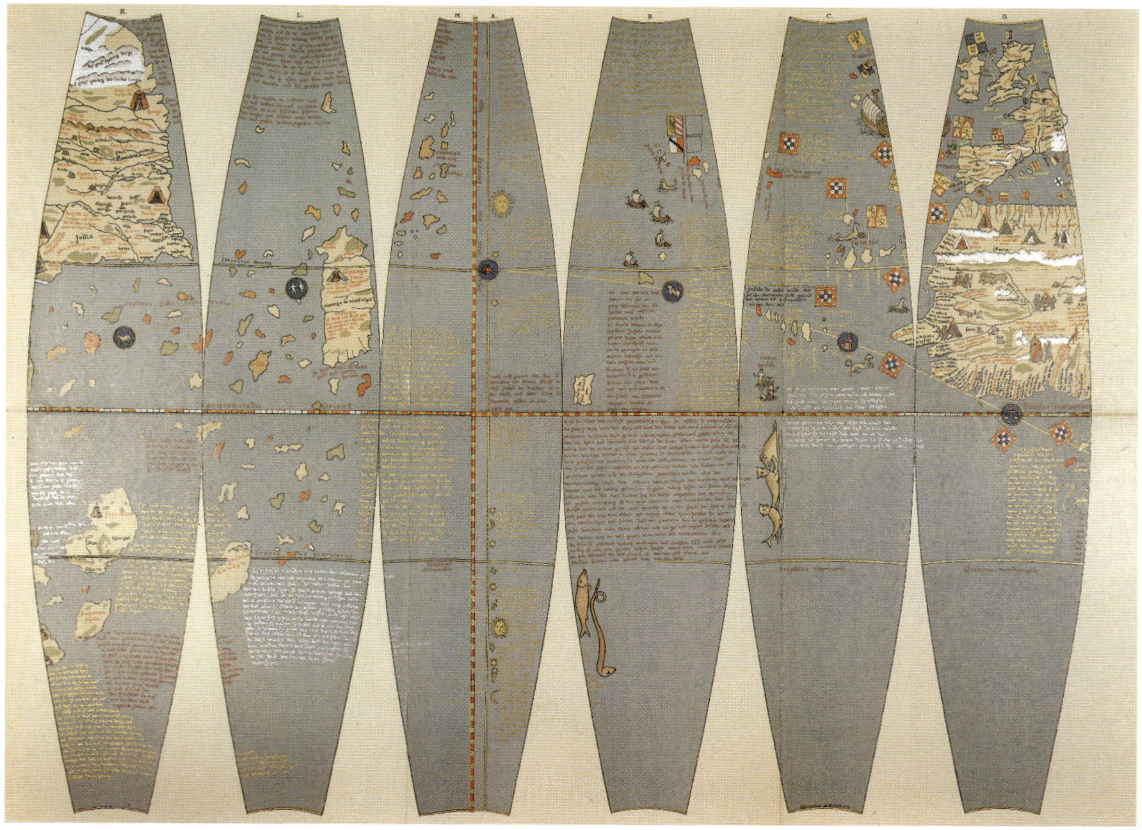

Im gleichen Jahr, in dem CHRISTOPH COLUMBUS die Neue Welt erreichte, schuf der Nürnberger Patrizier und Kosmograph MARTIN BEHAIM (1459-1507) den ältesten erhaltenen und zugleich den einzigen Erdglobus im vorkolumbianischen Weltbild, also noch ohne Hinweis auf die Neue Welt. Der Globus zeigt in der Geographie noch teilweise ptolemäische Merkmale, modifiziert nach neueren Quellen (z.B. Portolankarten, Umseglung des Kaps der Guten Hoffnung durch BARTOLOMEU DIAZ 1487, Weltkarten von HENRICUS MARTELLUS um 1490). Der Phantasie entsprungen sind legendenumrankte Inseln wie *Antil(l)ia*, die auf Portolankarten seit Beginn des 15. Jahrhunderts auftaucht und Pläne einer Seefahrt nach Westen – um China und den Reichtum des Fernen Ostens zu erreichen – unterstützte.

Literatur:
Ravenstein 1908 – Muris/Saarmann 1961, S. 47-62 (Abb. 8: Nachbildung im Deutschen Museum) – Fauser 1964, S. 52 f. – Cumming u. a. 1972, S. 214 f. – Pilz 1977, S. 106 ff. – Schmitz/Krafft 1980, Aufsätze von J. Willers und F. Hellwig, S. 193-210 – Aufsätze von J. Willers, U. Knefelkamp, C. A. Campos, C. Verlinden, H. Kellenbenz, in: *Focus Behaim-Globus.* Referate d. internat. Kolloquiums im German. Nationalmuseum. Nürnberg 1990 (Anzeiger d. German. Nationalmuseums… 1991) – L. Zögner, in: Kretschmer 1991, S. 28 f., Taf. VI,2

oben:
Der Erdglobus MARTIN BERHAIMS von 1492:
das Westmeer zwischen Europa
bzw. Afrika und Ostasien

unten:
Nachbildung des BEHAIM-Globus,
Segmente von Ravenstein 1908:
das Westmeer

C Die Weltkarte Hartmann Schedels, 1493

Holzschnitt, 43 x 31 cm
In: *Das Buch der Cronicken*. Nürnberg: Anton Koberger 1493
2° Inc. c.a. 2922

Im Gegensatz zur ›weltoffenen‹, neuere Erkenntnisse einbeziehenden Geographie Martin Behaims zeigt die ein Jahr nach dessen Globus entstandene Weltkarte in der berühmten ›Weltchronik‹ des Nürnberger Arztes und Polyhistors Hartmann Schedel (1440-1514), dem »größten Buchunternehmen der Dürer-Zeit«, noch ganz das ursprüngliche ptolemäische Weltbild (z. B. Indischer Ozean als Binnenmeer, Verbindung Afrikas mit dem unbekannten Südkontinent). Selbst die Frage, ob die Erde eine Scheibe oder eine Kugel sei, läßt Schedel im Text der ›Weltchronik‹ offen.

Literatur:
Rücker 1988

12 Christoph Columbus: Brief über die ›indischen Inseln jenseits des Ganges‹, 1493/1497

a *Epistula ... de Insulis Indiae supra Gangem nuper inventis.*
Rom: Eucharius Silber, nach dem 29.4.1493
Rar. 6 ohne Abb.

b *De Insulis inventis.* Basel, nach dem 29.4.1493
Rar. 6b S. 104, Abb. 1

c *Eyn schön hübsch lesen von etlichen inßlen ...* Straßburg 30.9.1497
Rar. 6e S. 105, Abb. 2

Plan und Auftrag von Columbus war es, die ›Indischen Inseln‹, über die Marco Polo und Mandeville so sagenhaft berichtet hatten, auf dem Westweg zu erreichen. Daß er sein Ziel nicht erreicht, jedoch einen neuen Kontinent entdeckt hatte, wollte oder konnte Columbus bis an sein Lebensende nicht glauben.

So handelt auch sein Kurzbericht in Briefform, der 1493 gegen Ende der Seefahrt niedergeschrieben wurde und, gleichsam als ›Werbefeldzug von internationalen Ausmaßen‹, in zahlreichen Ausgaben und verschiedenen Sprachen gedruckt erschien, von den ›kürzlich entdeckten indischen Inseln jenseits des Ganges‹. Die teilweise enthaltenen Holzschnitte sind die ersten – allerdings weitgehend der Phantasie entsprungenen – bildlichen Wiedergaben der Neuen Welt.
Vgl. Beitrag H.-J. König, S. 103 ff.

links:
Seeschiff vom Ende des 15. Jahrhunderts, halb vor dem Wind (vgl. S. 11, Abb. 2). Holzschnitt (Kat. 12b)

rechts:
Erste gedruckte Darstellung der von Columbus entdeckten Inseln. Holzschnitt (Kat. 12b)

Verherrlichung des Königs von Portugal, unter dessen Flagge Vespucci die brasilianische Küste erkundete. Titel-Holzschnitt (Kat. 14c)

13 Sebastian Brant: ›Von erfarung aller land‹, 1494

Holzschnitt
In: *Das Narrenschiff*. Holzschnitte von Albrecht Dürer, vom Meister des Haintz Narr u.a. Basel 1494
Rar. 121, Bl.l, 3v-

»Ein Jahr nach der Veröffentlichung des berühmten Briefs des Columbus von 1493 über die Entdeckung neuer Inseln werden diese von dem Straßburger Stadtsyndikus Sebastian Brant (1457/58-1521) zum ersten Mal in einer Dichtung erwähnt: ›Ouch hat man sydt in Portigall/ Vnd in Hyspanien überall/Goldt/inßlen funden/vnd nakket lüt‹.... Zu den Narren zählt er auch diejenigen, die ihr ganzes Bestreben auf die Erkundung fremder Länder legen.« (Kohl) Der hier gezeigte Narr versucht, mit dem Zirkel die Erde und das Weltall zu vermessen.

Die frühe, aber äußerst sparsame Reaktion S. Brants war, wie sich im Laufe der folgenden Jahrzehnte zeigen sollte, symptomatisch für die Haltung selbst bedeutender Gelehrter, die mit den neuen, nicht in ihr spätmittelalterlich-christlich-humanistisches Weltbild passenden Informationen zunächst sehr wenig anzufangen wußten.

Literatur:
Sixel 1966, Nr. 2 – Kohl 1982, S. 287, Nr. 2/8 – S. Brant: *Das Narrenschiff*. Faksimile-Ausg. hrsg. v. M. Lemmer. Tübingen 1986 – Falk 1987, S. 50f.

14 Amerigo Vespucci: Die ›Neue Welt‹, 1502 ff.

a *Mundus Novus*. Augsburg, 1504
Universitätsbibliothek München, 4° Hist. aux 910 ohne Abb.

b *De ora antarctica per regem Portugallie pridem inventa*.
Straßburg: Matthias Hupfuff 1505
Rar. 5n ohne Abb.

c *Von der neuw gefunden Region die wol ain welt genent mag werden*.
O.O.u.J. (übersetzt 1505)
Rar. 5i

d *Diß büchlin saget ... vil Insulen unnd ein Nüwe welt von wilden nackenden Leuten vormals unbekant*. Straßburg 1509
Universitätsbibliothek Freiburg S. 107, Abb. 3

Der *Mundus Novus* (Neue Welt) von 1504 – ein auf eine Nachricht von 1502 zurückgehender Brief Vespuccis über seine zweite Reise – und seine frühen Ausgaben bzw. Übersetzungen gehören zu den ältesten gedruckten Informationen über Brasilien und damit wie der Columbus-Brief zu den wichtigsten Americana vom Ende des 15. bzw. Anfang des 16. Jahrhunderts.

Im Gegensatz zu Columbus betonte Vespucci, eine ›Neue Welt‹ mit eigenständigem Charakter, also einen bislang unbekannten Kontinent, bereist zu haben. Vespucci beschrieb das brasilianische Küstenland, maß die Positionen der wichtigsten südlichen Sterne und schilderte die brasilianischen Tupinamba.
Vgl. Beitrag H.-J. König, S. 105ff.

Kat. 15

15 Anonymus: Indianerdarstellung, Flugblatt, 1505

Dise figur anzaigt uns das volck und insel…
Kolorierter Holzschnitt, 34 x 25 cm
Augsburg: Johann Froschauer 1505
Einblattdruck V,2

Der berühmte Augsburger Einblattdruck ist eine der Hauptquellen der Indianerdarstellung des frühen 16. Jahrhunderts im süddeutschen Raum. Besonders prägnant sind die Einzelheiten des indianischen Kostüms sowie die spektakuläre Darstellung des Kannibalismus. Bildinhalt und Erläuterung der anonymen Publikation wurden aus der deutschen Ausgabe des *Mundus Novus* A. Vespuccis zusammengestellt. Der Holzschnitt ist in zwei Blättern mit kleinen Unterschieden bekannt (Bayer. Staatsbibliothek und Spencer Collection der New York Public Library).
Vgl. auch Beiträge H.-J. König, S. 106, 109 f., und S. Colin, S. 178, 179 f.

Literatur:
Sixel 1966, Nr. 4 – Kohl 1982, Nr. 2/3 – Gewecke 1986, S. 146 ff. – Colin 1988, S. 16 f., 186 f.

16 Francanzano da Montalboddo: Frühe Reisesammlung, 1507

Paesi nuovamente retrovati. Et Novo Mondo da Alberico Vesputio Florentino intitulato. Vicenza 1507
Universitätsbibliothek München, 4° Itin. 16 ohne Abb.

Das Werk Francanzano da Montalboddos, eines Professors für Literatur in Vicenza, ist eine ebenso berühmte wie seltene italienische Sammlung der Reisen von Alvise da Cà da Mosto, Pedro de Cintra, Vasco da Gama, Pedro Alvarez Cabral, Columbus, Alonso Nino, Vicente Yanez, Amerigo Vespucci (dritte bzw. zweite Reise) sowie von Briefen über Reisen nach Indien. Die dokumentierten Reisen umfassen den Zeitraum Mitte 15. bis Anfang 16. Jahrhundert, führen also vom Beginn des Entdekkungszeitalters bis zur Entdeckung der Neuen Welt selbst. Zunächst erschien das später mehrfach übersetzte Werk in der toskanischen Volkssprache und machte so geographische Informationen auch für breite Bevölkerungskreise zugänglich.

Literatur:
Harrisse 1866, Nr. 26 – Böhme 1904, S. 15-49 – Ruge 1916, S. 104, Nr. 92

17 Nachrichten in Entdecker-Zeitungen, um 1508-1515

Copia der Newen Zeytung auß Presillg Landt. o. O. u. J.
(Augsburg um 1508-1515)
Rar. 613 ohne Abb.

Vgl. Beitrag H.-J. König, S. 109 f.

18 Jobst Ruchamer: Neue unbekannte Lande, 1508

Newe unbekanthe landte Und ein newe weldte.
Nürnberg: Georg Stuchs 1508
Universitätsbibliothek München, 2° Inc. germ. 103 a ohne Abb.

»Dieser frühe Druck beschreibt… die von Portugal und Spanien ausgehende Expansion, die ›Schyffarthen vber das Mere Occeanu‹. Es handelt sich um die deutsche Übersetzung des von dem Italiener Francanzano da Montalboddo verfaßten und 1507 in Vicenza veröffentlichten Werkes *Paesi nuovamente retrovati*… (Kat. 16). In der ›vorrede dyses Buchleins‹ spricht Ruchamer seine Intentionen deutlich aus und läßt damit eine gewisse Objektivität gegenüber den fremdartigen, andersartigen und bislang unbekannten Menschen anklingen ... ein wichtiges frühes Zeugnis für das Interesse an den ›Newen unbekanthen landten‹, aber auch für die noch christlich-abendländisch befangene Sichtweise ... Zudem ist es die erste Sammlung von Reiseberichten in deutscher Sprache, die neben Afrika und Asien auch Amerika behandelt, das entsprechend den Überschriften des vierten und fünften Buchs als eigentliche ›newe weldte‹ gesehen wird ... Mit seiner weitgespannten, wenn auch logischerweise noch lückenhaften Darstellung der ›Neuen Welten‹ steht RUCHAMER am Anfang einer Reihe von Sammlungen von Reiseberichten in deutscher Sprache, die bis zu den großen Kompendien von DE BRY und HULSIUS reichen.« (König)

Literatur:
Harrisse 1866, Nr. 57 – Böhme 1904, S. 30 ff. – Ruge 1916, S. 105, Nr. 94 – K. Schottenloher: *Flugblatt und Zeitung*. Berlin 1922 – Sixel 1966, Nr. 7 – Alden/Landis 1980, Bd. 1, S. 11 f. – H.-J. König, in: *Die Neuen Welten* 1988, S. 273 ff.

19 JOHANNES SCHÖNER: Weltbeschreibung, 1515

Luculentissima quaeda terrae totius descriptio.
Nürnberg: Johannes Stuchs 1515
4° Rar. 1474 S. 149, Abb. 5

»Die ... Kosmographie des bekannten Astronomen und Mathematikers JOHANN SCHÖNER, eines Schülers des REGIOMONTANUS, dessen Nachfolger er in der Nürnberger Kosmographenschule wurde, war als Ergänzung zum SCHÖNERschen Globus bestimmt. Sie enthält nach der Darstellung über die Fortschritte in den geographischen Kenntnissen eine weitgehend stichwortartige und naturgemäß noch ungleichgewichtige Beschreibung der vier Erdteile. Europa überwiegt, während die gerade neu entdeckten Regionen, die auch SCHÖNER nach AMERIGO VESPUCCI Amerika nennt und ausdrücklich als vierten Erdteil und Neue Welt bezeichnet, lediglich auf vier von insgesamt 135 Seiten, allerdings in einem recht zusammenhängenden Text behandelt werden. Selbst bei einem Gelehrten wie SCHÖNER werden entsprechend alten Überlieferungen und vermeintlichen Kenntnissen noch unwidersprochen Monster, mit Fell bekleidete Menschen, Hundsköpfige und Anthropophagen in einzelnen Regionen Afrikas und Asiens angesiedelt, und auch die Skizzierung der ›Neuen Welt‹ konzentriert sich auf die seit VESPUCCI beliebte Beschreibung der Nacktheit und des Kannibalismus. Brasilien versteht SCHÖNER als einen südlich von Amerika gelegenen Kontinent.« (König)

SCHÖNER ist ein prägnantes Beispiel dafür, daß selbst im Vergleich zu ihren Zeitgenossen gut informierte und wissenschaftlich arbeitende Menschen problemlos zu einem pauschalen stereotypen Bild über das Kulturniveau der Neuen Welt gelangten. Zur Geographie vgl. den Beitrag U. Lindgren, S. 148 f.

Literatur:
Harrisse 1866, Nr. 80, 81 – *The world encompassed* 1952, Nr. 73 – Sixel 1966, Nr. 11 – Alden/Landis 1980, Bd. 1, S. 18 – H.-J. König, in: *Die Neuen Welten* 1988, S. 284 f.

20 Nachrichten über die Eroberung von Yukatan, 1520

Ein auszug ettlicher sendbrieff ... von wegen einer newgefundenen Inseln ...
Nürnberg 1520
Universitätsbibliothek München, 4° Hist. 2973-15 ohne Abb.

Vgl. Beitrag H.-J. König, S. 109 f.

21 Nachrichten aus Mexiko, 1522

Newe zeittung. von dem lande. das die Sponier funden haben ym 1521. iare genant Jucatan ... 1522 ... o. O. (Augsburg)
Staats- und Stadtbibliothek Augsburg, Cim 38 S. 110, Abb. 1

Vgl. Beitrag H.-J. König, S. 109 f.

22 HERNÁN CORTÉS: Berichte über die Eroberung des Aztekenreiches, 1524

Praeclara Ferdinandi Cortessi de Nova maris Ozeani Hyspania Naratio ...
Nürnberg 1524
Mit Karte: Blick auf *Temixtitan* (Tenochtitlan)
Universitätsbibliothek München, 2° H. aux. 52-W S. 108, Abb. 4

Deutsche Ausgabe: *Ferdinandi Cortesii: Von dem Newen Hispanien so im Meer gegen Nidergang zwo ganz lustige und fruchtreiche Historien ...* Augsburg 1550
Universitätsbibliothek München, 2° Itin. 54a ohne Abb.

Vgl. Beitrag H.-J. König, S. 107 ff.

23 Lorenz Fries: Indianer als Monster und Fabelwesen, 1525/1527

Titel-Holzschnitt
In: *Uslegung der Mercarthen oder Cartha Marina*.
Straßburg: Johannes Grieninger 1527
Mapp. 1,9 m-2

Als Begleitheft zur *Carta Marina* von Lorenz Fries erschien 1525, 1527 und 1530 eine *Uslegung, darin man sehen mag, wo einer in der wellt sey, und wo ein yetlich Landt, Wasser und Stadt gelegen ist.* An der Illustrierung der *Uslegung* mit Holzschnitten war Hans Baldung gen. Grien beteiligt.

Der nach Schlagwörtern annähernd alphabetisch geordnete lexikalische Text bringt an vier Stellen Erläuterungen zur Neuen Welt: *America*, *Cannibalien*, *Cuba* (bei T eingeordnet), *Prasilia*. Durch sein im deutschsprachigen Raum weitverbreitetes Werk trug Fries erheblich zur Popularisierung eines nicht nur falschen, sondern auch aus europäischer Sicht primitiven und schauerlich menschenunwürdigen Bildes des Indianers bei (vgl. S. 157 f.).

Die Berichte und Abbildungen von hundsköpfigen, kopflosen und anderen monströsen Menschen hatten allerdings eine lange Geschichte. Ihre Wurzeln sind bereits in antiken Schriften von Plinius, Pomponius Mela und Solinus festzustellen; im Mittelalter wurden sie besonders durch die Etymologie des Isidor von Sevilla sowie durch Berichte des Hl. Augustinus tradiert und in der berühmten Schedelschen Weltchronik 1493 übernommen. Die Vorstellungen »waren derart fest im europäischen Bild von den fernen Ländern verankert, daß weder die kritischen Bemerkungen gelegentlicher Skeptiker noch die Berichte von Reisenden sie ohne weiteres aus der Welt schaffen konnten« (Honour). So glaubten auch Reiseschriftsteller und Kosmographen, von der Woge der humanistischen ›Forschung‹ getragen, nicht auf diese vielfältig ausgeschmückte Tradition verzichten oder gar ihr entgegentreten zu können.

Literatur:
P. Kristeller: *Die Straßburger Bücherillustration im XV. und im Anfange des XVI. Jahrhunderts*. Leipzig 1888, S. 7 f. – H. Honour, in: Kohl 1982, S. 22 f. – Gewecke 1986, S. 60 ff. – Falk 1987, S. 56 – Colin 1988 – *Die Neuen Welten* 1988

24 Heinrich Glarean: Geographie, 1528

Henrici Glareani Poetae Laureati De Geographia. Basel 1528
4° Res. Geo. U. 52 n — ohne Abb.

In der *Geographia* des Freiburger Humanisten und Geographen Heinrich Glarean (1488-1563) wird Amerika im letzten Kapitel *De Regionibus Extra Ptolemaeum* (Von den Regionen außerhalb der ptolemäischen Welt) nur kurz erwähnt. Dies scheint im Gegensatz zu seinem früheren Interesse an der modernen Weltkartographie Martin Waldseemüllers zu stehen, die er in zwei erhaltenen Federzeichnungen 1510 dokumentierte (vgl. S. 123, Abb. 17). Die *Geographia* enthält auch eine der ältesten Anleitungen zur Konstruktion von Globenstreifen und erschien bis 1542 in zehn Auflagen (vgl. auch S. 159).

Literatur:
F. Wawrik, in: *Lexikon zur Geschichte der Kartographie* 1986, S. 268

25 Indianerdarstellungen im Trachtenbuch des CHRISTOPH WEIDITZ nach Skizzen aus dem Jahr 1529

Kolorierte Zeichnungen (Feder und Pinsel), ca. 15 x 20 cm (Blattgröße)
Germanisches Nationalmuseum Nürnberg

Das früheste erhaltene Trachtenbuch stammt von CHRISTOPH WEIDITZ (um 1500-1559), einem Porträtmedailleur, Bildschnitzer, Gold- und Silberschmied, der seit 1526 in Augsburg lebte. Er bildete als erster Indianer (Azteken) in ihren originalen Trachten ab. Sie waren im Gefolge von HERNÁN CORTÉS an den kaiserlichen Hof in Spanien gelangt, wo sich WEIDITZ Anfang 1529 aufhielt. Erst in der zweiten Hälfte des 16. Jahrhunderts folgten JOHN WHITE und LE MOYNE WEIDITZ mit authentischen Indianerdarstellungen nach.

Literatur:
T. Hampe (Hrsg.): *Das Trachtenbuch des Christoph Weiditz von seinen Reisen nach Spanien (1529) und den Niederlanden (1531/32)*. Faksimile-Ausg. Berlin u.a. 1927 (mit Einführung) – Thieme/Becker, Bd. 35, 1941, S. 267 ff. – Colin 1988, S. 56 ff., S. 340 ff.

26 PETER MARTYR DE ANGHIERA: Histori von der Newen Welt, 1530/1582

Ander Theil Der newen Welt und Geschichten die sich in dem Nidergaengischen India zu Wasser und Landt ... haben erfunden. Durch Petrum Martyrem von Meylandt. Basel: Sebastian Heinrich Petri 1582
Universitätsbibliothek München, 2° Itin. 1.2 ohne Abb.

Die ersten drei Dekaden des Humanisten PETER MARTYR DE ANGHIERA (1459-1526; Priester, Historiker und Geograph in Granada) erschienen bereits 1516 in lateinischer Sprache. Das ganze Werk von acht Dekaden lag 1530 gedruckt vor und wurde im Laufe des 16. Jahrhunderts mehrfach aufgelegt. Die deutsche Ausgabe von 1582 stammt von NICOLAUS HÖNIGER; sie erschien als zweiter Teil des in Basel gedruckten umfangreichen Buches *Der Newen Welt und Indianischen Nidergaengischen Königreichs ...*

»Wie kaum ein anderes Werk haben die Dekaden – in je 10 Kapitel gegliederte Bücher – des ANGHIERA, häufig auch nur PETRUS MARTYR genannt, das Bild von Amerika in Deutschland geprägt. Die Wirkung kann durchaus, was die Rezeption und die Verarbeitung betrifft, mit derjenigen des COLUMBUS-Briefs, des VESPUCCI-Briefs und der CORTÉS-Berichte verglichen werden... ANGHIERAS Ausführungen sind erkennbar um eine objektive, zumindest nicht sensationsgierige Darstellung bemüht; er unterschlägt auch nicht die kulturellen und handwerklichen Leistungen der Indios, zeichnet kein pauschal negatives Bild vom Indio und sieht in Amerika sogar Züge des Goldenen Zeitalters. Andererseits beschreibt er ebenfalls kannibalische Sitten und die Zeremonien bei den Menschenopfern in Mexiko, ohne als europäischer Christ die religiösen Hintergründe zu verstehen. Damit lieferte er Material für ein negatives Bild vom Indio in Deutschland, wie aus den hinzugefügten Randbemerkungen des Übersetzers oder Druckers hervorgeht.« (König)

Literatur:
Harrisse 1866, Nr. 89, 110, 154, 168, 171, 176, 188, 223 – Sixel 1966, Nr. 13, 23 – Klingelhöfer 1972 – Alden/Landis 1980, Bd. 1, S. 5, 18, 24, 27, 33, 35, 37, 40, 45, 64, 82, 167 – H.-J. König, in: *Die Neuen Welten* 1988, S. 170 ff.

27 JOHANNES HUTTICH: Sammlung von Reiseberichten, 1532

Novus Orbis Regionum ac Insularum. Basel: Jo. Hervagius 1532
Universitätsbibliothek München, 2° Itin. 28:1 ohne Abb.

Das 1532 erstmals erschienene Werk stellt eine der ersten großen Reisesammlungen des 16. Jahrhunderts dar und enthält unter anderem Reiseberichte von CÀ DA MOSTO bis PETER MARTYR DE ANGHIERA. Einem Teil der Auflage war eine Weltkarte beigefügt, die mit SEBASTIAN MÜNSTER und HANS HOLBEIN D. J. in Verbindung gebracht wird (Kat. 86). Weitere Ausgaben erschienen 1534 (deutsch), 1535, 1537,

Literatur:
Böhme 1904, S. 49 ff. – Sixel 1966, Nr. 22 – Alden/Landis 1980, Bd. 1, S. 37, 40 – H.-J. König, in: *Die Neuen Welten* 1988, S. 226 f.

1555, 1563 (holländisch) und zuletzt 1616. Die deutsche Übersetzung *Die new welt* (1534) besorgte MICHAEL HERR, Stadtarzt und vielseitig interessierter Humanist in Straßburg, wo JOHANN HUTTICH Kanonikus des Münsters war. Auch SIMON GRYNAEUS, einer der ersten Reformatoren und Freund LUTHERS, MELANCHTHONS und CALVINS, beteiligte sich an der Herausgabe des Werks.

28 SEBASTIAN FRANCK: Die Welt, 1533/1534

Weltbuch: spiegel un bildtnisz des gantzen erdbodens.
Tübingen: Morhart 1534
2° Res. Geo. U. 25 — ohne Abb.

Der Humanist, Theologe und fanatische ›Wahrheitssucher‹ SEBASTIAN FRANCK (1479-1542), der mehrmals sein Glaubensbekenntnis wechselte, studierte an der frühen Landesuniversität Ingolstadt unter scholastischen Vorzeichen. Er bedauerte es später, »den Aufschwung der Literatur und des Denkens dort verpaßt zu haben und in ›barbarischen‹ Zeiten unterrichtet worden zu sein.« Seine Werke wurden von MELANCHTHON und LUTHER abgelehnt, sein *Weltbuch* auf den Index gesetzt.

Das *Weltbuch* erschien erstmals 1533, worauf eine Reihe weiterer Ausgaben, so 1534, 1542, 1567, folgte. Der Abschnitt zu Amerika umfaßt mehr als 50 Seiten, die auf den Berichten von CORTÉS, COLUMBUS, VESPUCCI und anderen Entdeckern aufbauen. S. FRANCK war der erste, der in einer ›Weltgeographie‹ relativ ausführlich über Amerika informierte (vgl. S. 159).

Das Werk ist vom »Streben nach Glaubwürdigkeit geprägt, genauso wie von dem Wissen, daß dem Kosmographen die letzte Wahrheit in Gott verborgen bleiben muß. Daß sein Buch (besonders der Amerika-Teil) ein gewaltiges Mosaik, eine Kompilation der verschiedensten Vorlagen ist, tut dem Anspruch, ein genaues Bild der Welt zu vermitteln, keinen Abbruch… Die vier Bücher sind Afrika, Europa, Asien und Amerika gewidmet. Auffallend ist sein Bemühen, den jeweiligen politischen, historischen und kulturellen Besonderheiten der von ihm beschriebenen Völker gerecht zu werden… Trotz seines erkennbaren Bestrebens nach Plausibilität und Wahrscheinlichkeit gelingt es ihm aber nicht, sich von den standardisierten Wahrnehmungsmustern der Europäer gegenüber beispielsweise den Bewohnern Amerikas abzuheben. Seine Beschreibung unterscheidet sich nicht von den gängigen Klischees, die man von dem ›blutdürstigen‹ Volk hatte. Undurchschaubar bleiben letztlich auch die Kriterien, die zu genau seiner Auswahl von antiken bis zu zeitgenössischen Autoren führte…« (Schmidthals)

Literatur:
Böhme 1904, S. 98 ff. – Sixel 1966, Nr. 26 – O. Schmidthals, in: *Die Neuen Welten* 1988, S. 214 ff. (dort weitere Angaben)

29 GONZALO FERNÁNDEZ DE OVIEDO: Das Land, die Bewohner, Tiere und Pflanzen der Neuen Welt, 1526/1535

a *De la natural hystoria de las Indias.* Toledo o. J. (1526)
2° H. nat. 63

b *La historia general de las Indias.* Sevilla 1535
Universitätsbibliothek München, 2° Hist. 2275 — ohne Abb.

GONZALO FERNÁNDEZ DE OVIEDO kam 1514 als Superintendent der königlichen Goldschmelzen nach Amerika. Er verbrachte dort etwa 30 Jahre, in denen er verschiedene Werke edierte: 1526 erschien sein *Sumario de la natural historia de las Indias* sowie zwischen 1534 und 1557 seine umfangreiche *Historia general* (19 ›Bücher‹ in verschiedenen Auflagen, teilweise mit interessanten Holzschnitten). Auf seinen Reisen studierte er Flora und Fauna Zentralamerikas, beschrieb die Sitten und Gebräuche der Eingeborenen und ging auf die Geschichte amerikanischer Völker ein.

Literatur:
Kohut 1987 – Colin 1988, Nr. B 28, 30, 33, 43; M 10

Kat. 29a

30 Bartholomé de Las Casas:
Anklage der Spanier, 1542/1598

Narratio Regionum Indicarum Per Hispanos Quosdam devastatarum …
Frankfurt am Main: Theodor de Bry 1598
Universitätsbibliothek München, 4° Hist. 1071 ohne Abb.

Mit seiner *Brevissima relación de las destruccion de las Indias* (Kurzer Bericht von der Verwüstung Westindiens) trat der spanische Missionar und Bischof B. de Las Casas (1474–1566) wohl als erster engagierter Kronzeuge und Ankläger der Ausrottung der Indios und der an ihnen verübten Greueltaten gegen seine Landsleute auf. Das Ziel der bereits 1541/42 niedergeschriebenen und 1552 in spanischer Sprache erstmals gedruckten Agitationsschrift war eine Gesetzgebung zum Schutz der Indios durch Karl V. Der Bericht erregte weltweit großes Aufsehen und erschien bis in das 17. Jahrhundert in zahlreichen Sprachen und Ausgaben. Las Casas war im Jahr 1547 im Alter von 73 Jahren nach Spanien zurückgekehrt und starb mit 92 Jahren in Madrid. Die 1598 von dem Frankfurter Verlagshaus de Bry herausgegebene lateinische Fassung seiner Anklageschrift hebt die schauerlichen Greueltaten der Spanier auch durch eine Reihe von Kupferstichen drastisch hervor.

Literatur:
Gewecke 1986, S. 198 ff. – Degenhard 1987, S. 69 ff. – Rech 1987, S. 167 ff. – H.-J. König, in: *Die Neuen Welten* 1988, S. 198 f.

31 Sebastian Münster:
Kosmographie, 1544/1554

Cosmographia. Beschreibung aller Lender durch Sebastianum Munsterum.
Basel: Heinrich Petri 1554
2° Geo. U. 43 (HbKs E 3) ohne Abb.

In enzyklopädischer Form und in volkstümlichem Rahmen suchte Sebastian Münster (1489–1552) das Weltbild seiner Zeit anhand von zeitgenössischen, antiken und mittelalterlichen Quellen darzustellen. Seine *Cosmographia* erschien von 1544 bis 1628 in über 40 Auflagen in mehreren Sprachen und mit zunehmendem Umfang und Bildmaterial. Das verbreitete Werk des Kosmographen und Professors für Hebraistik und Altertumswissenschaften in Heidelberg und Basel, der in Freiburg bei Gregor Reisch studiert hatte, ist trotz seiner Bedeutung und ungeheuren Nachwirkung eine vielfach unkritische Kompilation der verschiedensten historischen und geographischen Quellen. Darüber hinaus sind manch abenteuerliche Berichte, mittelalterlich phantastische Darstellungen oder einfache schematische Kartenskizzen mit der Phantasie entsprungenen, nicht der Realität entsprechenden Landschaftsstrukturen als Tribut an die Massenproduktion und das geschäftliche Interesse zu sehen.

Zur Weltkarte und zur Amerika-Karte vgl. Kat. 89 und 108. In späteren Auflagen sind innerhalb des auffallenderweise nur wenige Seiten umfassenden Kapitels ›Neue Inseln‹ auch Karten von Cuzco und Tenochtitlan enthalten (vgl. Kat. 36 und S. 108, Abb. 4).

Literatur:
Hantzsch 1898 – Buczek 1935, S. 35–40 – Ruland 1962 – Burmeister 1963 – Sixel 1966, Nr. 33 – Wolff 1991, S. 67 ff.

32 Nicolas de Fer:
Land der Amazonen, 1544/1705

L'Amerique Meridionale Et Septentrionale. Dressé … par N. de Fer.
Paris 1705
Kupferstich mit Grenzkolorit, 58 x 45 cm
In: *Atlas Ou Recueil De Cartes Geographiques*. Paris 1709
2° Mapp. 68-8 ohne Abb.

Das Land der Amazonen (*Province des Amazones*) liegt im Zentrum des nördlichen Südamerika, umsäumt von Guiana, Peru, Paraguay, Brasilien, und umfaßt einen Großteil des Amazonas-Beckens.

»Als männliches Schreckbild der Gynaikokratie – der ›Weiberherrschaft‹ – hatten die Amazonen in der griechischen Mythologie eine wichtige Rolle gespielt. Von den antiken Autoren war dieses Volk kriegerischer und männerfeindlicher Frauen in Kleinasien, also am Rande der bekannten Oikumene, angesiedelt worden. Die spanischen Entdecker glaubten, es in den noch unerforschten Regionen der Neuen Welt wiederzufinden. So erhielt der Amazonas, den Francisco de Orellana 1544 in seiner ganzen Länge befahren hatte, seinen Namen nach einem kriegerischen Zusammenstoß mit einem angeblichen ›Frauenstamm‹, von dem der Chronist dieser Reise, Luis de Carvajal, berichtet. Wie hartnäckig sich diese mythische Vorstellung erhielt, zeigt die … Karte.« (Kohl)

Literatur:
Kohl 1982, S. 284, Nr. 1/22

33 Pflanzen und Tiere der Neuen Welt

a Leonhart Fuchs: *De historia stirpium commentarii*. Basel 1542
2° Rar. 2036

b Konrad Gesner: *Thierbuch*. Zürich 1563
Universitätsbibliothek München, 2° Zool. 68

Die beiden bedeutenden Botaniker und Zoologen der Renaissance behandelten in ihren berühmten Kräuter- und Tierbüchern sowohl in naturwissenschaftlich ›moder-

Kat. 33a

Kat. 33b

nen‹ Texten als auch in Abbildungen, die gleichzeitig künstlerisch ansprachen, Pflanzen und Tiere aus der Neuen Welt. Genannt seien hier indianische Züchtungen wie Mais (*Turcicum frumentum – Türckisch Korn*) und Kürbis (*Cucumis Turcicus – Türckisch Cucumer*) bei LEONHART FUCHS (1542 lat. Ausg., 1543 dt. Ausg. *New Kreutterbuch*) sowie spezifisch südamerikanische Tiere wie das Lama und das Gürteltier (*Tatus quadrupes – Schaligel*) bei KONRAD GESNER (1551 ff. lat. Originalausg. in mehreren Bänden, 1563 von CONRAT FORER übersetzte und gekürzte deutschsprachige Ausgabe). In späteren Allegorien wurde der *Schaligel* ein Attribut der *Mexicana* oder *Brasilia*. Das Opossum, eine südamerikanische Beutelratte, erschien bereits erstmals auf der Karte MARTIN WALDSEEMÜLLERS 1516 und der Nachfolgekarte von L. FRIES.

Jedoch zeigt sich sogar bei K. GESNER, einem Gelehrten höchsten Ranges, daß er noch mit einem Bein im traditionellen spätmittelalterlich-frühhumanistischen Geist verwurzelt war, da er es nicht bleiben lassen konnte, neben den exakten Darstellungen auch phantastische Tiergestalten und Mischwesen von Mensch und Tier aus exotischen Ländern abzubilden.

Literatur:
Quetsch 1983, S. 120, 131 ff., 138, 161, Abb. 216, 225, 226 – Falk 1987, S. 56

34 HANS STADEN: Aufenthalt in Brasilien, 1557

Warhaftige, beschreibung eyner landschafft der wilden nacketen grimmigen menschenfresser leuthen in der newen welt America gelegen.
Marburg a. d. Lahn: Andreas Kolbe 1557
Staatsbibliothek Bamberg, Misc. q 59 — ohne Abb.

Der ›Bestseller‹ des Abenteurers HANS STADEN aus Homberg in Hessen erlebte zahlreiche Auflagen, u. a. in Frankfurt bei SIGMUND FEYRABEND und in der Amerika-Reihe von THEODOR DE BRY (Kat. 40).

»Der Reisebericht ist außerordentlich geschickt aufgemacht und dürfte, was Handlungsdramatik und Erzählstil angeht, unter den Americana des 16. Jahrhunderts einmalig sein. Ein erster Teil stellt einen packenden Erlebnisbericht dar, dessen Kern STADENS auffällig geschlossen konzipiertes, einjähriges Gefangenenschicksal unter den ›Menschenfressern‹ bildet... Das Thema ›Kannibalismus‹ übernimmt hierin eine leitmotivische Rolle....« (Menninger) Der zweite Teil ist mehr eine sachlich geschriebene ethnographische Darstellung von Leben und Gewohnheiten, Geräten und Gebrauchsgegenständen, von »haendel und sitten der Tuppin Inbas«, wobei allerdings der Kannibalismus ebenfalls in Einzelheiten hervorgehoben und ausgemalt wird. Die zahlreichen, wenn auch einfachen Holzschnitt-Illustrationen trugen erheblich zum blühenden Absatz des sensationellen Bildberichtes bei.

Obgleich V. Hantzsch 1895 H. Staden aufgrund seiner »wertvollen Mitteilungen mit einem dauernden Namen in der Geschichte der Geographie, namentlich der Völkerkunde« ehren wollte und noch E. Luchesi 1982 durchaus anerkennende Worte fand, lassen sich doch Reiseschriftsteller vom Schlage Stadens und Schmidls (vgl. Kat. 35) heutzutage keineswegs mehr als ruhmvolle Lieferanten der humanistischen Wissenschaften des 16. Jahrhunderts einordnen. Sie übernahmen vielmehr teilweise, wie A. Menninger hervorhebt, einen breiten ethnographischen Themenkatalog aus älteren Schriften und gestalteten ihn ohne Skrupel unter absatzversprechenden Gesichtspunkten in Text und Illustrationen aus.

Literatur:
Hantzsch 1895, S. 57-65 – Sixel 1966, Nr. 36 – E. Luchesi, in: Kohl 1982, S. 71 ff. – Colin 1988, S. 49 f., 212 ff. – A. Menninger, in: *Die Neuen Welten* 1988, S. 92 ff., 285 ff.

35 Ulrich Schmidl: Erlebnisse in den LaPlata-Ländern, um 1557-1567

Handschrift, wohl zwischen 1557 und 1567
Cgm 3000 — ohne Abb.

Warhafftige und liebliche Beschreibung etlicher fürnemen Indianischen Landtschafften und Insulen ... erstmals in der Schiffart Ulrici Schmidts von Straubingen ... beschrieben. Erfurt 1567
Universitätsbibliothek München, 2° H. aux. 85,2 — ohne Abb.

»Ulrich Schmidl stammte aus einer reichen Patrizierfamilie Straubings und wurde zwischen 1510 und 1511 geboren. 1534 brach er auf der mächtigen Flotte Pedro de Mendozas nach der Neuen Welt auf und nahm als einfacher Landsknecht fast 20 Jahre lang an der Durchdringung und Eroberung der spanischen Provinz Río de la Plata teil.« (Menninger)

Von Schmidls Bericht sind drei handschriftliche Fassungen bekannt, und seit 1567 erschien eine Reihe gedruckter Ausgaben. V. Hantzsch kam 1895 zu der Aussage, daß sich Schmidls Bericht »von andern Conquistadorenrelationen durch wahrhafte und schlichte Darstellung auszeichnet«. Dieser Bewertung schloß sich noch F. W. Sixel 1966 weitgehend an, der die Bestrebung Schmidls nach »zuverlässiger Information« hervorhebt, »die sich jedoch zeitgebundener Vorurteile nicht ganz zu enthalten vermag«. Nach heutiger Bewertung ist die Darstellung der Indios jedoch ein prägnantes Beispiel dafür, daß sich selbst ›Augenzeugenberichte‹ über die Neue Welt im 16. Jahrhundert in wesentlichen Teilen weniger an Tatsachen als an ethnozentrischen Vorurteilen und vorgegebenen Klischeevorstellungen des sensationslüsternen Leserpublikums ausrichteten und diese in stereotyper Manier verallgemeinerten und phantasievoll ausmalten. Im Gegensatz zur bisherigen Americana-Forschung erschütterte A. Menninger den Glauben an die Aufrichtigkeit und Glaubwürdigkeit Schmidls schwer. Der Abenteurer und spätere Straubinger Ratsherr trägt somit neben Hans Staden ein hohes Maß an Verantwortung für das in der zweiten Hälfte des 16. Jahrhunderts verbreitete verfälschte Indiobild.

Literatur:
Hantzsch 1895, S. 49 ff. – Sixel 1966, Nr. 35 – U. Schmidl: *Warhaftige Historien einer wunderbaren Schiffahrt*. Nürnberg 1602. Faksimile-Ausg. mit Einführung v. H. Plischke. Graz 1982. 103 S. – A. Menninger, in: *Die Neuen Welten* 1988, S. 92-117

Tenochtitlan im Inselbuch Benedetto Bordones, 1528 (Kat. 84)

36 Karten der Aztekenhauptstadt Tenochtitlan und der Inkahauptstadt Cuzco, 1528/1555/1572

Mexico und *Cusco*
Kolorierte Kupferstiche, 23 x 27 cm und 24 x 27 cm
In: Georg Braun und Franz Hogenberg: *Civitates Orbis Terrarum*. Bd. 1. Köln 1572
2° Mapp. 44 (1-III, 59)

Eine Karte der im Texcoco-See gelegenen Aztekenhauptstadt Tenochtitlan erschien erstmals als Beilage zu zwei Briefen des Cortés in Nürnberg 1524 unter dem Namen *Temixtitan* (S. 108, Abb. 4). Der Teocalli-Tempel und die Paläste des Herrschers Moctezuma im Zentrum sind von ziemlich gleichförmig gebauten und dicht gedrängten Häusern der Stadt, Kanälen und Dammbauten umgeben. Nach der Eroberung 1521 wurde das Zentrum des Aztekenreiches dem Erdboden gleichgemacht und das heutige Mexico City angelegt. In teilweise unterschiedlichem Bild zeigt sich die Stadt im Inselbuch Benedetto Bordones 1528 (Abb. S. 36), nach dem sie 1572 von G. Braun und F. Hogenberg in die *Civitates Orbis Terrarum* und von S. Münster in dessen *Cosmographia* aufgenommen wurde. Die europäische Vorstellung von der Stadt im See »konnte nur die eines amerikanischen Venedigs sein. Ein differenziertes Bild der Architektur gaben die graphischen Darstellungen nicht.« (Budde)

Der ebenfalls bei Braun und Hogenberg abgebildete vogelperspektivische bzw. zentralperspektivische Plan der streng geometrisch angelegten Inka-Hauptstadt Cuzco in

Literatur:
The world encompassed 1952, Nr. 232 – H. Budde: ›'Groß-Venedig', die Residenz 'Vitsliputslis'.‹ In: Kohl 1982, S. 173 ff. – Nebenzahl 1990, S. 74 ff., Taf. 24, S. 130 f., Taf. 41

den Anden – 3000 Meter hoch gelegen – geht auf das Amerika-Werk Giovanni B. Ramusios von 1555 zurück und vereint tatsächliche Gegebenheiten und Phantasievorstellungen. Auch dieser Stadtplan fand weite Verbreitung in den europäischen Publikationen zu Amerika.

37 Girolamo Benzoni: Geschichte Amerikas 1565/1579

Der Newenn Weldt und Indianischen Nidergaengischen Koenigreichs Newe und wahrhaffte History. Durch Hieronymum Bentzon von Meyland …
Basel 1579
2° Am. A 38 ohne Abb.
Wiederbeschafft aus Mitteln der Volkswagen-Stiftung für die ›Sammlung deutscher Drucke 1450-1912‹

Die zunächst in lateinischer Sprache erschienene *Historia del Mondo Nuovo* (Venedig 1565) erregte in den späteren Übersetzungen in verschiedenen Sprachen großes Aufsehen. Mit dem Werk lag »eine weitere bedeutende Geschichte der Spanier in Amerika vor, die im 1. Buch die Entdeckungen des Kolumbus, im 2. Buch Mexiko und die Aktionen des Cortés, im 3. Buch Pizarro und die Eroberung Perus beschreibt; dabei geht Benzoni auch auf die Landschaft, ihre Reichtümer und die Menschen ein.« (König)

Obwohl Benzoni, der 14 Jahre lang die spanisch besetzten Länder Amerikas bereist hatte, trotz dieser langen Zeit bei der Beurteilung der Indios seinem ethnozentrischen und eurozentrischen Denken und Empfinden mit mittelalterlichen und christlichen Wertvorstellungen unterlag, gebot ihm sein Gerechtigkeitssinn, die skandalöse Eroberungs- und Ausrottungspraxis der Spanier an den Pranger zu stellen. »Wie Las Casas vermochte auch Benzoni, der sich teils auf die eigene Erfahrung, teils auf Autoren wie Anghiera, López de Gómara und Las Casas selbst berief, über das Wirken der Spanier in der Neuen Welt nichts Positives anzugeben. Raub, Versklavung, Folter, Mord: das war auch nach seinem Zeugnis seit über 50 Jahren für die amerikanischen Völker alltägliche Realität …« (Gewecke)

Literatur:
Alden/Landis 1980, S. 107, 154, 167, 219, 222, 228, 234 – Gewecke 1986, S. 204 ff. – H.-J. König, in: *Die Neuen Welten* 1988, S. 176 ff.

Kat. 39

38 Abraham Ortelius: Allegorie Amerikas, 1570/1574

In: *Theatrum Orbis Terrarum*. Antwerpen 1574
2° Mapp. 1336 S. 180, Abb. 10

Das Titelblatt des 1570 erstmals erschienenen berühmten Atlaswerkes *Theatrum Orbis Terrarum* von Abraham Ortelius zeigt eine der frühesten allegorischen Darstellungen der vier bekannten Kontinente. Vgl. Beitrag S. Colin, S. 180.

39 Jan Sadeler d. Ä.: Allegorie Amerikas, 1581

Kupferstich von Jan Sadeler d. Ä. (1550-1600) nach Dirk Barendz d. J. (1534-1592), ca. 22,3 x 16,2 cm
Staatliche Graphische Sammlung München, 41232 D

»Das ›America‹ betitelte Blatt zeigt die Personifikation des neuen Erdteils mit Stoffumhang, Federkrone und gefiedertem Speer, unter einem Baum gelagert. Sie blickt zu zwei über ihr sitzenden Papageien, die laut Bildunterschrift die Federn für die indianische Bekleidung liefern.

Literatur:
Kohl 1982, S. 327, Nr. 8/3

In der Gebirgslandschaft mit Palmen und halbrund gedeckten Hütten, wie sie schon im Reisebericht STADENS dargestellt wurden, sind in einem Fluß drei nackte Indianer mit der Goldwäsche beschäftigt. Am linken Bildrand steht ein ebenfalls nacktes, an Adam und Eva erinnerndes Indianerpaar, der Mann mit einem Bogen, die Frau mit einem Federkopfputz, von dem aus ein Federumhang über den Rücken bis zu den Knien fällt. Im Gegensatz zu anderen zeitgenössischen Darstellungen von Indianern und Amerika-Allegorien erweckt das Bild den Eindruck einer paradiesischen Atmosphäre.« (Kohl)

40 THEODOR DE BRY: Die große Amerika-Reihe, Ende 16.-Anfang 17. Jh.

Frankfurt am Main: de Bry 1590ff.
Res 2° It.coll. 3 (4-5
Staats- und Stadtbibliothek Augsburg, 2° GS 126/127 (1-5, 6-9

Der Frankfurter Verleger THEODOR DE BRY (1528-1598) begann Ende des 16. Jahrhunderts eine reich mit Kupferstichen illustrierte Serie von Werken über die Neue Welt, von der er das Erscheinen der ersten sechs Bände erlebte. Sie wurde von seinen Söhnen und schließlich seinem Schwiegersohn MATTHÄUS MERIAN fortgeführt und mit einem 13. Band beendet. DE BRY gehörte mit seinem weitverbreiteten Werk, das zugleich die umfangreichste und wichtigste Quellenedition zur Entdeckungsgeschichte des 16. Jahrhunderts darstellt, zu den bedeutendsten deutschen Americana-Verlegern. Die Reihe war für die Verbreitung eines teilweise falschen und folgenschweren Indianer-Bildes im deutschen Kulturraum mitverantwortlich, auch wenn die Konquista und die schauerlichen Greueltaten der Spanier in Text und Bild ihre Verurteilung fanden.

Literatur:
Böhme 1904, S. 120ff. – E. v. Rath-Bonn: ›Die Entwicklung der Kupferstichillustration im 16. Jahrhundert‹. In: *Archiv für Buchgewerbe*, 1927, 64, S. 11ff. – M. Sondheim: ›Die. de Bry, Matthäus Merian und Wilhelm Fitzer‹. In: *Philobiblon*, 1933, 6, S. 9-34 – Colin 1988, S. 265ff. – H.-J. König, in: *Die Neuen Welten* 1988, S. 176ff.

rechts oben:
Titelkupfer zu BENZONIS Geschichte Amerikas in der DE-BRY-Reihe

unten:
Kupferstich-Illustrationen aus dem Band über die Einwohner Virginias, 1591

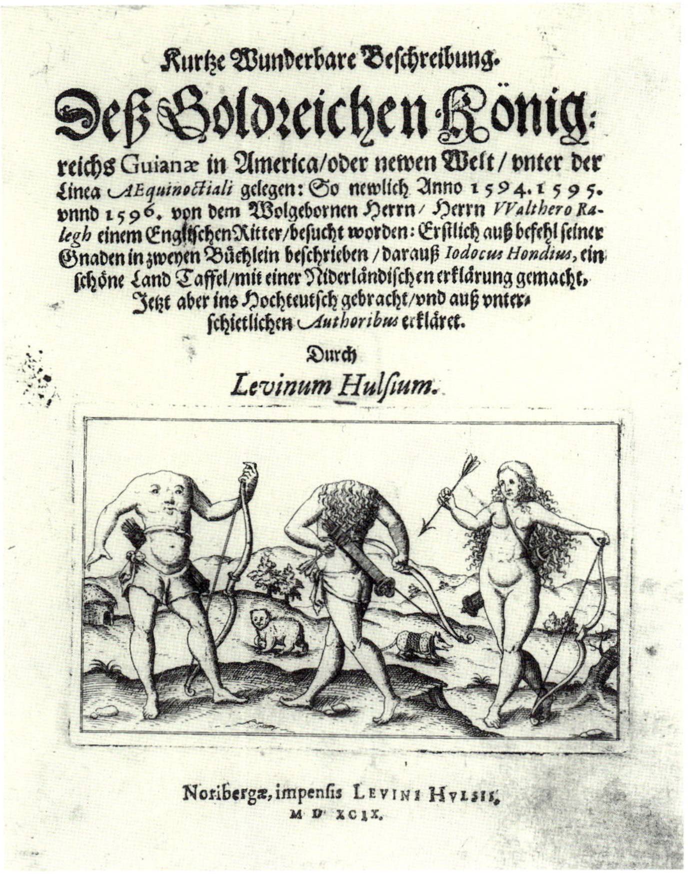

Kurtze Wunderbare Beschreibung.
Deß Goldreichen König:
reichs Guianæ in America/oder newen Welt/ vnter der
Linea Æquinoctiali gelegen: So newlich Anno 1594. 1595.
vnnd 1596. von dem Wolgebornen Herrn/ Herrn VValthero Ra-
legh einem Englischen Ritter/besucht worden: Erstlich auß befehl seiner
Gnaden in zweyen Büchlein beschrieben/darauß Iodocus Hondius, ein
schöne Land Taffel/mit einer Niderländischen erklärung gemacht.
Jetzt aber ins Hochteutsch gebracht/vnd auß vnter-
schietlichen Authoribus erkläret.
Durch
Levinum Hulsium.

Noribergæ, impensis LEVINI HVLSII,
M D XCIX.

41 Walter Raleigh:
›Von den Wunderbaren Leuten‹, 1599

In: Levinus Hulsius: *Kurtze Wunderbare Beschreibung Deß Goldreichen Königreichs Guianae in America oder newen Welt.* Nürnberg 1599
Res. 4° Am. A. 170

Der Reisebericht des englischen Ritters und Seefahrers Sir Walter Raleigh über einen Aufenthalt in Guayana wurde von dem Verleger Levinus Hulsius in deutscher Übersetzung ediert.

Auf dem oben gezeigten Titelblatt und im letzten Kapitel nach einer kurzen Beschreibung von Land, Menschen, Landeserzeugnissen und Natur geht der Verfasser auf kopflose »barbarische Leut« ein, die er auf seiner Reise in Guayana 1595 beobachtet haben will. Als vertrauenswürdige Quellen über die Existenz solcher Menschen in Asien werden »Plinius Secundus, Diu. Augustinus und Isidorus« genannt. Auch die kämpferischen Amazonen sind illustriert. Zur südamerikanischen Tierwelt finden sich reizvolle Abbildungen von Gürteltieren, Faultieren und einem weiteren merkwürdigen Tier, »halb Fuchs, halb Affe«, das nach der Beschreibung zu den Beuteltieren gehört. Eine Landtafel von Südamerika steuerte Jodocus Hondius bei.

Es sei erwähnt, daß von W. Raleigh auch die älteste Spezialkarte des nördlichen Südamerika mit dem Schwerpunkt Orinoco-Gebiet stammt (Handzeichnung um 1595, British Museum, London; vgl. Klemp 1976, Nr. 69).

Die Kosmographie Martin Waldseemüllers

(Vgl. Beitrag H. Wolff, S. 111 ff.)

42 Matthias Ringmann: Einführung in die Kosmographie – Die Reisen des Amerigo Vespucci, 1507

Cosmographiae Introductio . . . – Insuper quatuor Americi Vespucii navigationes. Saint-Dié 7. Mai 1507.
Rar. 1602. – Vgl. S. 112 f., Abb. 3-5

43 Erster Erdglobus mit dem Namen ›America‹, 1507

Mapp I, 5ua. – Vgl. S. 7 ff., 112 ff., 145 ff.; Frontispiz

44 Erste Weltkarte mit dem Namen ›America‹, 1507

Waldburg-Wolfeggsche Bibliothek, Schloß Wolfegg. – Vgl. S. 112 ff., 145 ff.; S. 114/115, Abb. 6

45 Jan Stobnicza: Die westliche Hemisphäre nach Martin Waldseemüller 1507, 1512

Aus der Ptolemäus-Kosmographie Krakau 1512
Rar. 436. – Vgl. S. 124, 147 f.; S. 146, Abb. 2

46 Die Neue Welt in der Ptolemäus-Ausgabe 1513

2° Inc. c.a. 2920a. – Vgl. S. 116 f., 147, 153 f.; S. 117, Abb. 8

47 Weltkarte in der Ptolemäus-Ausgabe 1513

2° Rar. 881. – Vgl. S. 116 f., 147, 153 f.; S. 118, Abb. 9

48 ›Carta Marina Navigatoria‹, 1516

Waldburg-Wolfeggsche Bibliothek, Schloß Wolfegg. – Vgl. S. 118 f., 154; S. 120/121, Abb. 14

49 Polimetrum, 1515

Aus: F. Gregor Reisch: *Margarita Philosophica . . .* Straßburg 1515
Res. 4° Ph. U. 120 – Appendix F. – Vgl. S. 118; S. 119, Abb. 13

50 Lorenz Fries: Die ›Carta Marina‹ nach Martin Waldseemüller, 1530

Mit deutschen Erläuterungen
Mapp. I, 9 m. – Vgl. S. 125

51 Lorenz Fries: Die ›Carta Marina‹ nach Martin Waldseemüller, 1531

Mit lateinischen Erläuterungen
Museum zu Allerheiligen, Schaffhausen. – Vgl. S. 125; S. 126, Abb. 23

52 Heinrich Glarean: Weltkarte nach Martin Waldseemüller, 1510

Kolorierte Federzeichnung auf Papier, ca. 26,5 x 19,5 cm
Eingebunden in: *Cosmographiae Introductio . . .* Saint-Dié 1507 (vgl. Kat. 42)
Universitätsbibliothek München, Cim. 74. – Vgl. S. 122; S. 123, Abb. 17

53 Sebastian Münster: Die westliche Hemisphäre nach Martin Waldseemüller, 1515-1518

Kolorierte Handzeichnung, ca. 23 x 15 cm
Im handschriftlichen Kollegienbuch Waldseemüllers
Cod. lat. 10691. – Vgl. S. 122 f.; S. 124, Abb. 18

Die Münchener Portolankarten

(Vgl. Beitrag H. Wolff, S. 127 ff.)

54 Battista Beccario: Alte Welt, 1426

Mapp XXV, 1 y. – Vgl. S. 129 f.; S. 128, Abb. 1

55 Anonymus: Alte Welt, um 1505

Cod. icon. 131. – Vgl. S. 130; S. 129, Abb. 2

56 Pedro Reinel: ›Atlantik-Karte‹, um 1504

Cod. icon. 132 (›Kunstmann I‹). – Vgl. S. 130 ff.; S. 131, Abb. 3

57 Anonymus: Weltkarte, zwischen 1502 und 1506

Cod. icon. 133 (›Kunstmann II‹). – Vgl. S. 134 ff.; S. 135, Abb. 5

58 Vesconte de Maggiolo: Portolanatlas, 1519

Cod. icon. 135 (›Kunstmann V‹). – Vgl. S. 137 f.; S. 137, Abb. 7

59 Battista Agnese: Portolanatlanten, um 1535-1550

a Cod. icon. 136. – Vgl. S. 138 ff.; S. 138, Abb. 8
b Universitätsbibliothek München: Cim 18. – Vgl. S. 138 ff.; S. 139-141, Abb. 9-11

60 Fernão Vaz Dourado: Portolanatlas, 1580

Cod. icon. 137. – Vgl. S. 142, Abb. 12, 13

61 Thomas Hood: Nord- und Mittelamerika, 1592

Cod. icon. 140-84 (›Kunstmann XIII‹). – Vgl. S. 143 f., Abb. 14

Berühmte Manuskript-Weltkarten und handgemalte Globen des 16. Jahrhunderts

62 Pîrî Reîs: Die verschollene Columbus-Karte von 1498 in einer türkischen Weltkarte, 1513

Kolorierte Handzeichnung auf Pergament, 63 x 87 cm
Bibliothek des Topkapi-Museums, Istanbul

Die 1929 in den Sammlungen des Topkapi-Museums Istanbul entdeckte Karte bildet in neun Farben den Atlantischen Ozean, angrenzende Teile Süd- und Mittelamerikas, die Hinterindischen Inseln sowie Teile des südwestlichen Europas und Westafrikas ab. Die Kommentare sind in türkischer Sprache abgefaßt.

»Nach dem Selbstzeugnis des Pîrî Reîs lagen der 1513 vollendeten Karte 8 ›Ptolemäus-Karten‹, eine arabische Karte von Indien, vier ›neue‹ portugiesische Seekarten von Sind, Hind und China und die von Columbus gezeichnete Karte von Amerika zugrunde. Das existierende Blatt stellt demnach ein Fragment dar, dessen die karibische Inselwelt darstellenden Teile (Kahle 1933) auf die von Columbus 1498 an das Königspaar gesandte, verschollene Karte zurückzuführen sind, während ihr Südamerika-Teil aus verschiedenen portugiesischen Vorlagen zusammengestellt wurde.« (Kreiser)

Die Inseln der Neuen Welt zeigen jedoch in Lage und Form kaum Beziehungen zu ihrer Darstellung auf Karten vom Anfang des 16. Jahrhunderts. Auch ist die Insel Haiti (*Hispagnola*) hier ganz anders gestaltet als auf einer Columbus zugeschriebenen Skizze (S. 146, Abb. 1); sie erinnert vielmehr deutlich an die Form der ostasiatischen Insel *Cipangu* (Japan).

Die Tierwelt der Inseln Mittelamerikas vertreten naturnah dargestellte Papageien; das südamerikanische Küstenland bevölkern antik-mittelalterliche Kopffüßler und hundsköpfige Gestalten sowie sagenhafte, überwiegend gehörnte Tiere.

Literatur:
Y. Akcura: *Pîrî Reîs haritasi.* Faksimile-Ausg. mit mehrsprach. Erl. Istanbul 1935. 21 S. – Kahle 1933 – K. Kreiser, in: *Lexikon zur Geschichte der Kartographie* 1986, S. 608 – Nebenzahl 1990, S. 62, Taf. 20 – L. Zögner, in: Kretschmer 1991, S. 45, Lit. S. 51, Taf. XXII

Kat. 63

63 Juan de la Cosa: Erste Weltkarte, 1500

Kolorierte Handzeichnung auf Pergament, ca. 180 x 96 cm
Museo Naval, Madrid

Diese früheste bekannte, historisch, entdeckungsgeschichtlich wie kartographiegeschichtlich weltberühmte Karte der Neuen Welt zeichnete wohl Juan de la Cosa (gestorben 1510) nach den Ergebnissen der ersten beiden Entdeckungsfahrten von Columbus (1492, 1494) und Ojeda (1496), bei denen er selbst als Schiffseigentümer, Kapitän und Steuermann beteiligt war. Berücksichtigt sind zudem die während der zweiten und dritten Reise von Columbus (bis 1500) und die von J. Cabot (Labrador und Neufundland 1497-1498), V. J. Pinzón (Brasilien 1499) und Cabral (Brasilien 1500) erkundeten Küsten. Möglicherweise handelt es sich auch um eine zwischen 1505 und 1509 angefertigte Kopie der originalen Karte.

Der nordamerikanische Teilkontinent, der auf jüngeren bekannten Karten bis 1506 in einzelne Inseln aufgelöst erscheint und erst dann wieder in einigen Werken geschlossen dargestellt ist, zieht sich hier als geschlossene Landmasse weit in den Nordatlantik hinaus. Die Inseln der Karibik zeigen – von Columbus' Vorstellungen abweichend – bereits deutliche Züge nachfolgender Karten, und die südamerikanische Landmasse läßt ihren kontinentalen Charakter vermuten. Die Frage nach einer mittelamerikanischen Meerenge und damit einem Seeweg nach dem Fernen Osten umging Cosa, indem er ein Bild des Hl. Christophorus an der Stelle plazierte. Abgesehen davon ist aus der Karte nicht ersichtlich, ob Cosa Amerika als eigenständigen Kontinent oder einen Teil Asiens ansah, zwei Theorien, die sich nach 1506 deutlich auf Karten abzeichnen. Kuba erscheint jedenfalls bereits als Insel, obwohl Columbus sie als eine Halbinsel Asiens sehen wollte.

Nahezu die gesamte Neue Welt schlägt der Baske Cosa der Spanischen Krone zu, wie die Demarkationslinie nach dem Vertrag von Tordesillas (1494) zeigt. Auch das Fehlen einer Gradeinteilung, die Kompilation der Karte aus zwei Portolankarten der Alten und der Neuen Welt in verschiedenen, nicht aufeinander abgestimmten Maßstäben sowie die falsche Position des Wendekreises des Krebses weisen nachdrücklich auf die äußerst schwierigen Probleme hin, die in dieser frühen Entdeckerzeit bei der Konstruktion einer Weltkarte, einer Planisphäre, anstanden.

Literatur:
Harrisse 1892, S. 412 ff. – Klemp 1976, Nr. 1 – Schwartz/Ehrenberg 1980, S. 18 f., Abb. 1 – LaRoncière/Mollat 1984, Taf. 22, S. 211 f. – L. Martín Merás, in: *Lexikon zur Geschichte der Kartographie* 1986, S. 147 – Nebenzahl 1990, S. 30, Taf. 10 – Klemp, in: Kretschmer 1991, S. 29, Lit. S. 49

64 Anonymus: Die Weltkarte des Cantino, 1502

Kolorierte Handzeichnung auf Pergament, 218 x 102 cm
Biblioteca Estense, Modena Abb. S. 46/47

Die 1502 von einem bislang unbekannten Kartographen in Portugal vermutlich nach einer offiziellen Standardkarte gezeichnete Planisphäre übermittelte Alberto Cantino, der Gesandte des Herzogs Ercole d'Este von Ferrara, heimlich seinem Herrn, um ihn über spanische und portugiesische Entdeckungen in Übersee zu informieren.

Wie auf anderen Planigloben des beginnenden 16. Jahrhunderts und im Gegensatz zur Cosa-Karte setzt uns vor allem die aus portugiesischer Sicht unzusammenhängende, durch drei weit voneinander entfernte Landgebiete gegliederte Region Nordamerikas in Erstaunen:
– *Punte de Asia*, möglicherweise Grönland;
– *Terra del Rey de portuguall*, das von den Corte-Reals entdeckte Neufundland;
– das Land im Nordwesten von *yssabella* (Kuba), das bisher als Florida, Yukatan, eine versehentliche Wiederholung von Kuba oder eine Halbinsel Ostasiens gedeutet wurde (vgl. hierzu die Karten von Martin Waldseemüller 1507 und Johannes Ruysch 1507/08, S. 114/115, Abb. 6, und S. 163, Abb. 4).

Die geographische Situation der neu entdeckten Region leitet sich auf dieser und anderen portugiesischen Karten des beginnenden 16. Jahrhunderts von den Entdeckungsreisen Columbus', Cabrals und der Corte-Reals ab.

Literatur:
Harrisse 1892, Nr. 47 – Hamann 1968, S. 418 ff. – Cumming u.a. 1972, S. 53 ff., Abb. 52/53 – Schwartz/Ehrenberg 1980, S. 19 ff., Abb. 2 – I. Caraci, in: *Lexikon zur Geschichte der Kartographie* 1986, S. 128 – Nebenzahl 1990, S. 34, Taf. 11

Circulus articus
Oceanus occidentalis
has antilhas del Rey de castella
Terra del Rey de portuguall
Toda esta terra he descoberta p mandado del Rey de castella
Linha equinocialis
Tropicus capricorni
Pollus antarticus
Mare oceanus
Os montes claros em affrica
Castello damina
Linha equinocialis
Motes lune

Circulus articus:
Tropicus cancri
Oceanus orientalis:
Mare barbaricus:
Circulus capricorni:
Pollus antarticus.

Kat. 64

65 Pedro und Jorge Reinel: Brasilien, um 1519

Tabula hec Regionis magni brasilis est
Kolorierte Handzeichnung auf Pergament, 59,5 x 42 cm
In: Atlas ›Miller‹, Lissabon um 1519, 5 Blätter
Bibliothèque Nationale, Paris S. 177, Abb. 5

Der prächtige und detailliert ausgearbeitete Atlas im Portolanstil, eine hochrangige kartographische Kostbarkeit der Pariser Bibliothèque Nationale, entstand in königlichem Auftrag, möglicherweise für Franz I. von Frankreich, durch die Hände der in Portugal damals führenden Kartographen Lopo Homem, Pedro und Jorge Reinel (vgl. S. 130) und des Illuministen Gregorio Lopes. Neben der künstlerischen Leistung beeindruckt nicht minder die geographisch-kartographische Dokumentation, die die Erkundungen von Columbus (1492) bis Magellan (1519) sowohl in der westlichen Neuen Welt als auch im Süden und Südosten Asiens erfaßt. Für ›Amerika‹ ist die große Genauigkeit der Antillen und der brasilianischen Küstengliederung vom Amazonas bis oberhalb der Mündung des Rio de la Plata hervorzuheben; das reichhaltige Dekor zeigt teilweise mit rituellen Federkostümen geschmückte Indianer, Affen, Papageien, eine geflügelte Echse und Brasilholzbäume. Vgl. Beitrag S. Colin, S. 176 ff.

Literatur:
Cortesão/Teixeira da Mota 1960, Bd. 1, S. 55-61 – Klemp 1976, Nr. 66 – LaRoncière/Mollat 1984, Taf. 33, S. 217 ff. – Colin 1988, S. 298 ff., K. 4 – Nebenzahl 1990, S. 66 f.

66 Johannes Schöner: Erdglobus, 1520

Handgemalter Globus, Durchm. 87 cm, Höhe 130 cm
Bamberg 1520
Germanisches Nationalmuseum, Nürnberg S. 148, Abb. 4

Die Globen des Pfarrers, Mathematikers, Astronomen, Kartographen und Kosmographen Johannes Schöner (1477-1547) bauen auf dem Weltbild Martin Waldseemüllers auf, modifiziert durch andere Karten und die Entdeckungsreisen des frühen 16. Jahrhunderts. Der erste, noch kleine Globus entstand serienmäßig als Holzschnitt 1515, der zweite, der den Behaim-Globus von 1492 (Kat. 11b) im Nürnberger Rathaus ablöste, als handgemaltes Unikat 1520. Die große, hervorragend erhaltene Weltkugel ist, ebenso wie der Behaimsche ›Erdapfel‹, eine der ganz besonderen kartographischen Kostbarkeiten des Germanischen Nationalmuseums.

Die Neue Welt gliedert sich in fünf Teile:
- die *Terra Corterealis* (Neufundland);
- Nordamerika als Insel mit den Namen *Terra de Cuba* und *Parias*;
- die Westindischen Inseln;
- Südamerika als große Insel südlich der Antillen mit dem Namen *America vel Brasilia sive Papagalli Terra*;
- und davon durch eine schmale Meerenge getrennt ein antarktisches Landgebiet, genannt *Brasilia inferior*.

Besonders in seinem Nordteil ist der Pazifische Ozean noch schwach ausgeprägt; die Insel *Zipangri* (Japan) und die ostasiatische Inselwelt liegen nicht weit von der nordamerikanischen ›Insel‹ entfernt.

Literatur:
Wieser 1881 – Kretschmer 1892, Taf. XI/4 u. XIII – Fauser 1964, S. 123 f., Abb. 3 – F. Wawrik, in: *Lexikon zur Geschichte der Kartographie* 1986, S. 711 f. – W. Dolz, in: Kretschmer 1991, S. 35 – Vgl. auch Beitrag U. Lindgren, S. 148 ff.

67 Anonymus: ›Salviati-Planisphäre‹, 1525/26

Kolorierte Handzeichnung auf Pergament, 205 x 93 cm
Sevilla, Ende 1525/1526
Biblioteca Medicea Laurenziana, Florenz

Von der Neuen Welt zeigt die nach ihrem ersten Besitzer Kardinal Salviati, einem apostolischen Nuntius in Spanien (1525-1530), benannte, große und sorgfältig ausgearbeitete Weltkarte im Portolanstil die Ostküste Nord- und Südamerikas von Labrador bis zur Magellanstraße im Zusammenhang. Die Ergebnisse der Reise Estevão Gomes' von 1525 mit seinen Namensgebungen im Bereich von North Carolina und der Chesapeake Bay sind bereits erfaßt.

Weitgehende Übereinstimmung ergibt sich im Vergleich mit einer Planisphäre des Archivio Marchesi Castiglioni in Mantua von Diogo Ribeiro 1525, der damals als portugiesischer Kartograph an der ›Casa de la Contratación‹, der obersten Behörde für sämtliche kommerziellen und wissenschaftlichen Belange Amerikas in Sevilla, in leitender Stellung wirkte (vgl. Kat. 69). Aufgrund der von den typischen Ribeiro-Karten völlig abweichenden dekorativen Ausgestaltung wird als Schöpfer der ›Salviati-Planisphäre‹ heute jedoch Nuno Garcia de Toreno, der Vorgänger von D. Ribeiro, in Betracht gezogen.

Literatur:
L. Martín Merás, in: *Lexikon zur Geschichte der Kartographie* 1986, S. 758 ff. (dort weitere Literatur)

EVROPA
AFRICA
ASIA
TROPICVS CANCRI
CIRCVLVS EQVINOCIALIS
TROPICVS CAPRICORNII

Kat. 68

68 Juan Vespucci: Weltkarte, 1526

Kolorierte Handzeichnung auf Pergament, 262 x 85 cm
Sevilla 1526
Hispanic Society of America, New York

»Die erste bekannte Karte, die die Entdeckungen Ayllóns (1525) verzeichnet und einen neuen Typ der Nomenklatur für die Südostküste einführt, ist eine von Juan Vespucci, dem Neffen Amerigo Vespuccis, im Jahr 1526 eigenhändig angefertigte Mappa mundi ... Die Karte beweist Sorgfalt darin, daß Juan Vespucci nur das angab, was seiner Ansicht nach ausreichend gesichert war, um die Aufnahme zu rechtfertigen. Unterhalb von Neufundland und der Küste von Nova Scotia gibt er nichts an, bis er die *Tierra nueva de allyón* erreicht, die er mit einer spanischen Flagge markiert...« (Cumming)

Obwohl die Planisphäre im gleichen Zeitraum wie die ›Salviati-Planisphäre‹ und Karten von Diogo Ribeiro (1525-1526) in der ›Casa de la Contratación‹ in Sevilla entstand, sind merkwürdigerweise keine Beziehungen in den geographischen Details zu erkennen (vgl. Kat. 67, 69). Im Gegensatz zur Karte J. Vespuccis zeigen nämlich die anderen beispielsweise die nordamerikanische Ostküste ohne Unterbrechung, besonders die südamerikanische Küste und Honduras/Nicaragua aber wesentlich formenreicher und wirklichkeitsnäher, Yukatan hingegen unrichtig als Insel. Auch auf Ribeiro-Karten von 1527 bis 1532 ist Yukatan durch einen schmalen Meeresarm vom Hinterland getrennt.

Literatur:
Cumming u.a. 1972, Abb. 87, Erl. S. 84 – Quinn 1979, Bd. 1, Taf. 42, Erl. S. 483 – Nebenzahl 1990, S. 84, Taf. 27

69 Diogo Ribeiro: Weltkarten, 1527/1530

a Handzeichnung auf Pergament, 216 x 86 cm
Sevilla 1527
Herzogin Anna Amalia Bibliothek, Weimar — ohne Abb.

b Fragmente einer Handzeichnung auf Pergament, 37 x 54 und 60 x 41 cm
Sevilla 1530
Studienbibliothek, Dillingen — ohne Abb.

Der Portugiese Diogo Ribeiro (gestorben 1533) wirkte als einer der bedeutendsten Kartographen, Kosmographen und Instrumentenbauer seit 1523 als Nachfolger Sebastian Cabots in der Stellung des ersten Kartographen und Cheflotsen in Sevilla. Mehrere seiner berühmten großen, im Stil von Seekarten repräsentativ ausgeführten Planisphären sowie eine Karte der westlichen Erdhälfte sind erhalten geblieben und werden heute in großen Bibliotheken in Mantua (1525), Vatikan (1529), Weimar (1527 und 1529) und Wolfenbüttel (1532) verwahrt. Fragmente einer Weltkarte von 1530, die für ein Mitglied des Augsburger Handelshauses Welser angefertigt worden sein dürfte, befinden sich in Dillingen an der Donau.

Ribeiro gab seinen Weltkarten ihr typisches dekoratives Gesicht durch Quadranten, Astrolabien, Texte von Navigationsregeln und landeskundliche Illustrationen, wobei erstmals technisch-wissenschaftliche Motive als Kartenschmuck zur Verwendung kamen und die bislang verbreiteten religiösen und geschichtlich-landeskundlichen Darstellungen ersetzten bzw. ergänzten. Die Karten in Rom, Dillingen und Wolfenbüttel weisen zudem zahlreiche gekonnt gezeichnete Tierdarstellungen auf. Als eine der schönsten gilt die Karte des Vatikans, die für einen fürstlichen Empfänger bestimmt war (Abb. S. 52/53).

Als Kopien des in Sevilla als Geheimsache angefertigten und laufend nach neuesten Entdeckungs- und Erkundungsberichten aktualisierten amtlichen ›Padrón general‹ gehören die Planisphären zu den geographisch und geodätisch genauesten und zunehmend differenzierten Weltkarten ihrer Zeit.

Zu den geographischen Erkenntnissen über die Neue Welt hatten besonders die zahlreichen Expeditionen anläßlich der Suche nach einer Nordwestpassage und die Erforschung der mittel- und südamerikanischen Küsten beigetragen. Daneben sei die zunehmend genaue Darstellung Südostasiens, besonders der Molukken hervorgehoben, die seit ihrer Erkundung durch die Portugiesen und Spanier im Brennpunkt des ›Weltinteresses‹ standen. 1529, also im gleichen Jahr, in dem Ribeiro die Karten von Weimar und Rom schuf, überließ Karl v. von Spanien im Vertrag von Zaragoza den sagenhaften, vor allem wegen seines Reichtums an Gewürzpflanzen begehrten Archipel der portugiesischen Krone.

Literatur:
Harrisse 1892, S. 573 ff. – Almagià 1944, Bd. 1, S. 50 ff. – Cortesão/Teixeira da Mota 1960, Bd. 1, S. 87-94, 101 ff., Taf. 37-41; Bd. 5, S. 5, Taf. 523 – Vigneras 1962, S. 76 ff. – Klemp 1976, Nr. 8 – LaRoncière/Mollat 1984, Taf. 37, S. 221 – Colin 1988, S. 303 – Nebenzahl 1990, S. 92 f., Taf. 29 – K. Lenz, in: Kretschmer 1991, S. 38, Taf. XV

DIOGO RIBEIRO: Weltkarte, 1529. Biblioteca Apostolica Vaticana, Rom (vgl. Kat. 69)

OCCEANVS SEPTETRIONA
LIS
MARE HYPERBOREV
HYPERBOREI
MONTES
GERMANIA
POLONIA
FRANCIA
SARMATIA EVROPE
SARMATIA ASIATICA
PONTVS EVXIVS
GRETIA
MEDIA
HIRCANIA
SCITHIA EXTRA IMAV MOTE
ARMENIA
ARACHOSIA
PAROPANISVS
GEDROSIA
MAVRITANIA
MARE MEDITERANEV
NVMIDIA
GETVLIA
ARABIA DESERTA
ARABIA PETREA
INDIA INTRA GAGE
INDIA EXTRA GAGE
GVINEA
LIBIA INTERIOR
ETHIOPIA
SINVS GAGETICVS
REGIO ETHIOPV
MAREETHIOPICVM
SINVS BARBARICVS
PALVDES NILI
MOTES LVNE
MARE INDICVM
OCCEANVS ORIENTALIS
INSVLA DIVI LAVRETII
PROMOTORIV BONÆ SPEI
OCCEANVS MERIDIONALIS

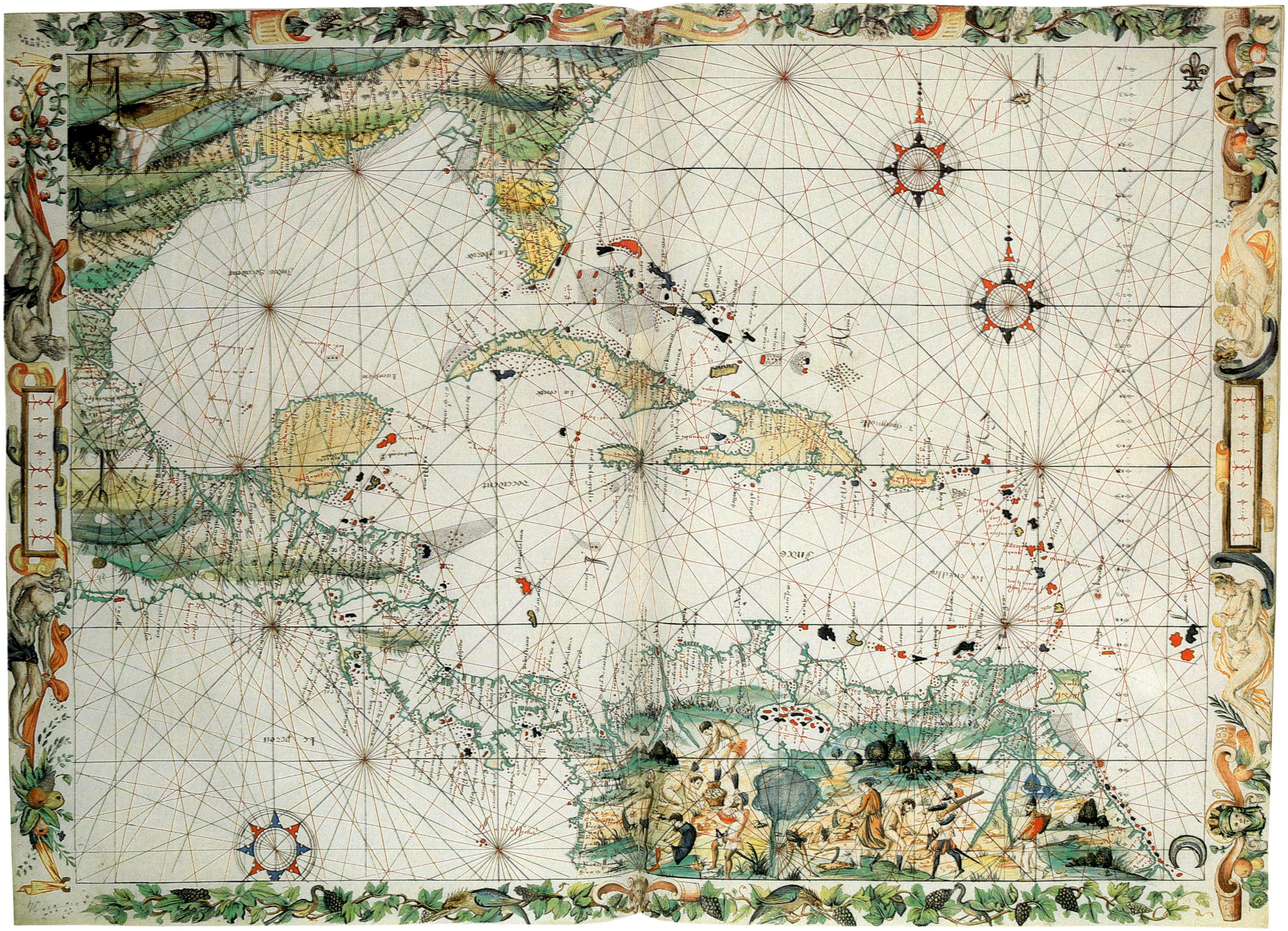

Kat. 70

70 Anonymus: Golf von Mexiko, Karibik, nördliches Südamerika, 1536-1540

Kolorierte Handzeichnung auf Pergament in einem undatierten und unsignierten Atlas
Dieppe um 1536-1540
Koninklijke Bibliotheek, Den Haag

Der meisterhaft und vielseitig dekorierte, fein kolorierte Atlas im Portolanstil gehört der ›ersten Diepper Schule‹ an, d.h. zu den kartographischen Aktivitäten, die sich ab 1535 in den nordfranzösischen Hafenstädten feststellen lassen. Als Vorbilder dienten in der Regel portugiesische Karten. Das kunstvolle Werk läßt sich aufgrund des Wappens von HENRI, dem Dauphin und späteren König HEINRICH II. von Frankreich, für den der Atlas möglicherweise geschaffen wurde, sowie des Fehlens von Ergebnissen der Expeditionen JACQUES CARTIERS in den Jahren 1534 und 1535 – sie erscheinen auf den kartographischen Erzeugnissen der Diepper Schule ab 1541 – zwischen 1536 und 1540 datieren.

Geographie, Windrosen und Ortsnamen des Atlas sind im wesentlichen portugiesisch. »Daraus leitet man ab, daß der Kartograph Portugiese ist und noch nicht lange in Frankreich lebte ... Die schmückenden Züge dieses Atlas, namentlich Grenzen, Schiffe und bildhafte Zeichnungen, die die Länder bedecken, entsprechen dem Stil der Diepper Schule und müssen von einem örtlichen Maler oder Kolorierer hinzugefügt worden sein.

Bei der Ostküste Nordamerikas folgen Umrisse und Nomenklatur dem spanischen ›Padrón general‹, wie er im Jahr 1536 von ALONSO DE CHAVES erneuert wurde.« (Cumming) Das Innere des nördlichen Südamerika ist mit Goldgräberszenen ausgefüllt, die als die früheste Darstellung indianischer Zwangsarbeit in der europäischen Kunst gelten. »Die entwürdigende Lage der Zwangsarbeiter erregt das Mitgefühl des Betrachters und reflektiert die negative Bewertung der Kolonial- und Eingeborenenpolitik Spaniens am französischen Hof.« (Colin) Ein weiteres schönes Beispiel zur Illustration dieses Atlas ist die Darstellung Nordamerikas mit phantasievoller Naturlandschaft und kanadischen Indianern (S. 175, Abb. 1).

Literatur:
Cumming u.a. 1972, S. 61, Abb. 54 – Klemp 1976, Nr. 56 – R. Hervé, in: *Lexikon zur Geschichte der Kartographie* 1986, S. 173 f. – Colin 1988, S. 304 f., Nr. K. 10

71 JEAN ROTZ: Weltkarte 1542

Kolorierte Handzeichnung auf Pergament
In: *Boke of Idrography. Presented by Jean Rotz to* HENRY VIII. 1542
British Library, London Abb. S. 56

JEAN ROTZ (ROZE, ROSS), einer der bedeutendsten Piloten und Kosmographen der ›ersten Diepper Schule‹, schuf von 1535 bis 1542 einen prunkvollen, HEINRICH VIII. von England gewidmeten Atlas, der neben elf Karten größerer Regionen im Portolanstil eine Weltkarte in zwei Hemisphären mit Gradnetz enthält.

Sie spiegelt die jüngsten Kenntnisse des Kartenschöpfers wider, wobei die verbesserte Abmessung und Gliederung des östlichen Nordamerika unter anderem auf die zweite Reise J. CARTIERS 1535-1536 zurückgeht. Ein besonderer Fortschritt ist das Bild des damals genauer erforschten St.-Lorenz-Stroms mit einem weiten golfähnlichen, durch die Anticosti-Insel und weitere große Inseln gegliederten Mündungstrichter.

Bei Südamerika fällt zunächst die merkwürdige und erstmals kartographisch dargestellte Auffassung Brasiliens als große Insel auf, die sich durch die irrtümliche Verbindung von Amazonas-Mündung und Rio de la Plata ergab, wobei sich im Mittelteil des schmalen Meeresarmes noch zwei kuriose kleine Inseln befinden. Besonders bemerkenswert erscheint auch die unförmige Gesamtgestalt Südamerikas mit der ausgeprägten – falschen – südwestlichen Ausbuchtung, wie sie in ähnlicher Art später die handgezeichneten Karten von SANCHO GUTIÉRREZ 1551, DIOGO HOMEM 1558 (Kat. 75) und 1568 sowie unter Verwendung weiterer Quellen und noch markanter die gedruckten von G. MERCATOR 1569 (Kat. 98), A. ORTELIUS 1570 (Kat. 99) und ihrer Epigonen zeigen. In dem hervorragenden Faksimilewerk des Atlas von J. ROTZ kommentiert D. B. Quinn ausführlich das dort präsentierte Amerikabild.

Literatur:
D. B. Quinn, in: *Boke of Idrography*. 1542. Faksimile-Ausg. Oxford 1981, S. 47-58 – Wallis 1981 – LaRoncière/Mollat 1984, S. 224, Nr. 39, 40 – R. Hervé, in: *Lexikon zur Geschichte der Kartographie* 1986, S. 173 f.

Kat. 71

72 Guillaume Brouscon: Weltkarte, 1543

Kolorierte Handzeichnung auf Pergament, 65 x 45 cm
Le Conquet 1543
Huntington Library and Art Gallery, San Marino (Calif.)

Im geographischen Konzept dieser Weltkarte fällt zunächst die von sonstigen Bildern und auch von der ein Jahr jüngeren Weltkarte Jean Rotz' stark abweichende Darstellung Südamerikas ins Auge, weiter die schmale Meeresstraße zwischen Nordamerika und Skandinavien, die immer noch sehr ungenaue Erfassung Nordeuropas und der südlich der Hinterindischen Inseln mit dem

Namen *La Jave Grande* beginnende und breit ausladende australisch-antarktische Kontinent, der an die gleichzeitig aufblühende nordfranzösische Schule von Dieppe erinnert (vgl. Kat. 71).

Guillaume Brouscon war ein bedeutender Pilot und Kartograph in Le Conquet bei Brest, das sich aufgrund seiner günstigen Lage zu einem wichtigen Handels- und Seefahrtszentrum mit einer von Brouscon begründeten Schule für nautische Kartographie entwickelt hatte. Den dekorativen Charakter der repräsentativen Karte prägen der gemalte Rahmen, die abwechslungsreich gestalteten Windrosen und das Wappen von Artus de Cossé, einem berühmten französischen Marschall.

An besonders bemerkenswerten Einzelheiten sei die Darstellung Neufundlands als Insel hervorgehoben. Die Wiedergabe der von J. Cartier 1534-1542 erkundeten und namentlich erfaßten Region Kanadas (*Ochelaga, Sagane*) zeigt die aktuellen Kenntnisse des bretonischen Kartographen. In der Gestaltung der Magellaninsel ist Brouscon seinen Zeitgenossen weit voraus, obwohl eine genauere Erkundung erst später erfolgte.

Literatur:
LaRoncière/Mollat 1984, Taf. 42, S. 225 f. – R. Hervé, in: *Lexikon zur Geschichte der Kartographie* 1986, S. 145 f.

73 Pierre Desceliers: Weltkarte, 1550

Kolorierte Handzeichnung auf Pergament, 215 x 135 cm
Arques/Dieppe 1550
British Library, London

Pierre Desceliers – zunächst als Priester ausgebildet – entwickelte sich zu einem der bedeutendsten Geographen, Kartographen und Hydrographen der frühen Schule von Dieppe, wie auch aus seinem Beinamen ›Vater der französischen Hydrographie‹ hervorgeht. Als Malerkartograph schuf er nicht nur geographisch-kartographisch ausgezeichnete Dokumente seiner Zeit, sondern auch künstlerisch hochrangige Repräsentationsstücke für fürstliche bzw. königliche Interessenten. Von seinen erhaltenen Karten gilt die vorliegende, unter anderem König Heinrich II. von Frankreich gewidmete Planisphäre als die beste und schönste.

Im Zusammenhang mit Amerika sei hervorgehoben, daß Desceliers in einer Folgekarte den von Jacques Cartier in mehreren Expeditionen (1534-1542) erkundeten St.-Lorenz-Strom entsprechend Cartiers geographischer Auffassung und Nomenklatur aufnahm und auch die Darstellung Neufundlands und anderer geographischer Verhältnisse verbesserte. Amazonas und LaPlata sind in ihrer Breite stark übertrieben.

Der große Südkontinent, die *Terre Australle*, zieht von Feuerland im Westen bis zur Position Ostasiens, biegt dort nach Norden und verbindet sich mit Java (vgl. Kat. 71). Dies ist ein weiteres Beispiel dafür, daß nordfranzösische Kartographen im Gegensatz zu den Portugiesen und Spaniern, deren Werke teilweise ihr Fundament bildeten, stark hypothetische Vorstellungen in ihre kartographischen Erzeugnisse miteinbezogen.

Literatur:
Cumming u.a. 1972, S. 55, 124, Abb. 139 – LaRoncière/Mollat 1984, Taf. 47, S. 229 ff. – R. Hervé, in: *Lexikon zur Geschichte der Kartographie* 1986, S. 173 f. – Colin 1988, K. 20 – Nebenzahl 1990, S. 112 f., Taf. 36 – K. Lenz, in: Kretschmer 1991, S. 39

74 Lopo Homem: Weltkarte, 1554

Kolorierte Handzeichnung auf Pergament, 224 x 142 cm
Lissabon 1554
Museo di Storia della Scienza, Florenz S. 155, Abb. 12

Lopo Homem (geboren 1496), ein berühmter Kartograph und ›Cosmógrafo‹ der Portugiesischen Krone unter König Johann III., war »wegen seiner kartographischen Tätigkeit bereits 1524 so geschätzt, daß er jenem portugiesischen Team angehörte, das mit den kastilischen Gesandten über die Besitzzugehörigkeit der Molukken verhandelte« (Albuquerque). Einer der Gegenspieler auf der spanischen Seite war Juan Vespucci (vgl. Kat. 82). Vom Werk L. Homems sind nur wenige handgezeichnete Karten im Portolanstil erhalten. Die vorliegende dekorative und berühmte Planisphäre im Wandkartenformat, »ein Wunder an Geduld und Präzision«, bietet sowohl eine zusammenfassende Übersicht von Ostasien und Neuguinea im Osten bis zur kalifornischen Halbinsel im Westen als auch ein reichhaltiges Inventar von Ortsnamen. In der Neuen Welt fällt die Betonung des Amazonas auf; Südamerika erscheint kurioserweise nur bis zu einer südlichen Breite, die den nördlichen Küsten Amerikas auf der Nordhalbkugel entspricht. Auch der Südpolarkontinent schien Homem für diese optisch ausgewogene Darstellung entbehrlich gewesen zu sein.

Literatur:
Cortesão/Teixeira da Mota 1960, Bd. 1, S. 67-69, Taf. 27 – L. Albuquerque, in: *Lexikon zur Geschichte der Kartographie* 1986, S. 318 f.

LA ZONA TORRIDA:
LA LIGNE:
LA MER DES INDES
ORIENTALLES:
TROPIQVE DE CAPRI CORNE
MER AVSTRALLE:
LA TERRE AVSTRALLE:
FAICTE A ARQVES
PAR PIERRES DESCELIERS

Kat. 73

75 Diogo Homem: Der Nordatlantik mit Mittel- und Nordamerika, 1558

Handzeichnung auf Pergament, 82 x 59 cm
Im Weltatlas D. Homems von 1558 (12 Blätter)
British Library, London

Der repräsentative und luxuriös ausgestattete, meisterhaft unter Verwendung von Gold kolorierte Manuskriptatlas wurde von Lopo Homems Sohn Diogo, einem ebenfalls hervorragenden Exponenten dieser bedeutenden portugiesischen Kartographen-Dynastie, für eine hohe Persönlichkeit, wohl Königin Mary I von England, die Gemahlin Philipps II von Spanien, angefertigt.

Das zehnte Blatt zeigt den Nordatlantik, die Westindischen Inseln und das südöstliche Nordamerika. »Diogo Homem folgte bei der Wiedergabe des St.-Lorenz-Stromes und der Fundybai, einer großen Bucht an der Nordatlantikküste, einer Karte Lopo Homems aus dem Jahre 1554. Der St. Lorenz stellt hier eine Verbindung zum Pazifischen Ozean her; seiner Mündung sind mehrere Inseln vorgelagert. Die Bezeichnung für diese Inseln entnahm Diogo Homem anderen, unbekannten Quellen. Bei der Darstellung der Ostküste Neufundlands folgte er den Entdeckungen von João Alvares Fagundes vor 1521. Für die Küste der *Terra de florida* benutzte er neuere Angaben unbekannter Herkunft.« (Klemp)

Literatur:
Cortesão/Teixeira da Mota 1960, Bd. 2, S. 3-10, Taf. 106 – Cumming u. a. 1972, S. 124, Abb. 140 – Klemp 1976, Nr. 20 – L. Albuquerque, in: *Lexikon zur Geschichte der Kartographie* 1986, S. 318 f.

76 PHILIPP APIAN / HANS DONAUER: Der Erdglobus der herzoglich-bayerischen Hofbibliothek, 1576

Holzkonstruktion, Ölmalerei auf Gipskreidegrund, Durchm. 76 cm
Mapp I, 5ux

Außer der ersten aufgrund von Vermessungen im Laufe von sechs bis sieben Jahren angefertigten Landeskarte des Herzogtums Bayern (Holzschnittkarte in 24 Teilen, ca. 1 : 144 000) schuf PHILIPP APIAN, Herzog ALBRECHTS V. Landestopograph, Mathematiker und Kosmograph der Universität Ingolstadt, ebenfalls im Auftrag des Landesfürsten einen großen repräsentativen Erdglobus. Zusammen mit dem Himmelsglobus von HEINRICH ARBOREUS und HANS DONAUER war er dazu ausersehen, die wertvollen Handschriften und Drucke der herzoglichen Büchersammlung als besondere Schaustücke zu bereichern. Das berühmte Globenpaar, das als eines der schönsten gelten kann, zählt denn auch zu den ›Wahrzeichen‹ der Münchener Bibliothek seit ihrer Gründerzeit.

Der APIANforscher S. Günther bezeichnete den Globus nach Zeichnung und Ausstattung als ein »wirkliches Meisterwerk«. In der Weltgeographie konnte APIAN auf die wenige Jahre vor seinem neuen Auftrag entstandene Weltkarte GERHARD MERCATORS (Kat. 98) zurückgreifen. Das MERCATORsche Weltbild spiegeln z. B. die Auffassung Südamerikas oder die Umgrenzung des Südpolargebietes und der fiktiven nordpolaren Länder wider.

Literatur:
Günther 1882, S. 127 f. – Fauser 1964, S. 48 f. – Fauser 1967, S. 84 ff. – Seifert 1979, S. 152 – Wolff 1989, S. 153 ff.

PHILIPP APIAN (1531-1589)

Die Darstellungen von Mittelamerika mit nördlichem Südamerika (*oben*) und der Südteil von Südamerika mit dem Randgebiet der *Terra Australis* (*unten*) auf dem Erdglobus des PHILIPP APIAN (Kat. 76).

77 Johannes Ruysch: Fächerförmige Weltkarte, 1507/1508

Kupferstich, ca. 56 x 41,5 cm (Blattgröße)
In: Claudius Ptolemäus: *Geographia*. Rom 1508
Res. A. gr. b. 981 S. 163, Abb. 4

Die ältesten gedruckten Karten, auf denen wir Amerika finden, sind die Weltkarten von Giovanni Matteo Contarini (Florenz 1506, British Library, London), Johannes Ruysch (Ptolemäus-Ausgabe Rom 1507 und 1508) und Martin Waldseemüller (Saint-Dié 1507, vgl. S. 114/115, Abb. 6). Während die als Einzelkarten gedruckten Werke von Contarini und Waldseemüller je bis auf ein einziges bekanntes Exemplar den ›Stürmen der Zeit‹ zum Opfer fielen, blieb die Karte Ruyschs als Tafel eines Atlas in größerer Zahl erhalten. Sie stellt die erste ›moderne‹ Weltkarte der *Cosmographia* (*Geographia*) des Ptolemäus dar. Der fächerförmige Kegelentwurf, der zur ersten ptolemäischen Projektion gehört (vgl. S. 163 ff.), läßt sich von Contarini ableiten; in der Geographie findet sich dagegen eine Reihe von Unterschieden.

»Bei der Verarbeitung der Entdeckungen im Westen basiert Ruysch in erster Linie auf portugiesischen Berichten. Er bemerkt beispielsweise in einer Legende zu Südamerika, daß die Portugiesen hier auf ihren Fahrten bis zu einer geographischen Breite von 50° gekommen seien, ohne dabei die Südspitze des Kontinents zu erreichen. Ruysch nennt diesen Erdteil immer noch *Terra Sanctae Crucis sive Mundus Novus*; die Bezeichnung *Amerika* ist ihm unbekannt. Der Autor scheint von den Entdeckungen der Spanier ohnehin keine genaue Kenntnis besessen zu haben. So zeichnet er die Westküste Kubas, die zu seiner Zeit schon bekannt war, nicht ein...

Neufundland erscheint als langgestreckte Insel, Grönland wird erstmals nicht durch die nördliche Landmasse mit Asien verbunden. Nach Ruysch sind die von John und Sebastian Cabot und den Brüdern Corte Reals entdeckten Gebiete Asien zuzurechnen, die von Columbus, Pinzón und Cabral entdeckten Länder zu einem Kontinent, der von Asien durch die offene See getrennt ist.« (Seifert)

Literatur:
Nordenskiöld 1889, Taf. XXXII, S. 63 – Harrisse 1892, S. 302 – Fite/Freeman 1926, S. 28-31 – B. Swan: ›The Ruysch map of the world (1507-1508).‹ In: *Papers of the Bibliographical Society of America*, 1951, 45, S. 219-236 – Seifert 1973 – Klemp 1976, Nr. 5 – Schwartz/Ehrenberg 1980, S. 28 f., Abb. 6 – Shirley 1983, Nr. 25 – Nebenzahl 1990, S. 50 f., Taf. 15 – J. Kupčik, in: Kretschmer 1991, S. 31, Lit. S. 49

78 Francesco Rosselli: Ovale Weltkarte, um 1508

Kolorierter Holzschnitt, 33,5 x 18 cm
Florenz um 1508
National Maritime Museum, Greenwich S. 171, Abb. 14

Francesco Rosselli (Roselli; um 1447/48-nach 1513) wirkte als Buchmaler, Verleger und Kosmograph in Florenz. Seine kartographischen Werke spiegeln den Wechsel vom ptolemäischen zum modernen Weltbild wider. Dementsprechend zeigen seine Weltkarten den Fortgang und die Ergebnisse der Entdeckungsreisen. Die um 1508 entstandene Weltkarte in ovaler Projektion (vgl. hierzu S. 168 ff.) dokumentiert die Erkundungen der vierten Columbusreise und der Reise von J. Cabot 1497.

Ros(s)elli trug die auf Columbus zurückgehenden geographischen Namen Mittelamerikas gemäß dessen Vorstellungen an den Küsten Ost- und Südostasiens ein. Südamerika erscheint als ein neues, ost-westlich gestrecktes, ovales großes Landgebiet. Erstmals ist auch der antarktische Kontinent kartographisch erfaßt.

Literatur:
R. Almagià: ›On the cartographic work of Francesco Rosselli.‹ In: *Imago Mundi*, 1951, 8, S. 27-34 – *The world encompassed* 1952, Nr. 84 – Shirley 1983, Nr. 18, 24, 28, 29 – F. Hellwig, in: *Lexikon zur Geschichte der Kartographie* 1986, S. 679 f. – Nebenzahl 1990, S. 56, Taf. 17

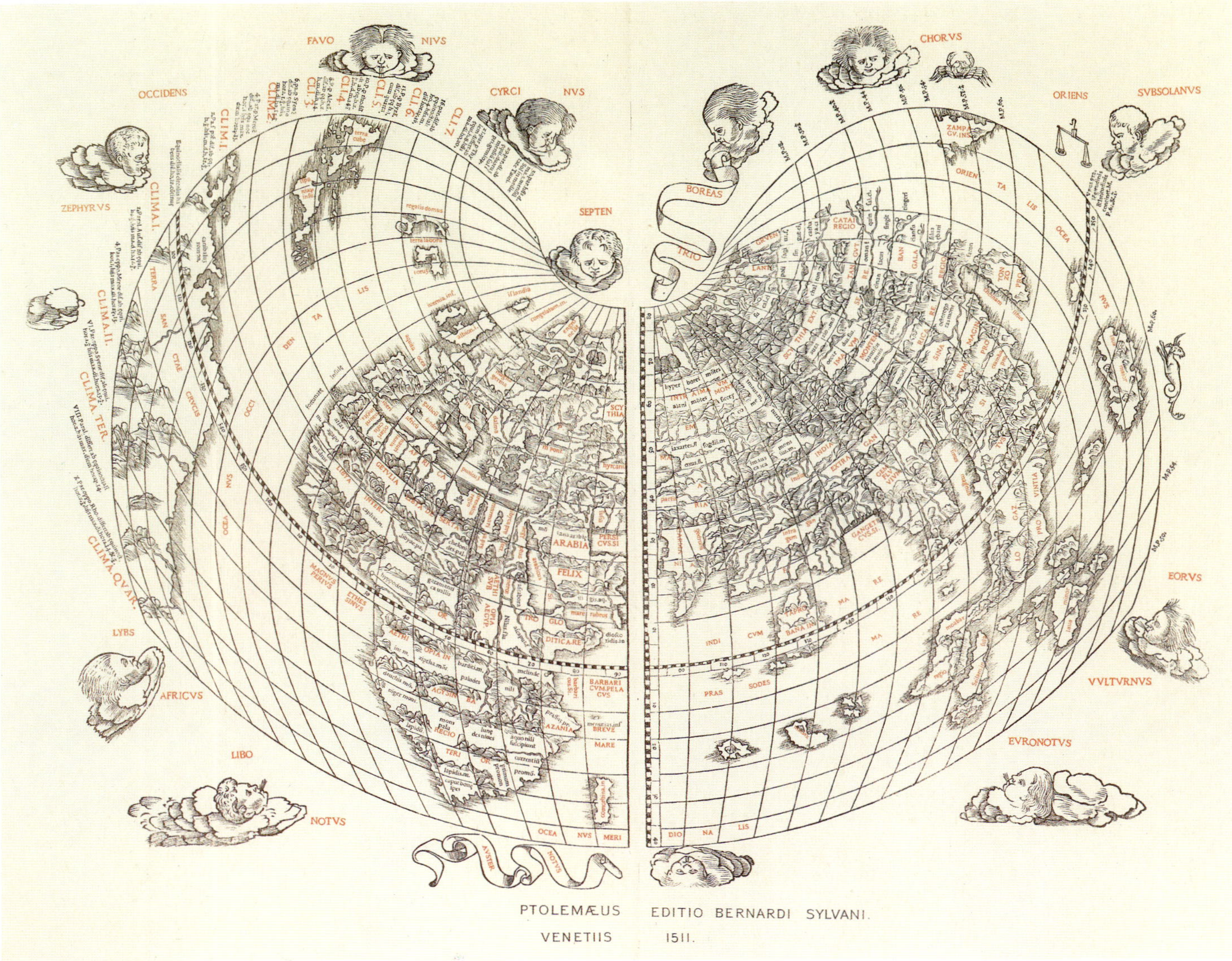

79 Bernardus Sylvanus: Zwiebelförmige Weltkarte, 1511

Holzschnitt, 58,5 x 42 cm
In: Claudius Ptolemäus: *Geographia*, Venedig 1511
2° Mapp. 282 f. (Faksimile 1969)

Mit der Ptolemäus-Edition Venedig 1511 liegt der älteste Atlas mit einer zwiebelförmigen Weltkarte vor. Wohl als erstes Buch enthält diese Ausgabe auch Karten im Zweifarbendruck, wobei die geographischen Namen der Karten mit Hilfe beweglicher Typen rot gedruckt wurden.

Das Werk des aus Eboli stammenden Kartographen ist jedoch nicht nur vom Buch- und Druckgeschichtlichen her als Pionierleistung zu rühmen, sondern auch aufgrund der Darstellung neuer geographischer Kenntnisse interessant. So zeigt die Weltkarte erstmalig in einem Atlas Japan (*Zampagu*) und – als Inseln – Teile der nordamerikanischen Küstenstriche (*terra laboratorum, regalis domus*) sowie zum zweiten Mal in einer Ptolemäus-Ausgabe Teile Mittel- und Südamerikas. Von Südamerika (*Terra Sanctae Crucis*) wird nur der östliche Teil wiedergegeben, der westliche ist vom Kartenrand abgeschnitten. Einschließlich des Pazifischen Ozeans fehlen damit dem Erdumfang ca. 40 Grade.

Wie sich aufgrund einer Reihe von Ähnlichkeiten schließen läßt, hat Sylvanus italienische und ggf. portugiesische Manuskriptkarten wie jene von Caverio, die ›King-Hamy-Karte‹ und die ›Kunstmann-II-Karte‹ (vgl. S. 135, Abb. 5) als Grundlage verwendet. Wahrscheinlich waren ihm auch die gedruckten Weltkarten von Contarini/Rosselli (1506), Waldseemüller (S. 114/115, Abb. 6), Ruysch (Kat. 77) und Rosselli (Kat. 78) bekannt.

Die Küsten Nordasiens grenzte Sylvanus nicht klar ab, um die große Unsicherheit über ihren Verlauf und ihre

Literatur:
Nordenskiöld 1889, S. 18-19, Taf. XXXIII – Harrisse 1892 – C. Ptolemäus: *Geographia.* Venedig 1511. Faksimile-Ausg. mit Einführung v. R. A. Skelton. Amsterdam 1969. XI S., 91 Bl. m. Taf. n. Kt. (Theatrum orbis terrarum. Ser. V.) – Shirley 1983, Nr. 32 – *The Sylvanus single cordiform map. A critical review by D. Woodward.* Faksimile-Ausg. Chicago 1983. 8 S., Abb., Kt. – F. Wawrik, in: Kretschmer 1991, S. 32

Verbindungen mit nordamerikanischen Ländern zu betonen. Auch das Land *regalis domus* im Nordwest-Atlantik (Neufundland nach den Erkundungen der Corte-Reals) läßt seine Westküste oder Landverbindungen wie auf den genannten Manuskriptkarten vermissen. Die Landgebiete des Nordatlantiks, die Ruysch als Halbinsel zusammen mit Nordostasien zu einem geschlossenen Kontinent verband, sind bei Sylvanus sehr rudimentär durch den gleichen Namen *Gruenlant* (nördlich von *Catai*) angedeutet.

80 Gregor Reisch: Weltkarte, 1515

Typus Universalis Terre
Holzschnitt, 43 x 16,5 cm
In: *Margarita Philosophica*. Straßburg: Grüninger 1515
4° Res. Ph. U. 120

G. Reischs Weltkarte ist eine der ältesten mit dem einheitlichen Kontinent Amerika, hier *Paria seu prisilia* genannt und zwischen dem 75. nördlichen und 55. südlichen Breitengrad eingetragen. Nord- und Südamerika sind miteinander verbunden. Japan findet man unter dem Namen *Z(ipangri)*, geteilt durch den Wendekreis des Krebses, am östlichen Kartenende. Auffallenderweise sind Südamerika und Afrika in west-östlicher Richtung sehr stark gedehnt.

Das Bild, das der Kartäuserprior und Professor an der Universität Freiburg G. Reisch (um 1470-1525) nun anstelle seiner früheren Weltkarte im Ptolemäus-Typ in der *Margarita* (Erstausgabe 1503) als Beilage verwendete, richtet sich weitgehend nach Waldseemüllers Ptolemäus-Ausgabe von 1513 (S. 118, Abb. 9). Die Karte erschien noch einmal im Jahr 1535 in der *Margarita*. In den meisten erhaltenen Bänden dieser frühen Enzyklopädie ist die Weltkarte verloren, sodaß heute nur noch wenige Blätter bekannt sind. Bereits 1889 wies A. E. Nordenskiöld auf die Schwierigkeiten hin, die Karte aufzufinden.

Literatur:
Nordenskiöld 1889, S. 70-71, Taf. XXXVIII – Harrisse 1892, Nr. 101 – Fischer/Wieser 1903 – Shirley 1983, Nr. 40 – F. Wawrik, in: Kretschmer 1991, S. 33 – Vgl. auch Beitrag U. Lindgren, S. 153 f.

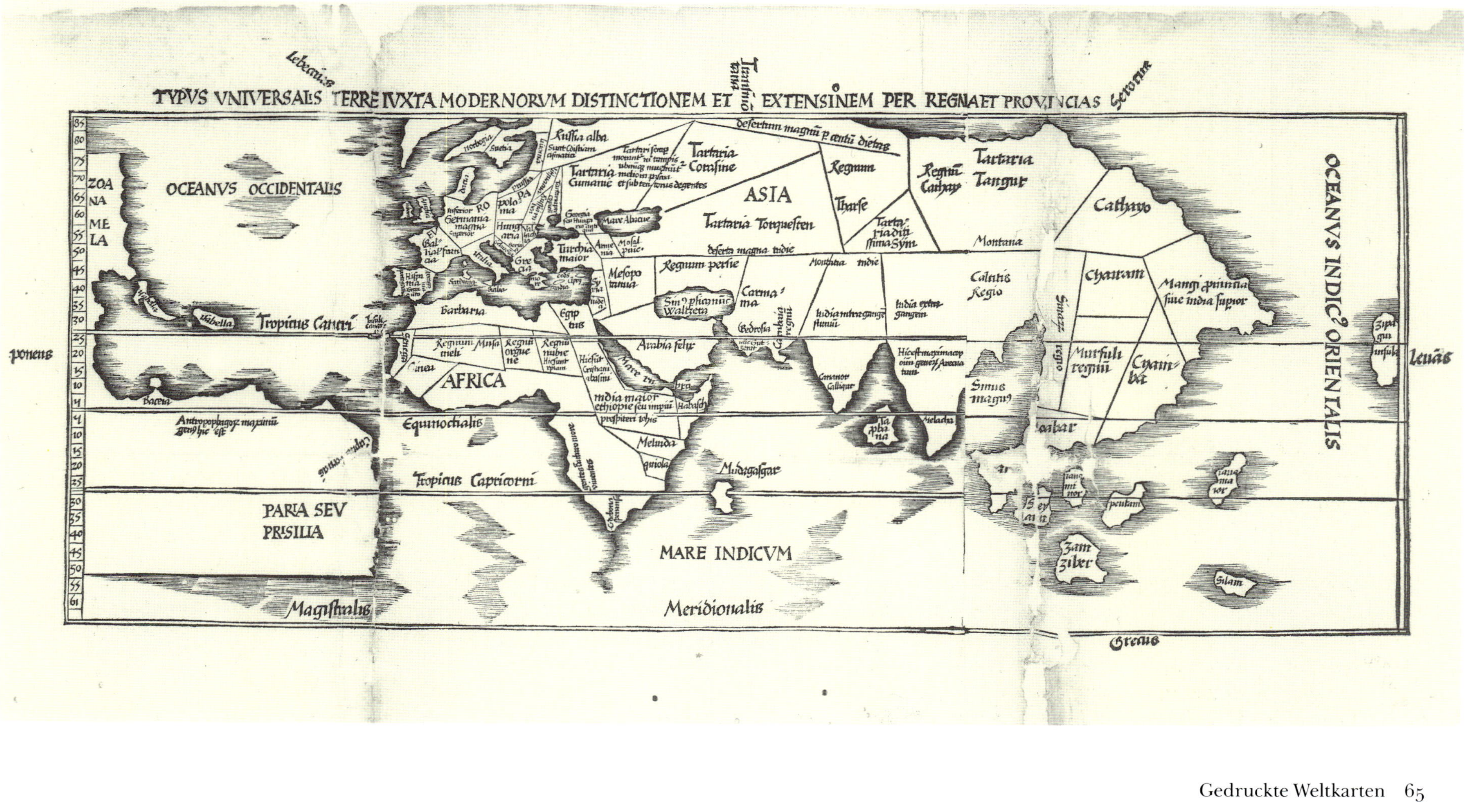

81 Peter Apian:
Zwiebelförmige Weltkarte, 1520

Tipus Orbis Universalis
Holzschnitt, mit Rahmen 40 x 28 cm
Wien 1520
Mapp. I,9 und Rar. 248 (koloriert)

Die Weltkarte liegt an der Bayerischen Staatsbibliothek als Einzelblatt und als kolorierte Beilage der *Enarrationes* von Johannes Camertus (Kommentar zu dem römischen Geographen G. Julius Solinus, Wien 1520) bei.

Die Monogramme und Initialen auf der Karte deuten auf Johannes Camertus, Lucas Alantsees und Lorenz Fries, die an ihrer Entstehung als Herausgeber, Financier bzw. Quellenlieferant beteiligt waren. Von Fries stammte eine verkleinerte Form der großen Karte Waldseemüllers von 1507 (S. 114/115, Abb. 6) als Grundlage. Auffallenderweise übernahm Apian davon neben der zwiebelförmi-

Literatur:
Günther 1882 – Nordenskiöld 1889, S. 99 u. Taf. XXXVIII – Harrisse 1892, S. 505 f. – Ortroy 1902 – Fischer/Wieser 1903, S. 37–38 – Ruge 1911, S. 105 f. – Grosjean/Kinauer 1970, S. 54 ff. – Shirley 1983, Nr. 45

PETER APIAN (1495-1552)

gen Konstruktion auch die Geographie samt ihrer Fehler bzw. der auf PTOLEMÄUS zurückgehenden Irrtümer, obwohl diese im Jahr 1520 längst als solche bekannt und auch auf der *Carta Marina* von WALDSEEMÜLLER 1516 (S. 120/121, Abb. 14) selbst berichtigt worden waren. Der südliche Teil der Neuen Welt trägt den Namen *America p(ro)vincia* und ist durch eine Meerenge vom nördlichen mit den Bezeichnungen *parias* und (weiter im Norden) *terra incognita* getrennt.

Die Weltkarte von 1520 war eines der Erstlingswerke PETER APIANS (eigentlich BIENEWITZ, aus Leisnig in Sachsen), der in Leipzig und Wien Mathematik und Kosmographie studiert, dann im Herzogtum Bayern Fuß gefaßt und an der jungen Landesuniversität Ingolstadt eine Professur für Mathematik erhalten hatte und aufgrund seiner vielfältigen Aktivitäten als Forscher, Hofmathematiker, Universitätslehrer, Astrologe und Verleger als einer der bedeutendsten Geographen des 16. Jahrhunderts gilt.

Karten, bei denen die Zwiebelform durch eine Spitze zur Herzform wird, finden sich z.B. 1530 – wieder bei PETER APIAN – und 1536 bei ORONTIUS FINAEUS (vgl. S. 166, Abb. 8 und Kat. 88).

82 JUAN VESPUCCI: Weltkarte in Polarprojektion, 1524

Totius Orbis Descriptio S. 170, Abb. 13
Kupferstich, 37,5 x 27,5 cm
1524
Harvard University, Houghton Library, Cambridge (Mass.)

JUAN (GIOVANNI) VESPUCCI aus Florenz, Neffe des Seefahrers AMERIGO VESPUCCI, stand als Lotsenprüfer und hochrangiger Kartograph im Dienst der Spanischen Krone zu Sevilla. Seine Weltkarte gliedert sich in die zentrale Darstellung der nördlichen Halbkugel als Kreis, den die zwei Hälften der südlichen Halbkugel rechts und links flankieren. Die amerikanischen Küsten präsentieren sich im Vergleich zu anderen zeitgenössischen gedruckten Karten relativ genau und differenziert. So werden erstmals auch bemerkenswerte kleinere Gebiete wie Florida, Yukatan, Guadeloupe und Antigua gekennzeichnet.

JUAN VESPUCCI schuf nicht nur die erste Weltkarte der südlichen und nördlichen Hemisphäre nach einer polständigen Azimutalprojektion, sondern demonstrierte mit ihr auch die ›weltbewegenden‹ politischen Probleme zwischen Spanien und Portugal aus spanischer Sicht. Ein Hauptproblem war die Zuordnung der Molukken, die nach VESPUCCI auf der spanischen Seite der durch den 135. Grad zwischen Sumatra und der Halbinsel von Malaya angegebenen Grenze liegen (vgl. Kat. 74).

Von der bedeutenden Karte scheint nur noch ein Druck erhalten zu sein.

Literatur:
Nordenskiöld 1889, S. 136; 1897, S. 153, Nr. 40, Taf. XLVII – Harrisse 1892, Nr. 148 – Ruge 1892, S. 46 – Shirley 1983, Nr. 54 – Nebenzahl 1990, S. 77, Taf. 25

83 PETER APIAN: Nördliche Halbkugel, 1524

Holzschnitt, Durchm. ca. 10 cm
In: *Cosmographicus Liber.* Landshut 1524
Rar. 271 Vgl. S. 149, Abb. 6

Die ausgedehnten Weltmeere Atlantik und Pazifik unterstreichen die Auffassung PETER APIANS von der Eigenständigkeit eines amerikanischen Kontinents auch auf diesem Kärtchen. Südamerika ist als einheitliche Landmasse bis zu dem die Polkarte begrenzenden Wendekreis des Steinbocks wiedergegeben, während sich nördlich des Äquators drei große Inseln zum Teil weit über den Wendekreis des Krebses hinaus nach Norden ziehen.

APIAN bildete in seinem *Cosmographicus Liber,* das im Lauf des 16. Jahrhunderts in zahlreichen Editionen erschien, als einer der ersten auch ein ovales Projektionsschema der Erde ab (vgl. Beitrag Finsterwalder, S. 169 ff.).

Literatur:
Nordenskiöld 1889, S. 92/93, Fig. 57/58 – Shirley 1983, Nr. 51 – Vgl. auch Beitrag U. Lindgren, S. 149 ff.

84 Benedetto Bordone: Ovale Weltkarte, 1528

Kolorierter Holzschnitt, ca. 32,5 x 16,5 cm
In: *Libro di Benedetto Bordone* ... Venedig 1528
2° Mapp. 34 m

Die Weltkarte mit ihrem ovalen Kartennetz (vgl. S. 168 ff.) galt lange Zeit als die erste in dieser Projektionsart. Ebenso deutlich zeigt sie jedoch bereits um 1508 eine Weltkarte von Francesco Rosselli (Kat. 78), die möglicherweise auch als eine Hauptquelle der geographischen Anlage des relativ groben Holzschnitts bei Benedetto Bordone Verwendung fand. Er berücksichtigte einerseits jüngere Erkenntnisse wie den Zusammenhang zwischen Nord- und Südamerika, die Trennung von Nordamerika und Ostasien und die Nichtexistenz eines arktischen Inselkranzes, beging andererseits jedoch Fehler, so die gänzliche Eliminierung des antarktischen Landgebietes. Die breite Form des nördlichen Südamerika ohne den anschließenden nach Süden spitz zulaufenden Teil ist den Weltkarten Rossellis und Bordones gemeinsam.

»›Isolarien‹ waren eine kartographische Form, die sich im 15. Jahrhundert in Italien herausbildete. Das Werk Bordones war das zweite gedruckte Buch dieser Gattung. Der Text ist nüchtern, befaßt sich aber schon mit den Neuentdeckungen. Almagià nennt es ›das früheste komplette Werk dieser Art, das die Druckerpresse verließ‹. Als Vorlage dienten verschiedene Ptolemäusausgaben und der erste *Isolario* von Bartolomeo dalli Sonetti von 1485. Das Buch enthält 107 kleine Karten, Pläne und Ansichten.

Titel-Holzschnitt des ›Isolario‹ von Benedetto Bordone. Venedig 1528

Die Karten sind alle gleich: die Umrisse klar gezogen, dazu acht Linien der Windrose – nicht durchgezogen, die Karten in einen eckigen Rahmen gestellt.« (Seifert)

Literatur:
Nordenskiöld 1889, S. 90, 103 f., Taf. XXXIX – *The world encompassed* 1952, Nr. 83 – B. Bordone: *Libro di Benedetto Bordone*… Venedig 1528. Faksimile-Ausg. mit Einführung v. R. A. Skelton. Amsterdam 1966. XII, 73 S., Kt., Abb. (Theatrum orbis terrarum. 3. Ser.) – Seifert 1979, Nr. 17 – Shirley 1983, Nr. 59 – Zur Weltkarte von Rosselli vgl. Nebenzahl 1990, S. 56 f.

85 Orontius Finaeus: Doppelherzförmige Weltkarte, 1531/1532

Nova Et Integra Universi Orbis Descriptio
Holzschnitt, 40 x 29 cm
In: Simon Grynaeus: *Novus Orbis.* Paris 1532
4° Geo. U. 138 o — S. 150, Abb. 7

»Finaeus schuf mit der doppelherzförmigen Projektion eines der reizvollsten Zeugnisse für das kartographische Bemühen seiner Zeit. Bei diesem Lösungsversuch berühren sich die Hemisphären am Äquator, die Breitengrade schwingen von den einander gegenüberliegenden Polen aus.« (Seifert) Vorbilder für sein Weltbild fand Finaeus in zwei verlorenen Globen: jenen von Johannes Schöner von 1523 und Franciscus Monachus von 1525 sowie dem ›Globe doré‹ in der Bibliothèque Nationale in Paris, mit dem sich die Karte von Finaeus sehr gut vergleichen läßt. Zur Projektion vgl. auch S. 166.

Zur Darstellung Amerikas sind vor allem folgende Einzelheiten bemerkenswert:
– westlich der Insel Grönland verbindet sich die Halbinsel *Gaccalar* (vermutlich Labrador) mit der über weite Strekken zusammenhängenden nordamerikanisch-asiatischen Landmasse;
– die Küstenkonfiguration Nordamerikas im Sinne von Girolamo da Verrazano wird erstmals in einer genau datierbaren gestochenen Karte gezeigt;
– Mittelamerika weist eine Reihe von geographischen Namen auf, die auf die Eroberungen von Cortés in den zwanziger Jahren des 16. Jahrhunderts zurückgehen;
– das südwestlich zwischen Südamerika und dem Südpolarland gelegene Meer trägt den Namen *Mare magellanicum* nach dem Entdecker der Magellanstraße.

O. Finaeus (1494-1555) war ein angesehener Mathematiker, Astronom und Kartograph am Collège de France in Paris und veröffentlichte zahlreiche Schriften zur Astronomie und Mathematik.

Abweichend von Finaeus sah G. Mercator auf seiner ebenfalls doppelherzförmigen Karte von 1538 Amerika im Sinn von Waldseemüller unabhängig von Asien.

Literatur:
Nordenskiöld 1889, S. 74, 90, 106 u. Taf. XLI (2) – L. Gallois: *De Orontio Finaeo gallico geographo*… Paris 1890. 4, 105, 3 S., 6 Kt. – Harrisse 1892, Nr. 197 – Nordenskiöld 1897 – Kish 1965 – Seifert 1973, Nr. 10 – Seifert 1979, Nr. 18 – Schwartz/Ehrenberg 1980, S. 45 – Shirley 1983, Nr. 66 – *Lexikon zur Geschichte der Kartographie* 1986, S. 222

86 Anonymus/Sebastian Münster/Hans Holbein d. J.: Ovale Weltkarte, 1532/1555

Typus Cosmographicus Universalis
Holzschnitt, 55,5 x 35,5 cm
In: *Novus Orbis Regionum*. Basel: Jo. Hervagius 1555
Universitätsbibliothek München, 2° Inc. 452, 1

Die ovale Weltkarte erschien zunächst 1532 in der Sammlung von Reiseberichten *Novus Orbis* (u.a. Briefe Columbus' und Vespuccis) von Simon Grynaeus und Johann Huttich als Beilage mit einer Erläuterung von Sebastian Münster (vgl. Kat. 27). Man hielt deshalb auch die Karte für ein Werk Münsters. Die Neue Welt ist noch stark vom Amerika-Bild M. Waldseemüllers und der frühen Globen Schöners (1515-1520; vgl. Kat. 66) geprägt. Nordamerika führt die Bezeichnung *Terra de Cuba*; nicht allzu weit davon entfernt liegt *Cipangri* (Japan). Im nördlichen Atlantik findet sich als Repräsentant Neufundlands eine

Insel *Terra Cortesia* (statt *Terra Corterealis*). Südamerika gliedert sich in einen breiten nördlichen Teil und einen schmalen fingerförmigen südlichen; es trägt die Inschriften *Parias, Cannibali, America Terra Nova, Prisilia.* Auf den großen Südkontinent wurde auffallenderweise gänzlich verzichtet.

Die üppige dekorative Rahmengestaltung, wie sie auf Weltkarten der ersten Hälfte des 16. Jahrhunderts sonst kaum zu beobachten ist, wurde HANS HOLBEIN D.J. zugeschrieben, der zwischen 1528 und 1532 in Basel Illustrationen für SEBASTIAN MÜNSTER und andere Schriftsteller anfertigte. Den Kartenrahmen schmücken realistische oder phantasievolle landeskundliche Darstellungen von Menschen, Tieren und Pflanzen der vier bekannten Kontinente, während die Meereswogen der Karte selbst von Fischen, Delphinen, einer Seejungfrau und einem Segelschiff belebt sind.

Literatur:
Nordenskiöld 1889, S. 105 f., Taf. XLII – Harrisse 1892, Nr. 198 – Thieme/Becker, Bd. 17, 1924, S. 335-356, bes. 347 – *The world encompassed* 1952, Nr. 65 – Shirley 1983, Nr. 67 – Colin 1988, S. 199

87 JOACHIM VON WATT: Ovale Weltkarte, 1534

Typus Cosmographicus Universalis
Holzschnitt, 40,5 x 31 cm (Blattgröße)
In: *Epitome Trium Terrae Partium ...* Zürich: Froschauer 1534
2 Polem. 199

»Der gelehrte Schweizer JOACHIM VADIANUS (JOACHIM V. WATT, 1484-1551) war in Wien ein Schüler von CELTIS und CUSPINIAN. Er gehörte zum Humanistenkreis um Kaiser MAXIMILIAN I. und veröffentlichte eine stattliche Reihe von Werken poetischen, historischen und reformatorischen Inhalts, darunter die *Epitome Trium Terrae Partium Asiae Africae et Europae compendiarium* (Zürich 1534).« (Seifert)

Auch diese ovale Weltkarte gibt keinen Hinweis auf das Südpolarland. Der Name *America* bezieht sich auf das im Nordteil viel zu stark gedehnte und im Südteil zu schmale Südamerika, während Nordamerika die Bezeichnung *Terra de Cuba* führt. Die Westindischen Inseln selbst blieben jedoch unberücksichtigt. Die Karte ist, abgesehen vom Dekor, der Kartenbeilage des *Novus Orbis* (Kat. 86)

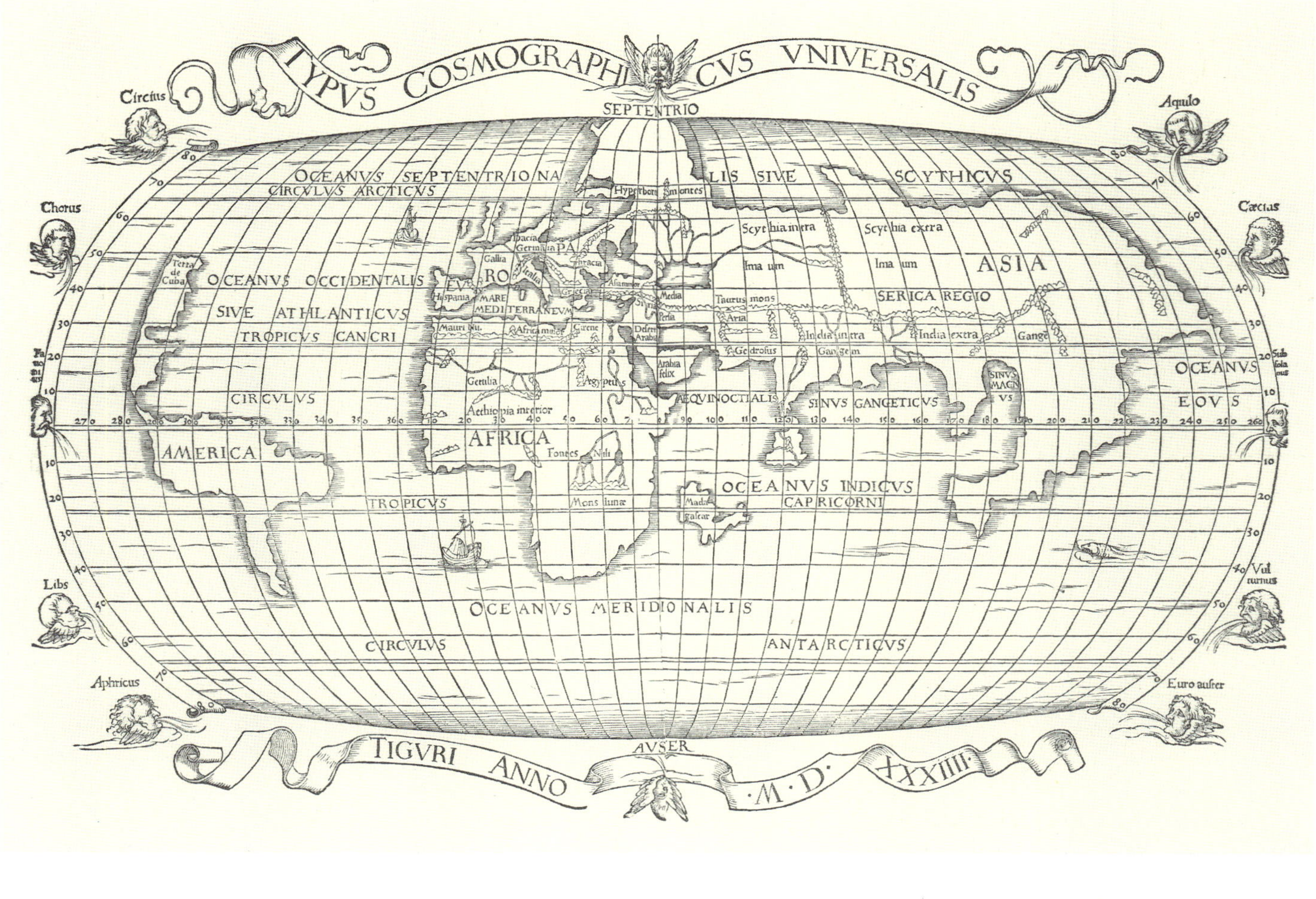

nah verwandt. Titel und Erscheinungsvermerk finden sich in dekorativ geschwungenen Schriftbändern am oberen und unteren Rand. Zwölf Windbläser, wie sie seit der Antike bekannt sind, umringen die Darstellung.

Die Weltkarte erschien auch noch in späteren Ausgaben der *Epitome*.

Literatur:
Nordenskiöld 1889, S. 106, Abb. 66 – Harrisse 1892, Nr. 213 – Seifert 1973, S. 9 – Shirley 1983, Nr. 70

88 Orontius Finaeus: Herzförmige Weltkarte, 1536

Recens, Et Integra Orbis Descriptio. Orontius F. Delph. Regi. Mathematic. Faciebat
Holzschnitt, ca. 59 x 52 cm (Blattgröße)
Paris: Gormontius 1536
Germanisches Nationalmuseum, Nürnberg
Bibliothèque Nationale, Paris

Eines der bedeutendsten gedruckten kartographischen Dokumente der ersten Jahrzehnte des 16. Jahrhunderts ist die herzförmige Weltkarte von O. Finaeus. Zwar erst 1536 gedruckt, arbeitete Finaeus schon seit 1518/19 an diesem besonders durch seine Herzform auffallenden Werk (vgl. auch Kat. 85), das er um 1531 für seinen König, Franz I. von Frankreich, als Handzeichnung ausführte und das wahrscheinlich der viel gereiste und weithin wissenschaftlichen Kontakt pflegende bayerische Kosmograph Peter Apian schon vorher in Paris kennenlernte und 1530 als Anregung für seine nur noch als Unikat in der British Library, London, erhaltene *Tabula Orbis Cogniti* in der gleichen Projektion verwendete (S. 166, Abb. 8). Allerdings zeigt das geographische Konzept der beiden Meisterkartographen wesentliche Unterschiede, so besonders in der Stellung der Neuen Welt (bei Apian selbständig als zusammenhängender Kontinent, bei Finaeus mit Asien verbunden), in der Deutung der polaren Regionen (bei Apian im Gegensatz zu Finaeus keine Landgebiete), in der Darstellung Europas und Asiens (bei Apian noch sehr rückständig mit vielen ptolemäischen Merkmalen, bei Finaeus ›moderne‹ Geographie). Wie aus den geographischen Details der Kontinente hervorgeht, scheint Finaeus offenbar wesentlich besseren Zugang zu handgezeichneten portugiesischen und spanischen Originalkarten als Apian gehabt zu haben.

Zur dekorativen und repräsentativen Wirkung der faszinierenden Herzkarte Finaeus' trägt besonders der monumentale Architekturrahmen im Renaissancestil bei.
Zur Projektion siehe auch S. 166.

Literatur:
L. Gallois: *De Orontio Finaeo gallico geographo*... Paris 1890. 4, 105, 3 S., 6 Kt. – Kish 1965 – Shirley 1983, Nr. 69, Frontispiz – *Lexikon zur Geschichte der Kartographie* 1986, S. 222

89 Sebastian Münster: Ovale Weltkarte, 1540

Typus Orbis Universalis
Holzschnitt, ca. 36 x 24,5 cm
In: Claudius Ptolemäus: *Geographia*. Basel: Petri 1540
2° A. gr. b. 993 (HbKs E lk) S. 157, Abb. 14

Sebastian Münster (1489-1552), Professor für Hebraistik und Altertumswissenschaften in Heidelberg und Basel, entwickelte sich im Lauf des 16. Jahrhunderts zu einem der erfolgreichsten Kosmographen seiner Zeit. Die bereits in der ersten Ausgabe seiner Ptolemäus-Geographie von 1540 enthaltene Weltkarte zeigt wesentliche Verbesserungen gegenüber den meisten gedruckten Karten der dreißiger Jahre des 16. Jahrhunderts. So wird der indische Subkontinent nun besser erkennbar, und die Insel *Taprobana,* die früher an der Stelle Indiens lag, ist Hinterindien im Westen vorgelagert.

Nordeuropa verbindet sich – in falscher Sicht – durch eine Landbrücke über Island mit Grönland *(Terra nova sive Bacalhos)*. Nordamerika andererseits, das durch das phantasievolle und in keiner Weise existente ›Meer des Verrazano‹, welches den Seeweg zu den Molukken bzw. nach Ostasien ermöglichen sollte, in die beiden Teile *Francisca* und *Terra florida/Temistitan* gegliedert ist, läßt keinen Zusammenhang mit Südamerika *(America seu insula Brasilii)* erkennen. Die Nordwestpassage zwischen Europa/Grönland und Amerika erkundete Sebastian Cabot 1509; ihre Darstellung geht auf den Erdglobus von R. G. Frisius und Mercator (Löwen 1537) sowie andere Karten und Globen zurück.

In geographisch gleicher Form ließ Sebastian Münster seine Weltkarte mit kleinen Änderungen in der Beschriftung und im Dekor auch in den Ptolemäus-Editionen 1541, 1542, 1545 sowie in seiner *Cosmographia* 1544, 1545, 1546 und 1548 erscheinen.

Literatur:
Nordenskiöld 1889, S. 24, Taf. XLIV (1) – Wagner 1937, XXIV – Ruland 1962 – Burmeister 1963 – Shirley 1983, Nr. 77

RECENS. ET INTEGRA
ORBIS DESCRIPTIO
OCCIDENS
ORIENS
AMERICA
TROPICVS CANCRI
TROPICVS CAPRICORNI
TERRA AVSTRALIS
AVSTER SEV MERIDIES
NVPER INVENTA, SED NON DVM
EXAMINATA
ORONTIVS F. DELPH.
Regius Mathematicarū interpres:
Studioso Lectori, S. D. P.
ANNOTATIO.
REGALI PORRO CAVTVM
ORONTIVS F. DELPH. REGI
MATHEMATIC? FACIEBAT.

Kat. 88

90 R. Gemma Frisius: Zwiebelförmige Weltkarte, 1544/1553

Charta Cosmographica S. 152, Abb. 9
Holzschnitt, ca. 27 x 19 cm
In: *Cosmographia Petri Apiani*. Antwerpen: G. Bontius 1553
Math A 7 o (HbKs R 2 f)

Zur Gruppe der zwiebelförmigen Weltkarten gehört auch das ab 1544 der von R. Gemma Frisius bearbeiteten *Cosmographia* Peter Apians beigegebene Blatt. Während das schmale, mit Grönland und Island verbundene Nordamerika seine reale Gestalt noch nicht erkennen läßt, ist die Verbindung mit Südamerika schon durch die mittelamerikanische Landbrücke hergestellt. Auch die geographischen Umrisse Süd- und Südostasiens erscheinen gegenüber dem Stand der Apian-Weltkarte von 1520 (Kat. 81) wesentlich verbessert. An geographischen Einzelheiten der Neuen Welt sind nur der Rio de la Plata und der Texcoco-See (Mexiko) hervorgehoben. Die Darstellung verzichtet auf das Gradnetz und deutet lediglich die Klimazonen am Randstreifen an. Das Dekor mit den Windbläsern, Zeus und dem Römisch-Deutschen Kaiser ist dagegen relativ aufwendig und in unterschiedlichen Versionen ausgeführt.

Literatur:
Günther 1882 – Nordenskiöld 1889, Taf. XLIV (4) – Ortroy 1902, S. 84 – Shirley 1983, Nr. 82, 96

91 Sebastian Cabot: Ovale Weltkarte, 1544

Kolorierter Kupferstich, 216 x 124 cm
Antwerpen 1544
Bibliothèque Nationale, Paris

Sebastian Cabot (um 1480-1557) aus Venedig, eine der schillerndsten Gestalten aus der großen Zeit der Entdekkungsreisen in der ersten Hälfte des 16. Jahrhunderts, fuhr schon früh ebenso leidenschaftlich zur See wie sein Vater John Cabot. In wechselnden hochrangigen Diensten der Krone Englands und Spaniens unternahm er eine Reihe von Reisen in die Neue Welt. Daneben wirkte er als königlicher Cheflotse, Berater in hydrographisch-seefahrerischen Fragen und Kartograph.

Seine in Sevilla geschaffene Weltkarte von 1544, detailliert ausgearbeitet im Stil handgezeichneter portugiesischer und spanischer Seekarten, zeigt die Ergebnisse seiner Reisen und der Erkundungen bis zu Francisco Ulloa 1539 und Francisco v. de Coronado 1540-1542. Im Gegensatz zur Darstellung Amerikas vernachlässigte Cabot jedoch das flüchtig und veraltet wiedergegebene Bild Europas.

Die berühmte, mit Segelschiffen, Tieren und Anspielungen auf geschichtliche Ereignisse und landeskundliche Gegebenheiten mit Erläuterungen dekorativ gestaltete Wandkarte, von der außer dem Pariser Exemplar noch ein weiteres in Weimar (ohne Text) bekannt ist, zierte im 16. Jahrhundert sogar die ›Privy Gallery of her Majesty‹ in London.

Cabots Variante der Ovalprojektion, die Südamerika und das südliche Afrika auffallend schmal erfaßt, setzte sich nicht durch. Hervorgehoben sei weiter das Fehlen eines antarktischen Kontinents, der Cabot offenbar in seinen Einzelheiten noch zu hypothetisch erschien.

Literatur:
Shirley 1983, Nr. 81 – Schilder 1986-1988, 2, S. 23-26 – Nebenzahl 1990, S. 104 f., Taf. 34 – Meurer 1991, S. 122 f. – K. Lenz, in: Kretschmer 1991, S. 38, Taf. XVI.

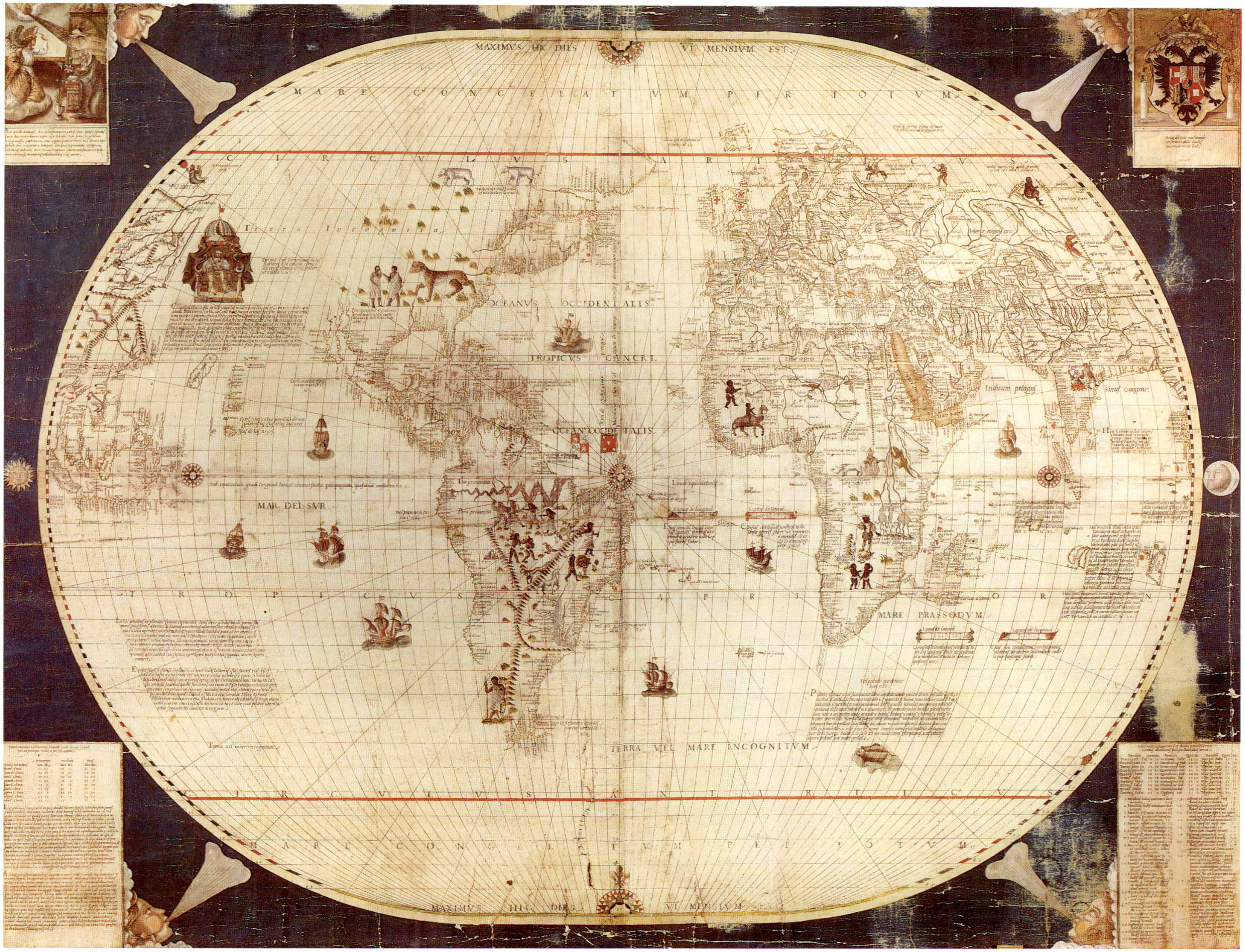
MAXIMVS HIC DIES VT MENSIVM EST
MARE CONGELATVM PER TOTVM
OCEANVS OCCIDENTALIS
TROPICVS CANCRI
MAR DEL SVR
MARE PRASSODVM
TERRA VEL MARE INCOGNITVM

Kat. 91

92 Johannes Honter: Zwiebelförmige Weltkarte, 1546

Universalis Cosmographia
Kolorierter Holzschnitt, 15,5 x 12 cm
In: *Rudimenta Cosmographica* ... Zürich 1546 S. 165, Abb. 7
A. gr. b 1461

Das Werk *Rudimenta Cosmographica* von Johannes Honter, ein auf M. Waldseemüllers *Cosmographiae Introductio* aufbauendes geographisches Lehrbuch, erschien erstmals 1530 in Krakau und enthielt – ebenfalls nach Waldseemüller – eine sehr stark verkleinerte und vereinfachte Karte.

Die Karte wurde 1546 in zwiebelförmiger Projektion und später im geographischen Bild aktualisiert und in zahlreichen Auflagen von Honters Kosmographie wie auch in anderen Werken bis zum Beginn des 17. Jahrhunderts übernommen. Das Lehrbuch entwickelte sich ab 1542 zum ältesten bekannten Schulatlas.

Literatur:
Nordenskiöld 1889, S. 111-112, Taf. XLIV (2) – Shirley 1983, Nr. 65, 79, 86

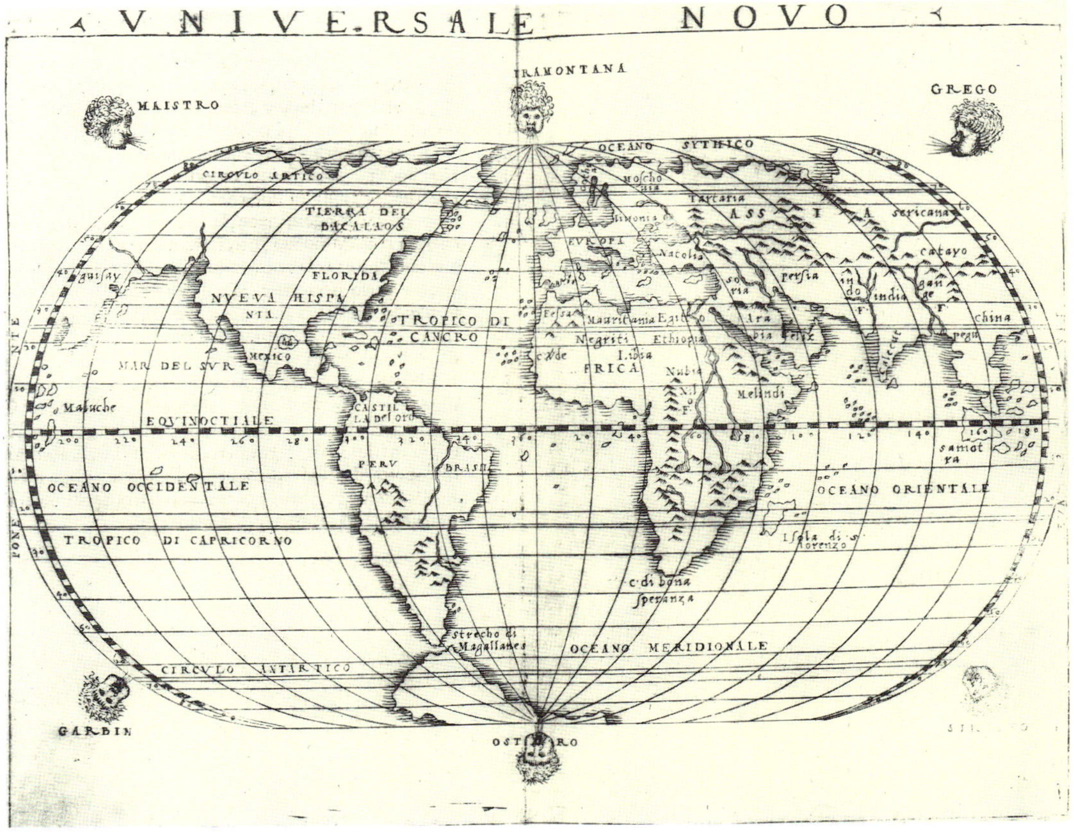

Kat. 93

93 Jacopo Gastaldi: Ovale Weltkarte, 1548

Universale Novo
Kupferstich, ca. 17,5 x 13,5 cm
In: Claudius Ptolemäus: *Geographia*. Venedig 1548
A. gr. b. 3078 (Einbandslg.)

Die Edition Venedig 1548 – eine italienische Übersetzung der Ausgabe Basel 1545 von S. Münster durch Pietro Andrea Mattioli – ist Beispiel sowohl einer Oktav-Ausgabe der beliebten Ptolemäus-Geographie als auch der weiten Verbreitung von Nachfolgedrucken der *Universale* Jacopo Gastaldis in unterschiedlichsten Größen. Die Ausgangskarte stach Gastaldi wohl erstmals 1546 in Kupfer. Nord- und Südamerika hängen über eine schmale Landbrücke zusammen. Auf dieser Weltkarte in ovalem Kartennetz wie auch auf einer zweiten im Portolanstil – der *Carta Marina Nova Tabula* –, die sich in der gleichen Ptolemäus-Ausgabe findet, steht Nordamerika nahezu in seiner ganzen Breite mit Asien in Verbindung (vgl. auch Kat. 95).

Literatur:
Nordenskiöld 1889, S. 25-26, 112, 113, Taf. XLV (2) – Shirley 1983, Nr. 87 – Lindgren 1985 (2), S. 211 ff.

Kat. 93

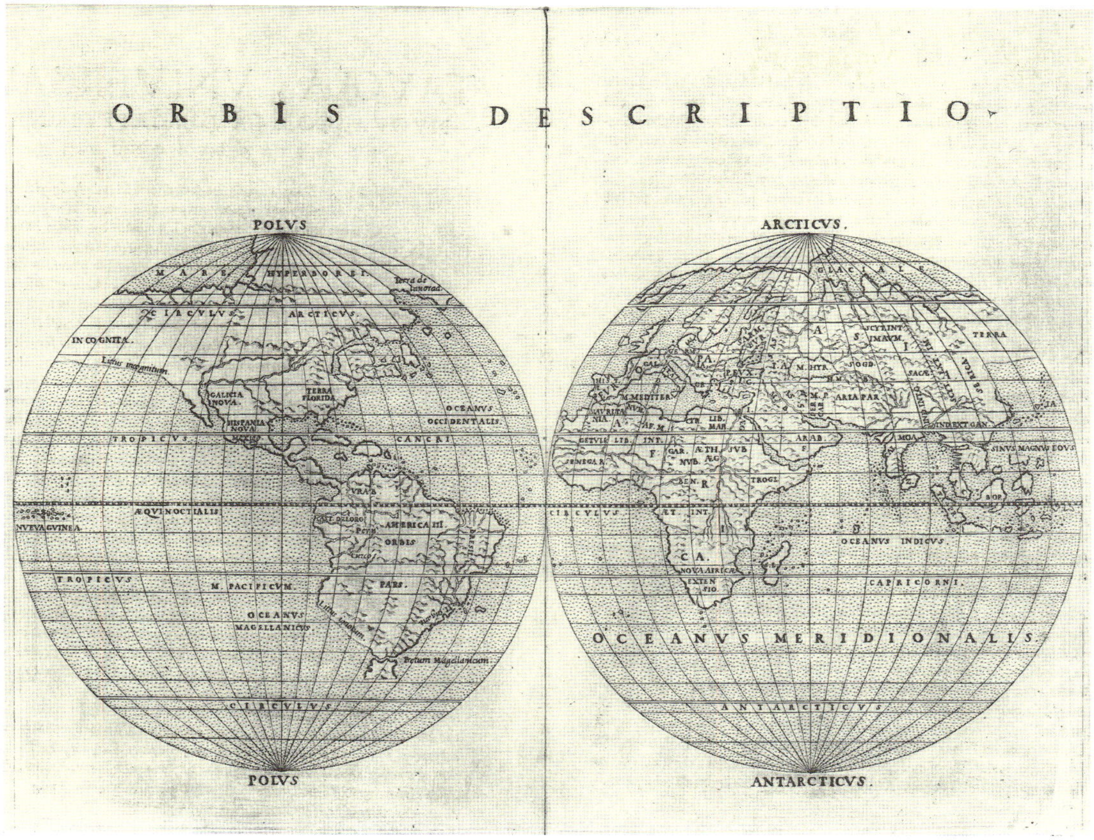

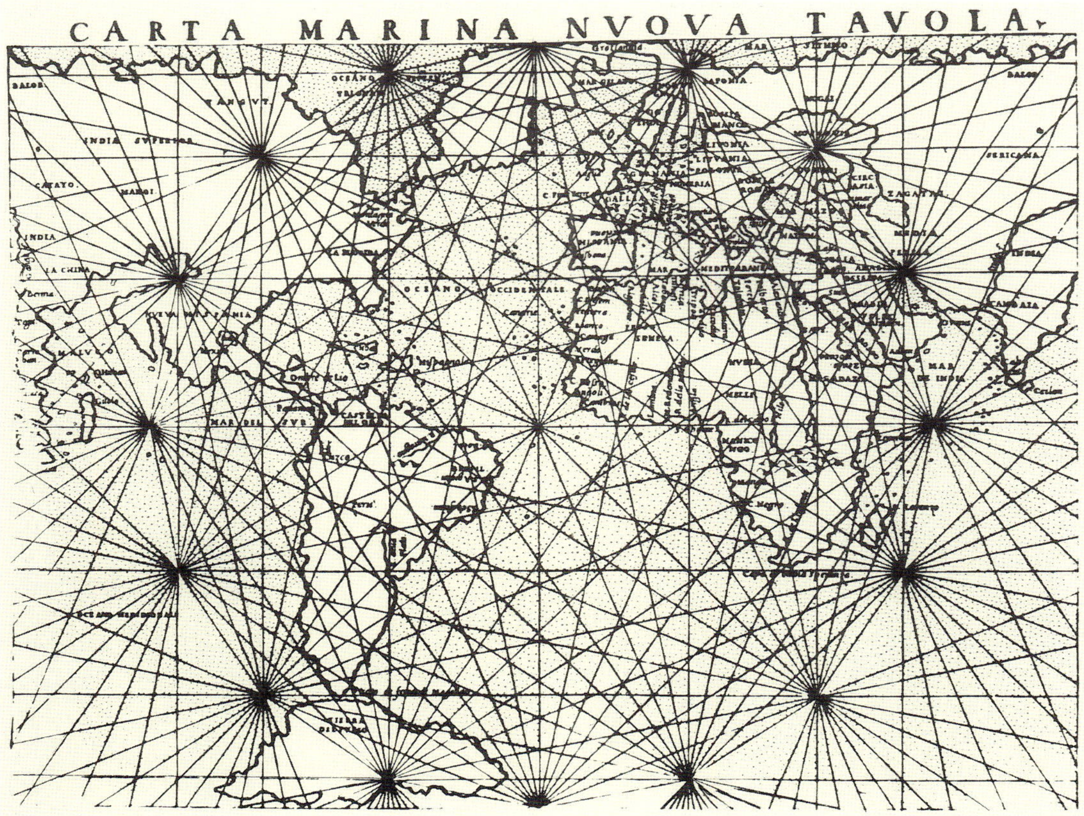

94 Girolamo Ruscelli: Weltkarte in Hemisphären, 1561

Orbis Descriptio
Kupferstich, ca. 29,5 x 23 cm (Blattgröße),
Hemisphären ca. 25 x 12,5 cm
In: Claudius Ptolemäus: *Geographia.* Venedig 1561
Rar. 1460

Girolamo Ruscelli, der Bearbeiter der Ptolemäus-Ausgabe Venedig 1561, übernahm hier zum ersten Mal die Darstellung der Welt in Form von zwei Hemisphären in einen Atlas. Daß es sich um eine Zirkularprojektion handelt, zeigen die waagrechten Breitenkreise in gleichen Abständen (vgl. S. 167 f.). Die Geographie geht teilweise auf die Karten von J. Gastaldi zurück. Nordamerika verbindet sich mit einem arktischen Kontinent und Asien, wobei das Grenzland treffend als *Terra Incognita* (Unbekanntes Land) und die Küste als *Littus incognitum* (Unbekannte Küste) bezeichnet ist. Südamerika weist eine plumpe ›Kartoffelform‹ auf. Der Südkontinent im Bereich der Antarktis fehlt wie in diesen Jahrzehnten häufig.

Ruscellis Hemisphärenkarte fand auch in den Ausgaben von 1562, 1564 und 1574 sowie in verbesserter Form zudem in Werken anderer Kartenmacher Verwendung.

Literatur:
Nordenskiöld 1889, S. 26, 94, Taf. XLV (1) – Shirley 1983, Nr. 110 – Lindgren 1985 (2), S. 218 f.

95 Girolamo Ruscelli: Rectanguläre Weltkarte, 1561/1562

Carta Marina Nuova Tavola
Kupferstich, ca. 24,5 x 18 cm
In: Claudius Ptolemäus: *Geographia.* Venedig 1562
4° A. gr. b. 1219 (HbKs E lm)

Ruscellis ›Seekarte‹ erschien im selben Atlas wie die Weltkarte in Hemisphären (Kat. 94) von 1561 bis 1599, zeigt allerdings ein anderes geographisches Bild. Es ist direkt von der *Carta Marina* Gastaldis (vgl. Kat. 93) übernommen. Der Atlantische Ozean liegt im Zentrum der Karte; Amerika und Asien sind breit miteinander verbunden, Amerika und Grönland jedoch nur über eine schmale Landbrücke. Die Gestalt Südamerikas kommt der wirklichen hier wesentlich näher als bei der Weltkarte in Hemisphären. Im Stil von Seekarten überzieht die Karte ein Rumbennetz, woher sich der Name *Carta Marina* ableitet.

Literatur:
Shirley 1983, Nr. 111 – Lindgren 1985 (2), S. 219 ff.

96 Jost Amman: Nördliche und Südliche Halbkugel, um 1564

Globus Terrestris
Kupferstich, ca. 30 x 20,5 cm, Halbkugeldurchm. 13 cm
Nürnberg um 1564
Clm 9801

Jost Amman (aus Zürich, 1539-1591), ein bedeutender Maler und Zeichner, Formschneider und Radierer in Süddeutschland, schuf in seiner frühen Nürnberger Zeit auch einen *Globus Terrestris* in Form einer Nördlichen und Südlichen Erdhalbkugel sowie einen zugehörigen *Globus Coelestis* (›Himmelsglobus‹). Das Erscheinungsjahr ist nebst dem Monogramm von J. Amman auf dem zweiten angegeben; danach dürfte auch der Erdglobus in dieser Zeit entstanden sein. Die Blätter sind recht selten geworden.

Die elegant gearbeitete breite Zierleiste zeigt eine Reihe von astronomisch-geodätischen Meßinstrumenten sowie sechs Porträts von mittelalterlichen und klassischen Kosmographen. Für die Zeichnung der Erdteile, Figuren und Schiffe sowie die Inschriften dienten offenbar die Globen von Georg Hartmann (um 1535; S. 156, Abb. 13) und François Demongenet (Venedig, um 1560) als Grundlage.

Nordamerika ist von Asien durch einen relativ breiten Ausläufer des Pazifischen Ozeans (ca. 30-45°) getrennt und im Norden durch einen schmalen Meeresarm von einer hypothetischen nordpolaren Landmasse, die eine ebenfalls ca. 30-45° breite Landbrücke mit Nordeuropa und Nordasien verbindet.

Literatur:
A. Andresen: *Der deutsche Peintre-Graveur...* 5 Bde. Leipzig 1864-1878, Nr. 214/215 – Thieme/Becker, Bd. 1, 1907, S. 410 ff. – Ruge 1911, S. 76, Nr. 62 – Almagià 1948, Bd. 2, S. 83 – Shirley 1983, Nr. 113

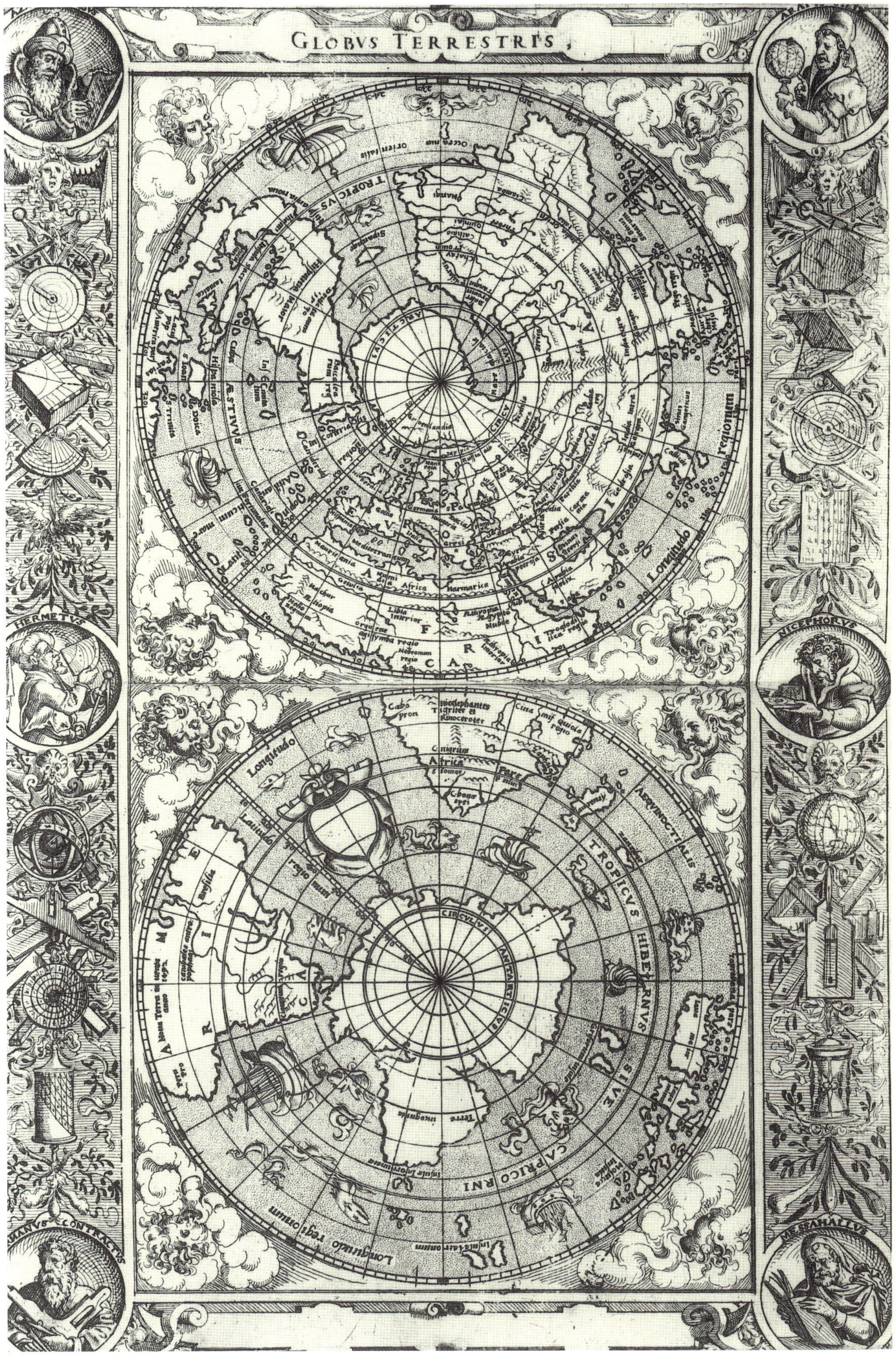

97 Jacopo Gastaldi/Paolo Forlani: Ovale Weltkarte, 1565/1571

Universale Descrittione Di Tutta La Terra
Kupferstich, 75 x 42 cm
Venedig 1571
Mapp. I, 9t

Bei dieser Weltkarte fallen das relativ schmale Südamerika, das übermäßig in Ost-West-Richtung gedehnte, mit Asien verbundene Nordamerika sowie der phantastische, nach Norden gegen den Äquator bis auf 15° vorstoßende riesige Südkontinent ins Auge. Bemerkenswert ist darüberhinaus das künstlerische Dekor, dem geschäftstüch-

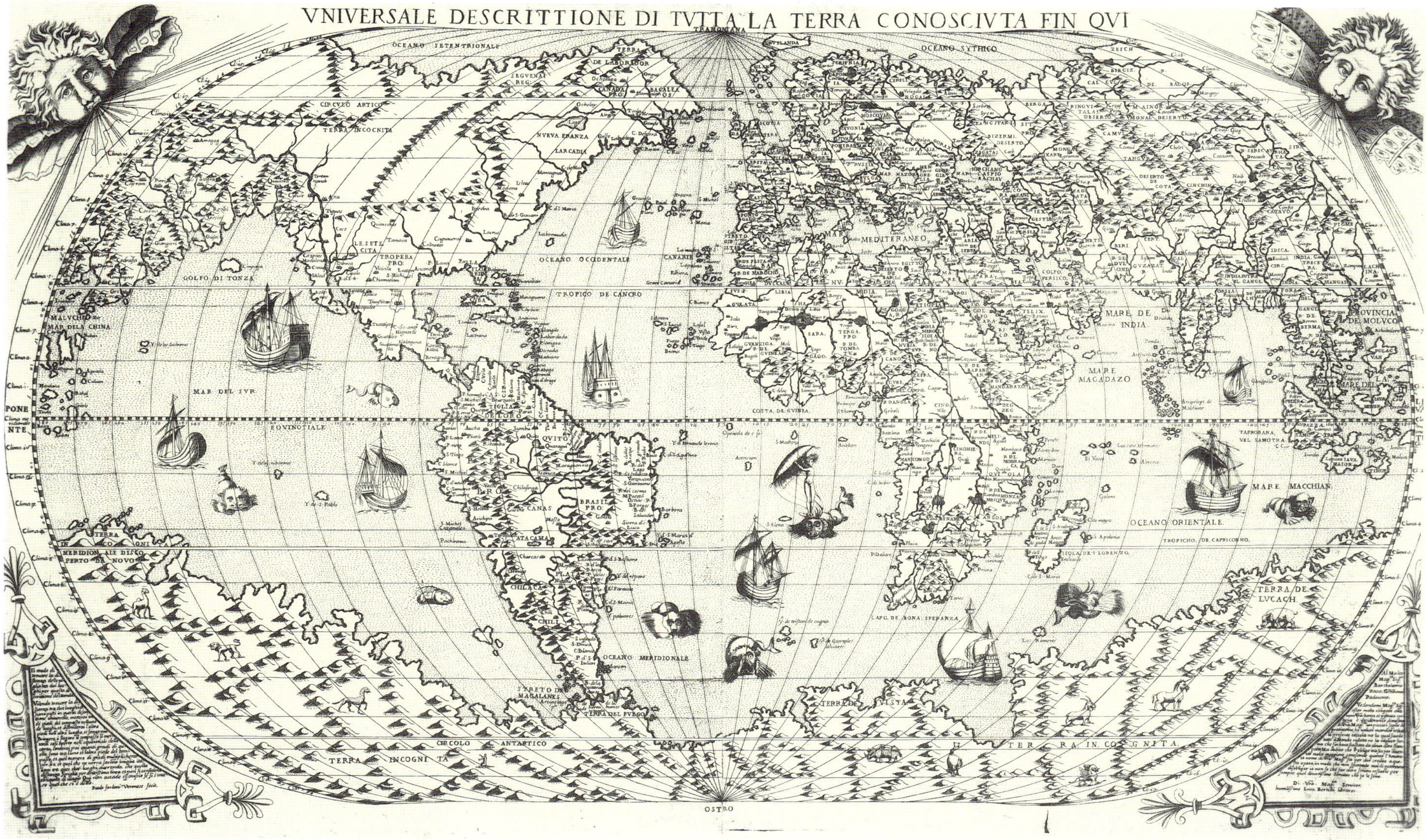

tige Kartenhersteller nicht selten mehr Gewicht beimaßen als geographisch sachlicher Korrektheit: Vor allem die Meeresflächen sind mit Schiffen, sagenhaften Drachen und einer Meerjungfrau belebt, die sich von einem Fisch mit Unterstützung eines Segels durch die Wogen tragen läßt. Der Künstler hatte keine Scheu, Elefant, Einhorn, Indische Ziege, Rhinozeros, Leopard, Löwe und Dromedar aus Platzgründen kurzerhand nebst zahlreichen Bergen und Gebirgszügen auf dem Südkontinent unterzubringen.

Die undatierte Weltkarte Forlanis (1565, Variante 1571) geht auf jene J. Gastaldis von 1546 (vgl. Kat. 93) zurück, die zahlreichen, in der Regel in Kupfer gestochenen Nachfolgekarten (besonders bei Forlani in Venedig) als Vorlage diente. Eine Variante der Gastaldischen Weltkarte (Venedig 1560) zeigt in fortschrittlicher Art die Trennung Amerikas von Asien durch einen schmalen Meeresarm.

Gastaldi, der bedeutendste italienische Renaissancekartograph, der die Entwicklung der italienischen Kartographie im 16. Jahrhundert prägte, hatte eine modifizierte ovale Kartenprojektion (vgl. S. 168 ff.) benützt, die bei den Kartographen großen Anklang fand und im 16. und 17. Jahrhundert oft verwendet wurde (vgl. auch Kat. 99).

Literatur:
Klemp 1976, Nr. 13 – Seifert 1979, Nr. 31 – Shirley 1983, Nr. 115 (vgl. auch Nr. 106, 112) – *Lexikon zur Geschichte der Kartographie* 1986, Abschnitte ›Gastaldi‹ und ›Italienische Kartographie‹

98 Gerhard Mercator: Weltkarte in ›Mercator-Projektion‹, 1569

Nova Et Aucta Orbis Terrae Descriptio Ad Usum Navigantium emendata accomodata
Kupferstich, 195 x 132 cm
Duisburg 1569
Bibliothèque Nationale, Paris S. 151, Abb. 8

»Gerhard Mercator (1512-1594) ist der bedeutendste Geograph und Kartograph des 16. Jahrhunderts... Sein Werk bildete bis über die Mitte des 17. Jahrhunderts hinaus die Grundlage aller großen Atlanten...« (Grosjean/Kinauer). Seine zahlreichen kartographischen Werke vor 1569 »haben in ihrer Gesamtheit Mercator bei den Zeitgenossen höchsten Ruhm eingebracht. Unsterblich geworden aber ist sein Name erst durch die Weltkarte von 1569, die erstmals die von ihm erfundene geniale Projektion zeigt.« (Mercator, Faksimile) Ausgezeichnet durch parallele, sich rechtwinklig schneidende Längen- und Breitengradlinien war das epochale Werk wegen seiner Winkeltreue, wie schon im Titel angedeutet, besonders für Seefahrer geeignet; die heute noch als Mercator-Projektion bekannte Projektion ist die einzige, die sich für die Navigation eignet.

Mercator befestigte mit seiner in noch zwei weiteren Exemplaren (Rotterdam und Basel) erhaltenen Weltkarte jedoch kraft seines hohen Ansehens in der Fachwelt ebenso wie in fürstlichen Kreisen, von humanistischem Geist beseelt und noch stark von klassischen Autoren beeinflußt, in seinem kosmographischen Höhenflug auch falsche theoretische Vorstellungen über die Erde. Diese wurden, mit Abraham Ortelius beginnend, von Generationen von Kartographen, die sich beruhigt auf ihren berühmten Gewährsmann beriefen, nahezu ein Jahrhundert lang ohne Bedenken tradiert. Hervorgehoben seien hier als wichtigste Fehler der riesige antarktische Kontinent, ganz besonders jedoch ein ausgedehntes phantasievoll und genau gegliedertes, auf mittelalterlich-skandinavische Vorstellungen zurückgehendes arktisches Landgebiet, wie es auch der Behaim-Globus (Kat. 11b) zeigt, weiter die unnatürliche ›Kartoffelform‹ Südamerikas und schließlich das zweifache Auftreten von Grönland. Vgl. auch Beitrag U. Lindgren, S. 152.

Literatur:
Grosjean/Kinauer 1970, S. 64 f. – Shirley 1983, Nr. 119 – G. Mercator: *Atlas Sive Cosmographicae Meditationes*... Duisburg 1595. Faksimile-Ausg. mit Erl. Zürich u.a. 1985. 57 Kt., 31 S. (Erl.) – A. de Smet, in: *Lexikon zur Geschichte der Kartographie* 1986, S. 485 f. – Nebenzahl 1990, S. 120, Taf. 40 – Meurer 1991, S. 198

99 Abraham Ortelius: Ovale Weltkarte, 1570/1579/1598

Typus Orbis Terrarum
Kolorierte Kupferstiche, ca. 49,5 x 34 cm und 49,5 x 36 cm
In: *Theatrum Orbis Terrarum.* Antwerpen 1579
Auch in: *Theatre De L'Univers.* Antwerpen 1598
2° Mapp. 131; 2° Mapp. 133 b und 2° Mapp. 138

In alter Tradition beginnt der Atlas von Abraham Ortelius (1529-1598) in der beliebten ovalen Projektion. Die vom Betrachter aus gesehen rückwärtigen Teile der Erde werden dabei nach vorne gedreht (vgl. S. 168 ff.).

Während die polaren Festlandmassen ganz im Stil antiquierter falscher Ideen erscheinen, erhielt die Neue Welt nun noch eindrucksvoller als etwa bei B. Agnese oder S. Münster, und sogar übertrieben, den ihr gebührenden Platz. »Nordamerika, dessen Westen man noch gar nicht kennt, ist viel zu groß geraten. Schon von der Spitze von Florida bis zur Spitze Niederkaliforniens zeigt unsere Karte 60° Längenunterschied statt bloß 30°. Folglich ist auch hier der Pazifik noch zu klein. Interessant sind die angenommene Nord-West-Durchfahrt und eine nach Süden stoßende Bucht, in der sich eine Vorahnung der Hudsonbai spiegelt. Das Gebiet um die Lorenzmündung heißt *Nova Francia* – Neufrankreich –, weil sich hier bereits die Franzosen festgesetzt haben. Von den großen nordamerikanischen Seen hat man noch keine Kenntnis. Südamerika ist im Nordteil mit Marañón, Amazonas und La-Plata-System gut wiedergegeben, der Südteil ist (in den frühen Ausgaben) gänzlich verunglückt, und schließlich schleppt auch Ortelius den riesigen Südkontinent noch mit – er ist für ihn nicht der unbekannte Südkontinent, sondern die *Terra Australis nondum cognita* –, das noch nicht bekannte Südland.« (Grosjean/Kinauer)

Ortelius übernahm 1570, von den Ergebnissen Gerhard Mercators fasziniert und von diesem ermutigt, das Kartenbild von dessen großer Weltkarte, die ein Jahr zuvor erschienen war (Kat. 98). Später fügte er Ergänzungen, Änderungen und Verbesserungen sowohl in der Geographie als auch im Dekor hinzu (vgl. Kat. 109).

Die zweite Hälfte des 16. Jahrhunderts war die Zeit der Schöpfung der ersten Atlaswerke im modernen Sinn. Man verzichtete dabei völlig auf das ptolemäische Weltbild der Renaissance und ging ausschließlich von den besten verfügbaren modernen Karten aus, die im Lauf des 16. Jahrhunderts von Seefahrern, Entdeckern, Forschungsreisenden, Geographen, Kartographen, Landvermessern und anderen Kartenmachern geschaffen worden waren.

Das *Theatrum* von A. Ortelius erschien 1570 als erster der neuen Atlanten in einheitlichem Stil und mit

Abraham Ortelius (1529-1598) aus der unkolorierten Ausgabe des Atlas von 1603 (2° Mapp. 139)

Literatur:
Nordenskiöld 1889, S. 90, Taf. XLVI – Brandmair 1914 – Koeman 1964 – A. Ortelius: *Theatrum Orbis Terrarum.* Antwerpen 1570. Faksimile-Ausg. mit Einführung v. R. A. Skelton. Amsterdam 1964. XI, 53 Kt., 69 gez. Bl. – Ortelius 1966 – Grosjean/Kinauer 1970, S. 60 ff. – Seifert 1979, S. 45 – Shirley 1983, Nr. 122/158 – Meurer 1991, besonders S. 198

gleicher Blattgröße. Die Buchgattung erhielt 25 Jahre später nach G. Mercator den Namen ›Atlas‹ und verbreitete sich aufgrund der starken Nachfrage in zahlreichen Ländern und in verschiedenen Sprachen. Den Kupferstich der Landkarten des Ortelius-Atlas mit dem charakteristischen Dekor im flämischen Renaissance-Stil besorgte in der Regel Frans Hogenberg. Die Erstausgabe mit 53 Kartenblättern hatte einen überwältigenden Erfolg und führte noch im selben Jahr zu drei zusätzlichen Editionen. Ab 1579 übernahm den Druck des zunehmend umfangreicheren Standardwerkes die größte Druckerei Antwerpens, Christopher Plantin, die zeitweise bis zu 22 Pressen betrieb. Sie ist heute im Besitz der Stadt Antwerpen als das bekannte ›Museum Plantin-Moretus‹ erhalten, in dem man sich in die Zeit des Buch- und Landkartendrucks vor rund 400 Jahren zurückversenken kann.

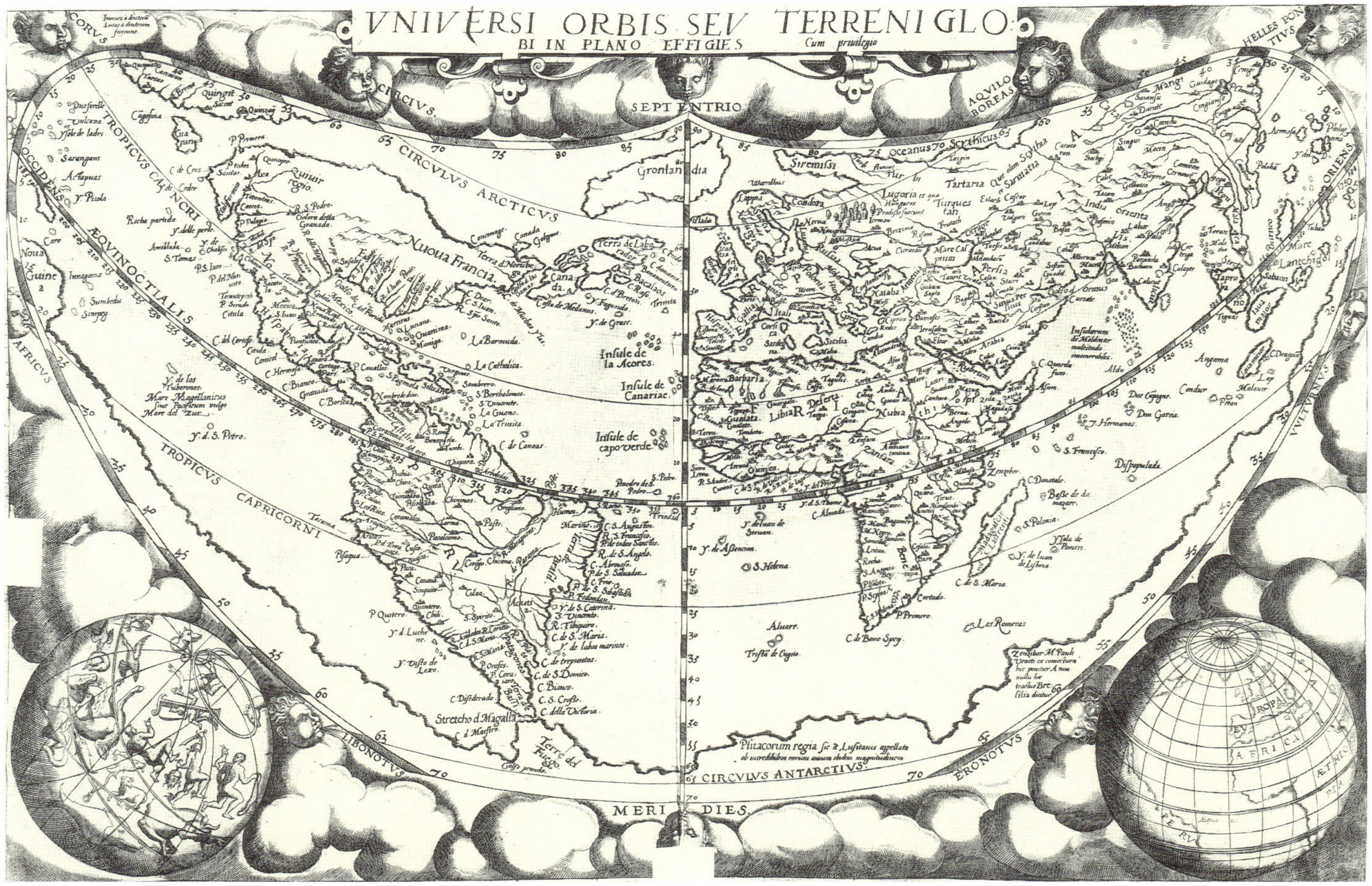

100 Gerard de Jode: Weltkarte 1571/1578

Universi Orbis Seu Terreni Globi In Plano Effigies
Kupferstich, 51,5 x 33 cm
In: *Speculum Orbis Terrarum*. Antwerpen 1578
2° Mapp. 174

Gerard de Jode (um 1508-1591) war ab etwa 1550 – zunächst als Drucker – in Antwerpen tätig. Wahrscheinlich von 1555 an plante er die Herausgabe eines Atlaswerkes, erhielt das entscheidende Druckprivileg aber erst so spät, daß sein Konkurrent A. Ortelius sein *Theatrum* bereits etabliert hatte. De Jodes Erstauflage erschien 1578 in zwei Teilen: Der erste umfaßte 27 Karten verschiedener Länder und Gebiete, der zweite nur die deutschen Länder (38 Karten). Die Brüder Deutecum waren maßgeblich am Stich der Karten beteiligt, die zu den schönsten ihrer Zeit zählen. Dennoch erlebte das *Speculum* nur zwei Auflagen: 1578 und 1593.

Die zur Gruppe der zwiebelförmigen Projektionen gehörende Weltkarte wurde von de Jode bereits 1571 als separater Stich mit anderem Titel publiziert. Der ausgedehnte – hypothetische – Südkontinent verbindet sich auch hier mit Neuguinea und zieht gegen den Äquator bis auf ca. 15° südlicher Breite. Wie bei der zwiebelförmigen Projektion allgemein üblich, ist das nördliche Nordamerika sehr stark verzerrt. Amerika und Asien sind deutlich getrennt, und der nördliche Seeweg nach Ostindien läßt sich erkennen. Auf das illusorische ›Meer des Verrazano‹ wurde mittlerweile verzichtet, die Großen Seen fehlen aber noch vollständig.

Die Karte umgibt ein Rahmen von Wolken und Windbläsern, wobei die beiden unteren Ecken durch einen Himmelsglobus mit den klassischen Sternbildern und einen Erdglobus ausgefüllt sind.

Der Sohn Cornelis de Jode kehrte 1589 bzw. 1593 in der zweiten Auflage des Atlas zum ›etablierten‹, allerdings rückständigen Weltbild von Mercator (1569; Kat. 98) und Ortelius (1570; Kat. 99) zurück.

Differenzierter als auf der Weltkarte wird Südamerika auf einer eigenen Karte, *Americae Peruvi* (vgl. Abb. S. 98), gezeigt; als wichtige Quellen sind in beiden Fällen die wandkartengroßen und ausführlichen Weltkarten J. Gastaldis (Venedig um 1561) und A. Ortelius' (Antwerpen 1564) zu erkennen.

Literatur:
R. A. Skelton: Einleitung zu G. de Jode: *Speculum orbis terrarum*. Antwerpen 1578. Faksimile-Ausg. Amsterdam 1965 – Koeman 1967 ff., Bd. 2, S. 205-212 – Seifert 1979, S. 45 f. – Shirley 1983, Nr. 124

101 Cornelis de Jode: Die Welt auf Polkarten, 1593

Hemispherium Ab Aequinoctiali Linea, Ad Circulum Poli Arctici…
Kupferstich, 51,5 x 32 cm, Blattgr. 56,5 x 41,5 cm
In: *Speculum Orbis Terrae.* Antwerpen 1593
2° Mapp. 175

Auch auf der Doppelhemisphäre in der 1593 von seinem Sohn Cornelis herausgegebenen Neuauflage des Atlas von Gerard de Jode fällt die übertriebene ost-westliche Ausdehnung Nordamerikas auf Kosten des nördlichen Pazifischen Ozeans auf, der auf eine schmale Wasserstraße von der Breite des Mittelländischen Meeres *(Streto de Anian)* reduziert ist und an deren Ausgang Japan liegt. An geographischen Einzelheiten Nordamerikas sei das zweite Kalifornien *(California)* im äußersten Norden des Kontinents hervorgehoben.

Mit Nordostasien verbindet sich der spekulative Nordpolarkontinent Gerhard Mercators, den dieser 1569 in der Rahmung seiner großen Weltkarte wiedergegeben hatte (Kat. 98) und in seinen Atlas 1595 als Einzelblatt aufnahm. Davon abgesehen reflektiert die nördliche Hemisphäre deutlich ausgeprägt das eindrucksvolle Vorbild von Guillaume Postel (Holzschnitt, Paris 1581, 120 x 90 cm), das wiederum auf der großen Weltkarte von Ortelius 1564 aufbaut.

Die beiden elegant gestochenen Polkarten sind von geballten Wolken mit den Köpfen von acht Windbläsern umgeben. Die Titel stehen in einer Rollwerkkartusche über Akanthuszweigen.

Literatur:
Nordenskiöld 1889, S. 95, Taf. XLVIII – Wagner 1937, Nr. 161 u. 170 – G. de Jode: *Speculum Orbis Terrarum.* Antwerpen 1578. Faksimile-Ausg. mit Einführung v. R. A. Skelton. Amsterdam 1965. XXXVIII S., 65 Kt. (Theatrum Orbis Terrarum, 2. Ser., 2) – Shirley 1983, Nr. 184 (vgl. auch Nr. 144)

102 Johannes Myritius: Ovale Weltkarte, 1590

Universalis Orbis Descriptio
Holzschnitt, 32 x 18,5 cm, mit Rahmen ca. 41 x 32 cm
In: *Opusculum Geographicum Rarum.* Ingolstadt: Wolfgang Eder 1590
Res. 2° Geo. U 71

Auf den ersten Blick fällt das Dekor mit der dominierenden Rollwerkleiste bei diesem Blatt ins Auge. Die ovale Karte ist von 16 geflügelten Köpfen von Windbläsern umgeben. Merkwürdigerweise folgt der deutsche Geograph Myritius in seinem stark vereinfachten geographischen Bild nicht den in zahlreichen Karten dokumentierten neueren Kenntnissen über die Trennung von Asien und Amerika sowie die Gliederung Nordamerikas durch die Nordwestpassage.

Literatur:
Nordenskiöld 1889, Taf. XLIX (1) – Shirley 1983, Nr. 175

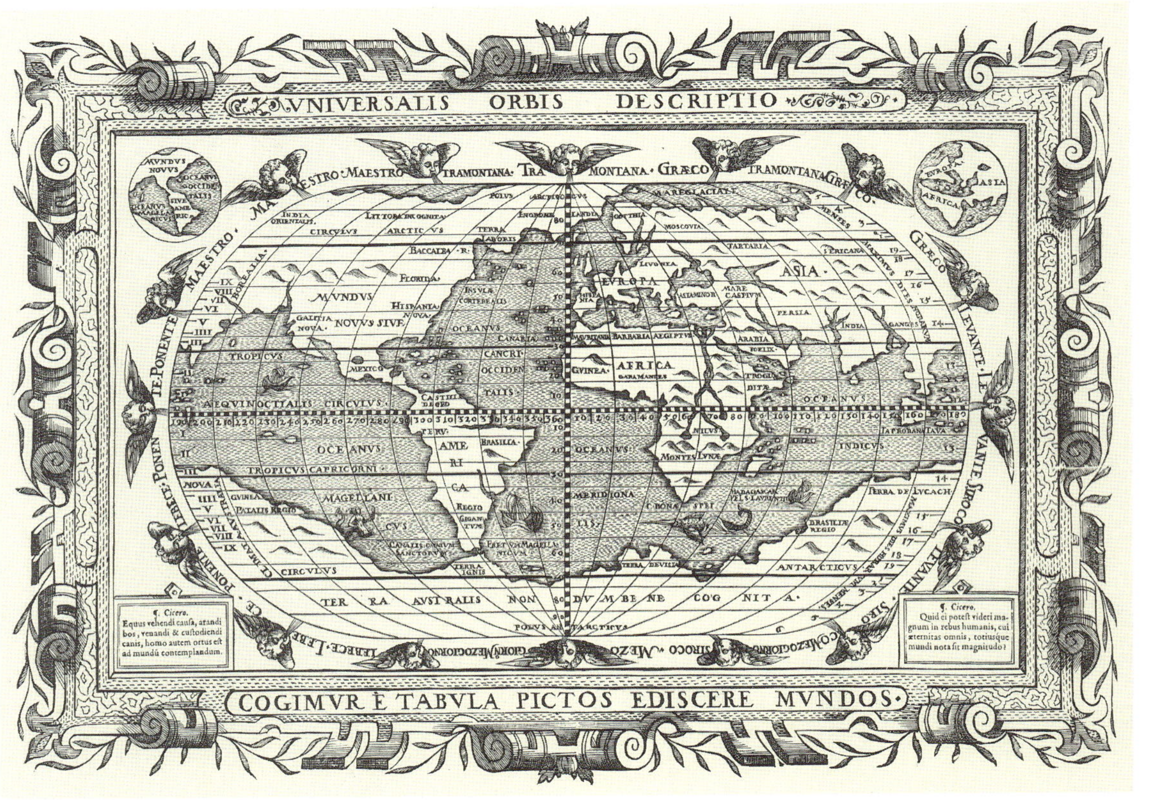

Kat. 102

103 Rumold Mercator: Weltkarte in zwei Hemisphären, 1587/1595 ff.

Orbis Terrae Compendiosa Descriptio
Kolorierter Kupferstich, 52 x 29 cm
In: Gerhard Mercator: *Atlas sive Cosmographicae Meditationes de Fabrica Mundi et Fabricati Figura.* Duisburg 1595, ebenso in späteren Auflagen
2° Mapp. 115 S. 169, Abb. 12

Die erste Karte im Atlas von Gerhard Mercator (1. Auflage 1595) mit dem Titel ›Darstellung der ganzen Welt‹ stammt von seinem Sohn Rumold, der sie bereits 1587 veröffentlicht hatte. Als Grundlage diente ihm die große Weltkarte des Vaters von 1569 (Kat. 98), wobei der Maßstab verkleinert und die winkeltreue Projektion mit einer weitgehend der Realität entsprechenden Abbildung der Erdform in zwei Hemisphären modifiziert wurde.

Mercator schloß sich der weit verbreiteten Annahme einer riesigen *Terra Australis* an, weil er sie im Interesse eines geodynamischen Gleichgewichts der Erde für erforderlich hielt.

Bekanntlich war es im 16. Jahrhundert und auch schon früher »nicht schwer, geographische Breiten mit Hilfe des Polarsterns zu bestimmen. Schwieriger war die Längenbestimmung... So kommt es, daß die Kontinente meist eine fehlerhafte West-Ost-Erstreckung aufweisen. Für Nordafrika beträgt sie zum Beispiel auf dem nördlichen Wendekreis rund 58°, gegenüber 51° in Wirklichkeit. Asien dagegen entspricht bei Mercator mit rund 78° auf dem nördlichen Wendekreis den heutigen Karten. Südamerika ist wieder zu breit geraten, wie überhaupt seine Kontur noch zu vage ist... Dagegen sind in Südamerika die Stromgebiete des Amazonas und des Paraná und Paraguay erforscht. In Nordamerika kennt man genauer nur Kalifornien und die Ostküsten bis zur Lorenzmündung. Das Stromgebiet des Lorenz mit den großen Seen ist noch unbekannt...« (Grosjean/Kinauer).

Der überwältigende Erfolg des Mercator-Atlas führte zu zahlreichen Ausgaben in verschiedenen Sprachen bis in die vierziger Jahre des 17. Jahrhunderts.

Literatur:
Keuning 1947 – Grosjean/Kinauer 1970, S. 65 f. – Klemp 1976, Nr. 19 – Shirley 1983, Nr. 157 – G. Mercator: *Atlas Sive Cosmographicae Meditationes*... Duisburg 1595. Faksimile-Ausg. mit Erl. Zürich u. a. 1985, S. 26

104 Peter Plancius: Weltkarte in zwei Hemisphären, 1594/1596

Orbis Terrarum
Kupferstich, 57,5 x 39 cm
In: Jan Huygen van Linschoten: *Itinerario. Voyage ofte Schipvaert.* Amsterdam 1596
2° It. sing. 85 (HbKs F 117)

Die mit reichhaltigem Dekor ausgestattete und von Jan van Deutecum gestochene Weltkarte in zwei Hemisphären erschien bereits separat 1594, später in Jan Huygen

Kat. 104

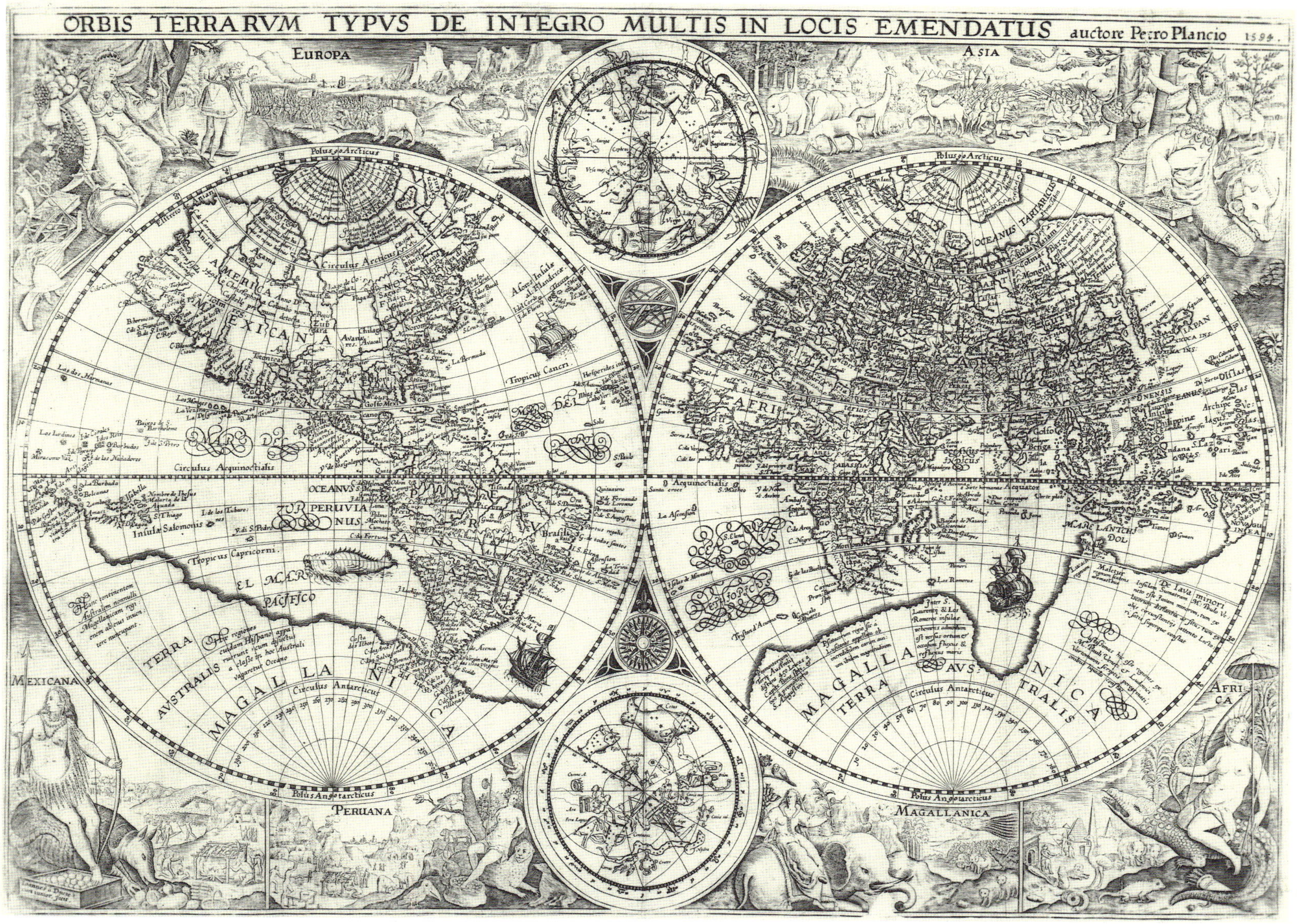

VAN LINSCHOTENS *Itinerario. Voyage ofte Schipvaert* ab 1596 in einer Reihe von Auflagen. Dabei fanden außer geringfügigen geographischen Ergänzungen vor allem Änderungen im Dekor statt. Durch das *Itinerario* wurde die Weltkarte weithin bekannt und gewann großen Einfluß, nicht nur auf Kartographen. Als Vorlage diente die große detaillierte Weltkarte von P. PLANCIUS von 1592.

Der obere und untere Rahmen der vorliegenden Ausgabe besteht aus personifizierten und landeskundlichen Darstellungen der vier bekannten Kontinente Europa, Asien, Afrika und Amerika (letzteres zweigeteilt in *Mexicana* und *Peruana*) sowie des Südkontinents *Magallanica*. In die Zwickel der Erdhalbkugeln fügte der Kartenschöpfer einen Himmelsglobus in zwei Hemisphären mit den klassischen Sternbildern ein.

Nahezu die Hälfte des südlichen Erdteils nimmt die sagenhafte *Magallanica (Terra Australis)* ein, die – aus den Kenntnissen über Feuerland und die Küsten Australiens abgeleitet – ein halbes Jahrhundert lang immer wieder phantasievoll auf Karten dargestellt wurde. Sie ist hier durch eine reiche Tierwelt – Elefanten, Bären und Paradiesvögel – symbolisiert.

Der vierteilige Nordpolarkontinent ist noch erhalten. Während Nordamerika in seiner Gesamtgestalt weitgehend der Weltkarte in Hemisphären von RUMOLD MERCATOR 1587 (Kat. 103) entspricht, erscheint die Kontur Südamerikas bei P. PLANCIUS weit naturnäher. Auch lassen sich nun wesentlich mehr Details der Küstengliederung, mehr Flußläufe und eine größere Anzahl von geographischen Namen ablesen.

Literatur:
Wagner 1937, Nr. 174 – J. Keuning: *Peter Plancius*. Amsterdam 1946 – Shirley 1983, Nr. 187/192 (vgl. auch Nr. 178)

SEPTENTRIONALIUM Terrarum descriptio.
Per Gerardum Mercatorem Cum Privilegio
POLUS ARCTICUS
OCEANUS SCYTHICUS qui et Mare Tabin
OCEANUS SEPTENTRIONALIS
Mare glaciale
Circulus Arcticus
California regio sola fama Hispanis nota
Anian regnum
Bergi regio
Agama
El streto de Anian
Desertum de Belgian arce nosum
Bargu campestria quorum incole vocan. tur Merriti
Ciorza
Cauona PARS
Molgomzaia
Samogedi
NOVA ZEMLA
PETZORKE MARE
MVRMANSKOI MARE
GROENLAND
ISLAND
Groclant
Hic mare est dulcium aquarum, cuius terminum ignorari Canadenses ex relatu Saguenaiensium aiunt
Lago de Conibas
Frisland insula
Farre insulæ
Scetland insulæ
Fare Ifl id est pulchra insula
Gradus latitudinis
Polus magneticus respectu insularum capitis Viridis
Polus magnetis respectu Corui insulæ
Pygmei hic habitant 4 ad summum pedes longi, quemadmodum illi quos in Gronlandia Screlingers vocant.

Das Titelblatt des Mercator-Atlas 1595

105 Gerhard Mercator: Nordpolargebiet, 1595

Septentrionalium Terrarum descriptio
Kolorierter Kupferstich, 39x36,5 cm
In: *Atlas sive Cosmographicae Meditationes de Fabrica Mundi et Fabricati Figura.* Duisburg 1595
2° Mapp. 114

»Ein Hauptproblem, das die Entdecker des 16. Jahrhunderts lösen wollten, war die Erkundung des Seewegs nach Cathay und zu den Gewürzinseln. Spanier und Portugiesen hatten ihn durch die Umsegelung Afrikas gefunden. Als die Engländer mit diesen zwei Nationen in Wettbewerb traten, suchten sie gemeinsam mit den Niederländern eine Nordroute. In der zweiten Hälfte des 16. Jahrhunderts verstärkte sich die Überzeugung, daß Nordostasien und Nordwestamerika durch das Meer getrennt seien und zwischen diesen beiden Kontinenten keine Landbrücke bestehe. Die Frage, ob die Nordwest- oder die Nordostpassage der günstigere Weg in den Fernen Osten sei, blieb zunächst unbeantwortet. Die Polarkarte Mercators ließ beide Möglichkeiten offen und zeigte einen eventuellen dritten Weg direkt über Flußverbindungen der Polarzone. Mercator dachte sich den Nordpol als hohen schwarzen Felsen inmitten eines Sees, der von einer weiten Landmasse umgeben ist. Das Festland wird nach seiner Vorstellung durch vier, dem Meer zufließende Ströme zerschnitten. Mercator bemerkt in einem Brief an John Dee (1577), er sei auf Grund ausgedehnter Studien zu diesem Bild der nördlichen Polarregion gekommen. Er kannte die zeitgenössische Reiseliteratur genau und hat sie auch in sein Kartenbild eingearbeitet.

Mercator hatte die Karte der Nordpolarregion zuerst als Nebenkarte in der Einfassung seiner Weltkarte von 1569 veröffentlicht. 1589 kam sie dann als Einzelblatt in den Atlas.« (Seifert)

Literatur:
Nordenskiöld 1889, Abb. 60 – Averdunk/Müller-Reinhard 1914 – Cumming u.a. 1972, S. 214 f. – Seifert 1973, Nr. 21

106 Johann Bussemacher/Johann Rauw/ Matthias Quad/Johannes N. Metellus: Weltkarte, 1596/1597/1602

Typus Orbis Terrarum
Kupferstich, 29 x 17 cm
In: Johann Rauw: *Cosmographia.* Frankfurt 1597
2° Geo. U. 82 (HbKs E 16 u)
In ähnlicher Form in: Johannes Natalius Metellus: *Speculum Orbis Terrae.* Köln 1602
2° Mapp. 123 S. 159, Abb. 16

Die kleine Weltkarte der *Europae Totius Orbis Terrarum* von Johann Bussemacher (Köln 1596) geht, wie im Titel näher erläutert, auf Gerhard Mercator zurück. Von 1596 bis in die zwanziger Jahre des 17. Jahrhunderts erschien die Karte noch in der *Cosmographia* von J. Rauw und weiteren Werken von M. Quad und G. Boterus.

Darüber hinaus ist das Kartenbild – abgesehen vom Dekor – mit jenem von Lambert Andreae und Johann Metellus (Köln 1596) weitgehend identisch. Der Universalgelehrte Metellus (um 1520-1597) hatte ab 1563 enge Verbindungen zu Köln und fungierte als Autorität bei geographischen Quellenproblemen. An der Wende zum 17. Jahrhundert erschien unter seinem Namen eine Reihe von Länderatlanten, die ein Weltatlas mit dem Titel *Speculum Orbis Terrae,* der mehrere frühere Bände zusammenfaßt, abschloß. Metellus schuf damit von der Anzahl der Publikationen her das umfangreichste Atlasunternehmen des 16. Jahrhunderts. Wie die damals verbreitete Weltkarte gehen auch die übrigen Karten des Atlas auf niederländische Vorlagen, insbesondere auf Ortelius und Mercator zurück. Die Weltkarte erschien bis 1612 ebenso in einigen Werken der Autoren J. Boterus, L. Andreae, J. D'Acosta und C. Loew.

Literatur:
Nordenskiöld 1889, Taf. XLIX – Shirley 1983, Nr. 190, 197 – Meurer 1988

Kat. 107

107 Giovanni Magini: Weltkarten, 1596

Kupferstiche
In: *Geographia Universa … Jo. Antonio Magino.* Venedig 1596
Geo. U. 71 (HbKs E 13 d)

Die Ptolemäus-Edition des Mathematikers, Astronomen und Kartographen Giovanni Magini (1555-1617) aus Padua ist ein Beispiel für die internationale Verwendung der Karten Mercators 1569 (Kat. 98) und Ortelius' (Kat. 99). Magini bot neben dem alten ptolemäischen Weltbild drei kleine moderne Weltkarten, und zwar in der Ovalprojektion, in Gestalt von Doppelhemisphären (äquatorständige Azimutalprojektion) und im Seekartenstil mit Rumbennetz. Die Karten erschienen auch in späteren Ausgaben und Werken weiterer Geographen.

Die Verkleinerung und Generalisierung führte neben starken Vereinfachungen auch zu fehlerhaften Vergröberungen und falschen geographischen Proportionen. Gebirgszüge auf dem phantastischen Südkontinent konnten wir bereits bei Gastaldi/Forlani (Kat. 97) und anderen Kartographen in den vierziger Jahren des 16. Jahrhunderts bestaunen.

Literatur:
Shirley 1983, Nr. 193-196, 201-204

ORBIS TERRAE COMPENDIOSA DESCRIPTIO
ex ea, quam ex Magna Vniuersali Mercatoris Rumoldus Mercator fieri curabat, in hanc commodiorē formā a Hieronymo Porro redacta.
Polus Arcticus
Polus Antarcticus
Circulus Arcticus
Tropicus Cancri
Circulus Aequinoctialis
Tropicus Capricorni
Circulus Antarcticus
AMERICA SIVE INDIA NOVA
Polus Arcticus
Polus Antarcticus
Tropicus Cancri
Aequinoctialis
Aequator
Tropicus Capricorni
Circulus Antarcticus

Kat. 107

108 Sebastian Münster: Die Neue Welt, 1540/1546

Die neüwe Inselen so zu unsern Zeiten durch die Künig von Hispania im grossen Ozeano gefunden sindt
Kolorierter Holzschnitt, ca. 35 x 26 cm
In: *Cosmographia. Beschreibung aller Lender.* Basel: Petri 1546
Res. 2 Geo. U 46 a

Sowohl in seine Ptolemäus-Edition 1540 als auch in seine *Cosmographia* 1546 nahm Sebastian Münster eine Karte der Neuen Welt *(Novus Orbis, Die Nüw Welt)* auf, die das Bild seiner Weltkarte (in den gleichen Werken; Kat. 89) differenziert. Sie war die erste selbständige und zugleich die bekannteste Darstellung der Neuen Welt in jener Zeit, da die *Cosmographia* sehr weite Verbreitung fand.

Mittelamerika zeigte Münster im Gegensatz zur Weltkarte deutlich als relativ breite Landbrücke zwischen Nord- und Südamerika. Besonders fallen auch die starke Ost-West-Dehnung im Norden Südamerikas (vgl. Kat. 72) und die übertriebene Ostkomponente der nordamerikanischen Atlantikküste ins Auge, wie sie bereits auf den ersten bekannten Manuskriptkarten des 16. Jahrhunderts irrtümlich kartographiert wurde (vgl. 63 ff.). Der Pazifische Ozean erscheint noch zu schmal und im Nordteil sogar noch kaum erfaßt: Die Insel *Zipangri* (Japan) und die ostasiatischen kleinen Inseln, die Marco Polo ›Archipel der 7448 Inseln‹ (auf der Karte *Archipelagus 7448 insularum*) nannte, liegen nicht weit von Amerika entfernt.

Die Weltumsegelung Magellans hatte sich noch nicht in einer adäquaten Vorstellung bei den Schöpfern gedruckter Karten niedergeschlagen. Mit ihrer Auffassung der Neuen Welt lassen sich Münsters Karten zu den fortschrittlichen zählen. Sie zeigen jedoch keineswegs zum ersten Mal die Trennung Amerikas von Asien, wie irrtümlich manchmal betont wird. Die Magellanstraße führt bereits den Namen ihres Entdeckers *(Fretum Magaliani)*, zu dessen Ehren auch ein Segelschiff vom Typ des Magellan-Schiffs den Pazifischen Ozean durchpflügt.

Literatur:
Nordenskiöld 1889, Abb. 73 – Hantzsch 1898 – Klemp 1976, Nr. 9 – Schwartz/Ehrenberg 1980, S. 45 – Nebenzahl 1990, S. 98 f.

109 Abraham Ortelius: Amerika im ersten modernen Weltatlas, 1570-1603

Americae Sive Novi Orbis, Nova Descriptio (Amerika-Karte)
Maris Pacifi... novissima descriptio (Karte des Pazifischen Ozeans)
Zum Teil kolorierte Kupferstiche, ca. 48 x 35 cm
In: *Theatrum Orbis Terrarum.* Antwerpen, verschiedene Ausgaben
2° Mapp. 131 a und 139
Universitätsbibliothek München, 2° Mapp. 34 Abb. S. 92/93

Die frühen Ausgaben des eine neue Epoche einleitenden Atlas *Theatrum Orbis Terrarum* des Antwerpener Kosmographen und Verlegers A. Ortelius zeigen Südamerika ab 1570 auf der Weltkarte wie auch auf der Amerika-Karte in der ›Kartoffelform‹ im Stil Mercators (vgl. Kat. 99) – ein Merkmal, in dem sich die Vorlage besonders prägnant verrät. Erst in die revidierten Ausgaben der späten achtziger Jahre nahm Ortelius wieder ein weit naturnäheres Bild Südamerikas, wie es seine große Weltkarte im Wandtafelformat bereits 1564 geboten hatte, nach – unveröffentlichten – Vorlagen von P. Plancius in die beiden sehr schönen Karten Amerikas (ab 1587) und des Pazifischen Ozeans (gestochen 1589) auf, die Gerard de Jode mit richtigem Gespür 1578 im *Speculum* übernahm (Kat. 100). Während die Anden damals bereits nahezu in ihrem gesamten Verlauf erschienen waren, wurde jetzt auf sie teilweise zugunsten von Ortsnamen verzichtet.

Wie sich aus dem kartographischen Bild ergibt, dienten für die beiden sehr dekorativ gestalteten neuen Karten unterschiedliche Quellen als Vorlage. Besonders deutlich zeigt sich dies im Verlauf der südamerikanischen Küste und der unterschiedlichen Darstellung Neuguineas. Die Amerika-Karte soll von A. F. von Langren entworfen worden sein. In manchen Punkten, z. B. in der Darstellung Kaliforniens als Halbinsel oder – bei der Atlantikkarte – Neuguineas als selbständige Insel, überragen die Blätter manch spätere an geographischer Richtigkeit. Phantasievoll bzw. sehr fehlerhaft präsentieren sich hingegen noch besonders die amerikanische Nordwestküste, der sagenumwobene Südkontinent und die um 3500 Meilen östlich ihrer eigentlichen Lage viel zu nahe an Neuguinea herangerückten Salomoninseln, die 1567 von Alvaro de Mendana besucht worden waren und auf der alten Amerika-Karte von Ortelius noch fehlen. Als Erinnerung an die Weltumsegelung Magellans schmückt ein Bild seiner ›Victoria‹ oder eines vergleichbaren Schifftyps die Weite des Pazifischen Ozeans.

Literatur:
Landmarks 1968, S. 204, Taf. S. 205 f. – Bricker/Tooley 1969, S. 188, Taf. – Klemp 1976, Nr. 15 – Campbell 1981, S. 25 f. – Kohl 1982, Nr. 3/5-6 – Meurer 1991, bes. S. 198, 216, 333, Abb. 52

Cathay
INDIA superior
Quinsay
FRANCISCA
C.Britonum
Exteriores
Hispania
Terra florida
Oceanus occidentalis
Medera
Archipelagus 7448 insularũ
Zipangri
Chamaho
Panuco
Inf. Tortucarũ
Temistitan
Iucatana
CVBA
Hispaniola
Fortunatæ inf.
Antillæ
Inf. Hesperidum
AFRICAE pars
Iamica
Dominica
S. Iacobi
Beragna
PARIA abundat auro & margaritis
inf. pdorum
Sinus Atlanticus
Canibali
Die Nüw
Insula Atlãtica quam uocant Brasilij & Americam
Catigara
Inf. infortu natæ
Welt
Calensuan
Regio Gigantum
7. insule Margueritarũ
Mare pacificum
Fretum Magaliani

Kat. 108

ABRAHAM ORTELIUS: Amerika im kolorierten Atlas von 1575 (Kat. 109; 2° Map. 131a)

Abraham Ortelius: Pazifik-Karte mit Amerika im kolorierten Atlas von 1598 (Kat. 109, 2° Map. 138)

110 ABRAHAM ORTELIUS:
Erste gedruckte regionale Amerika-Karten, 1579/1580/1584

Zum Teil kolorierte Kupferstiche
In: *Theatrum Orbis Terrarum* und Übersetzungen, hier Antwerpen 1580 und Additamentum III, Antwerpen 1584
2° Mapp. 132 u. 137

ABRAHAM ORTELIUS konnte aufgrund seiner weltweiten geschäftlichen und wissenschaftlichen Beziehungen ab 1579 bzw. 1584 auch Regionalkarten aus der Neuen Welt in sein berühmtes ›Welttheater‹ aufnehmen und als Kupferstiche einem breiteren Interessentenkreis bekannt machen. Die Karten bedeuteten einen großen Fortschritt in der Kenntnis Amerikas und erschienen unverändert bis in die zwanziger Jahre des 17. Jahrhunderts. Während bei den Karten Mittelamerikas bzw. Mexikos *Hispania Nova, Culiacana, Guastecan* sowie dem Blatt mit der mittelamerikanischen Insel *Hispaniola* die Namen ihrer Schöpfer verschwiegen werden und noch der neuesten Fachliteratur unbekannt sind, nennen *Peruvia* und *La Florida* als Autoren DIDACUS MENDEZIUS bzw. GERÓNIMO DE CHAVES. – Am Beispiel der Florida-Karte sei auf die Entwicklung amerikanischer Regionalkarten im Zusammenhang mit frühen Kolonisierungsversuchen eingegangen.

G. DE CHAVES (CHIAVEZ) trat als spanischer königlicher Kosmograph in die Fußstapfen seines Vaters. Ab 1552 bekleidete er an der ›Casa de la Contratación‹ in Sevilla ein

Literatur:
Cline 1962 – Cumming u. a. 1972 – Schwartz/Ehrenberg 1980 – Nebenzahl 1990, S. 136 ff. – Meurer 1991, bes. S. 90, 92 f., 127, 194

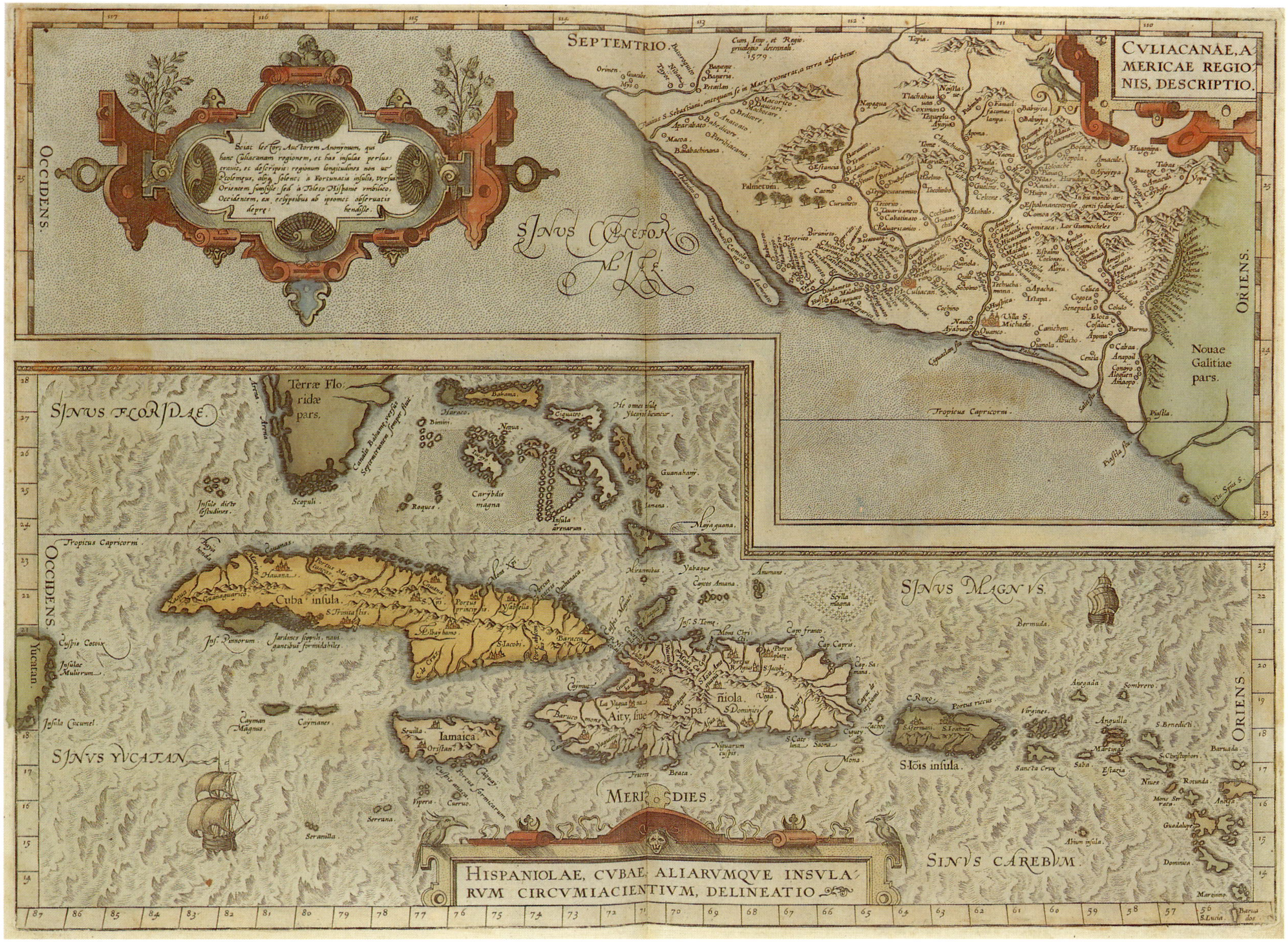

führendes Amt im Bereich der Kartographie und Nautik; 1559 wurde er Nachfolger von SEBASTIAN CABOT als Piloto Mayor. Die Darstellung Floridas verwertete wohl handschriftliche Vorlagen, die bis auf HERNANDO DE SOTOS Expedition von 1539-1542 zurückgehen mögen. Vielleicht sind auch die Blätter Neuspanien und *Culiacana* nach Handzeichnungen von CHAVES erarbeitet.

In wesentlich detaillierterer Zeichnung als bei CHAVES/ORTELIUS erscheinen Florida, Virginia und angrenzende Teile des Südostens im Zuge der französischen und englischen Siedlungsversuche an der Südostküste Nordamerikas während der sechziger und achtziger Jahre. Die Karten zeichneten bzw. malten JACQUES LE MOYNE (1564) und JOHN WHITE (1585), zwei Maler, die selbst daran teilgenommen hatten. Als Kupferstiche erschienen 1590 und 1591 die Blätter in den Amerika-Bänden 1 und 2 von DE BRY (Kat. 40) und prägten nahezu ein Jahrhundert lang die Nachfolgekarten über den Südosten des nordamerikanischen Kontinents.

Auch die übrigen, wohl auf spanische Vorlagen zurückzuführenden und im *Theatrum Orbis Terrarum* erstmals publizierten Regionalkarten Amerikas erfreuten sich großen Erfolgs und wurden über lange Zeit kopiert, variiert oder als Grundlage für verbesserte Karten verwendet. Als Beispiel hierfür sei noch einmal die Neuspanien-Karte genannt, die bei THEODOR DE BRY 1595, CORNELIUS WYTFLIET 1597, MATTHIAS QUAD 1600, im MERCATOR-HONDIUS-Atlas (ab 1607) und in anderen Werken fortlebte.

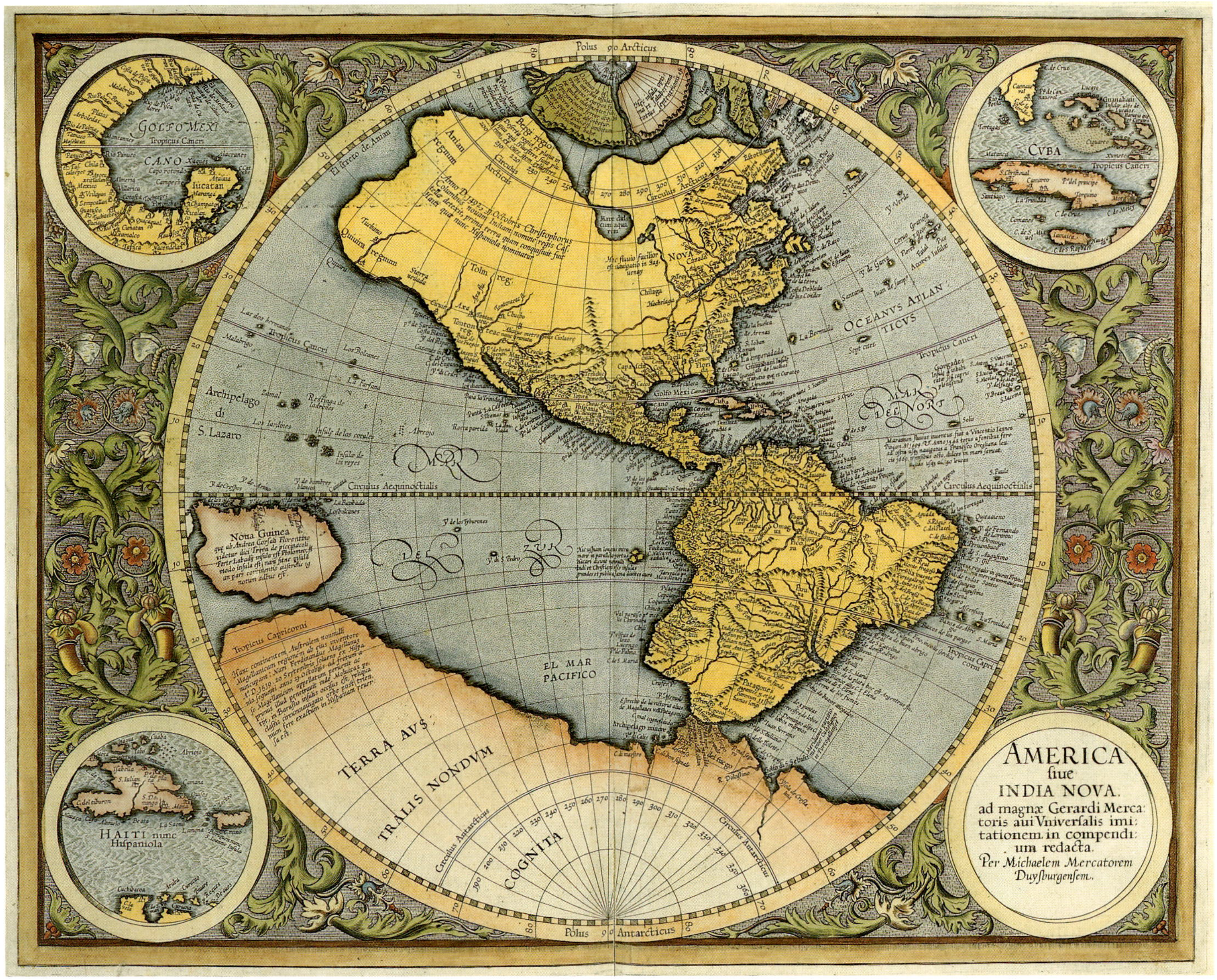

111 Gerhard Mercator: Amerika oder Neuindien, 1595

America sive India Nova
Kolorierter Kupferstich, ca. 46x36,5 cm (mit Rahmen), 32,5 cm Durchm. der Hemisphäre
In: *Atlas Sive Cosmographicae Meditationes*... Duisburg 1595
2° Mapp. 114

Auch die Amerika-Karte Gerhard Mercators leitet sich von seiner Weltkarte von 1569 (Kat. 98) ab. Sie wurde von seinem Enkel Michael in die Stabius-Werner-Projektion übertragen.

Vom amerikanischen Kontinent sind nur die Ostküste Nordamerikas und Kalifornien als Halbinsel relativ gut bekannt. Besonders Südamerika erscheint jedoch in seiner grundsätzlichen, an ein Trapez erinnernden Form im Gegensatz zur Darstellung anderer Kartographen erstaunlich falsch erfaßt. »Die Westküste ist – von der Magalhaesstraße an bis zum Kap Sta. Maria in Chile (das fast auf dem 280. Grad liegt) – um gut 20° nach Westen verschoben. Bemerkenswert ist dagegen, daß der Verlauf des Amazonas, trotz der schematischen Anlage, im ganzen richtig wiedergegeben ist.« (Mercator, Faksimile) Die merkwürdige Konfiguration geht wahrscheinlich auf Karten nordfranzösischer Kartographenzentren zurück, die seit etwa 1535 entstanden waren (vgl. Kat. 71, 72).

Die Erläuterungen der Karte beziehen sich vor allem auf entdeckungsgeschichtliche Ereignisse und geographische Besonderheiten und Erwägungen.

Literatur:
Wallis 1981 – G. Mercator: *Atlas Sive Cosmographicae Meditationes*... Duisburg 1595. Faksimile-Ausg. mit Erl. Zürich u.a. 1985, S. 26

112 Cornelis de Jode: Karten Nord- und Südamerikas, 1593

Kupferstiche
In: *Speculum Orbis Terrae.* Antwerpen 1593
2° Mapp. 175

Anders als Ortelius, der im wesentlichen Karten Mittel- und Südamerikas veröffentlichte, wandte sich Cornelis de Jode in der zweiten Ausgabe des von seinem Vater begründeten *Speculum* 1593 auch der eigenständigen Darstellung von Nordamerika zu. Dabei deckte er diesen Teilkontinent durch zwei in Nord-Süd-Richtung stark zusammengedrückte Darstellungen ab: *Americae Pars Borealis* mit Florida, Baccalaos, Kanada, Corterealis und das westlich anschließende *Quivirae Regnum cum aliis versus Boream.* Den relativ genauen Küsten des Südwestens und Südostens liegen die Karten J. Le Moynes und J. Whites (vgl. Kat. 110) zugrunde, während das Bild des St.-Lorenz-Stromes bis auf die Erkundungen J. Cartiers zurückgeht. Die Großen Seen sind immer noch nicht bekannt, die durchgehende Nordwestpassage wird jedoch, ähnlich wie auf älteren Karten, in Form eines relativ breiten Meeresarmes als gegeben betrachtet, obwohl sämtliche Expeditionen aufgrund des nordischen Eises zur Aufgabe gezwungen gewesen waren und kein Ergebnis gebracht hatten. Von J. White leiten sich auch die in einer Vignette mit Rollwerkrahmen dargestellten Indianer ab (vgl. S. 176, Abb. 2) sowie die Eskimos, die mit Pfeil und Bogen das Segelschiff des Engländers Martin Frobisher (bei seinem Versuch, 1576 die nordwestliche Durchfahrt zu finden) beschießen.

Der Name der zweiten Karte stammt von einem legendären Königreich im Westen des Kontinents. Die ähnlich Maulwurfshügeln gestalteten Bergketten durchziehen das Land z. T. in fast richtiger Tendenz (Rocky Mountains, Appalachen), andere sind – besonders der vom Ende des *Sinus S. Laurentii* nach Westen quer durch den Kontinent ziehende Gebirgszug – ein Produkt falscher Informationen. Weitere landeskundliche Akzente setzen Rundzelte, eher wie Schneeziegen aussehende Bisons und viele entdeckungsgeschichtliche Texte.

Die Südamerika-Karte weicht in zahlreichen geographischen Einzelheiten, in der Konfiguration der Westküste und in der dekorativen Gestaltung von der in der ersten Auflage gezeigten Version ab.

Literatur:
R. A. Skelton, Einführung zu G. de Jode: *Speculum Orbis Terrarum.* Antwerpen 1578. Faksimile-Ausg. Amsterdam 1965 – Cumming u. a. 1972, S. 206, Abb. 242 – Klemp 1976, Nr. 62 – Seifert 1979, Nr. 52 – Nebenzahl 1990, S. 152, Taf. 49

113 **Arnold Florentin van Langren: Süd- und Mittelamerika, 1596**

Kolorierter Kupferstich, 55 x 38 cm
Aus: Jan Huygen van Linschoten: *Itinerario. Voyage ofte Schipvaert.* Amsterdam 1596
2° It. sing. 85 (HbKs F 117)

»Jan Huygen van Linschotens Karte Südamerikas, von Arnold van Langeren vortrefflich gezeichnet und gestochen, ist eine der herrlichsten Karten der ersten niederländischen und lateinischen Ausgaben seines gegen Ende des 16. Jahrhunderts erschienenen *Itinerario*... Linschotens *Voyage ofte Schipvaert* mußte geradezu die Reiselust ›aller Neugierigen und Liebhaber fremder Dinge‹ wekken. Linschoten war 1576 aus Holland über Portugal nach Goa aufgebrochen, wo er – obwohl durch und durch Protestant – sechs Jahre unter der Schirmherrschaft des römisch-katholischen Erzbischofs verbrachte.« (Bricker/Tooley)

Als Kosmograph und Mitarbeiter des Astronomen Tycho Brahe stellte van Langren (Langeren) Globen und Karten her. Die Karte von Süd- und Mittelamerika ist auffallenderweise nach Westen orientiert.

»Der in der Nord-Süd-Erstreckung stark verkürzte südamerikanische Kontinent wird als *Peruviana* bezeichnet, da in der Zeit der Vereinigung Portugals mit Spanien die kolonialen Territorien beider Länder unter der Verwaltung des spanischen Vizekönigreichs Peru zusammengefaßt wurden. Gleichsam als Symboltier nimmt die Mitte der Karte das Tier ›Hay‹ ein, das vom Zeichner mit einem langen Schwanz ausgestattete Faultier. Brasilien ist durch Kannibalen, Patagonien durch ›Giganten‹ charakterisiert.« (Kohl)

Literatur:
Landmarks 1968, S. 216, Taf. – Bricker/Tooley 1969, S. 191, Taf. – Kohl 1982, Nr. 3/6

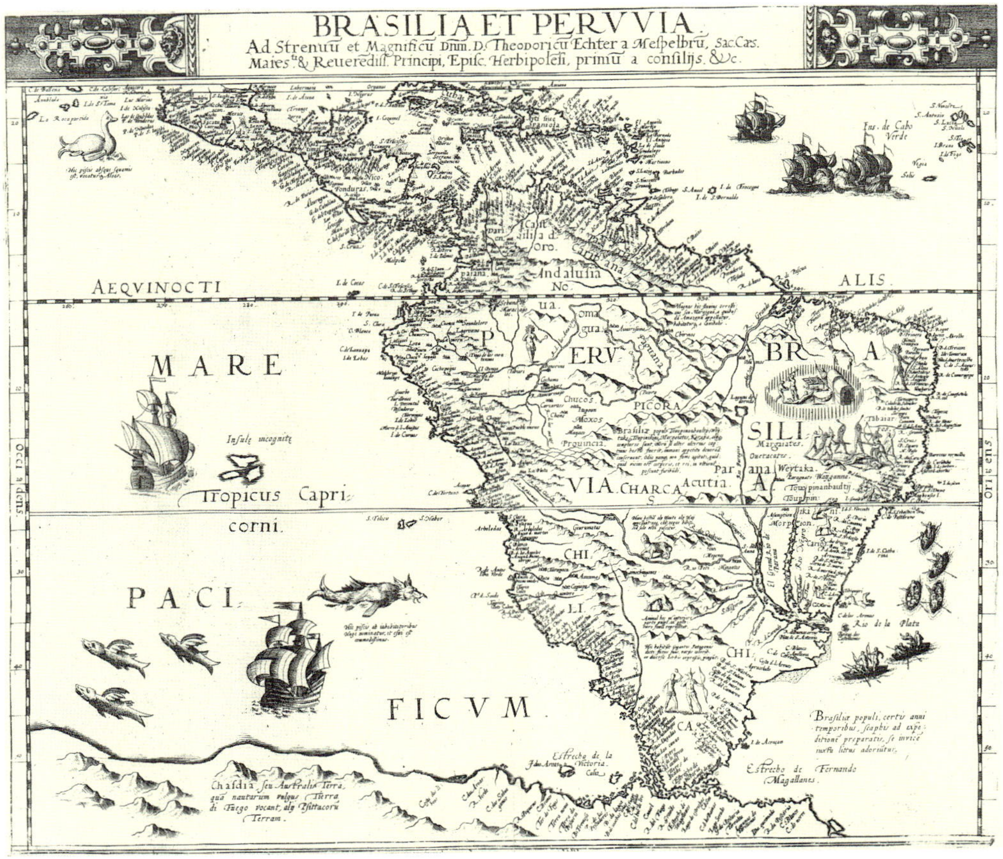

Die Darstellungen Südamerikas in den Atlanten von Gerard de Jode 1578 (*oben*, Kat. 100) und Cornelis de Jode 1593 (*unten*, Kat. 112)

PERVVI-
ANA
CHILE
BRASILIA
ACVTIA
OMAGVA
PAGVANA
PICORA
PARANA
Moxos prouin.
Paragonum regio
Terra del Fuego
Estrecho de Fernan do Magallanes
Charcas
QVITO
Popaiana
BOGOTA
NOVA ANDALVSIA
CARIBANA
PARIA
LA FLORIDA
Cuba
Haiti nunc Hispaniola
Boriquen
La Bermuda
Antillas
MAR DEL NORT
Tropicus Capricorni
Tropicus Cancri
Aequinoctialis

114 Cornelius Wytfliet: Erster Atlas Amerikas, 1597

Kupferstiche, je ca. 28 x 22 cm
In: *Descriptionis Ptolemaeici augmentum.* Louvain 1597
Mapp. XXI, 0 t

Das Werk von Wytfliet, einem Advokaten und Brabanter Ratssekretär, enthält außer einer Weltkarte 18 Regionalkarten Amerikas. Damit ist diese Ergänzung zu Ptolemäus der erste Atlas, der sich ausschließlich auf Amerika bezieht und den Wissensstand um 1590/91 darstellt. Zuvor waren lediglich wenige Regionalkarten Amerikas im *Theatrum* Ortelius' und in de Jodes *Speculum* erschienen. Die Darstellungen in de Brys *America,* Teile 2-6 (1591-1596) hat Wytfliet nicht berücksichtigt; sein Werk war offenbar schon einige Jahre vor dem Druck fertiggestellt. Als Quellen dienten unter anderem die Weltkarten von Mercator 1569 (Kat. 98) und Plancius 1592 (vgl. Kat. 104), wohl auch verschiedene Handzeichnungen und darüber hinaus die gedruckten Reise- und Eroberungsberichte des 16. Jahrhunderts. Wytfliet bemühte sich, daneben neueste Informationen kritisch zu berücksichtigen. Somit bildet das Werk aus der Sicht R. A. Skeltons einen wertvollen Überblick über das zeitgenössische geographische Wissen von Amerika um 1590, wenn auch manche Karten, wie H. F. Cline betont, einen auffallenden Rückschritt gegenüber früheren Drucken bedeuten.

Der Amerika-Atlas erschien bis 1615 in einer Reihe lateinischer und französischer Ausgaben. Abgedruckt finden sich die Karten auch in der deutschen Übersetzung von José d'Acostas Amerika-Werk.

Hervorragende Beispiele der Karten sind das aufgrund seines Schnitts und der großen Rollwerkkartusche dekorativ ansprechende Blatt *Cuba Insula Et Jamaica* und *Norumbega Et Virginia* nach der berühmten Handzeichnung John Whites (Kupferstich bei de Bry 1590) sowie *Granata Nova et California,* die einzige im 16. Jahrhundert (nach Ortelius und anderen Quellen) gedruckte Karte von Kalifornien und Neumexiko.

Literatur:
Cline 1962 – R. A. Skelton, Einführung zu C. Wytfliet: *Descriptionis Ptolemaeici augmentum.* Louvain 1597. Faksimile-Ausg. Amsterdam 1964 – Cumming u.a. 1972, S. 116, Abb. 126 – Klemp 1976, Nr. 75 – Seifert 1979, S. 54 – Schwartz/Ehrenberg 1980, S. 83, Abb. 40, 41

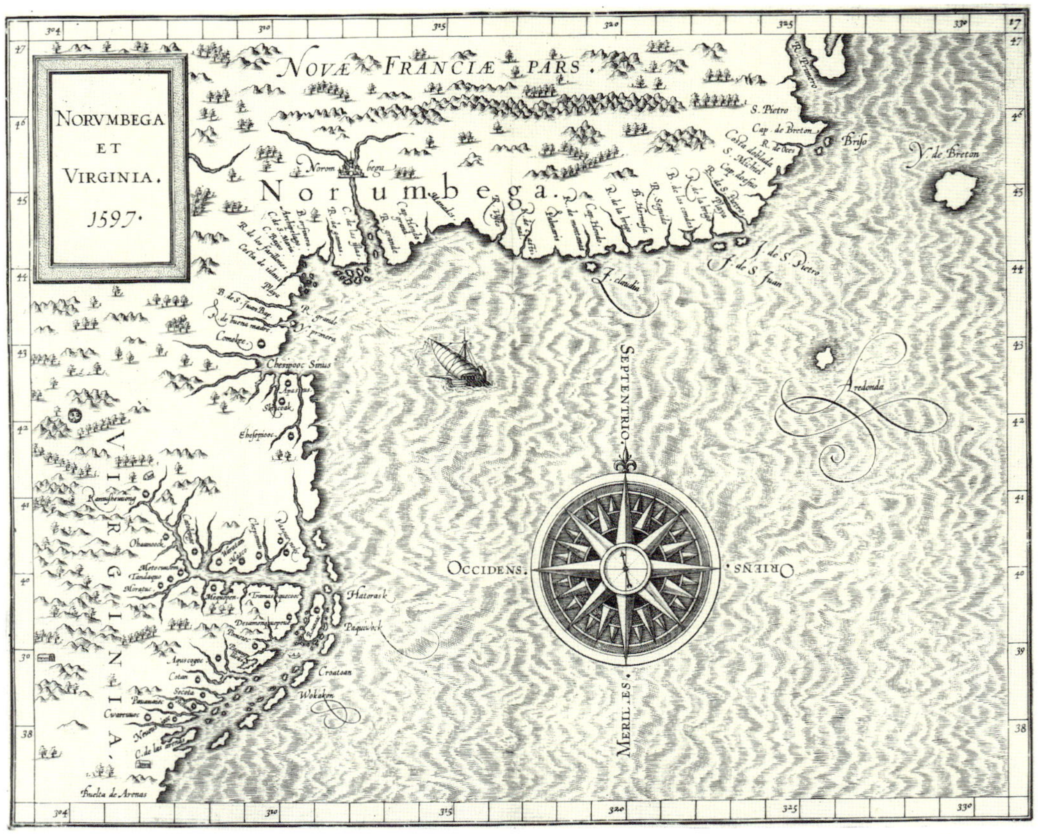

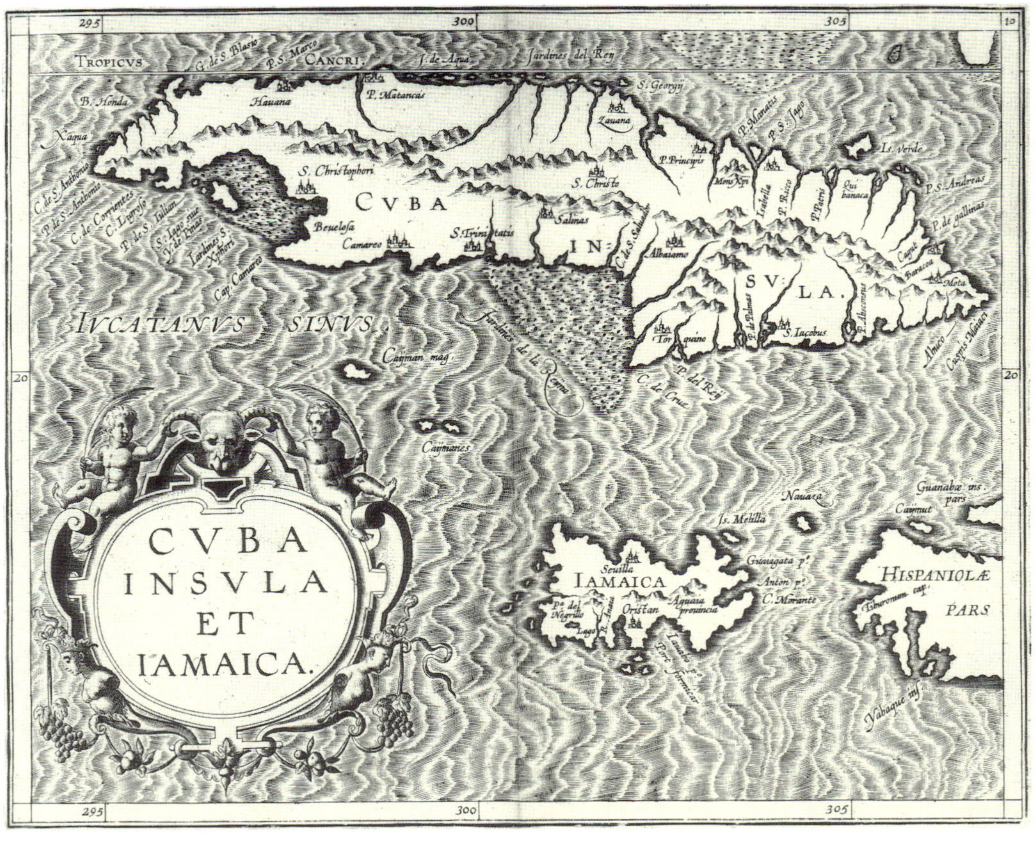

115 Jodocus Hondius: Karten Amerikas und seiner Regionen, 1606

Zum Teil kolorierte Kupferstiche
In: *Gerardi Mercatoris Atlas.* Amsterdam 1606 u. spätere Ausgaben
2° Mapp. 115; 2° Mapp. 116-IV; 2° Mapp. 118-2

1606 erschien der erste Mercator-Hondius-Atlas, ein Jahr später ein *Atlas Minor* mit den verkleinerten Karten des Vorgängers. Der flämische Stecher J. Hondius (Josse de Hondt) hatte in England umfangreiche kartographische Erfahrungen gesammelt und nach dem Tod von Rumold Mercator (1602) die Platten des Mercator-Atlas gekauft. Unter seiner und dann seines Sohnes Henricus und dessen Schwager Jan Janssons Leitung erlebte das Werk, das allmählich das *Theatrum* von Ortelius ersetzte, bis 1641 in vielen Nachdrucken, Übersetzungen und erweiterten Neuauflagen wegen seiner Qualität und der ansprechenden Gestaltung weltweit Verbreitung.

Das geographische Bild Amerikas erscheint 1606 in den Karten von Gesamtamerika, Neuspanien *(Hispania Nova)*, Virginia und Florida, Kuba und Hispaniola, Südamerika *(America Meridionalis)* sowie der Magellanstraße und Umgebung *(Fretum Magellanici)*, wobei Quellenangaben durchwegs fehlen. Südamerika erinnert jedoch in der Gesamtanlage an die Darstellung in de Jodes *Speculum*, während Neuspanien von Ortelius übernommen ist, Virginia und Florida auf die von Jacques Le Moyne und John White gezeichneten und bei de Bry 1590/1591 als Kupferstiche erschienenen Regionalkarten zurückgeht und Kuba und Hispaniola, abgesehen von einigen kleinen Veränderungen, aus C. Wytfliet stammen. In späteren Ausgaben bereichern weitere Regionalkarten das Bild.

Als Beispiel für das schöne Dekor sei die Südamerika-Karte genannt. Auf dem Rand der mit Früchten und Grotesken ausgestatteten Rollwerk-Titelkartusche ruhen zwei weibliche Allegorien mit Globus bzw. Astrolabium; daneben finden sich eine Vogelschauansicht von Cuzco und eine Indianer-Szene. Der landeskundliche Eindruck der Amerika-Karte wird durch verschiedene Bootstypen mit Indianern bzw. im Norden einem ›Grönländer‹, sowie durch eine Indianerszene geprägt (vgl. S. 181). Das Blatt Virginia und Florida zeigt indianische Hüttendörfer, ein fürstliches Indianerpaar, einen Einbaum mit fischenden Indianern, Truthahn und Hirsche, während auf der Karte *Fretum Magellanici* Robben und die erstmals von Pigafetta, einem Begleiter Magellans, beschriebenen Pinguine zum Schmuck beitragen.

Literatur:
Klemp 1976, Nr. 18 – Seifert 1979, Nr. 72-74 (Dekor)

SEPTENTRIO
AMERICA
ASIÆ PARS
AMERICA SEPTENTRIONALIS
NOVA FRANCIA
Frisland
TERRA DE LABORADOR
NOVA GRANADA
Sinus Mexicanus
TROPICUS CANCRI
MAR DEL ZUR Hispanis
MAR DEL NORT
ANTILLAS alias CAMERCANÆ Insulæ
I. DE CVERDE
AEQUINOCTIALIS LINEA
SALOMONIS INSULÆ
Novæ Guin. pars
MARE PACIFICUM
AMERICA MERIDIONALIS
BRASILIA
TROPICUS CAPRICORNI
Tierra del fogo
TERRA AUSTRALIS
OCCIDENS
ORIENS
MERIDIES
Iodocus Hondius excudit Amsterodami

Kat. 115

Von den neu gefundenen Inseln, Regionen und Menschen

Zu den Briefen von Christoph Columbus, Amerigo Vespucci und Hernán Cortés

Hans-Joachim König

Nach der Einnahme Konstantinopels durch die Osmanen (1453) bewirkte der immer schwieriger werdende Zugang zu den Schätzen, Gewürzen und Handelsplätzen des Fernen Ostens im 15. Jahrhundert eine Verlagerung der wirtschaftlichen Aktivitäten auf das westliche Mittelmeer und auf den Atlantik. An die Stelle der bis dahin dominierenden italienischen Republiken Genua, Florenz und Venedig traten nun Portugal und Spanien (Kastilien), deren politisches und wirtschaftliches Gewicht sich durch die Rückeroberung der iberischen Halbinsel von den Arabern und vom Islam (Reconquista) stetig konsolidiert hatte. Portugal und Spanien begannen, auf den Atlantik auszugreifen, um die Handelsbeziehungen auf dem Seeweg wieder herzustellen; dabei machten sie sich auch die Kenntnisse der Italiener sowie das Kapital italienischer Banken zunutze.

Portugal hatte die Reconquista schon um die Mitte des 13. Jahrhunderts beenden können. Mit staatlicher Förderung und gestützt auf hochseetüchtige Schiffe wie die später auch von Columbus benutzten Karavellen und neue Navigationstechniken unternahmen Portugiesen schon seit 1415 gezielt Entdeckungsfahrten entlang der afrikanischen Küsten und legten dort Stützpunkte an. Im Vertrag von Alcáçovas wurden 1479 die Auseinandersetzungen der beiden rivalisierenden iberischen Reiche in der Weise geregelt, daß Portugals alleinige Ansprüche auf die afrikanische Küste bestätigt wurden, während Kastilien die Kanarischen Inseln endgültig zugesprochen bekam und sich deshalb in seinen künftigen Unternehmungen weiter nach Westen orientieren mußte.

Erst nachdem es mit der Einnahme Granadas am 2. Januar 1492 die Reconquista ebenfalls abgeschlossen hatte, konnte sich Kastilien der atlantischen Expansion voll widmen. Die ›Katholischen Könige‹ Isabella von Kastilien und Ferdinand von Aragon förderten endlich die Atlantikfahrten. Am 17. April 1492 schlossen sie einen Vertrag (Capitulaciones) mit dem Genuesen Christoph Columbus, dessen Pläne und Berechnungen, Asien über die Atlantikroute zu erreichen, am portugiesischen Hof abgelehnt worden waren. Columbus wurde beauftragt, Inseln und Länder in westlicher Richtung zu entdecken und zur wirtschaftlichen Nutzung für die ›Katholischen Könige‹ in Besitz zu nehmen, die sich finanziell an dem Entdeckungs- und Handelsunternehmen beteiligten. Columbus wurde zum Admiral und Vizekönig der zu entdeckenden Gebiete ernannt, erhielt das Exklusivrecht der Entdeckungen und sollte auch an dem zu erwartenden Gewinn beteiligt werden. Das Unternehmen hatte bekanntlich Erfolg. Am 12. Oktober 1492 erreichte Columbus eine kleine Insel in der heutigen Bahama-Gruppe, kreuzte durch die karibische Inselwelt, setzte sich auf der von ihm ›Hispaniola‹ genannten Insel – Haiti – fest und kehrte im März 1493 nach Europa zurück. Columbus schien den Weg nach Indien gefunden zu haben. Anschließend folgten dann noch weitere Entdekkungsfahrten.

Obwohl die Entdeckung und Eroberung Amerikas hauptsächlich von Spanien ausging und nur wenige Europäer aus anderen Ländern beteiligt waren, erfuhr Europa doch sehr schnell von den Vorgängen jenseits des Atlantiks, in ›Indien‹ bzw. in *America* oder in der ›Neuen Welt‹, wie die neu gefundenen Regionen bald genannt wurden. Informationen lieferten zuerst und vor allem Briefe von Beteiligten und Augenzeugen, die damit der Berichtspflicht an ihre Auftraggeber nachkamen oder ihr Vorgehen rechtfertigten. Diese Briefe zirkulierten zunächst als handschriftliche Kopien, dann wurden sie in gedruckter Form auch einem breiteren Publikum zugänglich gemacht, vor allem wenn sie nicht in Latein, sondern in den Volkssprachen erschienen. Zu den wichtigsten Americana des frühen 16. Jahrhunderts – den Informationsquellen über Amerika und seine Bewohner – gehören die Briefe von Christoph Columbus, Amerigo Vespucci und Hernán Cortés.[1]

Columbus hat während seiner Schiffsreise ein Bordbuch oder Tagebuch geführt, in dem er alle Ereignisse und auch seine persönlichen Gedanken festhielt. Dieses Tagebuch, das Columbus nach seiner Rückkehr an die

1 Detaillierte bibliographische Angaben bei Alden/Landis 1980; Baginsky 1942; Harrisse 1866.
Zur Rezeption der Entdeckung Amerikas siehe allgemein: Chiapelli 1976; *La Imagen del Indio* 1990, darin auch König: La visión alemana del indio americano.

›Katholischen Könige‹ schickte, um seinen Auftraggebern Rechenschaft über das Unternehmen zu geben, ist im Original nicht überliefert und war auch seinen Zeitgenossen nicht zugänglich. Abschnitte von einer Kopie bzw. Zusammenfassungen finden sich in der *Historia de las Indias* des Dominikaners Bartholomé de Las Casas. Eine erste Veröffentlichung erfolgte erst 1825.[2] Zugänglich für die Zeitgenossen aber war der in Briefform verfaßte Kurzbericht über die entdeckten Inseln, der als der Columbus-Brief berühmt geworden ist. Er erschien schon wenige Wochen nach seiner Rückkehr zuerst auf Spanisch in Barcelona (April 1493), wo sich die ›Katholischen Könige‹ aufhielten, und kurz danach, Anfang Mai 1493, in Rom in drei von dem Aragonesen Leandro Cosco ins Lateinische übersetzten Ausgaben – *Epistula Christofori Colom, cui etas nostra multum debet, de Insulis Indiae supra Gangem nuper inventis…* – sowie in einer italienischen Übersetzung in Versform. Innerhalb weniger Monate folgten lateinische Ausgaben in Antwerpen, in Basel mit vier Holzschnitten, drei Ausgaben in Paris und zwei italienische in Versform in Florenz; ferner noch 1497 in Valladolid eine Neuausgabe der ersten spanischen Ausgabe von Barcelona und eine deutschsprachige Ausgabe in Straßburg, *Eyn schön hübsch lesen von etlichen inßlen…*, jeweils im Quartformat mit einem Umfang von acht bis zwölf Seiten (vgl. Kat. 12).

Das Problem, daß die beiden Erstausgaben in Barcelona und Rom unterschiedliche Adressaten – den Hofschreiber Luis de Santangel bzw. den Schatzmeister Rafael (eigentlich Gabriel) Sánchez – aufweisen, verschiedene Abfassungsdaten, den 15. Februar bzw. den 14. (korrekt 4.) März, angeben und ein eigentlich selbstverständlicher Brief an die ›Katholischen Könige‹ nicht vorliegt, ist vielfach diskutiert worden.[3] Nach neueren Untersuchungen dürfte feststehen, daß der an Santangel gerichtete Brief in Barcelona am Hof Ferdinands vom Adressaten selbst, einem Vertrauten des Königs, auf der Basis der von Columbus im Bordbuch sowie in Schreiben an die ›Katholischen Könige‹ gegebenen Informationen redigiert und die Ortsangabe »geschrieben am 15. Februar auf der Höhe der Kanarischen Inseln« ergänzt worden ist. Besonderes Gewicht wurde dabei auf die Möglichkeit zukünftiger Missionierung gelegt. Ziel dieser Eingriffe und der anschließenden schnellen Veröffentlichung war, eventuelle Ansprüche Portugals, von denen Columbus bei seiner Landung in Lissabon erfahren hatte, zurückzuweisen und beim Papst in Rom eine Zuerkennung der entdeckten Gebiete für Spanien als Missionsgebiete zu erlangen. Noch im April wurde deshalb der überarbeitete, aber inhaltlich korrekte Columbus/Santangel-Brief nach Rom geschickt, wo der wohl als Absender fungierende

Abb. 1 Columbus begegnet den Indios. Holzschnitt in C. Columbus: *De Insulis inventis*. Basel 1493 (Kat. 12 b)

Schatzmeister Gabriel Sánchez als Adressat eingesetzt wurde. Da Portugal keine Ansprüche erhob, konnte in den römischen Ausgaben der Bezug auf die Kanarischen Inseln entfallen.[4]

Trotz dieser Eingriffe darf der Brief, da er inhaltlich dem Bordbuch entspricht, weiterhin als Columbus-Brief gelten. Sein Informationswert besteht vor allem darin, daß er die Möglichkeit belegt, den Atlantischen Ozean zu überqueren, zurückzukehren und auf der gewonnenen Route neue Ausfahrten zu unternehmen. Insofern darf Columbus ungeachtet früherer europäischer Amerikafahrten als derjenige gelten, der die Inseln als eine für die Europäer neue Region entdeckte, obwohl er sie selbst nicht als ›neu‹ erkannte. Der Text spricht ja von den »Inseln im Indischen Meer«, von den »Inseln jenseits des Ganges«, also von solchen Inseln, von denen die Europäer durch Marco Polo oder durch den fiktiven Reiseroman des Jean de Mandeville ›wußten‹ (vgl. Kat. 3, 4). Tatsäch-

2 Siehe dazu *Die großen Entdeckungen* 1984, S. 110 ff. – Span. Ausgabe der Kolumbus-Dokumente: C. Varela (Hrsg.): *Textos y documentos completos.* Eine deutsche Übersetzung des Bordbuchs von R. Erb: C. Colombo: *Schiffstagebuch.* Frankfurt a. M. 1981. 204 S. (Röderberg Taschenbuch 86).

3 Siehe z. B. Sanz Lopez 1959.

4 Siehe dazu D. Ramos Perez: *La primera noticia de América.* Valladolid 1986. 143 S. m. Abb. (Cuadernos Colombinos 14).

5 Vgl. Häbler 1900, Vorwort. Der Holzschnitt stammt aus der *Prognosticatio* des Johann Lichtenberger. Die ursprüngliche Bildunterschrift lautet: »Hye soll sten der saluator vn reden zuom Roemischen kuing. Du solt beschyrmen mit gewappneter hande«.

lich glaubte Columbus, an vorgelagerten Inseln Asiens gelandet zu sein, und nannte dementsprechend die Bewohner Indios, Indier, eine Benennung, die auch nach der geographischen Klärung weiter als Sammelbezeichnung für die verschiedenen Völker der neuen Regionen fortlebte. Daß der Beschreibung ein europäisches ›Vorwissen‹ und Erwartungen zugrundelagen, zeigen auch Columbus' Bemerkungen über Monster und Amazonen: Ausdrücklich betonte er, auf den Inseln keine Ungeheuer getroffen zu haben. Von wilden Menschenfressern, Amazonen, Menschen mit Schwänzen oder Kahlköpfigen, die angeblich auf anderen Inseln lebten, habe er nur gehört. Wie sehr man solche Wesen aber eigentlich erwartete, wird z. B. bei der deutschen Fassung des Columbus-Briefs von 1497 deutlich, die an den entsprechenden Textstellen Ptolemäus, Strabo und Plinius als Autoritäten für das Vorhandensein solcher Merkwürdigkeiten ergänzt. In der Schilderung des Columbus aber erscheinen die Inselbewohner als schöne, freigiebige, friedliche, sanftmütige, fast furchtsame Menschen ohne Waffen – sie kannten z. B. kein Eisen. Diese Schilderung ist in einem Holzschnitt der Baseler Ausgabe wiedergegeben (Abb. 1).

Lobend wird die Vernunft der Inselbewohner erwähnt; sie seien der Annahme des Christentums würdig und dazu fähig, da sie keinen Götzendienst pflegten. Ihre Nacktheit erfährt noch keine negative Abwertung, vielmehr ist der paradiesische Naturzustand ein Hinweis auf das in ›Indien‹ vermutete Paradies. Ein Bild des ›Paradies‹ vermittelt auch die Schilderung der Landschaft hinsichtlich ihrer Schönheit, Fruchtbarkeit, des Reichtums an Pflanzen und Edelmetallen. Konkrete geographische Angaben macht Columbus nicht.

Abb. 2 Christus erteilt den Missionsauftrag. Holzschnitt in C. Columbus: *Eyn schön hübsch lesen von etlichen inßlen …* Straßburg 1497 (Kat. 12c)

Seine ideale und positive Beschreibung von Natur und Menschen läßt den Eindruck von Achtung und Objektivität des Entdeckers gegenüber den Indios entstehen. Doch darf nicht übersehen werden, daß Columbus ebenso wie seine Auftraggeber ein ganz handfestes Interesse hatte: Das Entdeckungsunternehmen mußte sich lohnen, zumindest mußten die Aussichten dazu bestehen. So diente die Art der Darstellung – Friedfertigkeit und Waffenlosigkeit, d. h. fehlender Widerstand, Arbeitswilligkeit der Indios, Fruchtbarkeit und zu erwartender Reichtum – dazu, zukünftige Entdeckungsfahrten als lohnend erscheinen zu lassen. Im übrigen sind schon in der Beschreibung von Columbus diejenigen Kriterien greifbar, die später den Bewertungsmaßstab für die Beurteilung der indianischen Kulturen und Gesellschaften bilden sollten. Der Hinweis auf die Möglichkeit, das Christentum auszubreiten, hatte deutliche Legitimationsfunktion. Dieser Verbindung von Entdeckung und Mission hat der Herausgeber des deutschen Columbus-Briefs Rechnung getragen, indem er den Text mit zwei aus einem anderen Druck entnommenen Holzschnitten einrahmte, die den Missionsauftrag darstellen, gleichsam als ob Christus an Ferdinand den Katholischen den Auftrag zur Missionierung der Neuen Welt erteile (Abb. 2).[5]

Der Columbus-Brief ist in zahlreichen späteren Werken, Chroniken und Kosmographien rezipiert und verarbeitet worden und hat als positiv betrachtete Züge des nackten, primitiven Indios weitergegeben. Auch in Rom hat er seine Wirkung nicht verfehlt. Kurz nach der Publikation in Rom bestätigte Papst Alexander VI., ein Spanier, in mehreren Bullen vom Mai 1493 der Kastilischen Krone die Besitzrechte über die neuentdeckten und noch zu entdeckenden Inseln und Länder jenseits einer hundert Meilen westlich der portugiesischen Azoren und Kapverdischen Inseln in Nord-Süd-Richtung verlaufenden Linie, dem 38. Grad westlicher Länge. Der damit verbundene Missionsauftrag schloß andere europäische Fürsten von Aktivitäten in den neuen Regionen aus.

Zur Sicherung seiner Ostindien-Flotten um Afrika herum bemühte sich Portugal um eine weiter westlich verlaufende Trennungslinie der beiden Interessengebiete. Diese wurde im Vertrag von Tordesillas vom 7. Juni 1494 auf den 46. Grad westlicher Länge, 370 Meilen westlich der Kapverdischen Inseln, festgelegt. Damit erhielt Portugal – ohne es zunächst zu wissen – Anteil am östlichen Vorsprung des amerikanischen Kontinents. Erst im April 1500 entdeckte eine zu weit nach Westen abgetriebene portugiesische Ostindien-Flotte dieses Land und besetzte es. Mehrere Expeditionen klärten, daß es tatsächlich zu Portugal gehörte. An einer von ihnen war 1501/02 auch der

Florentiner AMERIGO VESPUCCI, wohl als Kosmograph und Astronom, beteiligt. Er war als Vertreter des Bankhauses der MEDICI 1490 nach Sevilla gekommen und hatte schon an der Entdeckungsfahrt des Spaniers HOJEDA 1499-1500 an die südamerikanische Küste teilgenommen. Die portugiesische Expedition von 1501/02 erreichte von Guinea aus über den Ozean die brasilianische Küste bei Cabo São Roque und folgte ihr nach Süden bis kurz vor die Mündung des Rio de la Plata.

Über diese Fahrt und seine Eindrücke von Land und Leuten an der brasilianischen Küste, über die neu entdeckte Region überhaupt, hat AMERIGO VESPUCCI in einem Brief vom September 1502 an LORENZO DI PIER FRANCESCO DE MEDICI berichtet[6], dessen Inhalt 1503 in Paris und dann in Latein und anderen Sprachen in ganz Europa gedruckt wurde (vgl. Kat. 14). Kein anderer Text hat in Europa eine solche Resonanz gefunden und ist in so vielen Ausgaben – mit einem Umfang von vier bis acht Seiten, meist im Quartformat – erschienen. Bis zur Mitte des 16. Jahrhunderts gab es mindestens 50 Editionen, davon allein in Deutschland mindestens zehn lateinische und 13 volkssprachige, wobei die meisten auf dem Text der ersten lateinischen Pariser Ausgabe basierten.

Im Unterschied zum COLUMBUS-Brief weist – zumindest in den Editionen nach der ersten Pariser Ausgabe – schon der Titel des veröffentlichten Berichts von VESPUCCI, *Mundus Novus* in den lateinischen bzw. *Von der neuw gefunden Region die wol ain welt genent mag weerden* oder ähnlich in deutschsprachigen Ausgaben, darauf hin, daß es sich bei den »Inseln und Ländern im Indischen Meer« nicht um Anhängsel Asiens, sondern um bisher unbekannte Regionen, um eine eigene Landmasse handelte. Die Beschreibung VESPUCCIS erfaßte Geographie, Sternkonstellation, Himmelskörper, Pflanzen und Völkerschaften als tatsächlich etwas ›Neues‹ und erkannte das Land als einen eigenen Kontinent, was bekanntlich dann 1507 die beiden Geographen MARTIN WALDSEEMÜLLER und MATTHIAS RINGMANN dazu veranlaßte, in ihrer *Cosmographiae Introductio* auf der Weltkarte für den vierten Kontinent den Namen *America* nach AMERIGO vorzuschlagen (vgl. S. 112 ff.). Sie stützten sich u. a. auch auf eine angeblich von VESPUCII stammende und in ihrer *Cosmographia* enthaltene Reisesammlung *Quatuor Americi Vespucci Navigationes* – wohl eine Fälschung, denn von VESPUCCI sind nur die beiden schon erwähnten Reisen verbürgt, die im Text als zweite und dritte erscheinen.

Die Resonanz des VESPUCCI-Berichts erklärt sich aber nicht nur aus seinen geographischen Beschreibungen und Erkenntnissen, sondern auch aus der lebendigen Schilderung bislang unbekannter Menschen und Kulturen. Allem Anschein nach hat die sensationelle, relativ detaillierte und vielfach auch zutreffende Beschreibung der brasilianischen Tupinamba das Interesse von Autoren, Verlegern, Druckern und auch des Publikums geweckt, wie die zahlreichen volkssprachigen Ausgaben und die Auszüge über Sitten und Gebräuche belegen. Wie bei COLUMBUS klingen auch bei VESPUCCI in der Beschreibung von Schönheit und Reichtum der Landschaft, von milden Hügeln, großen Flüssen und heilsamen Quellen und von freundlichen, hilfsbereiten, im Naturzustand lebenden Menschen Vorstellungen vom Paradies an. Entsprechend erinnert auch in der Rostocker Ausgabe ein Holzschnitt mit zwei nackten Indios, Mann und Frau, an zeitgenössische Sündenfall-Darstellungen. Was die Europäer aber erregte, waren die Informationen über die Lebensgewohnheiten dieser Menschen. Das betraf weniger den korrekt beschriebenen Federschmuck oder die Sitte, sich Steine durch Nase und Wangen zu bohren, als vielmehr die schamlose Nacktheit, die sexuelle Freizügigkeit und Promiskuität, das Fehlen von Privateigentum, von politischer Ordnung und Religion sowie vor allem den Kannibalismus, den Verzehr von angeblich zum Räuchern aufgehängtem Menschenfleisch. Diese befremdlichen Sitten und Gebräuche haben die Phantasie der Europäer angeregt und besonders auch in Deutschland zu oft reißerischen Illustrationen über den wilden und barbarischen Indio geführt. So sind z. B. einige Holzschnitte der Straßburger Ausgabe der Reisen VESPUCCIS von 1509, *Diß büchlin saget...*, dem Thema der ungezügelten Sexualität und des Kannibalismus gewidmet (Abb. 3), und einige ›Ausgaben‹ des Briefes reduzierten sich geradezu auf diesen einen Aspekt, wie etwa der Einblattdruck aus dem Jahr 1505, der das Schlachten und Räuchern von Menschen in Text und Bild wiedergibt (Kat. 15).

Solche Darstellungen, die Maßstäbe wie vollständige Bekleidung, staatliche Ordnung, europäische Moralvorstellungen und christliche Religion anlegten, an denen sich implizit auch VESPUCCI orientiert hatte, brachten eine Veränderung des anfangs positiven Indiobildes zum Negativen.

Die Briefe von COLUMBUS und VESPUCCI hatten von der Begegnung der Europäer mit indianischer Bevölkerung auf den Karibikinseln und an der brasilianischen Küste berichtet. Hier waren die Europäer tatsächlich auf indianische Völkerschaften getroffen, die in ›paradiesischer‹ Nacktheit lebten, sexuell freizügig waren, über keine durchstrukturierten politischen oder gesellschaftlichen Ordnungen größeren Stils verfügten, nur selten in großen Ansiedlungen wohnten und in einzelnen Regionen auch Kannibalismus praktizierten – allerdings nicht, wie

6 Siehe dazu u. a. *Die großen Entdeckungen* 1984, S. 174 ff. Die Schriften von VESPUCCI sind neuerdings auch in verschiedenen span. Ausgaben zugänglich: A. Vespucci: *El Nuevo Mundo. Carta relativas a sus viajes y descubrimientos.* Texte in Italienisch, Spanisch und Englisch. Einführung von Robert Levellier. 342 S. Buenos Aires 1951; Ders.: *El Nuevo Mondo. Viajes y documentos completos.* 143 S. Madrid 1985.

Abb. 3a–c Holzschnitt-Illustrationen in A. VESPUCCI: *Diß büchlin saget…* Straßburg 1509 (Kat. 14d)

von VESPUCCI beschrieben, als Fleischversorgung, sondern im Sinne einer ›Einverleibung‹ der Kräfte des Gegners. Durch die Briefe des HERNÁN CORTÉS über seine Eroberung des Aztekenreiches ab 1519 erfuhren die Europäer dann von einer indianischen Hochkultur in den Anden, die sich von derjenigen der Tieflandindios grundlegend unterschied.

Der aus Medellín in der Provinz Estremadura stammende CORTÉS lebte schon seit 1504 in der westindischen Inselwelt, der Ausgangsbasis für zahlreiche Entdeckungsfahrten und Eroberungszüge auf das amerikanische Festland und den Golf von Mexiko. 1511 hatte sich CORTÉS bei der Eroberung Kubas ausgezeichnet, wo er seitdem in den Diensten des Gouverneurs DIEGO VELÁZQUEZ stand. Anfang des Jahres 1519 nutzte er die Gunst der Stunde, als er sich der gemeinsam mit VELÁZQUEZ ausgerüsteten und zur Erkundung des Landesinneren von Mexiko bestimmten Expeditionsflotte bemächtigte und ohne Auftrag auf eigene Faust die planmäßige Eroberung des Aztekenreiches begann. An der mexikanischen Küste gründete er die Stadt Vera Cruz, zerstörte mit der Vernichtung der Schiffe auch jegliche Rückzugsmöglichkeiten und rückte landeinwärts auf das Hochland von Mexiko, auf die aztekische Hauptstadt Tenochtitlan vor. Teils brach er gewaltsam den indianischen Widerstand (Cholula), teils machte er sich mit Tenochtitlan rivalisierende Staaten wie Tlaxcala oder unterdrückte und tributpflichtige Völker zu Verbündeten und nutzte psychologisch die Erwartung der Azteken hinsichtlich der prophezeiten Rückkehr ihres Gottes QUETZALCÓATL. Im November 1519 zog CORTÉS dann, vom Aztekenherrscher MOCTEZUMA (MONTEZUMA) feierlich empfangen, in Tenochtitlan, der Lagunenstadt im Texcoco-See, ein. Er versicherte sich MOCTEZUMAS als Geisel, sah sich aber u.a. wegen der Zwangsbekehrung zum Christentum und wegen der Zerstörung aztekischer Kultstätten wachsendem Widerstand gegenüber, der im Juni/Juli 1520 zu einer verlustreichen Niederlage (noche triste) führte und ihn zum Rückzug aus der Stadt zwang. Erst im August 1521 gelang es CORTÉS, nach mehrmonatiger Belagerung mit Unterstützung von teilweise gepreßten indianischen Hilfstruppen das weitgehend zerstörte Zentrum des Aztekenreiches einzunehmen. Die erbeuteten Schätze und das Gold ließ er nach Spanien an den König schicken. Danach begann CORTÉS mit der weiteren gewaltsamen Eroberung des Landes, die in der damaligen Terminologie ›Befriedung‹ (pacificación) hieß, sowie mit der Christianisierung und Kolonisierung des neuen Gebietes.

Über seine militärischen und politischen Aktivitäten bei der Eroberung und Umgestaltung des Aztekenreiches zu einer spanischen Provinz gab CORTÉS sozusagen als sein eigener Chronist eine detaillierte Darstellung in fünf Briefberichten (Cartas de Relación) an Kaiser KARL V., um von diesem die nachträgliche Legitimierung für sein Vorgehen zu erhalten. Von diesen Briefen wurden der zweite (30. Oktober 1520), der dritte (14. Mai 1522) und der vierte (15. Oktober 1524) umgehend in Spanien veröffentlicht: Der Deutsche JACOB KROMBERGER druckte in Sevilla 1522 den zweiten und 1523 den dritten Brief, in Zaragoza erschien 1523 ebenfalls der dritte Brief, 1525 in Toledo der vierte. Auch in anderen europäischen Ländern fanden sie schnelle Verbreitung; so kam 1522 je eine Ausgabe des zweiten Briefes in Französisch in Antwerpen und in

Italienisch in Mailand heraus, 1523 eine weitere in Niederländisch in Antwerpen. In Nürnberg erschien, vermutlich durch Vermittlung des deutschen Druckers KROMBERGER, schon 1524 eine lateinische Übersetzung des zweiten und dritten Briefes, die noch einmal in Köln 1532 sowie in Basel 1555 aufgelegt wurde. 1550 wurde in Augsburg eine deutsche Übersetzung der Nürnberger Ausgabe veröffentlicht (vgl. Kat. 22).[7]

Die Europäer erfuhren aus diesen Briefen von den Taten des Eroberers CORTÉS, von den Schwierigkeiten und Gefahren, von Siegen und Verlusten sowie vom Widerstand der Heiden gegenüber den christlichen Eroberern – allerdings aus der Sichtweise des Eroberers, der sowohl seine eigenen, anfangs illegalen Aktionen als auch das oft gewaltsame Vorgehen der erobernden Spanier zu rechtfertigen suchte. Sie konnten aber auch etwas von der naturgeographischen Ausstattung Mexikos, von Vulkanen, von der Struktur des Aztekenreiches und von dessen Zivilisationsgrad erfahren, denn CORTÉS schilderte voll Bewunderung die aztekische Hauptstadt Tenochtitlan (bei CORTÉS *Temixtitan* genannt), die Tempelbauten und die Paläste der Stadt, den überwältigenden Hofstaat des aztekischen Herrschers und die verfeinerte Eßkultur MOCTEZUMAS (vorgewärmte Teller). Einen gewissen Eindruck von der Lagunenstadt konnte der Stadtplan von Tenochtitlan, die sogenannte CORTÉS-Karte, vermitteln, die auf eine Zeichnung oder Skizze von CORTÉS zurückging und der Nürnberger Ausgabe des zweiten Briefes von 1524 als 45,5 x 31 cm große Faltkarte beigegeben war. Allerdings gab sie keinen Aufschluß über die aztekische Architektur. Von der Tempelpyramide im Zentrum ›schweift‹ der Blick über eine ›europäische‹ Stadt (Abb. 4).

CORTÉS' Berichte gaben ebenfalls eine detaillierte Darstellung der aztekischen Praxis von Menschenopfern, ohne jedoch Verständnis für deren tiefere Funktion zur Aufrechterhaltung der kosmischen und klimatischen Ordnung zu zeigen. Eine abwertende Schilderung der aztekischen Religion und ihrer Riten aber lag begreiflicherweise im Interesse des Eroberers, der mit dem Hinweis auf seine Christianisierungspflicht sein grausames und gewaltsames Vorgehen rechtfertigen konnte. Doch scheint CORTÉS, wie die Resonanz auf seine Briefe, die Verarbeitung seiner Texte z. B. im ›Weltbuch‹ des SEBASTIAN FRANCK (Kat. 28) und die gedruckten Randbemerkungen in den Ausgaben seiner Briefe in Deutschland zeigen, mit seiner Beurteilung einer Grundhaltung der Europäer entsprochen zu haben. Die Bewunderung galt lediglich den materiellen Bereichen der Kultur, die mit der Religion nichts zu tun hatten. Die Praxis der rituellen Tötung, die als teuflischer Gegenpol zum Christentum erschien, relativierte den hohen Zivilisationsgrad und seine Wertschätzung. Das bedeutete, daß auch die bekleideten und staatlich organisierten Azteken aufgrund ihrer religiösen Praxis als Barbaren galten, eine Beurteilung, die unstatthaft auf die Indios pauschal übertragen wurde.

COLUMBUS, der die Neue Welt ›entdeckte‹, VESPUCCI, nach dem sie *America* benannt wurde, und CORTÉS, der eine reiche Region eroberte, waren keine unvoreingenommenen, auf überprüfbare Objektivität bedachten reinen Beobachter. Entsprechend ihren Interessen und Erwartungen berichteten sie über Fremdartiges und bisher nicht Gekanntes. Ihre Schilderungen enthalten durchaus zutreffende Aussagen über Nacktheit, Kannibalismus, Menschenopfer, heidnische Religion und andersartige Gesellschaften, aber dadurch, daß sie sich implizit an europäisch-christlichen Normen und Werten orientierten und das Andersartige im Bezug zum Europäischen sahen, wird ihr Informationswert relativiert. Inhalt und Art ihrer Berichte und die anschließende Rezeption in Europa geben viel mehr Auskunft darüber, wie schwierig es für die Europäer war, das Eigenständige Amerikas und seiner Bewohner zu erkennen, zu verstehen und zu akzeptieren.[8] Diese Verständnislosigkeit hat die Beziehungen zwischen Alter und Neuer Welt bis heute belastet.

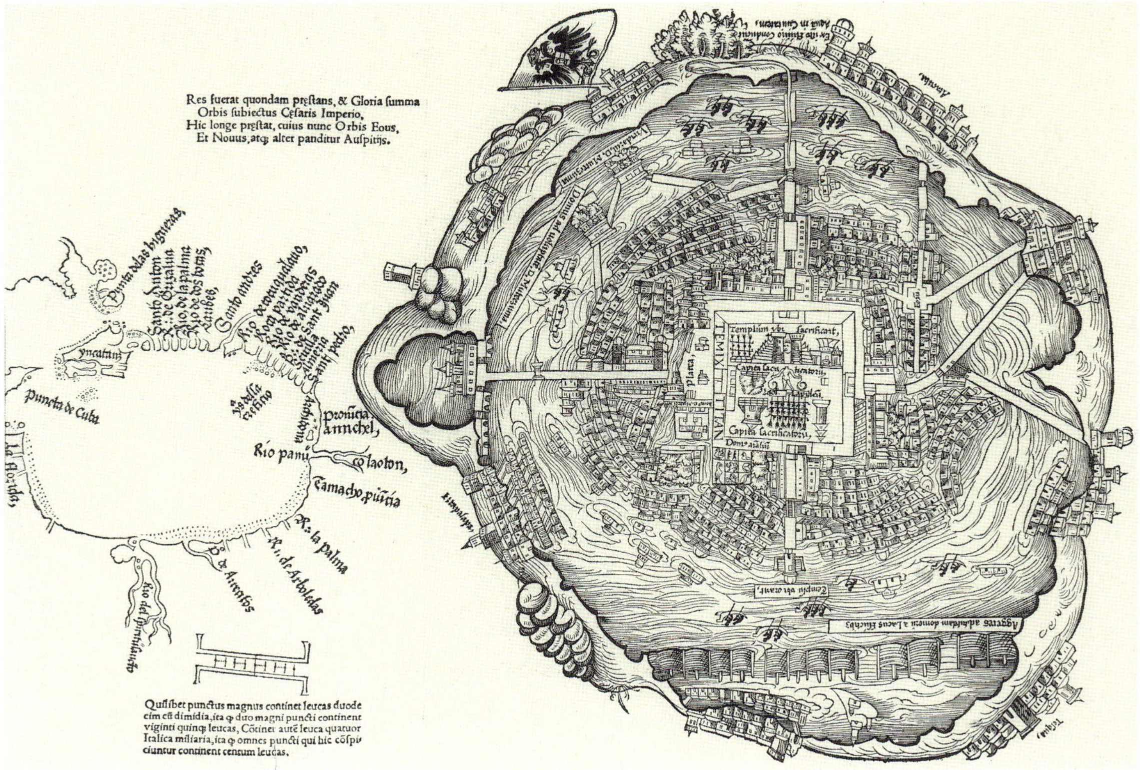

Abb. 4 Blick auf Tenochtitlan (CORTÉS-Karte). Holzschnitt in H. CORTÉS: *Praeclara Ferdinandi Cortessi de Noua maris Ozeani Hyspania Naratio …* Nürnberg 1524 (Kat. 22)

7 Neuere span. Ausgaben hrsg. von M. Hernández: H. Cortés: *Cartas de relación.* Madrid 1985. 437 S. (Cronicas de America, 10). Eine deutsche Ausgabe hrsg. von C. Litterscheid: H. Cortés: *Die Eroberung Mexikos. Drei Berichte von Hernán Cortés an Kaiser Karl V.* Übers. v. M. Spira und C. W. Koppe. Frankfurt a. M. 1980.

8 Einschlägige Beispiele hierzu vgl. Kat. 18, 19, 23, 26–28, 31, 34, 35, 37, 40, 41.

Phantastisches und Wirkliches

Die Wahrnehmung Amerikas in den ›Neuen Zeytungen‹

Hans-Joachim König

Unter den frühen deutschen Americana nehmen die ›Neuen Zeytungen‹ eine besondere Stellung ein. Seit dem ausgehenden 15. Jahrhundert waren sie das Medium, mit dem Neuigkeiten, besonders Sensationsnachrichten über Naturereignisse, Katastrophen, Kriege, Verbrechen und Merkwürdigkeiten, aber auch Reiseerlebnisse in Wort und Bild der Öffentlichkeit gemeldet wurden. Holzschnitte illustrierten den Text, faßten das Gesagte zusammen – geradezu ideal aufeinander abgestimmt in Einblattdrucken, bei denen der Text den unteren Teil des Blattes einnahm, während darüber der passende ›sprechende‹ Holzschnitt erschien (vgl. Kat. 15). Auf diese Weise erhielten auch die Leseunkundigen ›Informationen‹. Bis zum 17. Jahrhundert riß diese Art einer populären, zumeist volkssprachigen Informationsvermittlung nicht ab. Entsprechend ihrem Flugblattstil – die ›Neuen Zeytungen‹ erschienen nicht periodisch, sondern wurden meist ereignisgebunden herausgegeben – waren sie oft reißerisch aufgemacht, schon um den Absatz zu sichern. Häufig erschienen mehrere Sensationsberichte zu einer ›Zeytung‹ zusammengefaßt. Autoren, Drucker und Druckorte solcher Meldungen und Nachrichten, die die ›Zeytungen‹ sein wollten, sind meist unbekannt[1], da sie anonym erschienen. Aus Inhalt und Aufmachung läßt sich aber leicht schließen, daß es sich nicht um seriöse, auf nüchterne Information bedachte Personen, sondern um Sensationsberichterstatter handelte, die von dem, worüber sie schrieben, nur selten selbst Ahnung hatten.

Amerika, Entdeckung und Eroberung, unbekannte Länder und fremde Kulturen boten sich für solche ›Meldungen‹ natürlich an. Seit der Rückkehr des Columbus von seiner ersten Reise und seit der ersten Veröffentlichung seines Briefes über die »neu erfundenen Inseln« (vgl. S. 103 ff.) erschienen auch in dem nicht an der Eroberung beteiligten Deutschland Reiseberichte über die Entdeckung und Eroberung Amerikas. Zu dieser Gattung gehören zum einen die gedruckten Briefe von Columbus, Vespucci und Cortés, zum anderen aber solche Drucke, die sich selbst ›Neue Zeytungen‹ nannten und vor allem auf der unkritischen Verarbeitung schon veröffentlichter Briefe oder anderer privater Korrespondenz ohne deren Anrede und Grußformeln beruhten. Im Unterschied zu den Berichten von namentlich genannten Autoren wie Columbus, Vespucci oder Cortés sind nur wenige anonyme ›Zeytungen‹ zu Amerika erhalten. Das hängt sicherlich damit zusammen, daß die Druckerzeugnisse zu Amerika im Vergleich zu anderen europäischen oder speziellen Themen ohnehin nur einen geringen Anteil ausmachten; zur Reformation bzw. zu religiösen Fragen gab es hundertmal mehr Veröffentlichungen und zur Türkengefahr viermal so viel wie über Amerika. Zum anderen hat die Flugblattform wie auch ihr Aktualitätsbezug viele ›Zeytungen‹ verlorengehen lassen. Gleichwohl geben die wenigen erhaltenen, weit verstreuten und bislang nur in Einzelpublikationen, aber nicht in einer kompletten Sammelausgabe zugänglichen Blätter wichtige Hinweise über den Informationsfluß von Amerika über Spanien nach Deutschland. Sie sind gleichzeitig eine äußerst wichtige Materialbasis für eine Analyse der Art und Weise, wie man in Deutschland den neuen Kontinent und seine Bewohner in das bisherige Weltbild einordnete.

Schon die Titel der wichtigsten erhaltenen anonymen ›Neuen Zeytungen‹ geben Aufschluß über Kenntnisstand und Intentionen der Herausgeber:

Copia der Newen eytung aus Presilg Landt. Augsburg o. J.

Copia der Newen Zeytung auß Presillg Landt. o. O. u. J. (Augsburg um 1508-1515; Kat. 17)[2]

Ein auszug ettlicher sendbrieff dem aller durchleüchtigsten grossmechtigisten Fürsten und Herren Herren Carl römischen und hyspanischen König etc. vnserm gnedigen Hern durch ire verordent Hauptleut, von wegen einer newgefunden Inseln, der selben Gelegenheit vnd Jnwoner Sitten vnd Gewonheiten inhaltend vor kurtzverschinen Tagen zugesandt. Nuremberg 17 März 1520 (Über die Erkundungsfahrten von Francisco Fernández de Cordoba, Juan de Grijalba nach Yukatan; Kat. 20)

Newe zeittung. von dem lande. das die Sponier funden haben ym 1521. iare genant Jucatan. Newe zeittung vo Prußla, vo Kay:

1 Siehe die noch immer wichtige Arbeit von P. Roth: *Die Neuen Zeitungen in Deutschland im 15. und 16. Jahrhundert.* Leipzig 1914. 4 Bl., 86 S. (Preisschriften gekrönt u. hrsg. v. d. Fürstl. Jablonowskischen Gesellschaft zu Leipzig. 43. Geschichtl.-ökonom. Sektion 25) Eine Zusammenstellung erhaltener Zeitungen gibt E. Weller: *Die ersten deutschen Zeitungen.* Tübingen 1872. Reprint Hildesheim u. a. 1971. 486 S. (Bibliothek des literarischen Vereins, 111).

2 Zur Frage der Ausgaben siehe H. Bockwitz: ›Die 'Copia der Newen Zeytung auß Presillg Landt'.‹ In: *Zeitschrift d. dt. Vereins f. Buchwesen u. Schrifttum*, 1920, 3, H. 1/2, S. 27-35.

Ma: hofe 18 Martze. 1522. New zceyt von des Turcken halben von Offen geschrieben. o.O. (Augsburg; Kat. 21)[3]

Eyn Schöne Newe zeytung so Kayserlich Mayestat auß India yetz nemlich zukommen seind. Gar hüpsch von den Newen ynseln, vnd von yrem sitten gar kurtzweylig züleesen. Untertitel: *Etlych newe zeytung. So Kayserlich Mayestat auß India yetzund nemlych zu kommen seind.* o.O. u.J. (um 1522)

Newe Zeytung aus Hispanien und Italien. Mense Februario 1534.

Copey etlicher brieff so auss Hispania kumme seindt/ an zaygent die eygenschafft des Newen Lands so newlich von Kay. May. Armadi auff dem newen Mör gefunden ist worden durch die Hispanier. M.D. XXXV. o.O.

(Die beiden letzteren enthalten Nachrichten über die Eroberung Perus durch Pizarro.[4])

Der Informationswert der ›Zeytungen‹ als historische Quelle für die Entdeckung und Eroberung ist gering. Dennoch sind sie zeitgeschichtlich von Bedeutung, weil sie anzeigen, was die Zeitgenossen erregte und was sie interessierte. So enthält die in Augsburg gedruckte *Newe Zeytung auß Presillg Landt* (Kat. 17), der wohl ein Geschäftsbrief eines Agenten des Handelshauses der Welser auf Madeira an die Zentrale in Augsburg über die Ankunft und Ladung eines aus Brasilien zurückgekehrten Schiffes zugrundeliegt, entsprechend diesen Handelsinteressen vor allem Hinweise auf in Zukunft zu nutzende Reichtümer des Landes, von denen die Seeleute berichtet hätten. Bis auf die direkte Meldung über angelandetes Brasilholz sind diese Hinweise wenig konkret; sie zielen mit den Bemerkungen über eine Durchfahrt durch Amerika nach Asien, über die angebliche Nähe zu Malakka (»Malaqua«) und die ›indischen‹ Thomas-Christen wohl auf den Handel mit Südostasien ab. Ebenso vage sind die geographischen Angaben. Die ›Zeytung‹ geht auch kurz auf die Menschen ein, die angeblich 150 Jahre alt werden. Sie sind von angenehmer Erscheinung, leben allerdings ohne politische Ordnung und sind keine Menschenfresser. Dies wird besonders hervorgehoben: »Essen ni an ain ander, wie in den vndern Prisill land.« Hier klingt deutlich Vespuccis Beschreibung durch.

Auf die Vorgänge in Mexiko in der Zeit nach der Abfahrt von Cortés aus Kuba bis zum Einzug in Tenochtitlan und der Gefangennahme Moctezumas beziehen sich die beiden Nachrichten *Eyn Schöne Newe zeytung…* und *Newe zeittung. von dem lande…* (Kat. 21). Ihr Inhalt beruht unverkennbar auf den beiden ersten Brief-Berichten, die Cortés über seine Aktivitäten und über Land und Leute den spanischen Monarchen geschickt hat. Sogar Passagen des nicht veröffentlichten ersten Briefs vom 10. Juli 1519 sind erkennbar, sodaß die beiden Zeitungen den frühesten Beleg für die Vermittlung der Ereignisse in Mexiko nach Deutschland darstellen. Aber nicht der Vorgang der Eroberung wird geschildert; der Name Cortés taucht entweder gar nicht auf – vom Capitanier, d.h. Capitan (Hauptmann) ist die Rede – oder erscheint verfälscht als Fernando Corleso, wie überhaupt die meisten Namen bis zur Unkenntlichkeit verstümmelt sind. Vielmehr konzentrieren sich die Schreiber auf die Schilderung des Lebens in der mexikanischen Hauptstadt, die wegen ihrer Insellage im Texcoco-See in der *Newen zeittung* »Großvenedig« genannt wird, während die andere Zeitung von »Demistitan« spricht. Beide Texte erwähnen den Reichtum, den hohen Zivilisationsgrad und die politische Ordnung, beschreiben aber mit Abscheu die heidnische Religion und die Menschenopfer. Besondere Erwähnung finden die im ersten Cortés-Brief beschriebenen Kinderopfer, deren Blut die Teufel zufriedenstellen solle. Diese Horrormeldung ist in der *Newen zeittung* in zwei Illustrationen dargestellt worden, einmal als Aufmacher auf dem Titelblatt und dann noch einmal im Text selbst (Abb. 1).

Die ›Zeytungen‹ über die Eroberung Perus (»Perhus«) durch Pizarro – Francisco Piscario bzw. Francisco de Pysaria –, die schon kurz nach den ersten diesbezüglichen Veröffentlichungen im April 1534 in Sevilla und im Juli desselben Jahres in Deutschland erschienen, gehen stärker auf die kriegerischen Vorgänge ein, sind aber vor allem auf die Schätze Perus fixiert: »In disem land wechst sylber vnd golt so veberflussig / gleich wie das eysen in Pisthgowo wechst« (*Newe Zeytung aus Hispanien*). Im Unterschied zu früheren Zeitungen, für die fremde und exotische Kulturen noch Sensationsmeldungen darstellten, hat sich das Interesse in Richtung auf den Reichtum Amerikas verschoben, wenngleich mit der unkorrekten Bemerkung in der *Copey etlicher brieff…* über die Nacktheit der Bevölkerung – »Vnnd ist zu mercken / das solches volck meren thail nackent war / vnnd nicht an hat / dann schaf fellen« – die seit Columbus und Vespucci ambivalent verwendete Charakterisierung des Indios nicht fehlt.

So enthalten die ›Neuen Zeytungen‹ in der unkritischen Verarbeitung privater oder offizieller Briefe und Berichte oft nur Halbwahrheiten, aber viel Phantastisches über die Neue Welt. Die Art und Weise, wie sie diese auf Exotisches oder Reichtum, d.h. die Verwertbarkeit für Europa, reduzieren, ist ein weiterer Beleg dafür, wie schwierig es in Deutschland war, das nicht über direkte Informationen aus erster Hand verfügte, den neuen Kontinent und seine Einwohner in das bestehende Weltbild einzuordnen.

Abb. 1 Kinderopfer. Holzschnitt in *Newe zeittung. von dem lande. das die Sponier funden haben..* Augsburg 1522 (Kat. 21)

3 Bibliographische Hinweise und Analyse bei H. Bockwitz: ›Zur ›Neuen Zeitung‹ aus dem Lande Jucatan vom Jahre 1522‹. In: *Dokumente des Zeitungswesens*, 6. Leipzig 1928.

4 Einführung und Texte bei R. Konetzke: ›Die ersten deutschen Berichte über die Eroberung Perus.‹ In: *Iberoamerikanisches Archiv*, 1935/36, 9, S. 101-108.

Martin Waldseemüller

Bedeutendster Kosmograph in einer Epoche forschenden Umbruchs

Hans Wolff

Abb. 1 Martin Waldseemüller. Porträtskizze von S. Mandelli nach einem Gemälde von Gaston Save

Zur Biographie

Martin Waldseemüller (Waltzemüller, Waltzenmüller), der sich als Humanist Hylacomylus oder Ilacomylus nannte, wurde zwischen 1470 und 1475 in Freiburg oder in dem kleinen Dorf Wolfenweiler bei Freiburg wohl als Sohn eines zünftigen Metzgers geboren. Das Gebiet gehörte damals noch zu den österreichischen Vorlanden. Wie für diese frühe Zeit häufig, sind die biographischen Daten nur spärlich überliefert. In der Breisgaustadt ging der junge Martin Waldseemüller zur Schule und begann dort zu studieren, worüber wir jedoch nichts Näheres wissen. Sicher ist jedenfalls der Eintrag im Freiburger Universitätsmatrikelbuch vom 7. Dezember 1490. Bekannt ist weiter, daß der Kartäuserprior Gregor Reisch, Herausgeber der philosophischen Enzyklopädie *Margarita Philosophica* damals in Freiburg lehrte und auch Waldseemüller unterrichtete. Aufgrund seiner Beziehung zu dem Buchdrucker Johann Amerbach in Basel hatte er zwischen 1490 und 1500 zweifellos Gelegenheit, Holzschnitt und Buchdruckerkunst kennenzulernen.

Ausschlaggebend für Waldseemüllers Entwicklung als Kosmograph war seine Ansiedlung um 1505 in Saint-Dié, einem lothringischen Bischofsstädtchen jenseits der Vogesen an der oberen Meurthe, wo er mit Unterbrechungen und einem längeren Zwischenaufenthalt in Straßburg bis zu seinem Tod (zwischen 1518 und 1521) lebte. In Saint-Dié schuf Waldseemüller Werke, die seinen Ruhm als einer der bedeutendsten Kosmographen und Kartographen – oder gar der herausragendste Kosmograph des frühen 16. Jahrhunderts – begründeten und die kleine Stadt mit ihrem Benediktinerkloster berühmt machten.

Abb. 2 Das Kloster Saint-Dié mit der Kirche Notre-Dame. Zeichnung aus dem 16. Jahrhundert

Sein Wirken fand im Rahmen einer gegen Ende des 15. Jahrhunderts unter dem Patronat und der Förderung Herzog Renés II. von den Mitgliedern des Domstifts nach griechischem Urbild gegründeten Gesellschaft für Kunst und Wissenschaft, dem Gymnasium Vosagense, eine anregende und fruchtbare geistige Umwelt. Ein besonderer Schwerpunkt des Humanistenkreises war die Diskussion kosmographischer Probleme und die Herausgabe von geographischen Abhandlungen und Kartenwerken. Eine sehr hilfreiche Grundlage hierzu bot die Buchhandlung der Gesellschaft und die einzige Druckerei der Stadt, die sich im Besitz von Kanonikus Walter (Gaultier) Ludd, dem Sekretär des Herzogs, befand. Dieser leitete zugleich das Gymnasium Vosagense. Der an Kunst und Wissenschaften, besonders aber an der Geographie interessierte Herzog nahm alle Möglichkeiten wahr, auch ausländische Literatur sowie Karten spanischer, portugiesischer und italienischer Provenienz zu vermitteln. Zu den prominentesten Mitgliedern gehörte der elsässische Gelehrte und Lateinlehrer Matthias Ringmann (um 1482-1521), der ebenfalls aus der Schule Gregor Reischs kam und trotz seiner Jugend aufgrund seiner schriftstellerischen Begabung und Dichtkunst als ›Philesius Vogesigena‹ kein Unbekannter mehr war.

Die bedeutenden kulturgeschichtlichen Verdienste Waldseemüllers honorierte der Herzog von Lothringen schließlich 1513 mit einem Kanonikat in Saint-Dié auf Lebenszeit. Der Kosmograph lebte damals in Straßburg, wo im gleichen Jahr die von ihm und Ringmann vorbereitete berühmte Ptolemäus-Ausgabe gedruckt wurde. Die zweite große Wandkarte, die *Carta Marina* von 1516, erschien jedoch – wie die erste von 1507 – wieder in Saint-Dié. Nach diesem letzten kosmographischen Höhepunkt Martin Waldseemüllers verliert sich die Spur seines Wirkens.[1]

Das Werk Martin Waldseemüllers

In dem für die Kosmographie des beginnenden 16. Jahrhunderts so fruchtbaren Jahr 1507 gab Martin Waldseemüller mit Unterstützung seiner Humanistenfreunde in Saint-Dié seine bedeutendsten Werke heraus, die jahrzehntelang nachwirken sollten: eine wahrscheinlich von Matthias Ringmann, von dem das Nachwort an den Leser stammt, geschriebene Einführung in die Kosmographie (Geographie), eine wandtafelgroße Weltkarte und einen Globus.

Alle drei Werke gehen auf die im Westen neu entdeckten Länder ein und führen den Namen *America* in die geographische Literatur ein. Es handelt sich somit um den dreiteiligen ›Taufschein‹ der Neuen Welt, wie besonders die große Weltkarte von den Amerikanern nicht selten bewundernd bezeichnet wurde. Der Namensvorschlag im neunten Kapitel der ›Einführung‹, der *Cosmographiae Introductio*, (fol. 207v) zeigt die Abbildung 5. G. Schmitt übertrug den Text folgendermaßen ins Deutsche: »Nun sind aber die Erdteile umfassender erforscht und ein anderer vierter Erdteil ist durch Americus Vesputius (wie im folgenden zu hören) entdeckt worden. Ich wüßte nicht, warum jemand mit Recht etwas dagegen einwenden könnte, diesen Erdteil nach seinem Entdecker Americus, einem Mann von Einfallsreichtum und klugem Verstand, Amerige, nämlich Land des Americus, oder *America* zu nennen, denn auch Europa und Asien haben ihren Namen nach Frauen genommen. Seine Lage und die Gebräuche seines Volkes sind aus den zweimal zwei Reisen des Americus, die unten folgen, leicht zu erfahren …«[2]

Den Anstoß für die Abfassung der *Cosmographiae Introductio* hatten die gleichzeitig gedruckten und beigebunde-

1 Wichtige Literatur zu Waldseemüller: Wieser 1881 – L. Gallois: ›Waldseemüller chanoine de Saint-Dié.‹ In: *Bulletin de la société de géographie de l'Est*, 1890, S. 221-229 – Wieser 1901 – Fischer/Wieser 1903 – Mayer 1904 – Stevenson 1904 – F. v. Wieser: *Die Cosmographiae Introductio des Martin Waldseemüller (Ilacomilus)*. Faksimile-Ausg. mit Einleitung v. F. v. Wieser. Straßburg 1907. 29, 103 S., 1 Taf. (Drucke u. Holzschnitte d. 15. u. 16. Jhs. in getreuer Nachbildung, 12) – Flamm 1912 – Oehme 1951 – Laubenberger 1959 – Muris/Saarmann 1961 – Laubenberger 1965 – Meine 1971 – Meine 1972 – Harris 1985 – Dreier-Eimbcke 1991.

2 *Die großen Entdeckungen* 1984, S. 17. Zum Wort Amerige: Verbindung des griechischen Γη (= Land) mit Americ(us), also Land des Americus bzw. Amerigo Vespuccis.

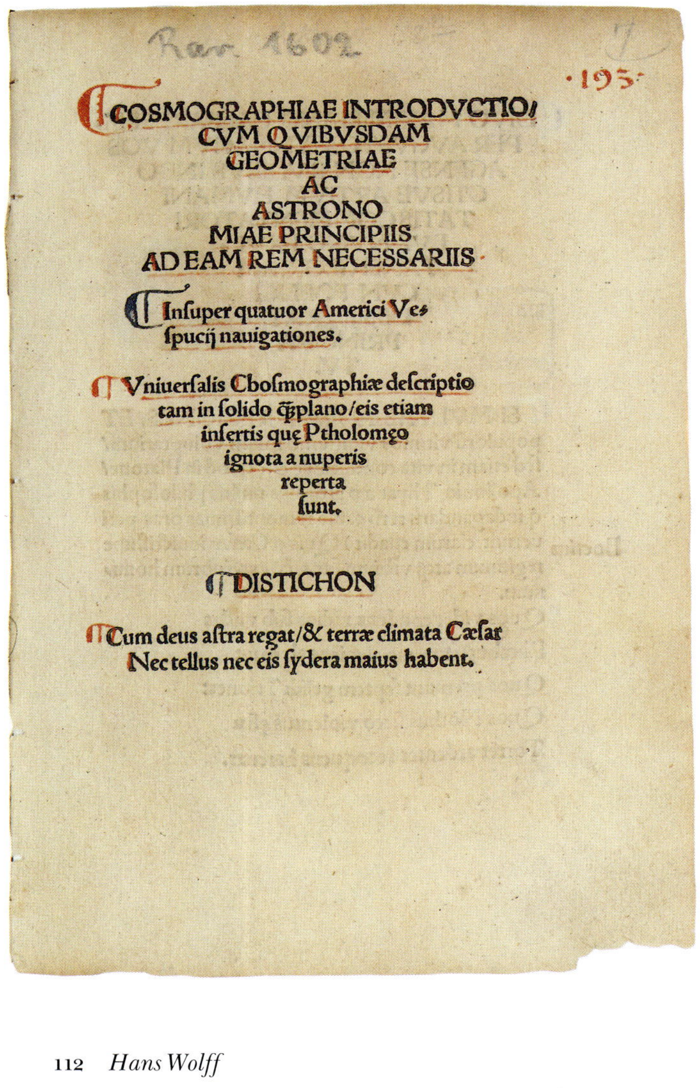
Rar. 1602
·195·
COSMOGRAPHIAE INTRODVCTIO/
CVM QVIBVSDAM
GEOMETRIAE
AC
ASTRONO
MIAE PRINCIPIIS
AD EAM REM NECESSARIIS.
Insuper quatuor Americi Ve/
spucij nauigationes.
Vniuersalis Cosmographiæ descriptio
tam in solido q̃ plano/eis etiam
insertis que Ptholomeo
ignota a nuperis
reperta
sunt.
DISTICHON
Cum deus astra regat/& terræ climata Cæsar
Nec tellus nec eis sydera maius habent.

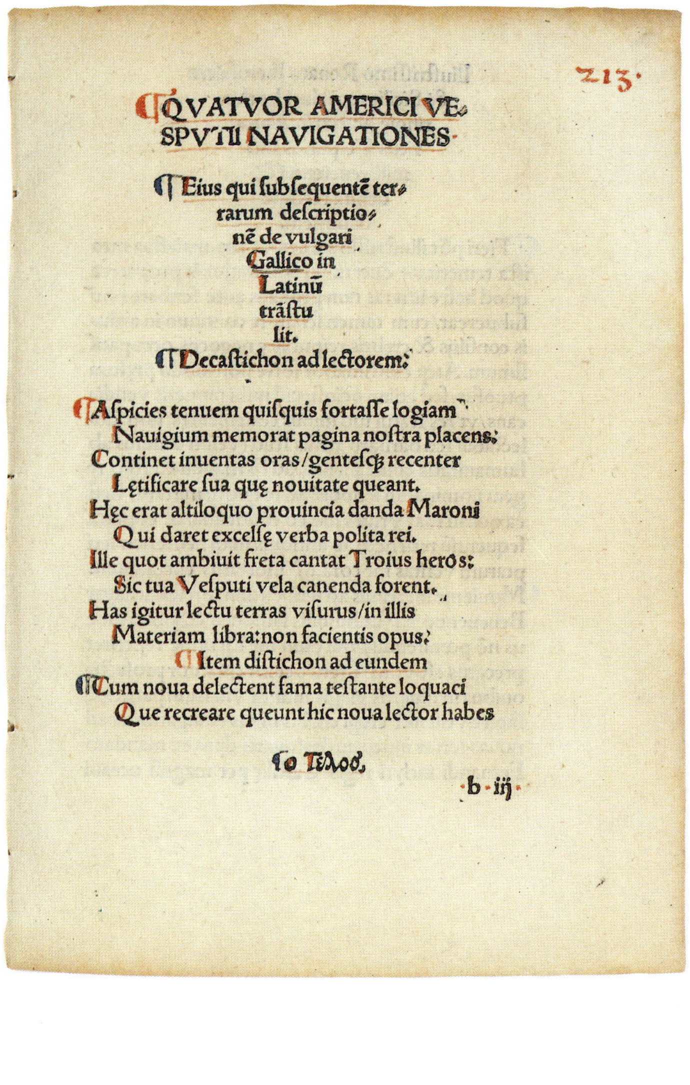
·213·
QVATVOR AMERICI VE
SPVTII NAVIGATIONES.
Eius qui subsequentē ter
rarum descriptio
nē de vulgari
Gallico in
Latinū
trāstu
lit.
Decastichon ad lectorem.
Aspicies tenuem quisquis fortasse logiam
Nauigium memorat pagina nostra placens:
Continet inuentas oras/gentesq́ recenter
Letificare sua que nouitate queant.
Hec erat altiloquo prouincia danda Maroni
Qui daret excelse verba polita rei.
Ille quot ambiuit freta cantat Troius heros:
Sic tua Vesputi vela canenda forent.
Has igitur lectu terras visurus/in illis
Materiam libra: non facientis opus.
Item distichon ad eundem
Cum noua delectent fama testante loquaci
Que recreare queunt hic noua lector habes
Το Τέλος
·b·iij·

Abb. 3 Das Titelblatt der *Cosmographiae Introductio*. Saint-Dié 1507 (Kat. 42)

Abb. 4 Das Titelblatt der *Quatuor Americi Vespucii Navigationes*. Saint-Dié 1507 (Kat. 42)

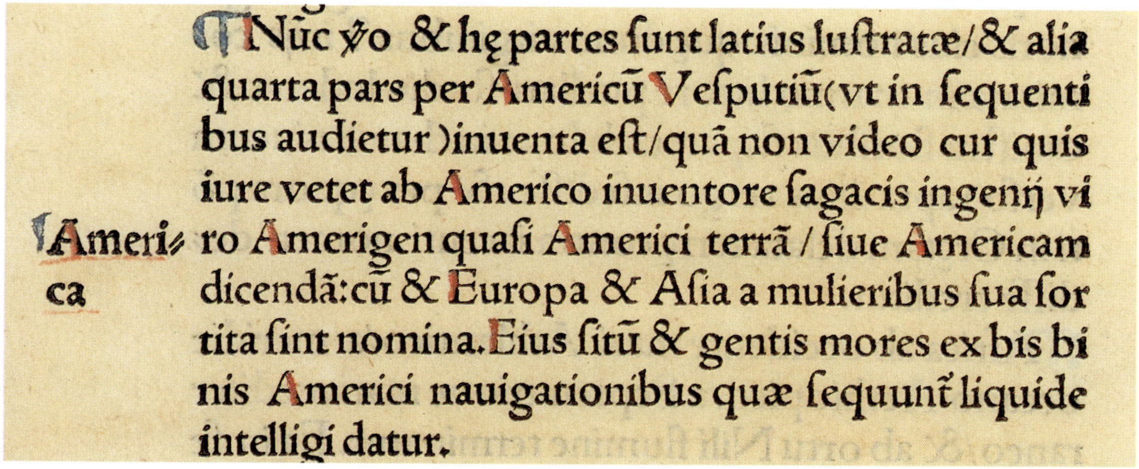
¶ Nūc vo & hę partes ſunt latius luſtratæ/& alia
quarta pars per Americū Veſputiū (vt in ſequenti
bus audietur) inuenta eſt/quā non video cur quis
iure vetet ab Americo inuentore ſagacis ingenij vi
Ameri- ro Amerigen quaſi Americi terrā / ſiue Americam
ca dicendā: cū & Europa & Aſia a mulieribus ſua ſor
tita ſint nomina. Eius ſitū & gentis mores ex bis bi
nis Americi nauigationibus quæ ſequunt̄ liquide
intelligi datur.

Abb. 5 Die Textstelle der *Cosmographiae Introductio* mit dem Namensvorschlag *America*, 1507

nen *Quatuor Navigationes* (die ›Vier Reisen‹) des Amerigo Vespucci gegeben. Die *Introductio* sollte als Einleitung und Erklärung zu der großen Weltkarte dienen und erlebte in kurzer Zeit mehrere Ausgaben. Sie war zusammen mit Globus und Karte Kaiser Maximilian I., der Reisebericht Vespuccis von diesem selbst Fürst René von Lothringen gewidmet, der von Vespucci, mit dem er freundschaftlich verbunden war, im Jahr 1505 eine französische Übersetzung des Briefes erhalten hatte. Damit konnte die kurze Abhandlung auch rasch im Gelehrtenkreis von Saint-Dié Beachtung finden.

Die ›Einführung‹ fand reißenden Absatz, so daß allein im Jahr 1507 vier Ausgaben und in den folgenden Jahren weitere Neuauflagen erschienen.[3] Zusammen mit der Karte und dem Globus Waldseemüllers trugen sie dazu bei, den klangvollen Namen *America* rasch als festen Bestandteil des neuen Weltbildes zu etablieren. Der Name paßte zu zahlreichen Ortsnamen (z.B. *Amaraca, Marica, Maracaibo*)[4] an den bislang erkundeten Küsten in frappanter Weise und setzte sich auch aus diesem Grund rasch durch; er trat neben die Bezeichnungen ›Indien‹ und ›Neue Welt‹ und drängte sie in den Hintergrund.

Martin Waldseemüller prägte für viele interessierte Zeitgenossen und die gelehrte Fachwelt das Bild der Welt zu Beginn des 16. Jahrhunderts. Zusammen mit seinem Globus schuf er, wie erwähnt, 1507 eine monumentale Karte (Abb. 6), die nahezu drei Quadratmeter umfaßte und im Holzschnittverfahren von zwölf Stöcken gedruckt wurde (*Universalis Cosmographia Secundum Ptholemaei Traditionem Et Americi Vespucii Aliorumque Lustrationes*, 228 x 125 cm). Als ursprüngliche Auflagenhöhe werden 1000 Karten genannt. Das einzige bekannte Exemplar wurde erst um die Jahrhundertwende von dem Geographen, Historiker und Ptolemäusforscher Josef Fischer S. J., mit Waldseemüllers Wandkarte von 1516 als Kartenband zusammengebunden, in der Waldburg-Wolfeggschen Bibliothek auf Schloß Wolfegg in Baden-Württemberg entdeckt. Über die Entstehung und frühere Existenz des Kartenwerks war man durch Hinweise in der *Cosmographiae Introductio* sowie Angaben des Freiburger Humanisten und Geographen Heinrich Glarean unterrichtet. Die Karte selbst galt zwar als verloren, wurde jedoch seit den Tagen Alexander von Humboldts eifrig gesucht. Das Unikat auf Schloß Wolfegg entstammt indes nicht der Erstausgabe von 1507, sondern ist wohl ein späterer Probedruck, wie typographische Untersuchungen von E. Harris 1985 ergaben.

Die Weltkarte zeigt den Mittelmeerraum, Europa und das südliche Asien in der Tradition der ptolemäischen Karten, wobei jedoch durch jüngere Entdeckungsreisen gewonnene Erkenntnisse und Erfahrungen berücksichtigt sind. Als Grundlage spielten hier besonders Karten von Henricus Martellus eine Rolle (vgl. S. 14, Abb. 5). Von diesen leitet sich auch die modifizierte Kegelprojektion mit den gebogenen Meridianen ab. Um deren Schnitt am Nordpol zu ermöglichen, wurde der Pol eingedrückt und dadurch die Zwiebelform erzeugt (vgl. hierzu S. 165). In den Erläuterungen, die den Platz in den Ecken ausfüllen, führte Waldseemüller Columbus und Vespucci als Entdecker neuer Länder mit reichen Goldfunden in den Tropen und gegen den Südpol hin an. Auch die nunmehrige Verbindung des alten Weltbildes mit den neuen Entdeckungen hebt der Kartenschöpfer hervor, besonders jedoch die Reisen Vespuccis.

Erstmals ist in einer Karte die Neue Welt unter Auswertung der portugiesischen und spanischen Entdeckungen als selbständiger Kontinent mit dem Namen *America* – dieser allerdings nur auf den Südteil bezogen – kartographisch festgehalten. Die etwa gleichzeitig entstandenen Karten von Giovanni M. Contarini 1506, Johannes Ruysch 1507/08 und Francesco Rosselli um 1508 (vgl. Kat. 77, 78) verbinden die nordamerikanischen Landgebiete noch breit mit Asien.

Nicht sehr lange danach erscheint der Name *America* schon in umfassender Anwendung, so auf dem ›Globe vert‹ der Pariser Nationalbibliothek (›Grüner Globus‹, um 1513-1515, Holzkugel, 24 cm Durchm.). O. Muris und G. Saarmann erläutern hierzu: »Eigenartig ist an diesem Globus die doppelte Bezeichnung des nord- und südamerikanischen Festlandes. Danach erscheint der Name *America* in der ›Neuen Welt‹, und zwar zweimal auf dem Nord- und zweimal auf dem Südkontinent. Somit ist er der erste Globus, der den Namen *America* auch auf Nordamerika überträgt. Das Erdbild hat eine große Ähnlichkeit mit dem Schönerschen Globus von 1515 (S. 147, Abb. 3), wes-

3 Von der *Cosmographiae Introductio* besitzt die Bayerische Staatsbibliothek die Mai-Ausgabe in der zweiten Fassung, die Universitätsbibliothek München die September-Ausgabe in der ersten Fassung.

4 Vgl. Y. A. Haase und H. Jantz: *Die Neue Welt in den Schätzen einer alten europäischen Bibliothek.* Ausst. Kat. Wolfenbüttel 1976. 164 S. m. Abb. u. Taf. (Ausst.Kat. d. Herzog-August-Bibliothek, 17), S. 16.

halb er von G. Marcel, der ihn zuerst beschrieben hat, als aus der Schule Schöners stammend bezeichnet wird.«[5]

Längere Zeit beschränkte sich der Name *America* auf kartographischen Darstellungen allerdings nur auf den südamerikanischen Subkontinent, während der nordamerikanische Teil zunächst eines eigentlichen Namens entbehrte; man findet z. B. die Bezeichnungen *Terra de Cuba, Terra florida, Terra del Labrador* oder kurz *Parias*. Schließlich bezog der junge Gerhard Mercator auf seiner doppelherzförmigen Globuskarte von 1538 (S. 167, Abb. 9) das nordamerikanische Festland ebenfalls in die Bezeichnung *America* mit ein, wobei er bereits die Namen Nord- und Südamerika (*Americae pars septentrionalis* bzw. *meridionalis*) verwendete, obwohl man hier durchaus beide Festlandsteile – mehr noch als Europa und Asien – als eigenständige Kontinente betrachten könnte. Im vorigen Jahrhundert wurde dieses Problem recht angeregt diskutiert.

Nordamerika war in seiner Ausdehnung und Gliederung noch sehr wenig bekannt, nur Florida und der Golf von Mexiko weisen bei Waldseemüller eine Annäherung an die Wirklichkeit auf. Das Wort *Parias* (Menschen tiefstehender Klasse) kennzeichnet das auf die frühen Informationen zurückgehende Indiobild.[6]

Auffallenderweise zeigen sich sowohl die Rocky Mountains als auch die Anden nahezu im Verlauf der gesamten Westküste angedeutet.

Bei der Konzeption der Neuen Welt haben neben den Reiseberichten Amerigo Vespuccis, die Waldseemüller im Titel der Karte erwähnt, sicher auch handgezeichnete Weltkarten portugiesischer oder italienischer Provenienz wie die Cantino-Karte (Kat. 64), die Karte Nicolò Caverios oder die ›King-Hamy-Karte‹ Pate gestanden, wie sich aus der prägnanten Form der mittelamerikanischen Inseln und einer merkwürdigen Insel im mittleren Atlantik (Neufundland, die Entdeckung der Corte-Reals in den Jahren 1500-1501) ablesen läßt.

Außer in seiner Hauptkarte hat Waldseemüller die Erde auf dem gleichen Blatt noch in zwei Nebenkarten, einer östlichen und einer westlichen Hemisphäre, dargestellt. Sie waren das Vorbild für die Hemisphärendarstellungen der Alten und Neuen Welt der Folgezeit. Neben die beiden Planigloben plazierte Waldseemüller gewissermaßen als geistige Väter der Karte Ptolemäus mit Winkelmesser und Amerigo Vespucci mit Zirkel. Südamerika präsentiert sich hier in frappant richtiger Konfiguration, was besonders bemerkenswert erscheint, weil die Westküste Südamerikas und der Süden nach unserem Wissen keineswegs erkundet waren. Verlorene oder geheime Informationen, Zufall oder Intuition – das Südamerika-Bild Waldseemüllers ist derzeit wohl kaum erklärbar.

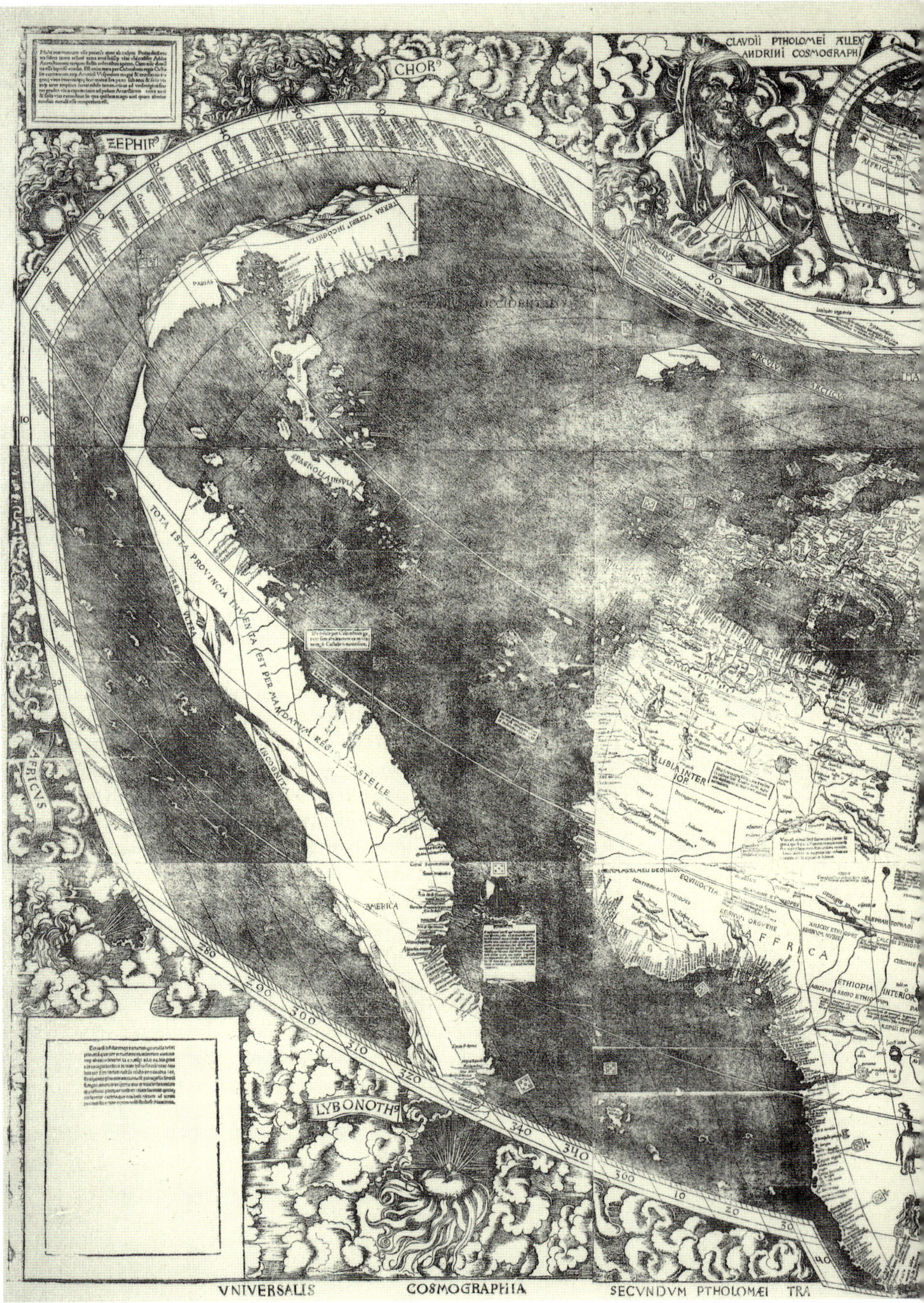

Abb. 6
Martin Waldseemüller:
Weltkarte, 1507
(Kat. 44)

Die mittelamerikanische Meerenge der Hauptkarte fehlt auf der Nebenkarte. Damit deutet Waldseemüller die zweifelhaften Kenntnisse und Erwägungen seiner Zeit über eine der wichtigsten Fragen der Struktur der Neuen Welt im Zusammenhang mit dem gesuchten Seeweg nach Ostasien an.

Ebenfalls 1507 ließ Martin Waldseemüller in Saint-Dié zwölf aneinanderhängende Globusstreifen im Holzschnittverfahren drucken, mit denen man eine Globuskugel mit einem Durchmesser von 12 cm bekleben konnte (Frontispiz). Er schuf damit den frühesten Globus mit der kartographischen Wiedergabe der Neuen Welt einschließlich des Namens *America* und den ersten gedruckten Erdglobus überhaupt. In der Alten Welt ist das ptolemäische Weltbild im Bereich Afrikas durch Madagaskar und Sansibar sowie das seit Marco Polo in den europäischen Gesichtskreis getretene *Zipangu* (Japan) ergänzt. Nord- und südamerikanischer Bereich erscheinen auffallenderweise durch eine Meerenge getrennt. Von diesem Erdglobus von epochalem Rang lassen sich nur noch zwei Exemplare nachweisen. Das eine stammt aus der ›Sammlung Hauslab-Fürst Liechtenstein‹ in Wien, wo es schon L. Gallois (1890) als den Globus Waldseemüllers erkannte. Es befindet sich heute in der Bell Library in Minnesota/USA. Das andere, in einen Ptolemäus-Atlas von 1486 eingeklebte Exemplar konnte der Freistaat Bayern 1990 aus den USA wieder für Europa zurückerwerben (vgl. S. 7 ff.). Es wird in der Bayerischen Staatsbibliothek mit der Signatur Mapp. I, 5 ua verwahrt.[7]

Eine farbige Rekonstruktion des Globus (mit Fuß ca. 21 cm hoch) erfolgte 1969 durch den Antiquar und Verleger Christian M. Nebehay, Wien (Abb. 7). Während sich das Kolorit an eine Ulmer Ptolemäus-Ausgabe von 1482 in der Österreichischen Nationalbibliothek anlehnt, lag dem gedrechselten Fuß der Pariser Globus von 1535 als Modell zugrunde. Einen der letzten dieser Faksimile-Globen konnte kürzlich das Deutsche Museum für seine derzeit im Aufbau befindliche neue Abteilung für Geodäsie und Kartographie erwerben.

1513 erschien in Straßburg in der Offizin Johann Schott – der ebenfalls dem Schülerkreis von Gregor Reisch angehörte – die berühmte Ptolemäus-Ausgabe der *Geographia* mit einem eigenen Teil von 20 weitgehend in einheitlichem Stil gehaltenen ›modernen‹ Karten und damit der erste moderne Atlas, als welchen ihn N. Nordenskiöld bereits Ende des letzten Jahrhunderts rühmte. An der Erarbeitung des Werks waren die rührigen Kosmographen des kulturellen Zentrums Saint-Dié maßgeblich beteiligt gewesen. Bereits 1505 hatten Waldseemüller und Ringmann mit dem Projekt, zunächst ein Hauptvorhaben des Gelehrtenkreises in Saint-Dié, begonnen und die Holzschnitte 1506/07 fertiggestellt. Doch verzögerte sich die Edition des gesamten Werks – Ringmann starb (noch keine 30 Jahre alt) und Waldseemüller zog sich offenbar zurück –, weshalb die abschließenden Arbeiten schließlich Jakob Eszler (Aeschler) und Georg Uebelin in die Hand nahmen.

Abb. 7 Faksimile des Waldseemüller-Globus, 1969

Hier interessiert uns besonders die Karte des Atlantischen Ozeans mit der Darstellung eines Teils der Neuen Welt, die *Tabula Terre Nove* (ca. 42 x 36 cm; Abb. 8). Wie bei der Hauptkarte von 1507 lassen sich starke Ähnlichkeiten

5 Muris/Saarmann 1961, S. 85.

6 Vgl. hierzu die Beiträge von H.-J. König (S. 103 ff., 109 f.) und S. Colin (S. 175 ff.).

7 Nach Dreyer-Eimbcke 1991, S. 235 f., wären nunmehr drei Globensegmentsätze bekannt. Dies trifft jedoch nicht zu, da der Kartenband in Wolfegg nach Fischer/Wieser 1903 außer den beiden Waldseemüller-Karten lediglich eine Sternkarte von Stabius und Heinfogel 1515, die Streifen des älteren Himmelsglobus von Schöner 1517 sowie Streifen des Schönerschen Erdglobus 1515 und des genannten Himmelsglobus als Einband enthält. Vgl. auch Anm. 13.

8 Vgl. z. B. Bagrow/Skelton 1973, Taf. LXVI – Nebenzahl 1990, S. 15-17, Taf. 5.

9 Im Beitrag von U. Lindgren (S. 145 ff.) werden die geographisch-geodätischen Verhältnisse der Amerika-Darstellungen im 16. Jh. näher erläutert.

10 Vgl. Näheres z. B. bei: Dörflinger u. a. 1977, S. 52 – Meurer 1984 – Wawrik 1982, S. 42-48 – Wolff 1991, S. 30.

Abb. 8 Martin Waldseemüller: Die Neue Welt in der Ptolemäus-Ausgabe 1513 (Kat. 46)

mit der berühmten Cantino-Karte in Lage und Form der Inseln *Isabella* (Kuba) und *Spagnolla* sowie in den Umrissen Südamerikas erkennen. Ebenso finden sich Beziehungen zur Karte Caverios. Auch hier dienten also portugiesische oder italienische Kartenvorlagen als wesentliche Quellen für die Darstellung der Neuen Welt. Den Namen *America* hielt Waldseemüller nun nicht mehr für angemessen; er merkt im Bereich der Äquatorregion an, daß der Genuese Columbus im Auftrag des Königs von Kastilien die Neue Welt entdeckt habe. Das Landesinnere Südamerikas war jedoch noch völlig unbekannt, was mit der Bezeichnung als *Terra Incognita* in großen Lettern Betonung fand. Lediglich der Hinweis auf Süßwasser im Bereich der Amazonas-Mündung deutet auf ein größeres Flußgebiet hin.

Auch die Weltkarte *Orbis Typus Universalis Iuxta Hydrographorum Traditionem* (Abb. 9) finden wir als *Tabula Nova* erstmals im Anhang zur Straßburger Ptolemäus-Edition 1513. Mit Rumbennetz im Stil von Seekarten gehalten, wurde sie in Anlehnung an den Titel, jedoch irreführend, auch als ›Hydrographie‹ bezeichnet. Was die Alte Welt betrifft, hat der ptolemäische Einfluß gegenüber der Darstellung der Karte von 1507 abgenommen, wie u.a. das nun wesentlich realitätsnähere Bild Vorderindiens mit Sri Lanka und Madagaskars zeigt. Bemerkenswert ist z. B. das lang gestreckte Grönland als Halbinsel Nordskandinaviens, die an das Bild der Weltkarte aus dem *Insularium* von Henricus Martellus (S. 14, Abb. 5) erinnert.[8] Die Darstellung Südamerikas entspricht jener der *Tabula Terre Nove* des gleichen Atlas, läßt jedoch im Gegensatz dazu nicht die Verbindung mit Nordamerika erkennen. Die Küstenlinie endet im Bereich des 40. Breitengrades. In den mittleren Atlantik gerückt, erscheint ein unbekanntes, nur an seiner Ostküste klar konturiertes Land, das im Vergleich mit älteren handgezeichneten Weltkarten (vgl. Kat. 57, 64) als Labrador bzw. Neufundland eingestuft wurde.[9]

Es würde in unserem Rahmen zu weit führen, hier auf sämtliche Länder- bzw. Regionalkarten der *Tabulae Novae* der *Geographia* von 1513 einzugehen. Lediglich die *Germania*-Karte (*Tabula Moderna Germaniae*) sei noch als prägnantes Beispiel herausgegriffen. Als Quellen der ›modernen‹ Deutschland-Karte konnte Waldseemüller unter anderem auf die Cusanus-Karte von Marcus Beneventanus sowie die Etzlaub-Karten zurückgreifen.[10] Auch dieses meisterhafte Werk des Kosmographen erwies sich aufgrund der Berücksichtigung von bedeutenden Fortschritten der geographischen Erkenntnis über einige Jahrzehnte hinweg als grundlegend und wegweisend. Es wurde, zum Teil in Überarbeitung, mehrfach herausgegeben. Erwähnt seien noch die ersten gedruckten Karten der Schweiz, des Oberrheingebiets und Lothringens, die Waldseemüller als Ausdruck seiner Heimatbezogenheit mit in den Weltatlas aufnahm.

Die Vielseitigkeit Martin Waldseemüllers offenbart sich auch in seiner Europa-Karte von 1511 bzw. dem leicht veränderten Nachdruck von 1520. Mit der großformatigen Einzelkarte (ca. 141 x 107 cm), die neben einer Übersicht der Geographie Europas, wie der Name *Carta Itineraria Europae* sagt, die wichtigsten Verkehrsrouten darstellen wollte, schuf der Meisterkosmograph zugleich die erste gedruckte Wandkarte Europas. Im geographisch-kartographischen Aufbau lehnte er sich an die ersten Straßenkarten Mitteleuropas von Erhard Etzlaub an. Waldseemüller widmete das ebenfalls in Straßburg bei der Offizin Grieninger (Grüninger) erschienene Werk seinem Gönner Herzog Anton von Lothringen. Die Straßen sind durch punktierte Linien, die Gebirgszüge durch Maulwurfshügel-Ketten und Waldgebiete durch Baumsigna-

Abb. 9 Martin Waldseemüller: Weltkarte in der Ptolemäus-Ausgabe 1513 (Kat. 47)

turen wiedergegeben. Das einzige überlieferte Original befindet sich im Tiroler Landesmuseum Ferdinandeum zu Innsbruck. Ein verkleinertes Faksimile brachte dankenswerter Weise durch die Initiative von K.-H. Meine 1971 der Verlag Kirschbaum, Bonn-Bad Godesberg, heraus.[11]

Als Kosmograph und Kartograph interessierte sich Waldseemüller auch für astronomische und geodätische Vermessungsinstrumente. Sein Polimetrum (Abb. 13) stellt einen Vorläufer des Theodolithen dar. Er besaß bereits die charakteristische Form der waagrechten Platte mit senkrecht hängendem Halbkreis und war auch mit Alhidaden, Lot und entsprechenden Meßquadraten und Gradkreisen versehen. Die Abbildung legte Waldseemüller seinem bereits der vierten Ausgabe 1508 beigesteuerten Kapitel über Architektur und Perspektive in dem enzyklopädischen Werk seines früheren Lehrers, Gregor Reischs *Margarita Philosophica,* bei, das bei Grüninger in Straßburg erschien. Die Bezeichnung des Vermessungsgeräts, das im Lauf des 16. Jahrhunderts mehrfach verbessert wurde, taucht in der Fachliteratur sonst nicht auf.[12] Die *Margarita Philosophica* enthielt in der Ausgabe 1515 auch eine stark vereinfachte Weltkarte nach Waldseemüllers Konzept; sie ersetzte die Karte mit dem ptolemäischen Weltbild aus den früheren Auflagen allerdings nur in dieser Ausgabe.

Seine zweite monumentale Wandkarte, die *Carta Marina Navigatoria Portugallen Navigationes* schuf Waldseemüller im Jahr 1516 ebenfalls als Holzschnitt von zwölf Stöcken (ca. 248 x 133 cm; Abb. 14). Auch dieses Rarissimum – wie die zwiebelförmige Weltkarte von 1507 ein unschätzbares Unikat – wurde von J. Fischer zu Beginn unseres Jahrhun-

Abb. 10 Joseph Fischer (1858-1944)

11 Vgl. hierzu Meine 1971 u. 1972.
12 Laubenberger 1965, S. 310 – Zinner 1967, S. 191 f. – Dreier 1979, S. 34.
13 Fischer/Wieser 1903. Hrsg. mit Unterstützung d. Kaiserl. Akad. d. Wiss. in Wien.

Abb. 11 Martin Waldseemüller: *Carta Itineraria Europae*, 1511. Detail der Wappenleiste

derts auf Schloß Waldburg-Wolfegg entdeckt. Wären die beiden Karten nicht frühzeitig in einen Kartenband eingebunden worden, so hätte sie wohl auch, wie so viele bedeutende kartographische Werke der frühen Neuzeit, das vernichtende Schicksal des ›Zahns der Zeit‹ ereilt. Zu verdanken ist der Glücksfall, wie sich aus dem Exlibris des Bandes ergibt, dem engagierten Kosmographen und Globenbauer Johannes Schöner. Vermutlich konnte er die für ihn sicher sehr wichtigen Karten auf diese Weise bei seinen Studien leichter handhaben als ein großes Wandkartenformat.

Die Karte zeigt zwar den Charakter von Seekarten, ist jedoch aufgrund ihres Maßstabes und der Details im Landesinneren doch eine Übersichtskarte eines großen Teils der Welt vom Ostteil Amerikas bis Ostasien. Auf den westlichen Teil Amerikas und den Pazifischen Ozean verzichtete Waldseemüller wie auf der *Tabula Terre Nove* 1513 im Gegensatz zur Karte von 1507. Damit wird hier die aufsehenerregende, klar selbständige und von Asien unabhängige Position Amerikas, die der Kosmograph 1507 ins Licht gestellt hatte, nicht deutlich. Mit der Bezeichnung *Terra De Cuba Asiae Partis* (Land Kuba, ein Teil Asiens) im Hinterland von Florida verläßt der Kartenschöpfer vielmehr seine frühere Konzeption. Südamerika erhielt hier den Namen *Prisilia Sive Terra Papagalli* (Brasilien oder Papageienland); die Bezeichnung *America* ließ Waldseemüller in Anerkennung der Leistung von Columbus wie schon 1513 fallen.

In der großen Kartusche mit Erläuterungen links unten finden sich Hinweise auf die verwendeten Quellen, das Datum ist in einer kleinen Kartusche am rechten Rand vermerkt. Eine besonders tiefgehende Übereinstimmung in Geographie und Begrenzung konnte J. Fischer zwischen der *Carta Marina* und der Karte des Caverio feststellen. Daneben finden sich auch Beziehungen zu Karten vom Hamy-Typus, was besonders die *Terra Laboratoris* und die *Terra Cortereal* betrifft. Das künstlerisch hochrangige Dekor wurde mit Künstlern der Dürer-Schule in Beziehung gebracht (vgl. Abb. 19, 21).

J. Fischer und der Innsbrucker Geograph und Kartenhistoriker Hofrat Freiherr Franz von Wieser unternahmen alles, um die beiden Werke als originalgetreue Nachbildungen mit ausführlichen Erläuterungen in deutscher und englischer Sprache 1903 herauszugeben, womit sie sich bleibende Verdienste erwarben.[13] Mit dem Auffinden des Wolfegger Kartenbandes lag nämlich, wie die beiden Forscher resümierten, »nunmehr die große epochemachende Publikation des Martin Waldseemüller, beziehungsweise des Gymnasium Vosagense aus dem Jahre 1507 in ihrer Totalität vor: einerseits die *Cosmographiae Introductio,* jenes Buch, in welchem zuerst der Vorschlag gemacht wurde, der neuen Welt den Namen *America* zu geben, andererseits das ganze dazu gehörige Kartenwerk, die *Universalis Cosmographiae descriptio tam in solido quam plano* d. i. der älteste Globus und die älteste Weltkarte mit

Abb. 12 Franz von Wieser (1848-1923)

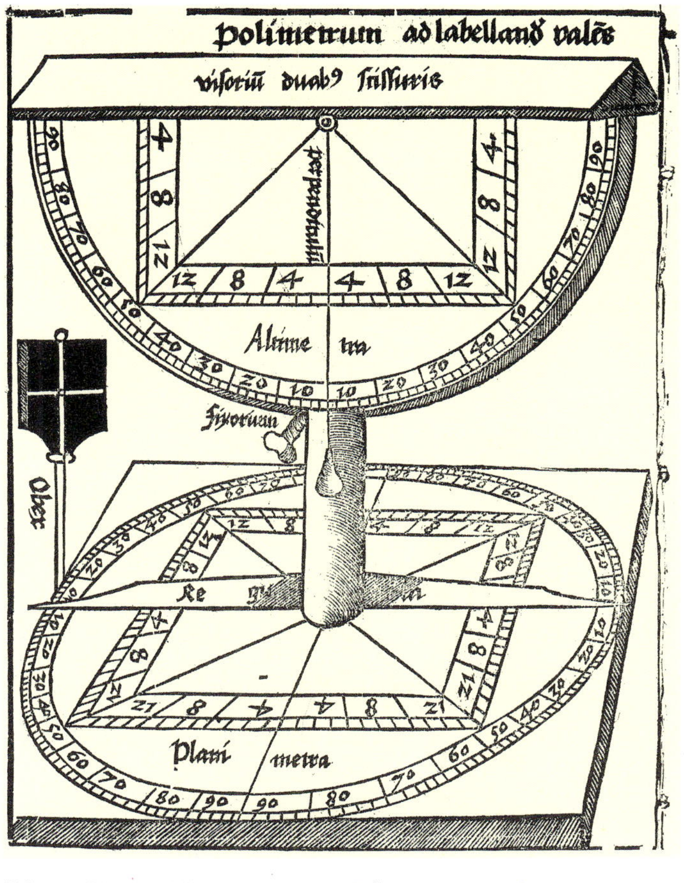

Abb. 13 Martin Waldseemüller: Polimetrum. In: Gregor Reisch: *Margarita Philosophica*… Straßburg 1515 (Kat. 49)

OCEANVS OCCIDENTALIS
TERRA DE CVBA ASIE PARTIS
OCEANVS GERMANICVS
SPAGNOLLA
TERRA
NOVA
TERRA PAPAGALLI
ETHIOPIA

dem Namen *America.*« Den Erläuterungen fügten Fischer und Wieser einen Anhang ›Synoptischer Tabellen‹ bei, in denen die berühmten handgezeichneten Weltkarten von CANTINO, CAVERIO (CANERIO) und die ›KING-HAMY-Karte‹ mit den gedruckten von RUYSCH 1507/08 und WALDSEEMÜLLER 1507 sowie 1516 hinsichtlich ihrer geographischen Nomenklatur verglichen sind. Ein Nachdruck des Faksimilebandes erfolgte 1968 noch einmal bei der durch ihre großen kartographischen Faksimilewerke bekannten Verlagsgesellschaft Theatrum Orbis Terrarum (TOT) in Amsterdam.

Zum Nachwirken Waldseemüllers

Auf die herausragende Bedeutung des Werks WALDSEEMÜLLERS wurde bereits verschiedentlich hingewiesen. Zusammenfassend sei hier die nach wie vor geltende prägnante Würdigung von Fischer und Wieser im Faksimileband von 1903 abgedruckt:

»Die Weltkarte von 1507 ist die erste große gedruckte Karte, auf welcher die neuen Entdeckungen der Spanier und Portugiesen dargestellt sind, sowie der erste gedruckte und in großem Maßstabe durchgeführte Versuch, das ptolemaeische Weltbild durch die Angaben MARCO POLOS einer- und portugiesischer Seekarten andererseits zu vervollständigen. Die *Carta marina* ist das älteste bekannte Beispiel einer gedruckten Seekarte. Die beiden WALDSEEMÜLLERschen Weltkarten sind die ältesten großen auf mehreren Blättern gedruckten Wandkarten, die uns erhalten sind.

Schon in dem typographischen Momente kommt die historische Bedeutung unserer beiden Weltkarten zum Ausdrucke. Zum ersten Male werden hier große durch Bilder und Legenden belebte Kartenwerke als Einzel-Drucke in zahlreichen Exemplaren auf den Markt gebracht und eine Fülle von geographischem Wissen durch sie in die breiten Schichten des Volkes getragen.

Die Weltkarte von 1507 hat außerordentlich tiefgehenden und andauernden Einfluß auf die Kartographie ausgeübt. Sie repräsentiert einen neuen Karten-Typus und stellt das Weltbild in einer bis dahin nie gesehenen Großartigkeit dar. Die Wirkung dieser Karte muß bei ihrem Erscheinen eine geradezu sensationelle gewesen sein. Es kommt weiter in Betracht die ungewöhnlich hohe Auflage (es wurden ja, wie wir wissen, rund 1000 Exemplare der-

Abb. 14 MARTIN WALDSEEMÜLLER: *Carta Marina Navigatoria*, 1516 (Kat. 48)

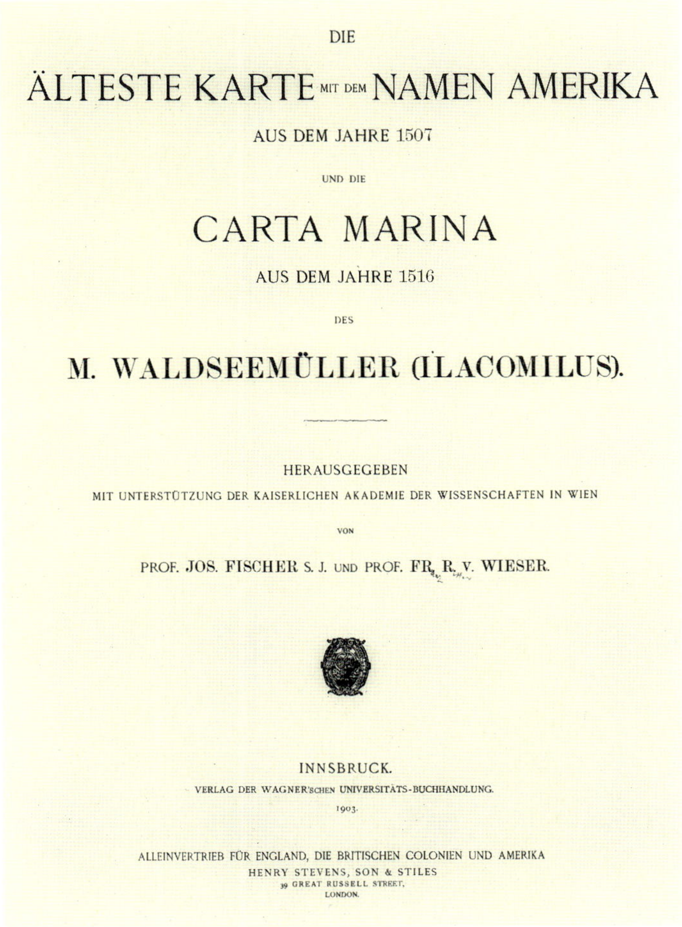
DIE

ÄLTESTE KARTE MIT DEM NAMEN AMERIKA

AUS DEM JAHRE 1507

UND DIE

CARTA MARINA

AUS DEM JAHRE 1516

DES

M. WALDSEEMÜLLER (ILACOMILUS).

HERAUSGEGEBEN

MIT UNTERSTÜTZUNG DER KAISERLICHEN AKADEMIE DER WISSENSCHAFTEN IN WIEN

VON

PROF. JOS. FISCHER S. J. UND PROF. FR. R. v. WIESER.

INNSBRUCK.

VERLAG DER WAGNER'SCHEN UNIVERSITÄTS-BUCHHANDLUNG.

1903.

ALLEINVERTRIEB FÜR ENGLAND, DIE BRITISCHEN COLONIEN UND AMERIKA
HENRY STEVENS, SON & STILES
39 GREAT RUSSELL STREET,
LONDON.

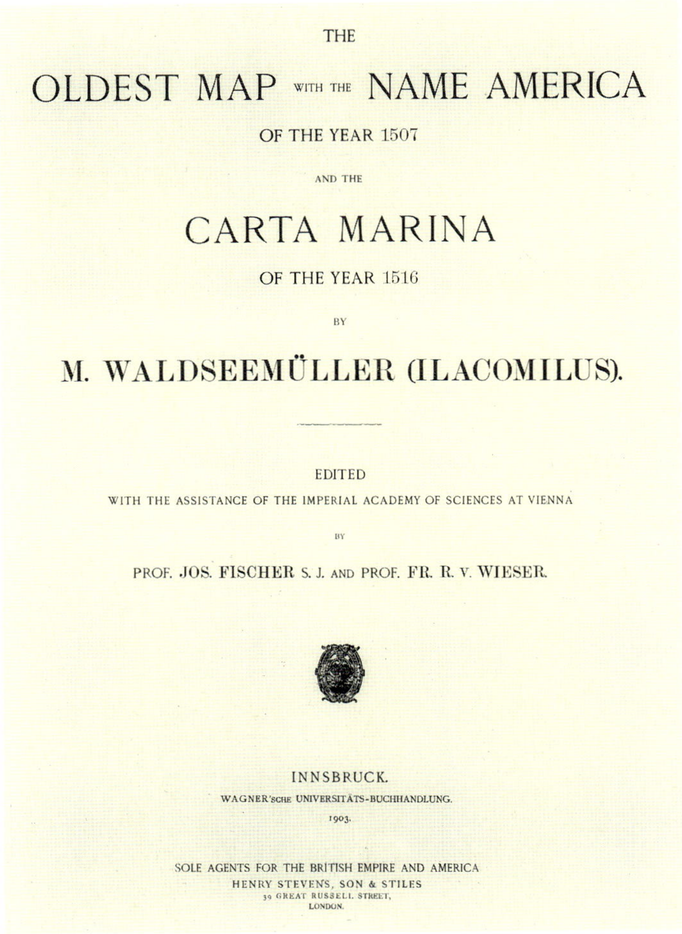
THE

OLDEST MAP WITH THE NAME AMERICA

OF THE YEAR 1507

AND THE

CARTA MARINA

OF THE YEAR 1516

BY

M. WALDSEEMÜLLER (ILACOMILUS).

EDITED

WITH THE ASSISTANCE OF THE IMPERIAL ACADEMY OF SCIENCES AT VIENNA

BY

PROF. JOS. FISCHER S. J. AND PROF. FR. R. v. WIESER.

INNSBRUCK.

WAGNER'SCHE UNIVERSITÄTS-BUCHHANDLUNG.

1903.

SOLE AGENTS FOR THE BRITISH EMPIRE AND AMERICA
HENRY STEVENS, SON & STILES
39 GREAT RUSSELL STREET,
LONDON.

Abb. 15 und 16 Die Titelblätter der deutschen und englischen Ausgabe des Faksimilebandes von 1903

selben ausgegeben), durch welche auch eine für diese Zeit ungewöhnlich starke Verbreitung der Weltkarte erzielt wurde.

Die Karte ist bereits in den nächsten Jahren massenhaft in verkleinerten Nachdrucken publiciert worden. Auf allen diesen Reproduktionen ist der Name Waldseemüller nicht genannt, was damit zu entschuldigen ist, daß die Weltkarte von 1507 selbst anonym erschien. Ganz inkorrekt aber war es, wenn die Kopisten sich auf diesen Nachbildungen als die Verfasser bezeichneten.«

Auch das Nachwirken M. Waldseemüllers konnte in vielen Punkten von Fischer und Wieser nach ihren intensiven Forschungsarbeiten geklärt werden.[14]

Bereits im Jahr 1510 zeichnete der Schweizer Humanist, Mathematiker und Geograph Heinrich Glarean (1488-1563), der später an der Freiburger Hochschule den Lehrstuhl für Poetik inne hatte, die Darstellung der Neuen Welt von der Hauptkarte Waldseemüllers (1507) in Form von Kartenskizzen ab und übernahm die Namenseintragung *America*. Eine Skizze besitzt die Universitätsbibliothek München (Abb. 17; kolorierte Federzeichnung, ca. 26,5 x 19,5 cm, eingebunden in: *Cosmographiae Introductio*... Saint-Dié 4. September 1507), die andere die Universitätsbibliothek Bonn. Die beiden Blätter waren von Freiherrn von Wieser bzw. A. Elter Ende des 19. Jahrhunderts entdeckt worden. Aufgrund der von Glarean gemachten Angaben dienten sie J. Fischer zur Identifizierung der Wandkarte Waldseemüllers von 1507 im Wolfegger Kartenband: Auf der Bonner Skizze nennt Glarean dankenswerterweise seine Vorlage. Man konnte sich also vor dem Auffinden der Waldseemüller-Karten lediglich eine vage Vorstellung von der Weltkarte 1507 nach den Skizzen Glareans machen.

Im nordamerikanischen Teil der westlichen Hemisphäre mit der Neuen Welt findet sich wieder die Bezeichnung *Parias*, im südamerikanischen Teil *Terra America*. Die Kärtchen dokumentieren also die Übernahme des Namens *America* an der Universität nach den Vorlagen Ringmanns und Waldseemüllers wenige Jahre nach deren Erscheinen.[15]

Auch eine handgezeichnete und kolorierte ovale Karte im handschriftlichen Kollegienbuch Sebastian Münsters

14 Die im folgenden gemachten Angaben werden teilweise im Beitrag U. Lindgren (S. 145 ff.) vertieft.
15 Oberhummer 1892, 67-74 – Elter 1896 – Fischer/Wieser 1903 – F. Wawrik, in: *Lexikon zur Geschichte der Kartographie* 1986, S. 268 (dort weitere Angaben).
16 Vgl. Näheres bei Wolkenhauer 1909.

Abb. 17 Heinrich Glarean: Die westliche Hemisphäre nach Martin Waldseemüller, 1510 (Kat. 52)

aus dessen Studienzeit in Tübingen (1515-1518) zeigt die westliche Hemisphäre nach Waldseemüllers Nebenkarte (ca. 23 x 15 cm). Hier findet sich gleichfalls der Name *America* neben der Bezeichnung *Terra Incognita* auf dem südamerikanischen Kontinentteil (Abb. 18).

S. Münster war nach seiner Studienzeit zunächst Hebräist und Altertumsforscher und entwickelte sich dann zu einem bedeutenden und einflußreichen Kosmographen. Die Handzeichnungen von ihm und Glarean weisen darauf hin, daß das Werk Waldseemüllers beim Studium der Kosmographie und Kartographie zu Beginn des 16. Jahrhunderts eine wichtige Rolle spielte.[16]

Geprägt von Waldseemüller sind auch die 1514/1518 entstandenen Globensegmente von L. D'Albi Boulen-

Abb. 18 Sebastian Münster: Die westliche Hemisphäre nach Martin Waldseemüller, 1515–1518 (Kat. 53)

Gier in der Public Library, New York (11 cm Durchm.; S. 147, Abb. 3), der möglicherweise von Peter Apian stammende ›Ingolstädter Globus‹ (1518?), der in mehreren Segmentsätzen erhalten ist, und der sogenannte ›Brixener Globus‹ (um 1523, ca. 37 cm Durchm.). Der etwas ältere ›Lenox-Globus‹, eine Kupferkugel, in New York (um 1510; S. 147, Abb. 3) und der ›Jagellonische Globus‹ (um 1510, 7,3 cm Durchm.) in der Universitätsbibliothek Krakau zeigen dagegen die Neue Welt teilweise in Anlehnung an die Karte des Juan de la Cosa von 1500 (Kat. 63).[17]

Johannes Stobnicza (Jan ze Stobnicy), Professor für Philosophie in Krakau, der später in den Orden der Franziskaner eintrat (um 1470 - um 1530), war von Waldseemüller so beeindruckt, daß er die beiden hochinteressanten Nebenkarten, die Hemisphären der Alten und Neuen Welt, allerdings ohne Quellenangabe bereits 1512 in eine Ptolemäus-Edition aufnahm, die in Krakau bei Florian Ungler erschien (zweite Ausgabe 1519; S. 146, Abb. 2). Stobnicza führte damit den Kartendruck in Polen ein.

Weiter ist ein als Holzschnitt vorliegendes Frühwerk Peter Apians, seine Weltkarte von 1520 *Tipus Orbis Universalis*… (Kat. 81), nach der zwiebelförmigen Projektion, der Geographie und den Erläuterungen eindeutig von unserem Meister (1507) übernommen, allerdings ohne die Quelle zu nennen. Im Gegenteil, Apian gab sich sogar selbst als Verfasser der Karte an, die als Beilage verschiedener Renaissancewerke erschien und auch aufgrund ihrer kräftigen und dekorativen Wirkung großen Erfolg hatte (vgl. auch S. 150).

»Von 1520 ab drangen die Nachbildungen der Weltkarte von 1507 in immer weitere Kreise. Schöner und Apian verfertigten nach ihr immer neue Karten und Globen, ihnen schlossen sich Joachim Vadian (Kat. 87) und Sebastian Münster, Gemma Frisius, Caspar Vopel u. a. an.«[18] Veränderungen nach zusätzlichen Quellen hatten teilweise Verbesserungen, teilweise aber auch Verschlechterungen zur Folge.

Die *Carta Marina* von 1516 bot zwar in Vielem ein realistischeres geographisches Bild eines Teils der Erde, doch konnte sie nicht mit der so spektakulären Karte, die 1507 erstmals ein grundsätzlich neues ganzes Weltbild in gedruckter Form verbreitet hatte, in Wettstreit treten. Bekannt ist jedoch auch von ihr der Einfluß auf Epigonen wie Schöner, Apian, Orontius Finaeus, S. Münster,

17 F. Wawrik in: *Lexikon zur Geschichte der Kartographie* 1986, S. 199; vgl. Näheres in: Muris/Saarmann 1961, S. 70 ff.

18 Fischer/Wieser 1903, S. 38

19 Literatur: H. Binder Johnson: *Carta marina. World geography in Straßburg 1525.* Minneapolis 1963. 159 S., 2 Kt. (mit ausführl. Beschr. u. Lit.) – Petrzilka 1970 – Seifert 1979, S. 21 ff. – Bruman 1989 – Meurer 1991, S. 146 f. – L. Fries: *Carta marina navigatoria Portuallen*… Faksimile-Ausg. einschließlich der ›Uslegung‹. Unterschneidheim 1972.

Abb. 19 und 20 Details des Dekors von Waldseemüllers *Carta Marina Navigatoria*, 1516 (Kat. 48), und L. Fries' *Carta Marina*, 1530 (Kat. 50)

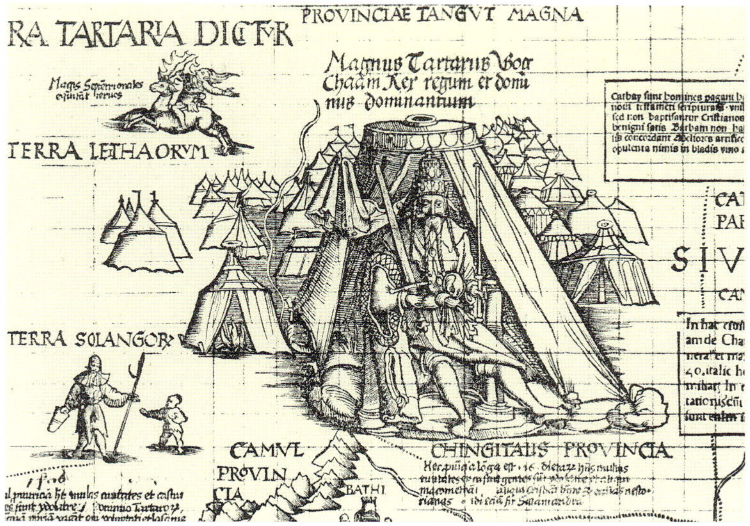

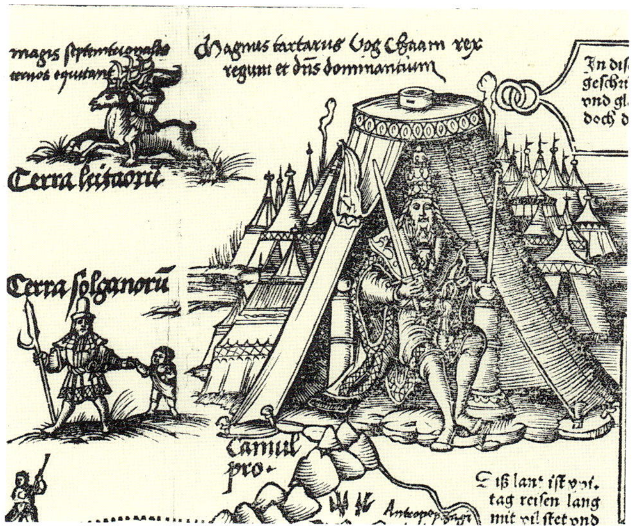

Lorenz Fries, Joachim Vadian, Gerhard Mercator, Abraham Ortelius und andere.

Speziell einzugehen ist hier zunächst auf den wissenschaftlich-publizistisch vielseitigen Humanisten Lorenz Fries (um 1485 - um 1530), von Beruf Stadtarzt in Colmar, Straßburg und Metz, der die Arbeit Waldseemüllers engagiert fortsetzte. Seine in unserem Fall wichtigen Werke sind vor allem die Weltkarte von 1525, die Ptolemäus-Ausgabe von 1522 und die ›Auslegung der Meerkarte‹ – *Uslegung der Mercarthen oder Cartha Marina* –, die 1525 bei J. Grieninger in Straßburg erschien; 1527 und 1530 folgten kürzere Ausgaben (Kat. 23).

In seiner *Carta Marina* übernahm Fries bereits 1525 die *Carta Marina Navigatoria* Waldseemüllers (1516) in verkleinerter und leicht vereinfachter Form, wie sich vor allem im Verlauf der Küstendetails zeigt. Nach der Erstausgabe der Karte erschienen, soweit bekannt, 1527, 1530 und 1531 Nachdrucke. Das Münchner Exemplar, 1530 ebenfalls bei J. Grieninger in Straßburg gedruckt, ist, anders als Waldseemüllers Karte, mit deutschen Erläuterungen versehen. Es stellt die erste Wandkarte mit deutschem Text dar und liegt gebunden in seinen zwölf Holzschnittdrucken vor (je ca. 53 x 39 cm Bildgröße).

Auch die Illustration der Karte geht inhaltlich weitgehend auf Waldseemüller zurück. Fries trug dazu bei, nicht nur dessen Weltbild zu verbreiten, sondern auch Einzelheiten des Kartendekors. Erwähnt seien das *renoceros* in Afrika oder das Opossum Südamerikas, die in der Folge immer wieder auf Karten erscheinen. Im Einzelnen ist das künstlerisch hochrangige Dekor jedoch gegenüber Waldseemüller noch weiter verfeinert, schwung- und phantasievoller, vor allem weisen die Textfelder und Wappenkartuschen Bereicherungen auf (vgl. Abb. 19 - 22).

Ein Jahr jünger als die Münchener *Carta Marina* von Fries ist jene des Allerheiligen-Museums zu Schaffhausen, ein als ganzes in sehr gutem Zustand erhaltenes und schön koloriertes monumentales Kartenwerk (188 x 103 cm; Abb. 23). Diese Ausgabe enthält wieder – im Gegensatz zum Münchener Exemplar – lateinische Erläuterungen. Auch ist die große, beim Münchener Exemplar leer gebliebene Kartusche nun mit Erläuterungen über die Quellen der *Carta Marina* Martin Waldseemüllers 1516 ausgefüllt, um wesentliche Unterschiede hervorzuheben.[19]

Die ›Schaffhausener Version‹ dürfte der Verbreitung der Weltkarte von 1516 und damit des Weltbildes von Waldseemüller auch außerhalb der deutschsprachigen Länder sehr dienlich gewesen sein.

Abb. 21 und 22 Details des Dekors von Waldseemüllers *Carta Marina Navigatoria*, 1516 (Kat. 48), und L. Fries *Carta Marina*, 1530 (Kat. 50)

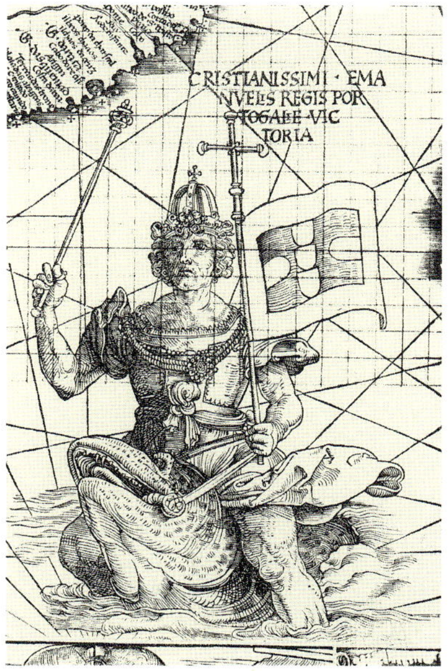

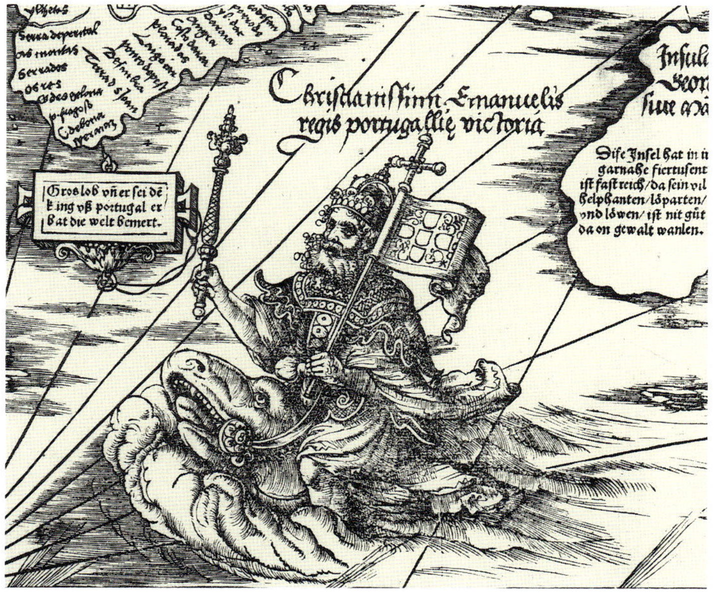

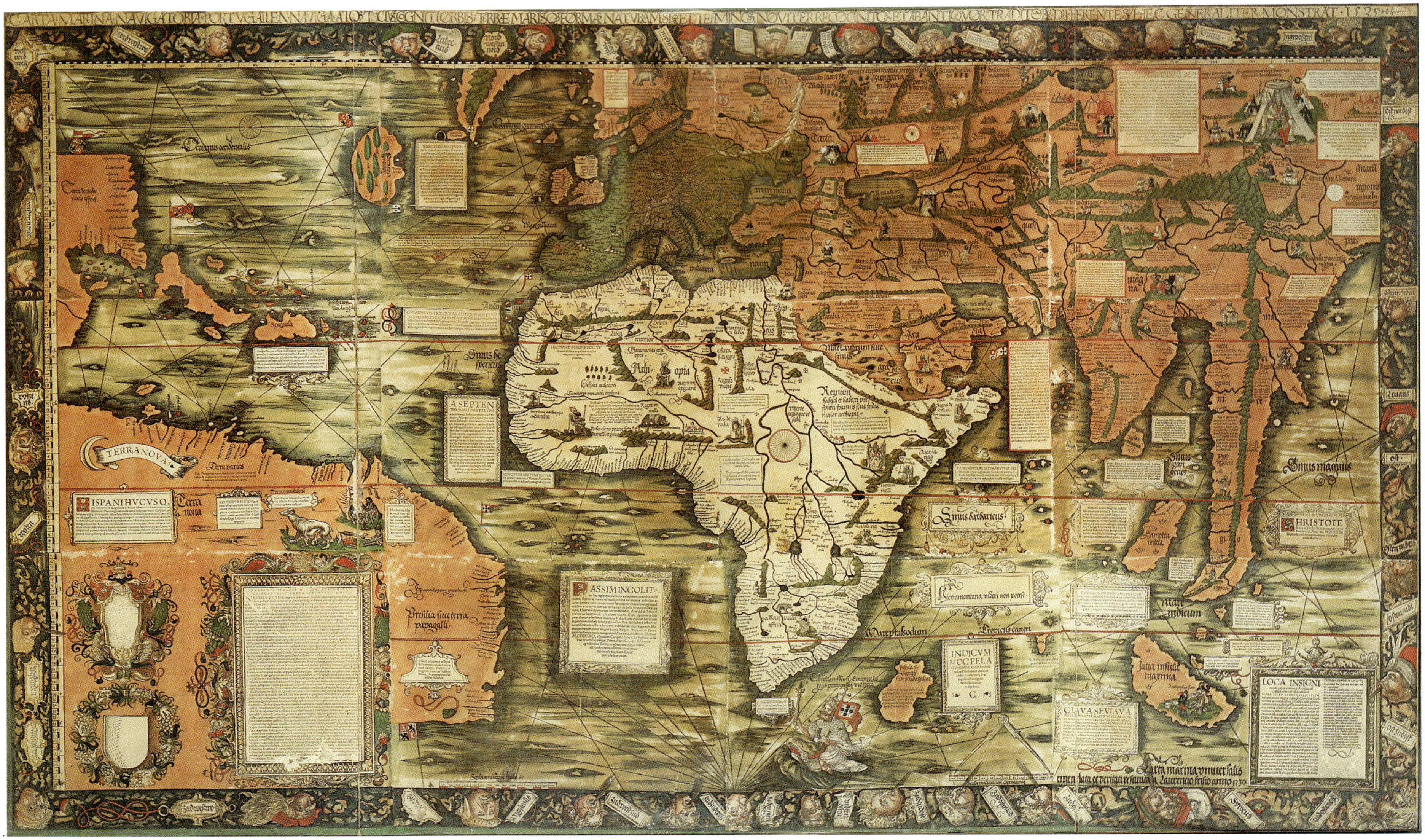

Abb. 23 Lorenz Fries: Die *Carta Marina* nach Martin Waldseemüller, 1531 (Kat. 51)

Zum späten Einfluß Waldseemüllers auf den großen Kartographen Gerhard Mercator lassen wir noch einmal J. Fischer und F. v. Wieser zu Wort kommen: »Besonders bedeutsam aber ist die Tatsache, daß kein Geringerer als G. Mercator in seinen verschiedenen Arbeiten die *Carta marina* Waldseemüllers benützt hat, wie sich – trotz der wesentlich differierenden Kontinentalgestaltung – aus verschiedenen Indicien mit Sicherheit konstatieren läßt: z. B. aus den topographischen Legenden in Indien, aus zahlreichen Übereinstimmungen in der zeichnerischen Ausstattung, vor allem aber aus der Darstellung der Hydrographie und Topographie Südafrikas. Durch diesen Nachweis wird es in hohem Grade wahrscheinlich, daß die *Carta marina* unseres Waldseemüller die Quelle gewesen ist, aus der Mercator die Anregung geschöpft hat, seine große Weltkarte *Nova et aucta orbis Terrae descriptio ad usum navigantium emendate accommodata* zu entwerfen und eine für diesen Zweck geeignete Projektionsart zu ersinnen.«[20] Seine bedeutende, epochale Weltkarte erschien im Jahr 1569 (Kat. 98).

Die Werke Martin Waldseemüllers werden heute mit Recht, als Monumente der Geographie- und Kartographiegeschichte im allgemeinen wie der Geschichte der deutschen Kartographie im besonderen verehrt. Grundsätzlich und unter bestimmten Themen gewürdigt haben sie nach Franz von Wieser 1901 und 1907 sowie Joseph Fischer und Franz von Wieser 1903 noch H. Mayer 1904, E. L. Stevenson 1904, August Wolkenhauer 1909, Ruthardt Oehme 1951 und 1961, Franz Laubenberger 1959 und 1965, Karl-Heinz Meine 1971 und 1972, um hier die wichtigsten Waldseemüller-Forscher unseres Jahrhunderts zu nennen.

20 Fischer/Wieser 1903, S. 40

Die Münchener Portolankarten einst und heute

Hans Wolff

Die Münchener Portolankarten, handgezeichnete Seekarten oder Seeatlanten, stammen aus dem 15. und 16. Jahrhundert.[1] Die Blätter umfassen zum einen Teil die Alte Welt mit den Küsten Europas und Nordafrikas in der Tradition des Spätmittelalters mit der vorrangigen Darstellung des Mittelmeerraumes. Einen besonders interessanten Schwerpunkt bilden jedoch einige Weltkarten aus den ersten beiden Jahrzehnten des 16. Jahrhunderts. Neben der Alten Welt oder einem Teil davon zeigen sie – soweit damals bekannt – die Neue Welt, womit sie wichtige kartographische Zeugnisse der ersten Jahrzehnte der Entdeckungszeit darstellen. Die mittleren Jahrzehnte und die zweite Hälfte des 16. Jahrhunderts sind durch drei Atlanten vertreten, die in Italien (Venedig) und in Indien (Goa) entstanden, sowie durch eine englische Karte mit dem Schwerpunkt Mittelamerika. Während die Dokumente an der Bayerischen Staatsbibliothek und der Universitätsbibliothek erhalten geblieben sind, fielen die vier Blätter der früheren Armeebibliothek leider den Kriegseinwirkungen zum Opfer und sind nur durch alte Abbildungen und Beschreibungen in der Fachliteratur überliefert.

Die Relevanz eines Teils der Münchener Portolankarten spiegelt sich in zahlreichen wissenschaftlichen Abhandlungen des internationalen Schrifttums wider. Die historisch hochinteressanten Werke verdienen im Zusammenhang mit der 500. Wiederkehr der Entdeckung Amerikas besondere Aufmerksamkeit. Ihre Bedeutung zeigt sich auch darin, daß von den zwölf portugiesischen Portolankarten aus der Zeit vor 1520, die A. Cortešao und A. Teixeira da Mota in ihrer monumentalen Quellenedition von 1960 vorführen, sechs Blätter dem Münchener Bestand angehören oder angehörten.

Wenden wir uns zunächst kurz der Forschungsgeschichte der Münchener Portolankarten zu. Johann Andreas Schmeller (1785-1852), der große Altmeister des bayerischen Bibliothekswesens, verfaßte 1843 eine erste geographische Beschreibung der Portolankarten der Königlichen Hof- und Staatsbibliothek. F. Kunstmann, K. v. Spruner und M. G. Thoma schufen darauf 1859 einen für ihre Zeit meisterhaft gestalteten Atlas zur Entdeckungsgeschichte Amerikas im Folioformat, der auch teilweise die wertvollen Portolankarten des früheren Hauptkonservatoriums der Armee bzw. der Armeebibliothek und zwei Portolankarten aus dem Atlas Battista Agneses der Universitätsbibliothek München in großformatigen Abbildungen und Beschreibungen behandelt. Die Dokumente wurden in zwei Abteilungen gemäß der Entdeckungsgeschichte gegliedert, wobei die Entdeckungsreise des Magellan den Schnitt bildete. Im begleitenden Text gelang es F. Kunstmann und seinen Mitarbeitern, Beziehungen zu einzelnen Entdeckungsfahrten herzustellen und Vergleiche mit einigen anderen frühen Karten durchzuführen. Eine Zuordnung zu bestimmten Kartenmachern war in dieser frühen Erschließungszeit bei den großenteils anonymen Blättern jedoch noch nicht möglich. Die intensive und nachhaltige Wirkung dieses grundlegenden Werks zeigt sich darin, daß sich für die erfaßten Karten bis heute häufig nicht die Bibliothekssignatur oder ein dokumentierter oder vermuteter Verfasser bzw. Kartenmacher, sondern entsprechend der Kartenabfolge in dem Atlas ›Kunstmann I‹, ›Kunstmann II‹ usw. als Kurzform bzw. Zitierform eingebürgert haben.

In seinem großen Opus *Die Entdeckung Amerikas in ihrer Bedeutung für die Geschichte des Weltbildes*, das 1892 zur 400-Jahr-Feier der Entdeckung der Neuen Welt erschien, ging Konrad Kretschmer auch auf die Münchener Portolankarten ein. Zu Ehren des bedeutenden Kartographen erschien Ende 1991 eine textlich überarbeitete Jahrhundert-Ausgabe. Das umfangreiche Buch von H. Harrisse (*The discovery of North America*, ebenfalls 1892, Reprint 1961) enthält kurze Beschreibungen und Einordnungen der Münchener Blätter mit Amerika-Darstellungen.

Sophus Ruge charakterisierte im gleichen Jahr die Münchener Portolankarten in seiner *Entwicklung der Kartographie von Amerika bis 1570* nach dem damaligen Kenntnisstand, soweit sie Teile Amerikas mit erfassen. Insgesamt sind sie auch bei Walther Ruge in einer fünfteiligen Dokumentation der nach der Jahrhundertwende durchgeführten Erhebungen in deutschen Bibliotheken bibliographisch-kartographisch erfaßt.[2]

Eine sehr beachtenswerte große Reproduktion der Portolankarte von Battista Beccario 1426 verdanken wir

1 Portolankarten (Rumbenkarten, Windstrahlenkarten) sind Seekarten des späten Mittelalters und der frühen Neuzeit, die ihr charakteristisches Aussehen durch die Netzlinien (Rumbenlinien) der Windrosen (Kompaßrosen) erhalten. Die meist auf Pergament gezeichneten Portolankarten sind genordet, weisen häufig graphische Maßstäbe, aber kein Kartennetz auf. Näheres in: *Lexikon zur Geschichte der Kartographie* 1986, S. 617 ff.

2 Ruge 1911, 1916.

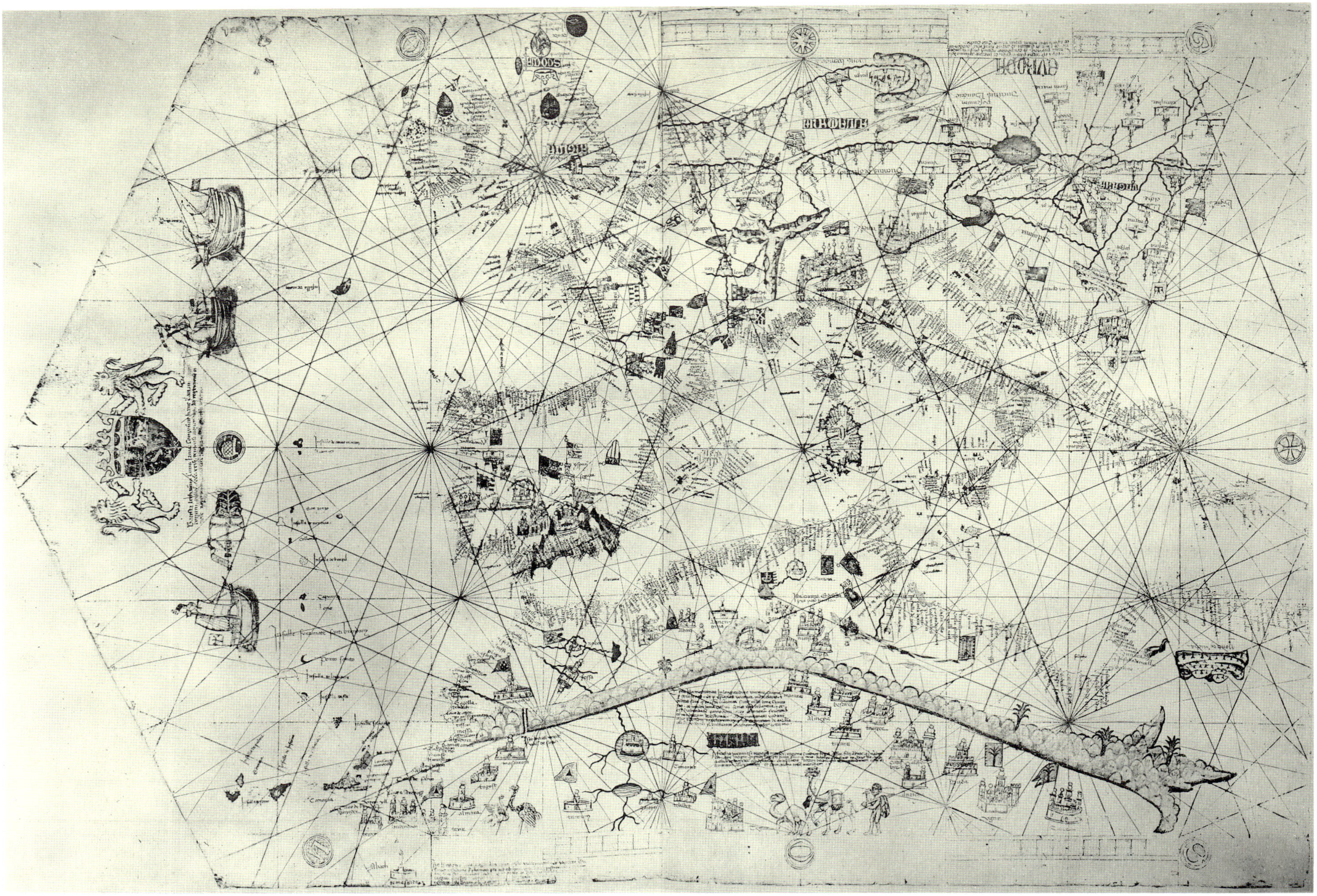

Y. Kamal in seinen *Monumenta cartographica Africae et Aegypti*.[3] Dabei sind die geographischen Namen in synoptischen Tabellen nebeneinandergestellt.

Als wichtigste in Deutschland befindliche portugiesische Karten der Entdeckungszeit hob Heinrich Winter 1940 die Münchener Portolankarten neben je zwei Werken in Wolfenbüttel und Dresden hervor. H. Winter hatte sich frühzeitig mit der Geschichte der Navigation vor allem im Entdeckungszeitalter auseinandergesetzt. Über seine Kompaßforschung war er zu den Portolanen gekommen, deren Auftreten und Niedergang er in einer Reihe von wissenschaftlichen Beiträgen verfolgte. Besonders ist hervorzuheben, daß er auch Grundlagen für die Zuweisung anonymer Karten schuf.[4] Hilfsmittel hierzu bieten z.B. das geographische Namengut, die individuellen Schriftformen, die dekorative Ausformung der Kompaßrosen und der Kartenstil. In seinen zahlreichen Veröffentlichungen kam Winter mehrfach auf die Münchener Portolane zurück.

A. Cortesão und A. Teixeira da Mota bildeten, wie erwähnt, die hier angesprochenen portugiesischen Dokumente – soweit verloren, nach Photos und Reproduktio-

Abb. 1 Battista Beccario: Alte Welt, 1426 (Erhaltungszustand vor dem Zweiten Weltkrieg; Kat. 54)

3 5 Bde. Kairo 1928-1951. Bd. 4, 4: *Epoque des Portulans, suivie par l'époque des découvertes.* 1939, S. 1453 f. Ein Vergleich der Abbildung bei Kamal mit dem heutigen Erhaltungszustand zeigt, daß die 1966 vom Bayerischen Nationalmuseum übernommene Karte in den Kriegsjahren gelitten hat.

Abb. 2 Anonymus: Alte Welt, um 1505 (Kat. 55)

nen aus der Vorkriegszeit – großformatig ab und ordneten sie in einer kritischen Sichtung der Forschungsgeschichte und aufgrund jahrzehntelanger umfassender vergleichender Studien 1960 teilweise neu ein. Eine Reihe hier nicht angeführter Abhandlungen zu Münchener Portolankarten unter verschiedenen Aspekten werden bei der Besprechung der einzelnen Werke bzw. in den Literaturangaben erwähnt.

Portolankarten der Alten Welt

Auf die traditionellen Portolankarten sei hier aus Platzgründen nur kurz eingegangen. Gleichwohl sind sie wichtige Dokumente für frühe Seefahrten im Atlantik – zunächst vor allem von Italienern und unter ihnen wieder besonders Genuesen, daneben aber auch von Katalanen und Mallorquinern – und die Kenntnis von atlantischen Inselgruppen. Eine systematische Erkundung erfolgte schließlich im 15. Jahrhundert durch portugiesische Seefahrer und Handelsherren, womit die Entdeckungszeit eingeläutet wurde.

Der älteste Münchener Portolan (kolorierte Handzeichnung auf Pergament, Genua 1426, 86 x 66 cm, mit Zunge 102 x 66 cm) stammt von Battista Beccario, einem angesehenen Genueser Kartographen der ersten Hälfte des 15. Jahrhunderts (Abb. 1).[5] Die atlantischen Inselgruppen Azoren, Madeira und die Kanarischen Inseln sind in der für das 14. und frühe 15. Jahrhundert charakteristischen schematischen Form aufgeführt. Zu erwarten wären auch die geheimnisumwitterten großen Inseln oder ›Länder‹ im Atlantik, *Antil(l)ia* und *Saluaga* (*Satanaxes*), die wohl

4 Nach W. Bonacker: ›Heinrich Winter 85 Jahre.‹ In: *Kartographische Nachrichten*, 1963, 13, H. 2, S. 57.

5 Das frühe Auftreten der atlantischen Inselgruppen auf italienischen Karten hängt damit zusammen, daß italienische Handelsbeziehungen sich schon im 13. Jh. an der Westküste Afrikas bis zum Kap Nun ausdehnten. Vgl. hierzu Th. Fischer: *Sammlung mittelalterlicher Welt- und Seekarten italienischen Ursprungs und aus italienischen Bibliotheken und Archiven*. Venedig 1886. V, 254 S. (Beiträge zur Geschichte der Erdkunde und der Kartographie in Italien im Mittelalter, 1) und K. Kretschmer: *Die italienischen Portolane d. Mittelalters*. Berlin 1909. 688 S. (Veröffentlichungen des Institutes für Meereskunde, 13); zu Beccario S. 129, Nr. 31; siehe auch Ruge 1911, S. 42, Nr. 4, sowie Anm. 3

erstmals auf der italienischen Karte von Z. Pizzigano (Venedig 1424) auftauchen und mit Teilen der Neuen Welt in Beziehung gebracht werden.[6]

Auf den jüngeren Portolankarten des 16. Jahrhunderts sind dagegen die genannten Inselgruppen nach den portugiesischen Erkundungen naturnah gruppiert, in realistischen Abständen vom Festland eingetragen und mit modernen Namen gekennzeichnet. Bei der Karte aus der Zeit um 1505 (kolorierte Handzeichnung auf Pergament, ca. 90x62 cm, mit Zunge 106x62 cm) fällt das Dekor mit zahlreichen Herrscherdarstellungen auf (Abb. 2).[7]

Lediglich ein einziges Blatt ist datiert; die reich dekorierte Karte stammt von dem Genueser Kartenmacher Jacobus de Maggiolo (Maiollo) 1551.[8] Von den unsignierten Karten erregte ein Blatt, das mit Pedro Reinel in Verbindung gebracht wurde, die besondere Aufmerksamkeit der Kartographiehistoriker, die glaubten, hier wäre um 1500 oder kurz danach zum ersten Mal auf einer Portolankarte eine Breitenskala wiedergegeben. Bemerkenswert schien auch, daß der Kartenschöpfer die Länge eines Äquatorialgrades auf die Längenausdehnung des Mittelmeerraumes übertrug.[9] Gegen diese Annahme spricht jedoch die Darstellung spanischer Flaggen in Nordafrika, wonach als Datierung frühestens das Jahr 1510 in Betracht käme.[10]

Die Universitätsbibliothek München besitzt schließlich einen anonymen Portolanatlas der Alten Welt, der aufgrund der Breitenskalen, des Nameninventars, der spanischen Flaggen in Nordafrika sowie der Gestaltung um 1510 entstanden sein dürfte.[11]

Weltkarten von Pedro und Jorge Reinel

Die Einführung astronomisch bestimmter Positionen auf Portolankarten der Alten Welt gegen Ende des 15. Jahrhunderts führte zu einer wesentlich verbesserten Kenntnis der Lage westafrikanischer Küstendetails. Im Gegensatz dazu blieben Orte des Mittelmeeres noch bis in das 17. Jahrhundert um einige Breitengrade zu hoch angesetzt, was seinen Grund in der magnetischen Deklination des Mittelmeerraumes und ihrer kartographischen Auswirkung auf die Portolankarten hatte.[12] In einer Region jedoch, wo die magnetische Deklination wegen ihrer starken Ausprägung besonders ins Auge fiel, ließen sich Hinweise geben, die der navigierende Seemann berücksichtigen konnte bzw. mußte. Ein berühmtes Beispiel hierzu ist der schräge Meridian in der Region von Neufundland, der zum ersten Mal auf der ›Atlantik-Karte‹ des Portugiesen P. Reinel um 1504 bekannt wurde (Abb. 3).

Dies zeigt, daß mit der Entdeckung und Erkundung der Neuen Welt für die Seekartographie neue und große Probleme entstanden: so etwa auch die Bestimmung der geographischen Länge auf See, die Loxodromie und die Frage der Projektion überhaupt. In der abgeschlossenen, relativ bekannten ›kleinen‹ Welt des Mittelmeerraumes hatten diese Fragen, soweit überhaupt erkannt, keine große Rolle gespielt.[13]

Pedro Reinel war einer der ersten, der solche Probleme mit Erfolg anging. Es gelang ihm z. B. »durch eine ausreichende, annähernde Berechnung das Problem der Lokalisierung von Orten und Regionen sowohl nach der geographischen Breite als auch nach der Länge zu lösen, und zwar für die nordischen wie für die tropischen Gebiete.«[14] Der Kartograph war, soweit bekannt, 1483-1535 tätig und diente – zeitweise als ›Mestre de cartas e agulhas de marear‹ – drei portugiesischen Königen. Die Kartographie fand im Zusammenhang mit der Seefahrt und neuen geographischen Kenntnissen von offizieller Seite starke Unterstützung. Sowohl in Portugal als auch in Kastilien wurden Kartographen auch aus dem Ausland angeworben; Martin Behaim war auf Einladung von João ii. nach Lissabon gekommen. Hier wie in Sevilla entstanden Institutionen, die geographische Nachrichten sammelten und Seekarten erstellten bzw. aktualisierten, aber auch Kapitäne und Piloten in der Kartennutzung ausbildeten. Als Leiter dieser Ämter fanden angesehene Kartographen Anstellung, so Pedro Reinel in Lissabon unter König João iii. Der erste ›Piloto mayor‹ des hydrographischen Büros in Lissabon war Amerigo Vespucci gewesen, so bekannte Kartographen und Seefahrer wie Juan Diaz de Solis, Sebastian(o) Cabot(o) und Diogo Ribeiro folgten nach.

Pedro Reinel und sein Sohn Jorge (um 1518-1572) gehörten zu den bedeutendsten Kartographen ihrer Zeit. Sie verhalfen neben Diogo Ribeiro, G. L. Viegas, D. J. de Castro, Lopo und Diogo Homem den portugiesischen Seekarten des 16. Jahrhunderts zu ihrem führenden Rang im internationalen Vergleich (vgl. Kat. 69, 75).

Pedro Reinel, ›Atlantik-Karte‹, um 1504

Mit diesem Dokument (90x62 cm) besitzen wir die früheste bekannte portugiesische Portolankarte, die (in halbgotischen Lettern) signiert ist: »Pedro Reinel a fez.« Sie zeigt den westlichen und mittleren Teil des Mediterraneums, die Küsten Westeuropas und die Britischen Inseln, Nordwest-Afrika sowie – besonders interessant – einen Teil des südöstlichen Nordamerika nach den Entdeckungsreisen der Brüder Miguel und Kaspar Corte-Real (1500-1502),

6 Vgl. Cumming u. a. 1972, S. 41, und Nebenzahl 1990, S. 9-10. Zur Deutung von *Antil(l)ia* und *Saluaga (Satanaxes)* vgl. J. E. Kelley: ›Non-Mediterranean influences that shaped the Atlantic in the early Portolan charts.‹ In: *Imago Mundi*, 1979, 31, S. 18-35.

7 Cod. icon. 131. Literatur: S. Ruge: ›Topographische Studien zu den portugiesischen Entdeckungen an den Küsten Afrikas.‹ In: *Abhandlungen d. Sächs. Gesellschaft d. Wissenschaften Phil.-hist. Cl. XX, VI*, 1903, S. 56, Nr. 40; Ruge 1911, S. 45, Nr. 8. Blatt 80-83 in Cod. icon 140. Blatt 83 stellt eine Kompilation einzelner Teile des Mittelmeerraumes in unterschiedlicher Orientierung auf einem Blatt – sozusagen einen ›Einblattatlas‹ – dar.

8 Cod. icon 140: Blatt 80. Die Karte ist mit einigen großen Stadtvignetten, Fürstendarstellungen, Zelten in Nordafrika und vielen Wappen ebenfalls dekorativ gestaltet. Vgl. Ruge 1911, S. 50, Nr. 14.

9 Cod. icon 140: Blatt 82. Vgl. Winter 1940, S. 517, und 1947; Cortesão/Teixeira da Mota 1960, Bd. 1, S. 23.

10 Vgl. T. Campbell: ›Portolan charts from the late thirteenth century to 1500.‹ In: J. B. Harley und D. Woodward (Hrsg.): *The history of cartography*, 1987, 1, S. 386, sowie A. P. Marques: ›The dating of the oldest Portuguese charts.‹ In: *Imago Mundi*, 1989, 41, S. 96, Anm. 2.
Zwei weitere Karten der Alten Welt befanden sich in der früheren Armeebibliothek (Kriegsverluste): von Salvat de Pilestrina 1511 (vgl. Ruge 1903 [wie Anm. 7], S. 57, Nr. 41; Ruge 1911, S. 46, Nr. 9; Winter 1947) sowie eine Pedro Reinel zugeschriebene portugiesische Karte des Raumes Südafrika – Indien – Südostasien um 1517 (vgl. Cortesão/Teixeira da Mota 1960, Bd. 1, Taf. 10). Letztere gilt als die älteste Seekarte mit relativ genauer Darstellung der Hinterindischen Inselwelt und speziell der Molukken.

11 Cim 20, mit 4 Karten. Vgl. Ruge 1903 (wie Anm. 7), S. 52, Nr. 37, S. 57; Ruge 1911, S. 46, Nr. 10.

12 Randles 1988, S. 116.

13 LaRoncière/Mollat 1984, S. 210.

14 Ebenda, S. 28.

Abb. 3
Pedro Reinel:
›Atlantik-Karte‹,
um 1504 (Kat. 56)

Literatur:
Kunstmann 1859, Taf. 1 – Kohl 1869, S. 177 ff. – Winter 1936 – H. Winter: ›The pseudo-Labrador and the oblique Meridian.‹ In: *Imago Mundi*, 1937, 2, S. 61-73 – Winter 1939 und 1940 – Cortesão/Teixeira da Mota 1960, S. 25-27, Taf. 8 (dort weitere Angaben) – I. Kupčik, in: Kretschmer 1991, S. 31, Taf. XI (2)

der die Ostküste von Neufundland und dem heutigen Labrador bis zur Hudsonstraße in zusammenhängender Zeichnung umfaßt.

Unter der Bezeichnung *partes de africa* finden wir einen ziemlich verblaßten Hinweis auf einen vermutlichen früheren Besitzer des Portolans, Anne de Sanzay Compte de Magnagne, einen Patensohn des Herzogs Anne de Montmorency. Offenbar kam die Karte dann in den Besitz des Augsburger Humanisten Konrad Peutinger (1465-1547), somit nach Süddeutschland und schließlich in den Besitz der kgl. Hof- und Staatsbibliothek. Seit der ersten Beschreibung durch J. A. Schmeller wurde sie im Zusammenhang mit der frühen kartographischen Darstellung ihres bereits umrissenen nordamerikanischen Teils zum begehrten Studienobjekt der Amerikanisten. Die erste farbige Abbildung davon stammt von F. Kunstmann und Mitarbeitern 1859, weshalb die Portolankarte seither in der Fachliteratur als ›Kunstmann I‹ bekannt ist.

In den neuen Regionen sind neben Vermerken in portugiesischer Sprache auffallend zahlreiche geographische Namen festgehalten. Besonders ist jedoch auf Pedro Reinels ›schrägen Meridian‹ bzw. die ›schiefe Breitenskala‹ vor der nordamerikanischen Küste mit einer Neigung von 22,5° einzugehen, ein bis dahin völliges Novum in der Kartographiegeschichte. Der Kunstgriff hängt eng mit dem frühen Kartenbild Nordamerikas zusammen, besonders mit der merkwürdigen und falschen von West nach Ost verlaufenden Küste des südöstlichen und östlichen Nordamerikas. Die schiefe Breitenskala bringt zum Ausdruck, »daß das betreffende Gebiet – es ist immer Neufundland und Labrador! – soweit nach links zu drehen ist, bis diese Linie vertikal steht. Dann wird auch die Generalrichtung der Küste, die auf den Karten vertikal verläuft, richtig NNW.

Früher hatte man zu diesem Zweck zwei Breitenskalen gegeneinander verschoben, z. B. Claudius Clavus 1427. Auch der doppelte Äquator auf der ›King-Karte‹ und die Verdoppelung von Äquator und Wendekreis bei dem Spanier Gutiérrez dienten demselben Zweck...

Pedro Reinel führt also mit dem schiefen Meridian ein neues Ausdrucksmittel in die Kartographie ein. Seine Karte ist nicht nur darum wichtig, daß sie die erste signierte portugiesische Karte ist, sondern auch, weil sie uns den Sinn des schiefen Meridians enthüllt, der teilweise von seinen Nachfolgern mißverstanden worden ist.«[15]

Der Hilfsmaßstab der geographischen Breite mit einer Länge von höchstens 15°, der parallel oder schräg zum Hauptmaßstab verläuft, ist von 1504/05 an bis zum Ende des 17. Jahrhunderts auf etwa 30 Karten zu beobachten. Anlaß für diesen Kunstgriff waren die besonders ausgeprägte magnetische Abweichung (Mißweisung) der magnetischen Nadel von der Nordrichtung und die darauf zurückgehenden Fehler in der Gissung[16] der geographischen Breite. Die Erscheinung (Deklination) wurde wohl um die Mitte des 15. Jahrhunderts entdeckt und auch von Columbus beachtet. Aufgrund der nach Westen zunehmenden magnetischen Abweichung steuerten Seeleute, die nach Gissung segelten, je weiter sie sich von Europa entfernten, einen immer stärker nach Westen geneigten Kurs und erreichten die amerikanische Küste an Orten geringerer Breite, als sie glaubten.[17]

Auf eine weitere kartographische Innovation, den ganz neuen Typ der Kompaßrose wurde bereits eingegangen. Ihr Hauptmerkmal ist die Lilie mit einem rautenförmigen zentralen Blumenblatt sowie zusätzlichem Ornament und seitlichen Ranken.[18] Als Entstehungszeit der Karte halten Cortešao und Mitarbeiter »um 1504« am wahrscheinlichsten.[19]

Anonymus – Jorge Reinel: Weltkarte, um 1519

Eine relativ genaue Darstellung der südamerikanischen Küsten von Darien bis zum Kap Sta. Maria an der La-Plata-Mündung gibt die Karte ... als Ausdruck der zweiten Reise de Solis' wieder. Zur Datierung läßt sich auch das Bild Yukatans verwenden, das im Jahr 1517 von Fernandes de Cordova an der Nord- und Westseite erkundet war. Auch ein Teil der Südseeküste ist dargestellt, soweit sie von Balboa (1516-1517) flüchtig erforscht war. Weiter nördlich folgt ein Stück der Küste von Florida unter dem Namen *Tera Bimini*, und durch einen weiten Zwischenraum von jenem getrennt die Bretonen-Küste, das Land *Bacalnaos* und *Lavrador*. K. Kretschmer (1892) kennzeichnete dieses Bild Amerikas auf einer verlorenen Planisphäre (128 x 63 cm) der früheren Armeebibliothek, die bildlich durch die Atlanten von F. Kunstmann und Mitarbeitern 1859 (›Kunstmann IV‹) und Cortesão/Teixeira da Mota 1960 überliefert ist.[20]

Der südliche Teil Südamerikas mit der Magellanstraße ist noch nicht erfaßt, ebenfalls ein Hinweis zur zeitlichen Einstufung. Im Osten zeigt die Karte noch Südostasien mit der hinterindischen Inselwelt einschließlich der Molukken, wobei keine Anklänge an Ptolemäus mehr vorhanden sind. Der Kartenschöpfer teilte auch dem Pazifischen Ozean seinen Raum zu, womit eine für die damalige Zeit relativ vollständige Weltkarte vorlag. Sie stellte jedoch nicht nur wegen des geographischen Weltbildes ein hochinteressantes Dokument der portugiesischen Kartographie dar.

Sie gehörte auch zu den wenigen frühen Weltkarten mit Längeneinteilung im Verlauf des Äquators und verwendete die Demarkationslinie als Nullmeridian. Längen- und Breitengrade sind jeweils von 1 : 1 markiert, aber nicht gezählt. Ein Meilenmaßstab fehlt. Winter[21] hob hervor, daß etliche wichtige Positionen des Erdumfanges schon auf den frühen Karten richtig verteilt sind, was mit erfolgreichen Längenbestimmungen zusammenhängen müßte. Für die Seefahrt mögen diese Merkmale eine gewisse Hilfe geboten haben, auch wenn im allgemeinen noch keine sicheren Methoden der Längenmessung zur Verfügung standen.

Bei dem repräsentativen, fein gearbeiteten Dekor sind, nach dem Faksimile von Kunstmann und Mitarbeitern zu urteilen, die Flächenkolorierung der Territorien, die Verwendung von Gold, vor allem bei den Kompaßrosen und Inseln, die vielen Flaggen und bildlichen Darstellungen wie z. B. die elegant gezeichneten Segelschiffe hervorzuheben. Zahlreiche Legenden finden sich im Bereich Afrika und Amerika.

15 Winter 1940, S. 520.
16 Gissung: die Berechnung des zurückgelegten Weges.
17 D. Gernez, nach LaRoncière/Mollat 1984, S. 228.
18 Winter 1947.
19 Kunstmann 1859, Hamy 1891, Ruge 1903 (wie Anm. 7), S. 51, Nr. 36, und Cortesão 1935 hatten eine etwas frühere Entstehungszeit – um 1502 – angegeben.
20 Klemp, in: Kretschmer 1991, S. 35, ordnet die Karte irrtümlich der Bayer. Staatsbibliothek zu. Deren Portolankarten sind jedoch im Gegensatz zu jenen der Armeebibliothek erhalten geblieben.
21 Winter 1940, S. 521 f.
22 Destombes 1955, S. 69.
23 Ebenda.

Literatur:
Kunstmann 1859, S. 129 ff.; Atlas, Bl. IV (Ausschnitt) – Kohl 1869, S. 179 ff. – Kretschmer 1892, S. 392, Nr. 22, Taf. XII – Ruge 1892, S. 44 f. – Ruge 1911, S. 49-50, Nr. 13 – Cortesão 1935, Bd. 1, S. 272 ff. – Kammerer 1952, S. 114 f. – Cortesão/Teixeira da Mota 1960, Bd. I, S. 37 ff., Taf. 12 (dort weitere Angaben) – Randles 1988 – E. Klemp, in: Kretschmer 1991, S. 35, Taf. XII,2

Abb. 4 Anonymus – JORGE REINEL: Die Neue Welt auf der Weltkarte, um 1519

Wie eine von SALVAT DE PILESTRINA signierte Karte und zwei weitere Blätter ist auch die vorliegende Portolankarte im alten Katalog (1832) der früheren Armeebibliothek angeführt; sie wurde zunächst gleichfalls dem auf Mallorca tätigen italienischen Kartographen zugeordnet. Im Lauf der Forschung ergaben sich jedoch zahlreiche Hinweise auf die Zugehörigkeit zur REINEL-Schule. In Frage kommt JORGE REINEL, der in dieser Zeit zusammen mit seinem Vater nicht in Portugal, sondern in Sevilla arbeitete, um dort Globen und Karten für die spanische Expedition unter RUY FALEIROS und F. MAGELLANS Leitung vorzubereiten.[22] Die Beachtung, die die Werke der REINELS genossen, zeigt sich auch in dem Besuch des portugiesischen Botschafters in Sevilla und seiner an den König von Portugal gerichteten rühmenden Nachricht über die Leistungen REINELS, die auch die von den Portugiesen 1515 erkundeten Molukken erfaßten. Diese sollten 1522-1529 zu einem besonders strittigen Objekt zwischen Spanien und Portugal werden. Auf der Karte um 1519 wurden die Molukken der spanischen Erdhälfte zugeschlagen. Über die Entdeckung der Inselgruppe und ihre kartographische Erfassung durch Vater und Sohn REINEL findet sich näheres bei E.-T. Hamy (1891).

Abschließend sei darauf hingewiesen, daß die Münchener Karten unter anderem auch zur Einordnung der sog. ›Karte des MAGELLAN‹ dienten, die die südliche Halbkugel mit den originalen Aufzeichnungen der Entdeckungsfahrt MAGELLANS zeigt und in der Topkapu-Seray-Bibliothek Istanbul aufbewahrt wird. Vergleichbar sind hier z.B. der Stil der Karte, ihre Beschriftungen (geographischen Namen) und die zeichnerische Darstellung. Danach ordnete Destombes 1955 die Istanbuler Karte in die Gruppe der von REINEL geschaffenen Karten ein.[23] Zum Vergleich dienten von den Münchener Karten Cod. icon 140-82, Cod. icon 132 (Abb. 3) und die beiden Karten der Armeebibliothek ›Kunstmann III‹ und ›-IV‹ (Abb. 4,6). Im einzelnen erscheint z.B. die Gestalt von Madagaskar auf der Istanbuler Karte als reine Kopie von ›Kunstmann IV‹, ebenso die kleine Richtungsrose mit den acht Strahlen am Südpol. ›Kunstmann IV‹ ist auch die einzige portugiesische Weltkarte, die wie die Karte in Istanbul die Welt durch eine Breitenskala auf der Demarkationslinie teilt und die 360 Grade am Äquator zeigt. Die Beziehungen der beiden Karten lassen vermuten, daß das Blatt in Istanbul wahrscheinlich ein originales Dokument für die Vorbereitung der Expedition MAGELLANS war.

Weitere Portolankarten des 16. Jahrhunderts

Anonymus: Weltkarte, zwischen 1502 und 1506

Die als ›Kunstmann II‹ bekannte Planisphäre (111 x 99 cm) gehört zu den wenigen erhaltenen Dokumenten der ersten fünf Jahre des 16. Jahrhunderts, die bereits die Entdeckungen nach den Reisen von MIGUEL CORTE-REAL und AMERIGO VESPUCCI 1501/02 registrieren: Die *Terra de Lavorador* (Grönland) und die *Terra de Corte Real* (Labrador, Neufundland) mit ihrer östlichen Küste in Nordamerika, südwestlich davon die mittelamerikanischen Inseln mit den Namen *Terra di cuba* und *insola spanola*, von Südamerika die Nordküste von *de lisleo* bis *Rio de le aues* (Orinoko), anschließend ein nicht näher bezeichneter Küstenstreifen und, nach einer großen Lücke, der nördliche Teil der Ostküste. Der südliche Küstenstrich wird als *Terra Sancte Crucis* bezeichnet; ein Schriftband und eine bildliche Darstellung geben über diesen Namen, die Erzeugnisse des Landes, seine Papageien und Falken sowie den hier angeblich verbreiteten Kannibalismus Auskunft. Ein weiteres Schriftband enthält den Namen der mittelamerikanischen Inseln *le Antilie*, Hinweise auf die Entdeckung durch COLUMBUS, die fremdartige Tierwelt und das verbreitete Vorkommen von Gold. Von der Alten Welt sind Europa und Afrika erfaßt, von Asien die Südküsten bis einschließlich Vorderindien sowie die Küsten am Kaspischen, Schwarzen und Mittelländischen Meer.

Zu den bildlichen Darstellungen gehören weiter, besonders in Afrika, Herrschergestalten, darunter der legendäre und besonders in der portugiesischen Seefahrt unter HEINRICH ›dem Seefahrer‹ eine Rolle spielende ›Priesterkönig‹ JOHANNES, südlich davon ein Bildsymbol des Paradieses (*Paradisus Terrestris*), eine große und eine kleinere Ansicht von Jerusalem und Mekka, vereinzelt Repräsentanten der Tierwelt sowie zwischen Amerika und Afrika einige Segelschiffe. Die Kompaßrosen sind durch acht bzw. 16 Richtungszacken gekennzeichnet; links oben findet sich eine Maßstabsleiste. Die dekorative Gestaltung vollendet schließlich ein Rahmenband. Die vorherrschende Farbe Grün, reichlich Gold (nur noch teilweise erhalten), vereinzelt Blau und Rot (besonders für die wichtigeren geographischen Namen) unterstreichen das repräsentative feine Gepräge dieser Portolankarte, die nach allem für einen hochrangigen Auftraggeber bestimmt war.

Die Beschriftungen zeigen einige Italianismen, weshalb man an eine italienische Erarbeitung nach portugiesischer Vorlage dachte. Dies läßt sich jedoch bei portugiesischen Karten nicht selten feststellen, weshalb H. Winter sie 1940 diesen zuordnete. J. Rey Pastor und E. Garcia Camarero glaubten dagegen 1960 wieder, daß die Karte der mallorquinischen Schule (SALVAT DE PILESTRINA) angehöre.[24]

Kunstmann und Mitarbeiter kennzeichneten 1859 die Planisphäre als »ein getreues Bild der Zeit, in welcher… man sich den Norden Amerikas aus einer Menge grosser und kleiner Inseln bestehend dachte«, nachdem bereits Schmeller 1843 festgestellt hatte, daß das »grosse von den Portugiesen im Jahre 1506 entdeckte und anfangs *Insula Sanctae Laurentii* genannte Eyland Madagascar ihr noch unbekannt sei«.

Diese frühe anonyme Weltkarte läßt sich mit einer Reihe berühmter Karten vergleichen: der von LA COSA (1500, Kat. 63), der anonymen CANTINO-Karte (1502, Kat. 64), der anonymen ›KING-HAMY-Karte‹ (um 1502), einer anonymen italienischen Karte von 1502/03, der Karte von VESCONTE DE MAGGIOLO 1504 und der Karte von CAVERIO (früher CANERIO, Genua um 1505/06).[25] Dabei zeigen sich die meisten Ähnlichkeiten mit der ›KING-HAMY-Karte‹ sowie der Karte von V. MAGGIOLO, nämlich in der Lücke der nordöstlichen Küste Südamerikas, in der Richtung des östlichen Küstenverlaufs Südamerikas, in der merkwürdig von West nach Ost gestreckten schmalen Insel Grönland und in der zu geringen Entfernung der mittelamerikanischen Inseln von der Küste Südamerikas.

Gestalt und Richtung des Roten Meeres stimmen dagegen weitgehend mit der ›KING-HAMY-Karte‹, der anonymen Karte von 1502/03, V. MAGGIOLO und CAVERIO überein. Eine ausgeprägte Abweichung von allen genannten Karten zeigt in unserem Fall die Form der mittelamerikanischen großen Inseln. Eigenständig ist auch die ›vierfingerförmige‹ Gestalt von Neufundland; möglicherweise handelt es sich dabei um eine abstrakte und übertriebene Darstellung des reichen Baumbestandes, wie er auf der CANTINO-Karte sehr bildhaft festgehalten ist. Madagaskar fehlt auf allen angeführten Karten. Im Osten enden unsere und die Portolankarte von MAGGIOLO im Gegensatz zu den anderen mit Vorderindien und lassen auch Ceylon weg. Auf die ptolemäische Vorstellung des Fernen Ostens in der einen oder anderen Variante wird hier verzichtet. Das läßt vermuten, daß der Kartograph in dieser entdeckungsgeschichtlich bewegten Zeit nur das tatsächlich Bekannte darstellen wollte.[26]

H. Winter hielt die Planisphäre für die älteste nach den Entdeckungen von CORTE-REAL und VASCO DA GAMA, zumal sie »die neuen kartographischen Probleme (Wendekreise etc.) noch keineswegs meistert«. Dafür könnten auch die erwähnte, von den zeitgenössischen Weltkarten merkwürdig abweichende und mit einer Richtung von NNW nach SSO falsch verlaufende Darstellung der mittel-

24 Ohne nähere Begründung oder Diskussion wird die Karte von E. Klemp (in: Kretschmer 1991, S. 30, Taf. VIII [2]) als italienisch bezeichnet.
25 Die Karten sind zusammen abgebildet in: *Raccolta di carte* 1954-1955.
26 Winter 1940, S. 510.

Literatur:
Kunstmann 1859, S. 127, 129, Taf. 2 – Harrisse 1892, S. 426-428 – Kretschmer 1892, S. 378 f., Nr. 5, Taf. VIII – Ruge 1892, S. 36 – Ruge 1911, S. 44, Nr. 6 – Winter 1938 und 1940 – *Raccolta di carte* 1944-1955 – *Thesaurus Librorum* 1983, S. 334, Nr. 152 (mit Abb.) – Kretschmer 1991, S. 30, Taf. VIII (2)

Abb. 5 Anonymus: Weltkarte, zwischen 1502 und 1506 (Kat. 57)

amerikanischen Inseln, falsche Breitenlagen besonders im Süden und die übermäßige Ost-West-Ausdehnung Afrikas sprechen.[27]

Der ›Vier-Finger-Karte‹, wie sie auch genannt wurde, kommt in einem weiteren Merkmal eine ähnlich herausragende Bedeutung zu wie der Münchener Karte Pedro Reinels um 1504 mit der ›schiefen Breitenskala‹. Wir finden nämlich hier – ebenfalls bei Neufundland/Labrador, aber auch bei Südamerika – Kompaßrosen, die um den gleichen Winkel gedreht sind wie der ›schiefe Meridian‹ von Pedro Reinel, wieder als Ausdruck einer Fehllage, die ihre Ursache in der ausgeprägten Mißweisung hat. Wir können hier mit Heinrich Winter den ältesten bewußten kartographischen Ausdruck für diese Erscheinung feststellen.[28]

Anonymus: Weltkarte, um 1506

Die offenbar Anfang des 16. Jahrhunderts entstandene und als ›Kunstmann III‹ bekannte Karte (117x87cm) gehört wieder zu den Kriegsverlusten der Armeebibliothek. Sie stellt im nordwestlichen Teil Island, den für damalige Zeit erstaunlich genauen Südteil Grönlands und die *Terra de cortte Reall* (Neufundland/Labrador) als eigenständiges Landgebiet mit der Andeutung des St.-Lorenz-Golfs besser als manch jüngere Karte dar, im Südwesten die brasilianische Küste von *Sam Roq* bis zum *Rio de Cananea*. Wiedergegeben sind die Entdeckungen Cabrals 1500, der Corte-Reals 1502/03 sowie die brasilianische Küstenerstreckung gemäß der Expedition A. Vespuccis 1501/02. Auffallenderweise fehlen die mittelamerikanischen Inseln; farblich betont waren dagegen die Azoren, die Kanarischen und die Kapverdischen Inseln. Nach Osten zu umfaßte die Karte den Mittelmeerbereich und den westlichen Teil Afrikas.

Die spanisch-portugiesische Demarkationslinie fungiert gleichzeitig als Meridian mit der nördlichen Breitengradeinteilung von 0 bis 68°. Außerdem findet sich eine bandförmige Maßstabsleiste. Cortesão und Mitarbeiter hielten die Karte nach der von P. Reinel signierten von ca. 1504 für die zweite bekannte mit einer Breitenskala und mit der neuen portugiesischen Kompaßrose, deren Lilie die Nordrichtung markiert.

Die Küstenerstreckung Südamerikas entspricht jedenfalls z.B. jener der Cantino-Karte (1502, Kat. 64), der Karte Caverios (1505/06) oder der ›Kunstmann-II‹-Karte (Abb. 5), für die Küstengliederung findet sich jedoch im einzelnen nichts Vergleichbares. Auch Anzahl und Schreibweise der geographischen Namen an der südamerikanischen Küste weichen von den bei Fischer und Wieser

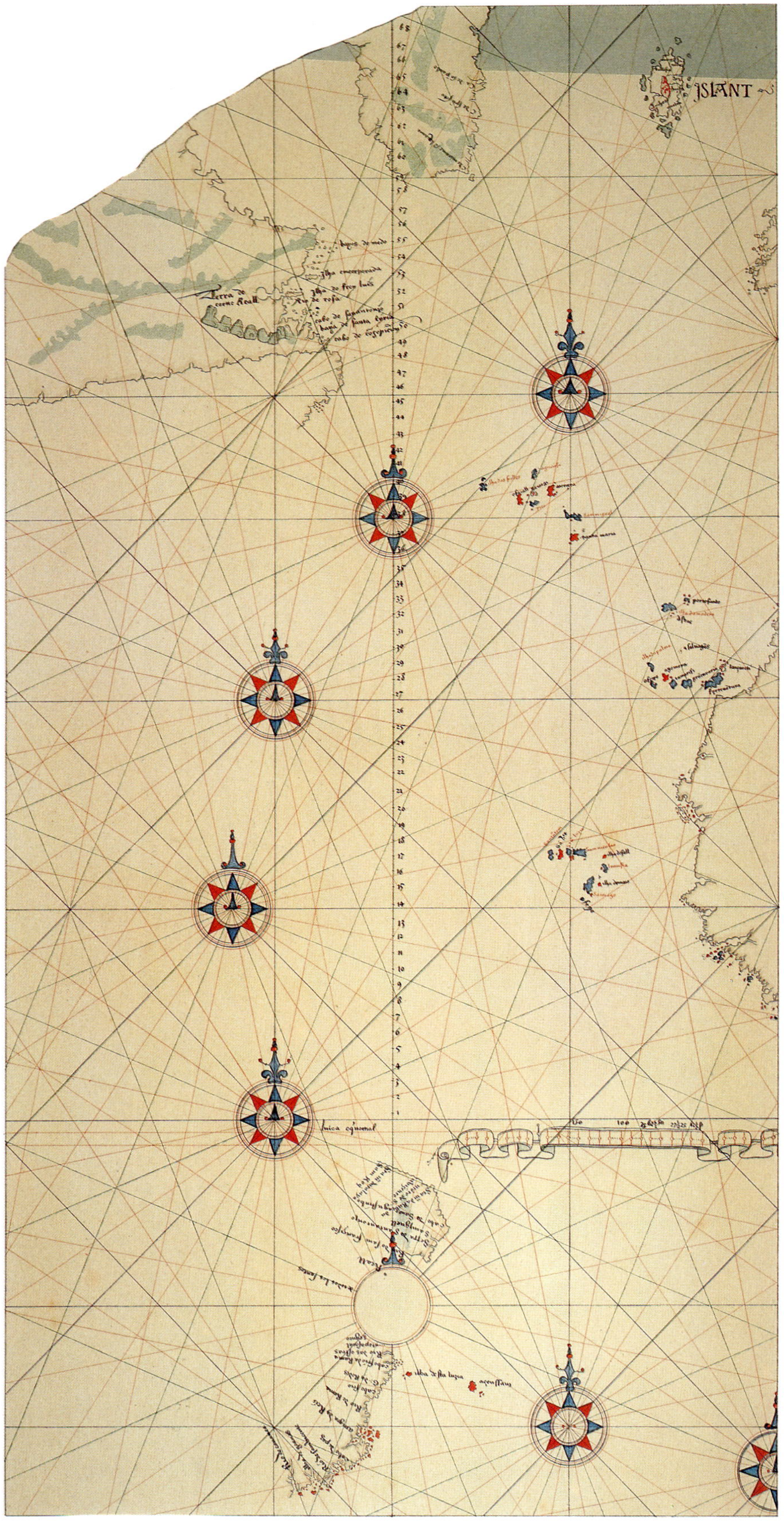

Abb. 6
Anonymus: Küsten der Neuen Welt auf der Weltkarte, um 1506

Literatur:
Kunstmann 1859, S. 127 f.; Atlas, Bl. 3 – Kohl 1869, S. 174 ff. – Harrisse 1892, S. 176, 425 – Ruge 1892, S. 36 – Winter 1947, S. 25 ff. – Cortesão/Teixeira da Mota 1960, Bd. 1, S. 15 ff., Taf. 6 (mit weiteren Angaben) – Rey Pastor/Garcia Camarero 1960, S. 89. – I. Kupčik, in: Kretschmer 1991, S. 30, Taf. IX

unter diesem Aspekt verglichenen Karten (Cantino-Karte bis Waldseemüller 1516) weitgehend ab.[29]

Das Blatt wurde von älteren Autoren teilweise als katalanisch-lusitanische Karte dem auf Mallorca ansässigen Italiener Salvat de Pilestrina zugeordnet (und um 1503 datiert), was jedoch schon Ruge (1892) ablehnte und durch neuere Forschungen auch keine Bestätigung fand. H. Winter (1947) und Cortesão und Mitarbeiter (1960) glaubten aufgrund der geographischen Namen und des Kompaßrosensystems an eine portugiesische Herkunft.[30] Zu erwähnen ist auch, daß die Karte offenbar von zwei Kartenmachern und wahrscheinlich zu verschiedenen Zeiten angefertigt wurde, wie sich aus der unterschiedlichen kartographischen Darstellung von Ost- und Westteil und der Beschriftung ergibt. Die Datierung erfolgt hier nach Cortesão/Teixeira da Mota (1960).

Im Gegensatz zu den meisten anderen angeführten Portolankarten zeigte das Blatt keine bildlichen Darstellungen. Die Gebirgsketten sind durch Reihen unförmiger Keile und Kegel angedeutet. Nach dem Teilfaksimile bei Kunstmann war die Karte ansprechend koloriert. Eine relativ große Reproduktion der ganzen Karte mit den geographischen Namen in lesbarer Form stammt zuletzt von Cortesão und Mitarbeiter 1960.

Vesconte de Maggiolo: Portolanatlas, 1519

Der recht gut erhaltene Seeatlas mit sieben Karten – auf festen Karton aufgezogene Handzeichnungen auf Pergament (5 Karten 50 x 37 cm, 2 Karten 25 x 37 cm) – liegt als Blockbuch mit geprägtem und teilweise mit Gold geschmücktem Ledereinband des 16. Jahrhunderts vor. Er stammt aus dem Besitz des Benediktinerklosters Metten (Abb. 7 rechts unten) und kam nach dessen Aufhebung an die königliche Bibliothek in München. Ein Hinweis auf Entstehung und Datierung findet sich auf

27 Winter 1940, S. 510.
28 Ebenda, S. 520; Winter 1938, S. 64 ff., 79.
29 Fischer/Wieser 1903, S. 53-55.
30 Der ursprünglichen Zuordnung zur mallorquinischen Provenienz schlossen sich Rey Pastor/Garcia Camarero (1960) und zuletzt Kupčik (in: Kretschmer 1991) an.

Abb. 7 Vesconte de Maggiolo: Mittelteil des Atlantik mit einem Teil Afrikas und der Neuen Welt im Portolanatlas, 1519 (Kat. 58)

der dritten Tafel: Vesconte de Maiollo civis Janua conposuy hanc cartan in Janua de anno dñy 1519.« Ein Längenkreis auf Tafel 1 gibt nördliche und südliche Breiten an. Mehrfach finden sich blau und rot kolorierte Maßstabsleisten, auf Tafel 1 ein geschweiftes Maßstabsband, jeweils mit einer gröberen und einer feineren Teilung.

Der Seeatlas zeigt Küsten Mittelamerikas und Südamerikas, in der Alten Welt reicht er von den Küsten Westeuropas bis zu jenen Indiens. Für uns am interessantesten ist Blatt 1 (Abb. 7): Das atlantische Weltmeer mit seinen europäischen, afrikanischen und damals bekannten amerikanischen Küsten, bis zum 45. Grad nördlicher und bis zum 30. Grad südlicher Breite. Das amerikanische Gebiet ist von Honduras bis zum La Plata erfaßt und durch sein reichhaltiges Namensgut ausgezeichnet. Der Seeatlas erscheint »besonders merkwürdig durch die Aufzeichnung fast aller kleinen Antillen...«, wie S. Ruge (1892) rühmte. Andererseits sind »die Küstenumrisse, besonders Mittelamerikas, weniger getreu als bei früheren...«, teilweise im Einzelnen auch unbestimmbar. Als Quelle scheinen Seekarten vom Caverio-Typ eine Rolle gespielt zu haben, wie die geographische Namensfolge zeigt. Die Insel Haiti weist gleich drei Namen auf: *Spagnolo*, *Isabella*, *Antilia ysola*. Maggiolo verwandte große Mühe darauf, die neuesten korrekten geographischen Informationen zu erhalten. Diese zeigen sich auch in seinen genauen Angaben, z.B. über *pescaries* (Fischereistationen), *terra plana* (ebenes Land), *playia* (Strand), *terra bassa* (Tiefland), *terra anegada* (überflutetes Land), *a badia* (Bucht), *acrecifes* (Klippen oder Felsen).

Die einzelnen Tafeln ließ V. de Maggiolo dekorativ mit Städtebildern und Fähnchen in verschiedenen Farben, teilweise mit Blattgold illuminieren. Sie zeichnen sich weiter durch sorgfältige Schriftgestaltung in Schwarz und Rot, die Küstenkonfiguration und die Inseln, die zentralen Kompaßrosen und die in Schwarz, Rot, Grün und Blattgold lebhaft kolorierten Schmuckleisten an den Rändern aus. Die Flüsse sind blau, das Rote Meer traditionell rot gemalt.

Vesconte de Maggiolo war ein angesehener Kartograph, der in Neapel und Venedig, aber auch in seiner Heimatstadt Genua wirkte und eine prosperierende Kartenmacherschule aufbaute. Er bemühte sich mit großem Interesse um die kartographische Auswertung der Seefahrten nach der Neuen Welt und trug zusammen mit seinen späteren Verwandten dazu bei, den seit 1300 bedeutenden Rang Genuas auch im 16. Jahrhundert zu mehren und sogar zu einer dominanten Stellung aufzuwerten.

Nach Bonacker ist Maggiolo als Kartenmacher zwischen 1504 und 1551 bezeugt, nach Bagrow/Skelton für die Jahre 1504-1549.[31] Wir kennen etwa 20 von seinen Portolankarten und Atlanten. Eine gute Reproduktion seiner Weltkarte von 1511 finden wir im Columbus-Atlas von K. Nebenzahl (1990). Interessant ist dort im Vergleich zum vorliegenden Atlas das Fehlen des reichen Nameninventars der Neuen Welt. Ein Vorläufer unseres Seeatlas ist jener von 1512, der als schönes objektgerechtes Faksimile mit ausführlichem Begleitband von G. Grosjean 1979 herausgegeben und ausführlich kommentiert wurde. Grosjean führt uns mit seiner Analyse von Form und Inhalt des Atlas, der Maßstäbe, der Genauigkeit mit Hilfe des Verzerrungsgitters, der Transkription und Identifikation der gesamten Nomenklatur, der kartographischen Ausdrucksmittel und des bildlichen und heraldischen Schmucks ein prägnantes Beispiel vor, wie die Informationsvielfalt von einem Werk wie dem vorliegenden »einen Lichtstrahl rückwärts in die Entstehungsgeschichte dieser Karten und vorwärts in die Ausweitung des Mittelmeerportolans zur Erdkarte der neuen Zeit wirft«.

Literatur:
Kunstmann 1859, S. 135-136, Taf. 5 – Harrisse 1892, S. 500-501 – Ruge 1892, S. 42–43 – Ruge 1911, S. 47 f., Nr. 11 – V. Maggiolo: *Atlante nautico del 1512* (*Der Seeatlas des Vesconte Maggiolo vom Jahre 1512*). Faksimile-Ausg. Hrsg. v. G. Grosjean. Zürich 1979. Bd. 1: Kartenband. Bd. 2: Kommentar, 88 S. (dort weitere Literatur) – Nebenzahl 1990, S. 58-60, Taf. 18)

Battista Agnese: Portolanatlanten, um 1535-1550

Der Portolanatlas der Bayerischen Staatsbibliothek ist ein Holzdeckelband mit rotem Maroquin-Überzug und zwei Schließen, der Schnitt vergoldet (Einband 16,5 x 23,5 cm, Karten 29,5 x 19,5 cm). Das Dekor im italienischen Stil der

Abb. 8 Battista Agnese: Ovale Weltkarte im Portolanatlas der Bayerischen Staatsbibliothek, um 1535 - 1542 (Kat. 59a)

31 Bonacker 1963 (wie Anm. 4), S. 150; Bagrow/Skelton 1973, S. 517.

Zeit zeigt Streicheisenlinien am Rand, Blüten- und Flechtbandmuster sowie teilweise Vergoldungen.

Der Holzdeckelband der Münchener Universitätsbibliothek besitzt gleichfalls roten Maroquin-Überzug und vergoldeten Schnitt, jedoch vier Schließen (Einband 27,5 x 39 cm, Karten 47,5 x 29 cm). Auch hier verweist das Dekor auf die italienische Spätrenaissance: Auf Blindlinien und eine Goldlinie am Rand folgen einzelne Maureskenstempel und eine durch Einzelstempel gebildete Bordüre aus Rankenarabesken. Das Mittelfeld besteht aus einer mit verschiedenen Einzelstempeln zusammengesetzten Bordüre, gestempelten Mauresken in den Ecken und einer Bogensatzkartusche mit einem aus zwei Quadraten gebildeten Stern im Zentrum.

Battista Agnese aus Genua (1514-1564) wirkte als Kartograph bzw. Kartenzeichner etwa 30 Jahre lang in Venedig, von 1536 bis zu seinem Tod. Hier entstanden seine berühmten, nur teilweise datierten und signierten Portolanatlanten, kleine Kunstwerke in ihrem unverkennbaren charakteristischen Stil, die durch ihre feine Zeichnung auf Pergament, die elegante Kalligraphie sowie durch die mehrfarbige, auch mit Gold und Silber ausgestattete Kolorierung bestechen. Handzeichnung, Format, Dekor und Einband weisen darauf hin, daß die Atlanten nicht einem breiten Leserpublikum oder der praktischen Benutzung auf See dienen sollten, sondern als Repräsentations- und Liebhaberobjekte gedacht waren. Einbände in Gestalt und Dekor des Atlas in der Universitätsbibliothek ließ sich z. B. der Augsburger Kaufmann Johann Jakob Fugger vom ›Venezianischen Fuggermeister‹ um 1550 anfertigen. Man kann also davon ausgehen, daß es sich bei beiden Atlanten um originale venezianische Einbände handelt. Solche handschriftlichen Schmuckstücke konnten im Gegensatz zu gedruckten Karten keine Breitenwirkung haben. Erhalten sind nach heutiger Kenntnis über 80 der Atlanten Agneses. Mehr als 100 sollen ursprünglich angefertigt worden sein, womit der Meister pro Jahr mehr als drei seiner Werke geschaffen hätte.

Als Quellen werden Weltkarten wie jene von Diogo Ribeiro (1529), das *Isolario* des Benedetto Bordone (1528) sowie die Ergebnisse zeitgenössischer Seefahrten genannt. In diesem Zusammenhang besonders bemerkenswert ist die unterschiedliche kartographische Wiedergabe Kaliforniens und Yukatans sowie Süd- und Südost-

Abb. 9 Battista Agnese: Ovale Weltkarte im Portolanatlas der Universitätsbibliothek, um 1550 (Kat. 59b)

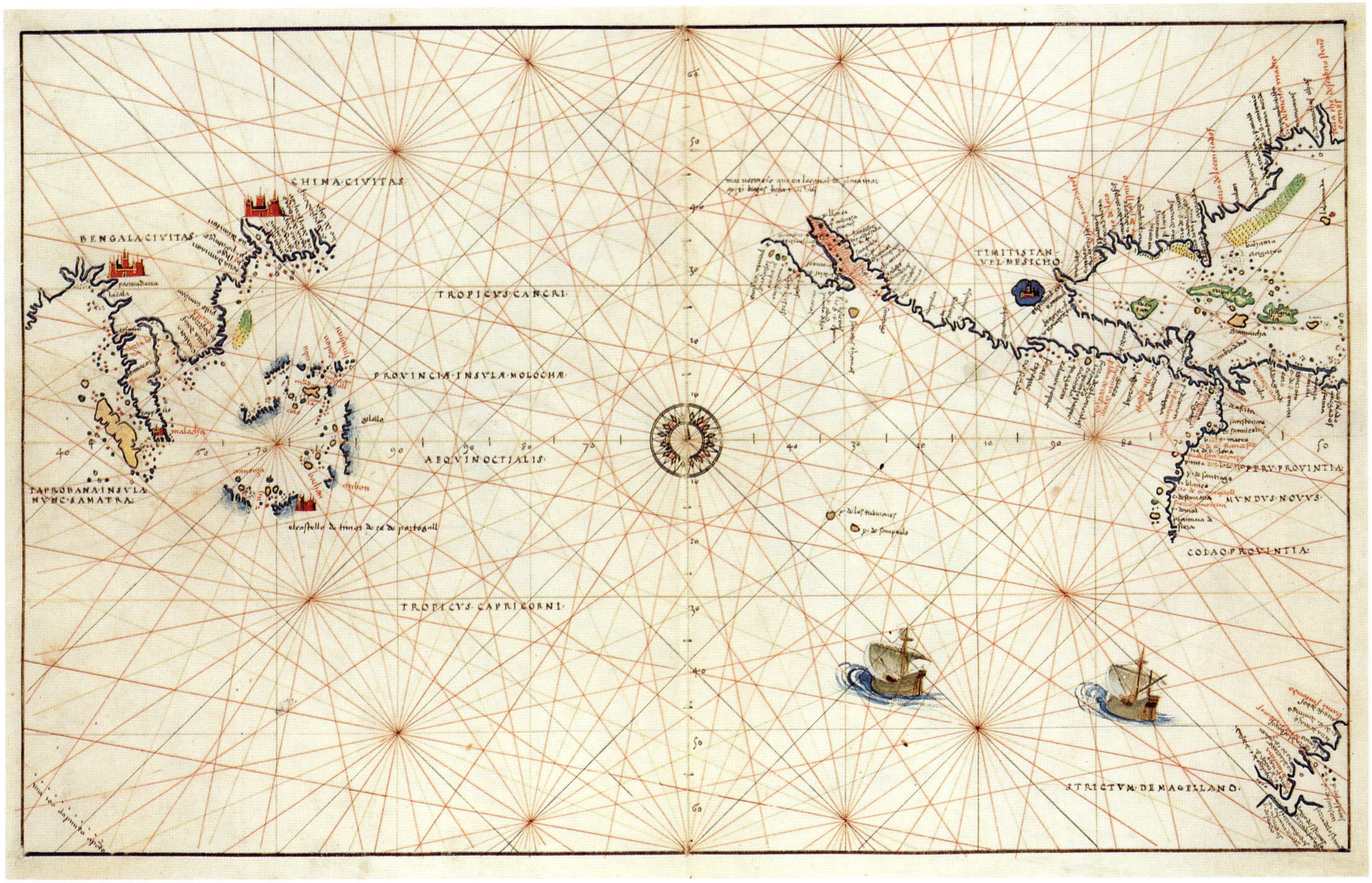

Abb. 10 Battista Agnese: Der Pazifische Ozean mit Küsten der Neuen Welt und Südostasiens im Portolanatlas der Universitätsbibliothek, um 1550 (Kat. 59b)

asiens auf den Karten mit Amerika und den Weltkarten seiner älteren und jüngeren Atlanten, anhand derer die undatierten Atlanten zeitlich eingestuft werden konnten: Danach fehlt in den 1535 bis 1541 entstandenen Werken Kalifornien noch. Ab 1542 erscheint es aufgrund der Erkundungsreisen von Francisco de Ulloa (1539-1540) als Halbinsel, Yukatan hingegen erst ab 1552, obwohl es längst als solche bekannt war. Indien und Hinterindien zeigen auf der Weltkarte aus der frühen Phase noch weitgehend ptolemäische Formen, später schlugen sich die Entdeckungs- und Erkundungsfahrten jedoch auch hier in naturnäherer Konfiguration nieder.

Die Neue Welt weist auf den dekorativen, von Windbläsern umgebenen ovalen Weltkarten mit ihrem einheitlichen Konstruktionsprinzip (vgl. S. 168 ff.) keine Verbindungen zu Europa oder Asien auf, und der Pazifische Ozean ist selbst in seinem Nordteil breit eingetragen; freilich erscheint Amerika im Norden und Westen noch unbestimmt umrissen und durch die vage angedeutete Meeresbucht des Verrazano fremdartig gegliedert. Eine direkte Beziehung zur Geschichte der Seefahrt vermittelt Agnese durch den Eintrag der Reiserouten von Magellan und Pizarro. Die erste führt, ausgehend von Lissabon, durch die spätere Magellanstraße zu den Molukken; die Rückreise des einzigen überdauernden Schiffes um das Kap der Guten Hoffnung. Die zweite (1521), die im Atlas der Universitätsbibliothek fehlt, durchquert die Neue Welt im Isthmus von Panama und erreicht die Westküste Südamerikas, wo die Eroberung von Peru begann. Auf die Küsten Australiens und des großen Südkontinents verzichtete Agnese; Europa und Asien zeigen, wie erwähnt, in der frühen Phase noch ptolemäische Züge. Ein auffallendes Land zieht von Norwegen als fingerförmiger Fortsatz bis zum Nordpol (Abb. 8, 9).

Die Weltkarte in Ovalprojektion stellt im Kanon der vorhergehenden Karten einen Sonderfall dar, da sie nicht wie diese im Portolanstil mit Rumbennetz und dem relativ reichhaltigen Nameninventar der Küstenstrecken ausgestattet ist, sondern den gewohnten Landkartenstil aufweist.

Die Küsten Amerikas bildet Agnese auch auf den beiden ersten Karten seines Atlas ab, einmal gemeinsam mit dem Atlantik und Afrika (Abb. 11), ein zweites Mal mit dem Pazifik und den Molukken bzw. einem Teil Südost-

Literatur:
Schmeller 1843, S. 255-259 – Kunstmann 1859, S. 145 f., Taf. VI, VII – Harrisse 1892, S. 626 f. – Ruge 1892, S. 65 – Kretschmer 1892 – Ruge 1916, S. 10 ff. – Wagner 1931 – Almagià 1944, Bd. 1, S. 62-71 – L. C. Wroth: ›The early cartography of the Pacific.‹ In: *The Papers of the Bibliographical Society*, 1944, 38, S. 87-268 – *The world encompassed* 1952, Nr. 88-91 – *Lexikon zur Geschichte der Kartographie* 1986, S. 5 – Nebenzahl 1990, S. 100 ff.

Abb. 11 Battista Agnese: Atlantik mit Europa/Afrika und der Neuen Welt im Portolanatlas der Universiätsbibliothek, um 1550 (Kat. 59b)

asiens (Abb. 10). Konfiguration und detaillierte Küstengliederung weisen darauf hin, daß hier, ebenso wie auf der Karte des Indischen Ozeans mit Indien und Hinterindien, andere Quellen Pate gestanden hatten als bei der Abfassung der ovalen Weltkarte. Eine Vereinheitlichung zog Agnese zunächst keineswegs in Betracht; nach und nach wurden jedoch sowohl die Amerika-Karten als auch die ovale Weltkarte aktualisiert. Als hydrographiegeschichtliche Besonderheit sind die möglicherweise erstmaligen Angaben zur Meerestiefe für den Kalifornischen Golf auf dem Blatt mit der pazifischen Region zu werten.

Die ersten drei Karten der Agnese-Atlanten lassen sich als Teile einer Weltkarte in Planprojektion sehen, die folgenden Darstellungen Europas und des Mittelmeerraumes zusammen als traditionelle Portolankarte im Stil des späten Mittelalters. Danach folgt meist die ovale Weltkarte. Wie diese sind die anschließenden ›Spezialkarten‹ einzelner Gebiete beim Atlas der Universitätsbibliothek ab der elften Karte (Palästina) nicht mehr im Portolanstil, sondern im Landkartenstil mit zusätzlichem Rumbennetz gestaltet, das nur bei der (von der entsprechenden Olaus-Magnus-Karte beeinflußten) Nordeuropa-Karte fehlt.

Beide Münchner Bände gehören zu den undatierten Atlanten. Der Atlas der Bayerischen Staatsbibliothek ist im Sinn von H. Wagner (1931) nach dem Kartenbestand und den geographischen Merkmalen zur ›Präkalifornischen Gruppe‹ (1535-1542), der der Universitätsbibliothek hingegen zur ›Postkalifornischen Gruppe‹ (1542-1552) zu zählen. Dabei lassen sich die Jahre um 1550 als Entstehungszeit für letzteren annehmen, der zu den mittelgroßen und besonders umfangreichen Werken Agneses zählt. Wie üblich, sind in den Bänden auch einige astronomisch-geodätische Tafeln enthalten, so eine Tabelle mit Deklinationswerten, eine Armillarsphäre, ein Tierkreis sowie eine Tafel mit Maß-und Entfernungsangaben (diese nur beim Atlas der Universitätsbibliothek).

Die zwei Atlanten sind ausgezeichnet erhalten, die Kolorierung erstrahlt in ursprünglicher Frische.

Fernão Vaz Dourado: Portolanatlas, 1580

Der Portolanatlas *Totius Orbis Hydrographia* des Portugiesen Fernão Vaz Dourado, eine Pergamenthandschrift, besteht aus 16 Doppelblättern mit zwölf Karten (je 46,5 x 64 cm). Das prunkvoll illuminierte Werk erhielt Ende des 16. Jahrhunderts von Leonhard Ostertag in München einen goldgeprägten Maroquinleder-Einband mit Mittelplatte und Einzelstempeln. Es stammt aus der Bayerischen Hofbibliothek, wohin es vermutlich 1803 aus dem Kloster Polling gelangt war.

Dourado wurde um 1520 als Sohn eines hohen portugiesischen Beamten geboren. Er gilt als einer der bedeutendsten portugiesischen Kartenmacher und zugleich begabter Kartenzeichner und -maler in der zweiten Hälfte des 16. Jahrhunderts. Seine sechs bekannten Manuskript-Atlanten (in Madrid, San Marino/Kalifornien, Lissabon, zwei in London, München) entstanden zwischen 1568 und 1580, seinem Todesjahr. Der Münchener Atlas wurde als das letzte Werk in seinem Geburtsort Goa ausgeführt.

Das repräsentative Äußere ist durch die lebhafte, teilweise in Gold und Silber gehaltene Kolorierung, die dekorativ gestalteten Windrosen und Maßstabskartuschen, die hervortretenden großen Wappen, Ortsvignetten und Gebirgsgruppen bestimmt; Personendarstellungen – z. B. stilisierte Indianer auf der Jagd – und verschiedene Wiedergaben von Tieren beleben die Karten.

Die Neue Welt deckte Dourado auf sechs Karten ab, wobei die Blätter 2, 3, 4, 5 und 13 erstmals von Kunstmann und Mitarbeitern 1859 in ihrem großen Atlas zur Entdekkungsgeschichte Amerikas in Nachzeichnungen vorzüglich farbig abgebildet wurden. Ebenfalls großformatig, allerdings schwarzweiß, ist der gesamte Altas bei Cortesão/Teixeira da Mota 1960 photographisch wiedergegeben.

Der Vergleich mit anderen Atlanten ergibt teilweise, so in der Darstellung des mittelamerikanischen Raumes oder der Nordküste Südamerikas, eine auffallende Ähnlichkeit bzw. Übereinstimmung mit dem Werk von Lázaro Luís 1563 (Lissabon, Academia das Ciencias). Das Blatt mit dem Nordpazifik baut möglicherweise auf der Karte Juan Freires (1546) auf. Andere Teile wie das östliche Nordamerika oder der Hauptteil Südamerikas gehen dagegen wohl auf bisher kaum bekannte Quellen zurück.

Literatur:
Kunstmann 1859, Taf. VIII, IX – Ruge 1911, S. 54 f., Nr. 20 – Cortesão/Teixeira da Mota 1960, Bd. 2, S. 113 ff., Taf. 98, 211-226 (Atlas von Lázaro Luís), Bd. 3, S. 3 ff. und Taf. 314-328 (Atlas von Dourado) – Cumming u. a. 1972, Abb. 62, 75 (Karten von Lázaro Luís) – Seifert 1979, Nr. 8 – LaRoncière/Mollat 1984, S. 236 f. – F. Wawrik, in: Kretschmer 1991, S. 40, Taf. XVIII

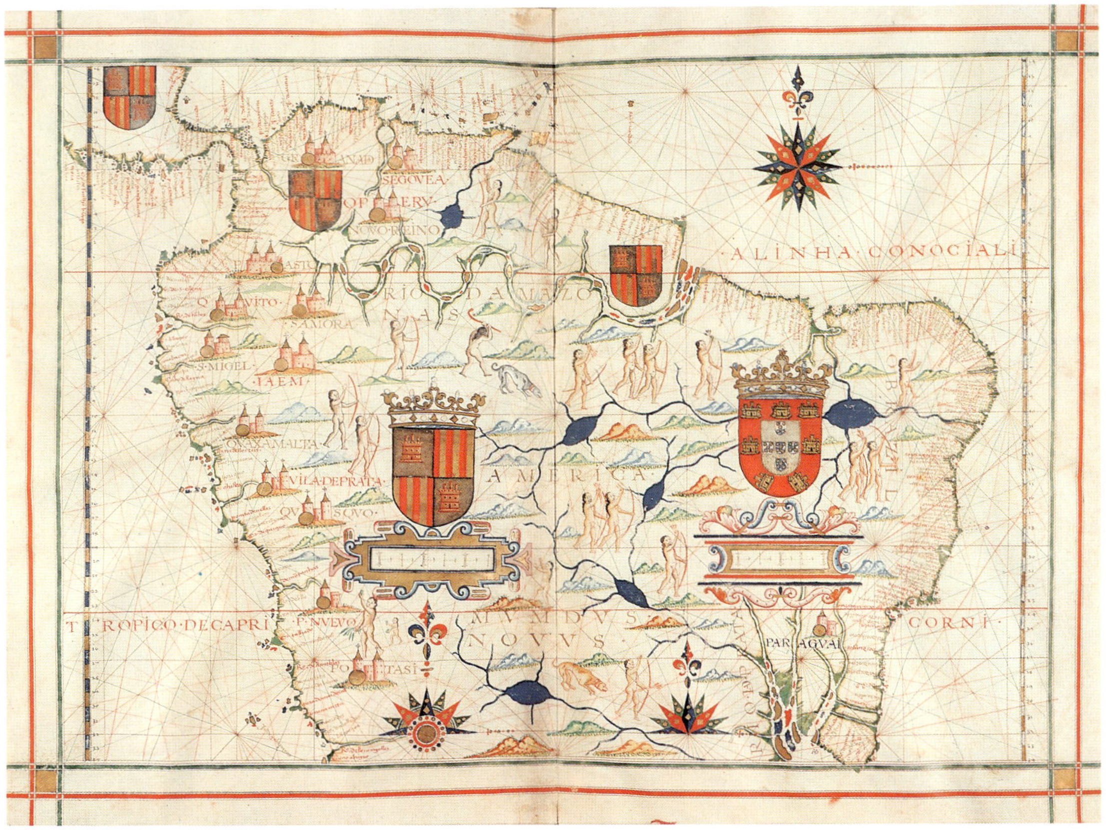

Abb. 12 und 13 Fernão Vaz Dourado: Südamerika im Portolanatlas, 1580 (Kat. 60)

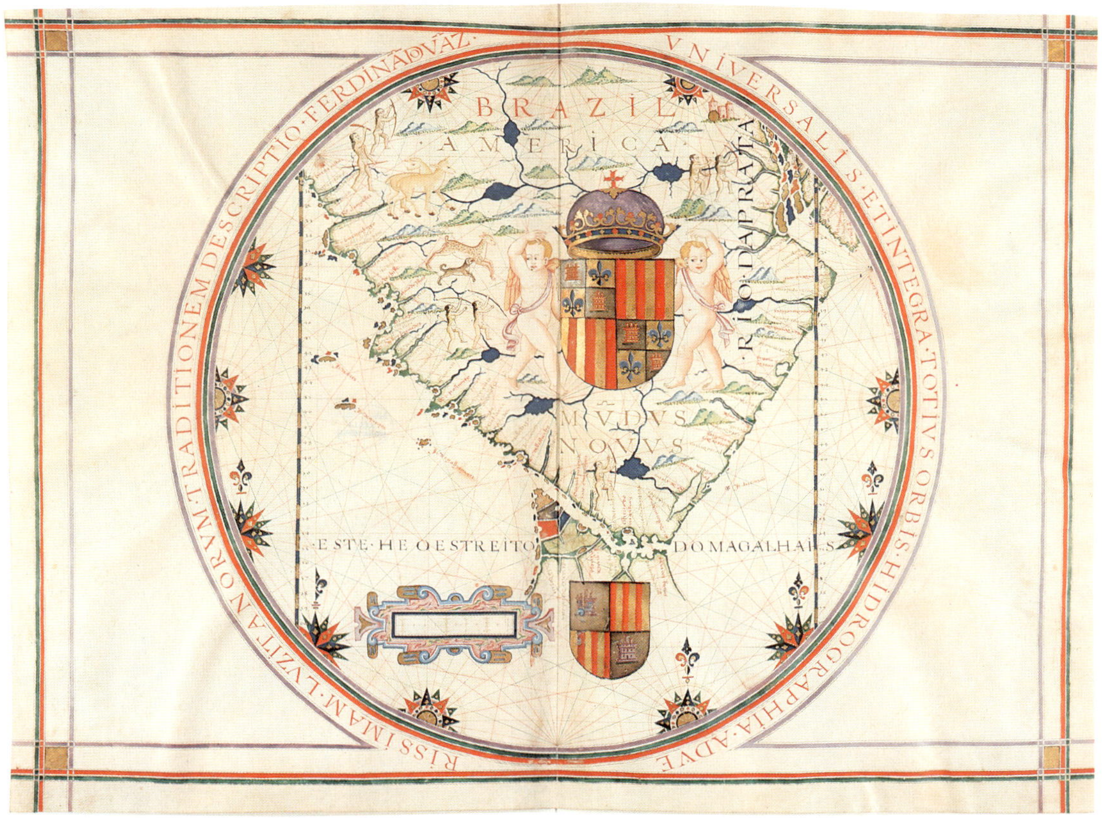

Abb. 14 Thomas Hood: Mittelamerika und die anschließenden Teile Nord- und Südamerikas, 1592 (Kat. 61)

Thomas Hood: Amerika, 1592

Zusammen mit vier anonymen Portolankarten des Mittelmeerraumes ist ein von Thomas Hood 1592 signiertes Blatt (»Thomas Hood made this plate 1592«; Blattgröße 62,5 x 61 cm) einer Handschrift des Herzogs von Northumberland Robert Dudley (gestorben 1639 in Florenz) beigebunden. Die Bayerische Staatsbibliothek besitzt mit diesem Werk eine der beiden bekannten handschriftlichen Fassungen des Dudleyschen Seeatlas *Arcano del Mare* (Florenz um 1636).[32]

Thomas Hood, dessen Tätigkeit von 1582 bis 1611 bekannt ist, kommt für die Entwicklung der englischen Kartographie und Hydrographie eine wichtige Rolle zu. Besonders aufschlußreich über sein kartographisches Wirken ist ein Aufsatz von Thomas Smith (1978) über die

32 Vgl. *Thesaurus Librorum* 1983, S. 362.

›Thames School‹ der englischen Hydrographie. HOOD machte sich vor allem als Mathematiker und Nautiklehrer einen Namen. Er studierte in Cambridge, hielt in London Vorlesungen über Mathematik und wandte sich schließlich der Nautik und verwandten Gebieten zu, worüber er zahlreiche bedeutende Werke schrieb. Von ihm stammen jedoch auch einige bedeutende Seekarten – sowohl Handzeichnungen als auch Drucke – aus der Zeit zwischen 1592 und 1604.

Der wenig bekannte handgezeichnete Portolan im Besitz der Bayerischen Staatsbibliothek[33] ist sein frühestes datiertes kartographisches Werk, das eine bis um 1740 währende hydrographische Tradition einleitete. In der Gestaltung kommt die Karte einem anderen Blatt HOODS, *Biscay Channel* von 1596, sehr nahe.[34] Diese beiden datierten Blätter dienten zur Identifizierung einer unsignierten und undatierten Seekarte des British Museum, die sehr wahrscheinlich ebenfalls THOMAS HOOD schuf.

HOODS Karten sind sorgfältig ausgearbeitet und gut gezeichnet. In seiner Nachfolge stehen GABRIEL TATTON, REYNOLDS und wahrscheinlich LUPO als frühe ›Thames-School‹-Hydrographen, die in Stil und Form miteinander vergleichbar sind.

Der vorliegende, abgesehen von den frühzeitig in barbarischer Weise ausgeschnittenen und später mit Pergament hinterklebten Kompaßrosen gut erhaltene und vollständige Portolan ist durch eine einfache Linie rechteckig umrahmt. Er weist ein Rumbensystem mit Zentralrose zwischen Kuba und Hispaniola und 16 Sekundärrosen auf. Graphische Maßstäbe sind in dekorative Kartuschen eingelassen.

Nach Quinn läßt sich die Karte auf spanische Vorlagen zurückführen und geht nicht auf die Ergebnisse der ROANOKE-Reisen von 1584-1590 ein. Viele Ähnlichkeiten zeigt sie z.B. mit der Karte der Karibischen See und der Ostküste Nordamerikas von ALONSO DE SANTA CRUZ (um 1567). Dieser war als Kosmograph Kaiser KARLS V. zusammen mit anderen für die Aktualisierung der amtlichen Generalkarte der Welt, des ›Padrón general‹ zuständig und zeichnete die genannte Karte nach den offiziellen Daten.[35] Somit ist das Blatt HOODS in Vielem ein Abkömmling des spanischen ›Padrón general‹.

Die von der südamerikanischen Küste über die Antillen zum nördlichen Atlantik verlaufende Schiffahrtslinie hängt offenbar mit R. DUDLEYS Reise nach Guayana 1594 zusammen und wurde später eingetragen.

Literatur:
Kunstmann 1859, Taf. XIII – *Dictionary of National Biography*. London 1891, Bd. 27, S. 270 – Ruge 1911, S. 56, Nr. 21 – E. G. R. Taylor: *The mathematical practitioners of Tudor and Stuart England 1485-1714*. Cambridge 1954, S. 179, Nr. 48 – D. Howse und M. Sanderson: *The sea chart*. New York 1973, S. 47 – T. R. Smith: ›Manuscript and printed sea charts in Seventeenth-century London. The case of the Thames School.‹ In: *The compleat platt maker.* Hrsg. v. N. J. W. Thrower. Berkeley u.a. 1978, S. 45-100 – D. Quinn (Hrsg.): *English plans for North America. The Roanoke voyages. New England ventures*. London 1979. 494 S., Taf. 88–111 (New American world. A documentary history of North America to 1612. 3), Taf. 91, Erl. S. 492

33 Quinn (*English plans* ... 1979) gibt den Standort als unbekannt an.
34 Smith 1978, S. 94. Für freundliche Hinweise danke ich Dr. Peter Barber (London, British Library).
35 Vgl. hierzu Cumming u.a. 1972, S. 173, Abb. 193.

Wege und Irrwege der Darstellung Amerikas in der frühen Neuzeit

Uta Lindgren

Wenn man von der Entdeckung Amerikas durch CHRISTOPH COLUMBUS spricht, muß man sich zunächst darüber klar sein, daß dieser gar keinen Kontinent entdeckt zu haben glaubte. Er war Meeresströmungen und Winden gefolgt, die man – insbesondere in Portugal – schon etwa ein Jahrhundert lang beobachtet hatte, und so auf Mittelamerika zugefahren. Am Freitag, dem 12. Oktober 1492, stieß diese Expedition, die am 3. August in Palos in See gestochen war, erstmals auf Land, das man allerdings auch bald als eine Insel erkannte. Schon etwa vier Wochen lang war die Mannschaft unzufrieden gewesen und schließlich kaum noch vom Meutern abzuhalten, obwohl frisches Treibgut die Nähe von größeren Landmassen angezeigt hatte. Nun war also die kleine Insel Guanahani – von COLUMBUS in San Salvador umbenannt – gefunden und bald auch größere: Kuba und ›Hispaniola‹, das heutige Haiti. Auf seiner zweiten Fahrt entdeckte COLUMBUS die Kleinen Antillen, Puerto Rico und Jamaica, auf der dritten Trinidad. Erst auf der vierten Reise betrat er in Costa Rica amerikanisches Festland, das er aber ebenfalls für eine Insel hielt. Bis an sein Lebensende blieb er überzeugt, unbekannte Inseln gefunden zu haben, die Asien vorgelagert waren. *Las Indias*, Westindische Inseln, werden sie seither genannt.

Das Weltbild des Entdeckers selbst hat sich demnach durch seine Entdeckung nicht wesentlich geändert. Freilich hätte er nach seinen eigenen Berechnungen noch längst nicht nach Asien gelangen dürfen, als er auf die Inseln stieß. Aber daß er eine neue, bis dahin unbekannte Welt entdeckt hatte, ist ihm nicht bewußt geworden.

COLUMBUS blieb nicht lange der einzige Entdecker. Schon 1493 riefen Kastilien und Portugal Papst ALEXANDER VI. als Schiedsrichter an, um ihre Einflußsphären abzugrenzen. Der Vertrag von Tordesillas (1494) legte eine Grenzlinie fest, die von Pol zu Pol laufen sollte, und zwar 370 Meilen westlich der Kapverdischen Inseln (heute etwa 48° westlicher Länge). Die Südwestpassage zwischen Südamerika und Feuerland wurde 1520 durch MAGELLAN erkundet. Wie lange es dauerte, bis jemand auch die Westküste Südamerikas entlang segelte, ist nicht bekannt. Die kartographischen Umrisse, die dafür freilich kein Indiz sind, blieben noch lange ungenau.

Das ganze Ausmaß der Entdeckungen wurde also erst allmählich deutlich. Es ist daher nur auf den ersten Blick verwunderlich, daß Amerika in sehr vielen historisch-geographischen Kompendien des 16. Jahrhunderts nicht oder nur sehr kurz behandelt wird. Diese Erkenntnis haben König und Knefelkamp in ihrem Begleitband zur Bamberger Ausstellung *Die Neuen Welten in alten Büchern* (1988) mit aller wünschenswerten Deutlichkeit zum Ausdruck gebracht. In der weit verbreiteten Enzyklopädie *Margarita Philosophica* von G. REISCH, die durch das ganze 16. Jahrhundert hindurch nachgedruckt wurde, kommt Amerika praktisch nicht vor, und selbst in der bis 1628 in zahlreichen Auflagen erschienenen Kosmographie von SEBASTIAN MÜNSTER enthält nur die letzte Auflage ein nennenswertes Amerika-Kapitel (Kat. 31). Aber müssen wir daraus schließen, daß die Entdeckung Amerikas das europäische Weltbild zunächst nicht beeinflußt hat?

Abgesehen davon, daß es immer schwierig ist, festzustellen, wie weit neue Kenntnisse Verbreitung fanden (und man auch darüber diskutieren könnte, welche Bedeutung die Verbreitung hätte), muß man in diesem Fall wohl genauer differenzieren. Die Benennung des neuen Kontinents geschah immerhin eher zufällig um das Jahr 1507 durch zwei Humanisten in einer Schrift, die eine Weltkarte und einen Erdglobus in Form von Globensegmenten mit der erstmaligen Bezeichnung der Neuen Welt als *America* begleitete: Die Karten von MARTIN WALDSEEMÜLLER und die anonym erschienene *Cosmographiae Introductio*, deren Autor WALDSEEMÜLLERS Kollege MATTHIAS RINGMANN war. Die Werke WALDSEEMÜLLERS von 1507 sind die ersten gedruckten Amerika-Darstellungen und derzeit überhaupt die ältesten bekannten mit der durch den Pazifik gebildeten Westgrenze.

Die Weltkarte (S. 114/115, Abb. 6) ist wegen ihrer Perfektion höchst bemerkenswert. Da das Werk WALDSEEMÜLLERS an anderer Stelle ausführlich behandelt wird (S. 111 ff.), seien hier nur Einzelheiten hervorgehoben, an die die darauffolgende Kartographie anknüpfte. Auf der kleinen Projektion zweier Halbkugeln am oberen Rand des Blattes liegt Amerika etwa in der Mitte der rechten Halbkugel, wo die Umrisse besser als auf der Hauptkarte zu erkennen sind. Südamerika ist an der Westküste kühn vereinfacht, aber grundsätzlich richtig dargestellt; nur der Verlauf der Ostküste war damals schon weitgehend bekannt. Die Randlage auf der zwiebelförmigen Projektion der Hauptkarte könnte ein geschickter Kunstgriff des Kartographen sein, da hier die Lücken seiner Kenntnis durch die Verzerrung nicht auffallen. Auch dies fand Nachahmer. Immerhin sind Längengrade als Linien eingetragen und lassen erkennen, daß der östlichste Punkt Südamerikas bei etwa 345° lag, was einer heutigen Länge von etwa 34° entspricht.[1]

Wie Waldseemüller zu seinen Amerika-Kenntnissen gelangt ist, kann man derzeit nur vermuten. Es war üblich, Berichte zu sammeln und Erkundungen mittels Korrespondenz einzuholen. Die etwas angeberischen Berichte des Amerigo Vespucci, die Ringmann veranlaßt hatten, ihn für den Entdecker Südamerikas zu halten und diesem neuen Weltteil nun seinen Namen zu geben, können nicht Waldseemüllers einzige Informationsquelle gewesen sein. Die erste Schrift des spanischen Hofhistoriographen Petrus Martyr, der seit 1493 die Entdeckungen interessiert verfolgte, erschien erst 1511 im Druck, stand also noch nicht zur Verfügung. Vielleicht gab es schon die sogenannten ›Zeytungen‹ oder ›Sendbriefe‹, Nachrichten in Form von dünnen Heften, die nach der Rückkehr von Schiffen gedruckt wurden und über deren Ladung und über die Erkundungen der Mannschaft auf dem neuen Kontinent Bericht erstatteten (vgl. S. 109 f.).[2]

Ein Vergleich mit den vor 1507 entstandenen handgezeichneten Karten der Neuen Welt führt uns nicht direkt zu Waldseemüllers Quellen, sondern erweist eher die Größe seiner Leistung. Von Columbus selbst ist nur eine Skizze mit einem Teil der Insel ›Hispaniola‹ erhalten (Abb. 1); aber da er ja nur Inseln entdeckt zu haben glaubte, sind auch keine weiteren Vorbilder von ihm zu erwarten. Von einem seiner Begleiter, Juan de la Cosa, stammt eine Karte aus dem Jahr 1500[3], bei der jedoch Südamerika noch höchst ungenau und überproportional groß ist (Kat. 63). Die Längen lassen sich mangels Gradangaben schlecht beurteilen; setzt man sie aber z. B. mit der Ausdehnung des Mittelmeeres ins Verhältnis, erweist sich die Ost-West-Ausdehnung Südamerikas um etwa 20° (äquatorial) zu breit. Außerdem ist der östlichste Punkt mehr als 10° zu weit südlich geraten, wenn man sich an Afrika oder am Wendekreis orientiert. Ein wenig nach

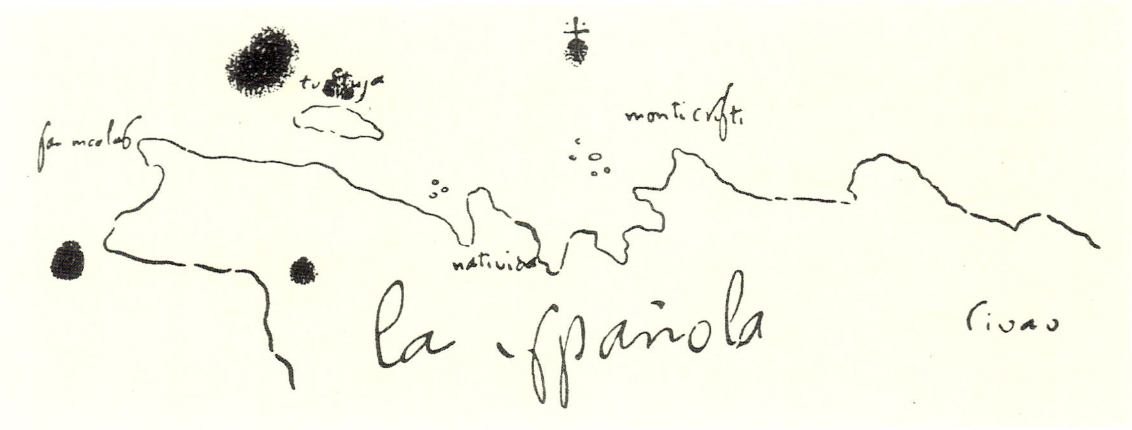

Abb. 1 Christoph Columbus: Skizze mit einem Teil der Insel ›Hispaniola‹. Newberry Library, Chicago

Süden verlagert wurde die Küste von Panama bis Rio de Janeiro auf der portugiesischen Cantino-Karte von 1502 (Kat. 64). Aus den ersten Jahren des 16. Jahrhunderts stammen auch die Karte des Italieners Nicolò Caverio, die anonyme italienische ›King-Hamy-Karte‹ und die ebenfalls anonyme, wohl portugiesische ›Kunstmann-II-Karte‹ (S. 135, Abb. 5). Ein Teil der Küste zwischen Cayenne und Kap S. Roque fehlt auf den beiden anonymen Karten überhaupt noch. Der Küstenverlauf erscheint im Vergleich zur Karte la Cosas zwar etwas begradigt, beansprucht aber auch noch eine viel zu große Längenausdeh-

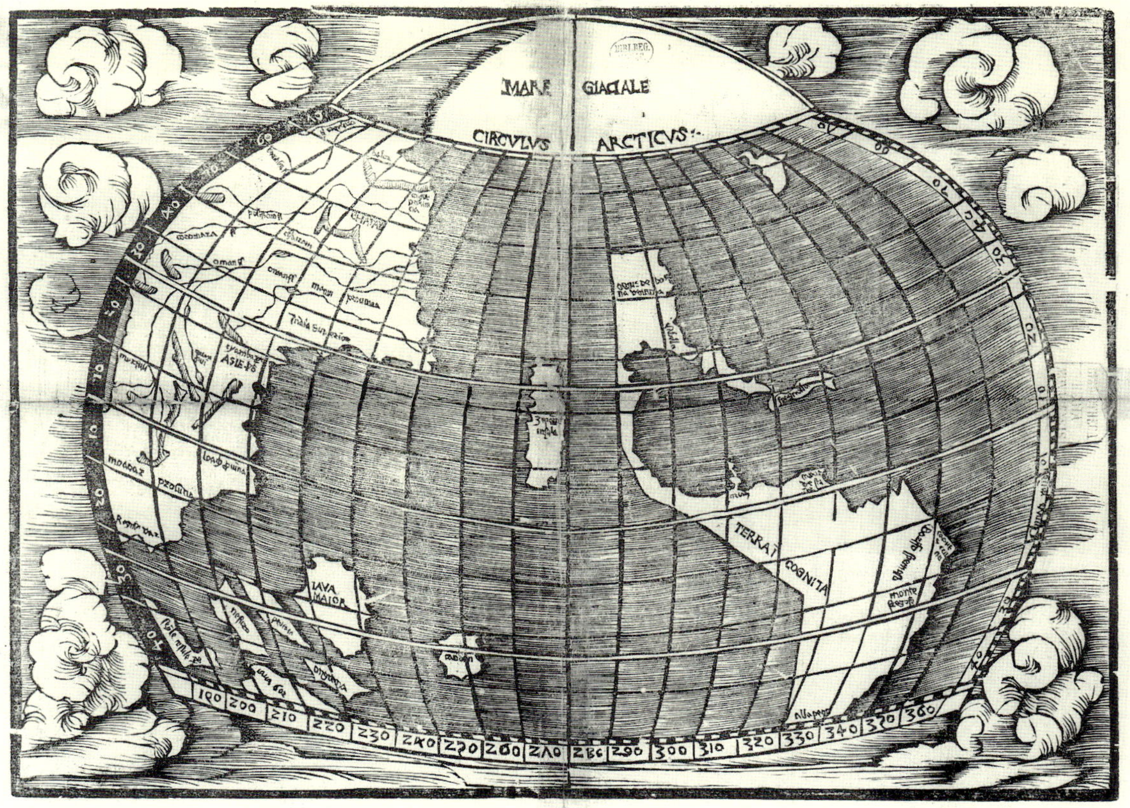

Abb. 2 Jan Stobnicza: Die westliche Hemisphäre nach Martin Waldseemüller 1507, 1512 (Kat. 45)

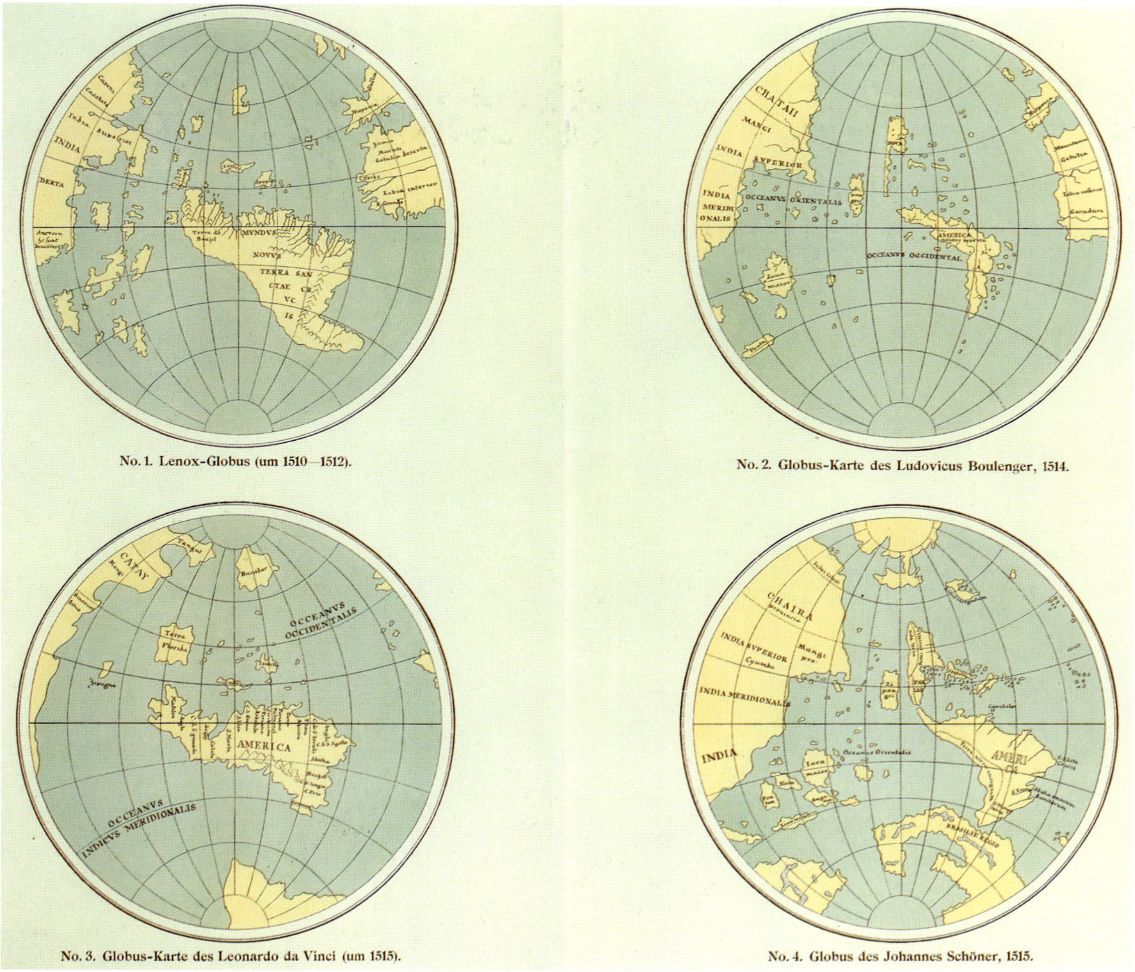

Abb. 3 Frühe Erdgloben: ›Lenox-Globus‹ (um 1510-1512), Ludovicus D'Albi Boulengier (1514), Leonardo da Vinci (um 1515), Johannes Schöner (1515)

nung. Auf keiner der fünf Karten wurde der Versuch gemacht, eine geschlossene Landmasse zu zeichnen.

Im wesentlichen muß Waldseemüller auf ähnliche handschriftliche Quellen zurückgegriffen haben. Auf seinen gedruckten Globensegmenten ist der Durchmesser Südamerikas noch etwas zu schmal geraten (Frontispiz). Seine beiden Tafeln *Tabula Terre Nove* (Atlantik-Karte) und *Hydrographia* (neue Weltkarte) der Straßburger Ausgabe der Kosmographie von Ptolemäus (S. 117, 118, Abb. 8, 9) zeigen nur einen Torso von Südamerika, der bei 35° südlicher Breite abbricht, auch keine östliche Begrenzung findet und im Vergleich zu Europa, Afrika und Asien viel zu groß ausgefallen ist. In der Form ähnelt das Amerikabild von 1513 dem der erwähnten handschriftlichen Karten aus den ersten Jahren des 16. Jahrhunderts.

Die kartographische Darstellung Amerikas präsentiert sich noch bis ins 18. Jahrhundert erstaunlich vielfältig. Während die nordwestlichen Küsten Nordamerikas erst sehr spät – u. a. durch die Expedition von Lapérouse (1741-1788) – bekannt und kartiert wurden, wäre Südamerika, jedenfalls auf Weltkarten, seit Waldseemüller in der uns geläufigen Dreiecksform darstellbar gewesen. Dies war aber bis weit ins 17. Jahrhundert hinein meist nicht der Fall. Man findet vielmehr die merkwürdigsten Formen, öfter sogar – wie auch bei Waldseemüller – bei ein und demselben Kartographen mehrere verschiedene Umrißformen. Diese vielfältige Gestaltung Südamerikas läßt sich in drei Gruppen aufteilen:

1. die dem dreieckigen Südamerika-Typ nach Waldseemüllers Weltkarte von 1507 ähnlichen Karten;
2. die Gruppe der unvollständigen Amerika-Karten, zu denen auch die Inselkarten zu zählen sind;
3. die Karten, auf denen Südamerika so unförmig wie eine Kartoffel ausgefallen ist.

Von der zweiten Gruppe sollte man meinen, sie hätte sich spätestens 1520 mit der Umsegelung der Südspitze Südamerikas erledigt. Aber sie setzte sich bis in die zweite Hälfte des 16. Jahrhunderts fort – so als ob die unfertigen Karten den Entdeckerelan wachhalten könnten. Ebenso erstaunlich ist, daß auch die unförmige Darstellung von Südamerika nicht schnell von der – korrekteren – Dreiecksform abgelöst wurde. Tatsächlich gaben so erfolgreiche Autoren und Kartographen wie Sebastian Münster und Gerhard Mercator sogar den ersten Typ zu Gunsten des dritten auf, der dann in hohen Auflagen verbreitet wurde.

Dreieckige Darstellungen Südamerikas

Die ersten Karten dieser Gruppe sind die Weltkarte und die Globensegmente Waldseemüllers von 1507 (S. 114/115, Abb. 6; Frontispiz): Während auf der großen Weltkarte Amerika am linken Rand durch die Projektion stark verzerrt, aber mit einer größeren Anzahl von Küstenorten und Flußmündungen recht ausführlich dargestellt ist, erscheint es, wie beschrieben, auf der kleinen Weltkarte darüber sehr viel weniger verzerrt und bereits mit der charakteristischen Dreiecksform Südamerikas. Die genaue Lage der Südspitze ist nicht zu erkennen, liegt aber wohl viel zu weit östlich. Auf den Globensegmenten reicht sie auch nicht weit genug nach Süden; die westliche Ausdehnung von Südamerika ist noch etwas zu gering.

In der zeitlichen Abfolge steht dieser Darstellung die Weltkarte von Jan Stobnicza (Krakau 1512, 2. Auflage 1519) am nächsten (Abb. 2). Die Art der Darstellung sowohl Südamerikas als auch der Westindischen Inseln und eines sehr rudimentären Nordamerika ist der von Waldseemüller auf der kleinen rechten Halbkugel über der großen Weltkarte so ähnlich, daß man in ihr die

1 Da der damalige Nullmeridian (= 360°) durch die Kanarische Insel Ferro (*Hierro*) lief, müssen 18° dazugerechnet werden, um auf die Länge von Greenwich zu kommen: 18 + (360 - 345) = 33°; modern etwa 34°.

2 In der Bayerischen Staatsbibliothek, die ihren Altbestand an Americana im Zweiten Weltkrieg größtenteils eingebüßt hat, ist nur noch eine undatierte ›Zeytung‹ (Kat. 17) erhalten. Laut Katalogeintrag besaß sie vordem ›Zeytungen‹ aus den Jahren 1520, 1522 und 1535.

3 Sie enthält allerdings auch Entdekkungen aus dem Jahr 1502; vgl. Dreyer-Eimbcke 1991, S. 158.

direkte Vorlage für Stobnicza vermuten muß. Auch bei Stobnicza ist das südliche Ende von Südamerika vom Kartenrand abgeschnitten.

Globensegmente von Ludovicus Bouleng(i)er, die denen von Waldseemüller sehr ähneln, wurden 1514 einem Nachdruck von dessen *Cosmographiae Introductio* beigegeben.[4] Auch der Globus, den Leonardo da Vinci um 1515 schuf, gehört in diese Tradition (Abb. 3).[5]

Die Südspitze Südamerikas in ihrer richtigen Lage sieht man zum ersten Mal auf dem sogenannten ›Lenox-Globus‹, einem anonymen kleinen Globus, auf dem keine Meridiane eingetragen sind (Abb. 3).[6] Auf den ersten Blick wirkt Südamerika stark torsohaft, aber ein Vergleich mit der Breite des Kaps der Guten Hoffnung zeigt, daß die Breite von Kap Hoorn gar nicht so schlecht getroffen ist (modern: 56° südliche Breite). Allerdings wurde die Ostküste von Südamerika mindestens um 10° – was einer Entfernung von über 1000 km entspricht – zu weit nach Osten gerückt. Dies hat aber nicht die Verlagerung des ganzen Kontinents zur Folge; vielmehr ist dieser nun zu breit. Auch die Einbuchtungen der nördlichen Küste von Südamerika sind übertrieben dargestellt, die Ostküste weicht viel zu wenig nach Südwesten, während das Umbiegen der südlichen Spitze nach Osten zu stark ausgefallen ist. Die Zeichnung der Westküste scheint nur auf Vermutungen zu beruhen. Die großen westindischen Inseln *Isabel* und *Spagnola* wurden ebenfalls stark nach Osten gerückt. Gleich neben dem abrupt abbrechenden mittelamerikanischen Landrücken findet man *Zipancri*, Japan, das auch bei Waldseemüller und Stobnicza nur wenig weiter gen Westen lag. Japan war übrigens im Vertrag von Tordesillas der portugiesischen Einflußsphäre zugeordnet worden; entsprechend stammen die frühesten Berichte von Portugiesen und von Giovanni Caboto (1497), einem Italiener, der sich in englische Dienste begeben hatte und als John Cabot 1498 Neufundland entdeckte.[7] Auf einer anonymen portugiesischen Seekarte von ca. 1553 sind die japanischen Inseln erstmals der chinesischen und koreanischen Küste vorgelagert.

Wieder etwas vertrauter wirkt die Darstellung Südamerikas auf Johannes Schöners Globen von 1515 (Abb. 3)[8] und 1520 (Abb. 4), die mit Meridianen und Breitenkreisen versehen sind. Sie entstanden offenbar unabhängig von Waldseemüller. Die Ostspitze Südamerikas ragt 2-3° weiter nach Osten; die Südspitze, besser die Durchfahrt, die später Magellanstraße genannt wird, befindet sich um mehr als 10° zu weit im Osten und um 13° zu weit im Norden. Im Süden dieser Durchfahrtsstraße liegt der Südkontinent, der keinen weiteren Durchlaß nach Westen bietet. Ebenso wie Waldseemüller und Stobnicza bezeichnet Schöner die Westküste Südamerikas ausdrücklich als unbekannt. Auf Schöners Globen sind auch die Inseln im Atlantik eingetragen, die teils zum Kastilischen, teils zum Portugiesischen Reich gehörten. Interessanterweise enthält sein Werk *Luculentissima quaedam terrae totius descriptio: cum multis utilissimis Cosmographiae iniciis* (Nürnberg 1515; Kat. 19), dem die früheren Globensegmente wohl zugeordnet waren, eine Reihe von Positionsangaben in Längen- und Breitengraden, wobei allerdings nicht hervorspringende Punkte, sondern die Mitten (medium)

Abb. 4 Johannes Schöner: Erdglobus, 1520 (Kat. 66)

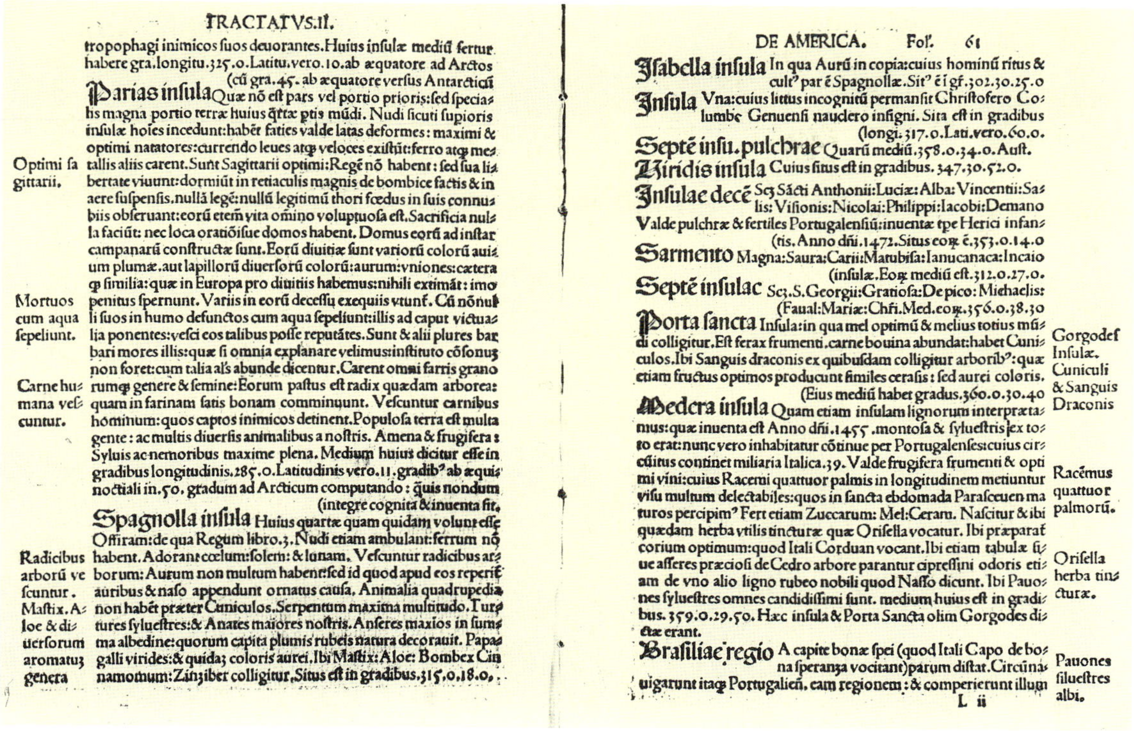
TRACTATVS.II.

tropophagi inimicos suos deuorantes. Huius insulæ mediū fertur habere gra. longitu. 325. o. Latitu. vero. 10. ab æquatore ad Arctos (cū gra. 45. ab æquatore versus Antarcticū

Parias insula Quæ nō est pars vel portio prioris: sed specialis magna portio terræ huius q̄rtæ ptis mūdi. Nudi sicuti supioris insulæ hoīes incedunt: habēt faties valde latas deformes: maximi & optimi natatores: currendo leues atq̧ veloces existūt: ferro atq̧ metallis aliis carent. Sunt Sagittarii optimi: Regē nō habent: sed sua libertate viuunt: dormiūt in retiaculis magnis de bombice factis & in aere suspensis. nullā legē: nullū legitimū thori fœdus in suis connubiis obseruant: eorū etem̄ vita omino voluptuosa est. Sacrificia nulla faciūt: nec loca oratiōisue domos habent. Domus eorū ad instar campanarū constructæ sunt. Eorū diuitiæ sunt variorū colorū auium plumæ. aut lapillorū diuersorū colorū: aurum: vniones: cætera q̧ similia: quæ in Europa pro diuitiis habemus: nihili extimāt: imo penitus spernunt. Variis in eorū decessu exequiis vtunt. Cū nōnulli suos in humo defunctos cum aqua sepeliunt: illis ad caput victualia ponentes: vesci eos talibus posse reputātes. Sunt & alii plures barbari mores illis: quæ si omnia explanare velimus: instituto cōsonu non foret: cum talia al's abunde dicentur. Carent omni farris grano rumq̧ genere & semine: Eorum pastus est radix quædam arborea: quam in farinam satis bonam comminuunt. Vescuntur carnibus hominum: quos captos inimicos detinent. Populosa terra est multa gente: ac multis diuersis animalibus a nostris. Amena & frugifera: Syluis ac nemoribus maxime plena. Medium huius dicitur esse in gradibus longitudinis. 285. o. Latitudinis vero. 11. gradib' ab æquinoctiali in. 50. gradum ad Arcticum computando: q̄uis nondum (integre cognita & inuenta sit.

Optimi sagittarii.

Mortuos cum aqua sepeliunt.

Carne humana vescuntur.

Spagnolla insula Huius quartæ quam quidam volunt esse Offiram: de qua Regum libro. 3. Nudi etiam ambulant: ferrum nō habent. Adorant cœlum: solem: & lunam. Vescuntur radicibus arborum: Aurum non multum habent: sed id quod apud eos reperit auribus & naso appendunt ornatus causa. Animalia quadrupedia non habēt præter Cuniculos. Serpentum maxima multitudo. Turtures syluestres: & Anates maiores nostris. Anseres maxios in summa albedine: quorum capita plumis rubeis natura decorauit. Papagalli virides: & quidā coloris aurei. Ibi Mastix: Aloe: Bombex Cinnamomum: Zinzíber colligitur. Situs est in gradibus. 315. o. 18. o.

Radicibus arborū vescuntur. Mastix. Aloe & diuersorum aromatū genera

DE AMERICA. Fol. 61

Isabella insula In qua Aurū in copia: cuius hominū ritus & cult' par ē Spagnollæ. Sit' ē i gr. 302. 30. 25. o

Insula Vna: cuius littus incognitū permansit Christofero Columbe Genuensi nauclero insigni. Sita est in gradibus (longi. 317. o. Lati. vero. 60. o.

Septē insu. pulchrae Quarū mediū. 358. o. 34. o. Aust.

Viridis insula Cuius situs est in gradibus. 347. 30. 52. o.

Insulae decē Scz Sācti Anthonii: Luciæ: Alba: Vincentii: Salis: Visionis: Nicolai: Philippi: Iacobi: Demano Valde pulchræ & fertiles Portugalensiū: inuentæ tpe Herici infan(tis. Anno dñi. 1472. Situs eorū ē. 353. o. 14. o

Sarmento Magna: Saura: Carii: Matubisa: Ianucanaca: Incaio (insulæ. Eorū mediū est. 312. o. 27. o.

Septē insulae Scz. S. Georgii: Gratiosa: De pico: Michaelis: (Faual: Mariæ: Chři. Med. eorū. 356. o. 38. 30

Porta sancta Insula: in qua mel optimū & melius totius mūdi colligitur. Est ferax frumenti. carne bouina abundat: habet Cuniculos. Ibi Sanguis draconis ex quibusdam colligitur arborib': quæ etiam fructus optimos producunt similes cerasis: sed aurei coloris. (Eius mediū habet gradus. 360. o. 30. 40

Gorgodes Insulæ. Cuniculi & Sanguis Draconis

Medera insula Quam etiam insulam lignorum interpretamus: quæ inuenta est Anno dñi. 1455. montosa & syluestris ex toto erat: nunc vero inhabitatur cōtinue per Portugalenses: cuius circūitus continet miliaria Italica. 39. Valde frugifera frumenti & optimi vini: cuius Racemi quattuor palmis in longitudinem metiuntur visu multum delectabiles: quos in sancta ebdomada Parasceuen maturos percipim' Fert etiam Zuccarum: Mel: Ceram. Nascitur & ibi quædam herba vtilis tincturæ quæ Orisella vocatur. Ibi præparat corium optimum: quod Itali Corduan vocant. Ibi etiam tabulæ siue asseres præciosi de Cedro arbore parantur cipressini odoris etiam de vno alio ligno rubeo nobili quod Nasso dicunt. Ibi Pauones syluestres omnes candidissimi sunt. medium huius est in gradibus. 359. o. 29. 50. Hæc insula & Porta Sancta olim Gorgodes dictæ erant.

Racēmus quattuor palmorū.

Orisella herba tincturæ.

Brasiliae regio A capite bonæ spei (quod Itali Capo de bona speranza vocitant) parum distat. Circūnauigarunt itaq̧ Portugalien. eam regionem: & comperierunt illum

Pauones siluestres albi.

L ii

Abb. 5 Positionsangaben der Neuen Welt in Johannes Schöners Weltbeschreibung, 1515 (Kat. 19)

bestimmter geographischer Einheiten angegeben werden, was vor allem bei größeren Inseln Probleme aufwerfen kann (Abb. 5). Nord- und Südamerika werden dabei als zwei voneinander getrennte Inseln aufgefaßt.

Als ›Mitte‹ von Nordamerika (*Parias insula*) gibt Schöner hier 285° an, was etwa in der Mitte zwischen Neufundland und Los Angeles liegt, also an der Westküste etwa mit der spanischen Besiedlung übereinstimmt. Auf den Globen ist Neufundland allerdings noch nicht der Ostküste vorgelagert, sondern liegt weit draußen im Atlantik, und die Westküste ist als völlig unbekannt markiert. Johannes Schöners ›Mitte‹ Südamerikas bei 325° stimmt in etwa mit der Südspitze auf den Globen überein, ebenso die südlichste Breite von 45°. Die großen Westindischen Inseln *Isabella* (Kuba) und *Spagnolla* (Haiti) sind viel zu groß gezeichnet. Während die Angabe der ›Mitte‹ von *Isabella* mit 300° noch angehen mag (25° nördlicher Breite jedoch viel zu nördlich sind), liegt die ›Mitte‹ *Spagnollas* mit 315° viel zu weit im Osten (mit 18° nördlicher Breite dagegen fast richtig).

Rätselhaft ist die Angabe für die Insel, auf der Columbus zum ersten Mal landete, mit 317° Länge und 60° nördlicher Breite. Die Länge entspräche etwa den Bermudas oder einer Insel der kleinen Antillen, die Breite der Nordspitze von Labrador. Ebenfalls rätselhaft sind die *Septem insulae pulchrae* (die Kanaren sind weiter östlich und südlich) und die *Viridis insula*, an deren Stelle keine Insel bekannt ist. Gar nicht schlecht sind hingegen wieder die Angaben für die Kapverden, Bahamas und Azoren, während die Eintragungen für Madeira und Porto Santo wieder zu weit westlich liegen. Auf Schöners Globensegmenten sind auch zahlreiche Flüsse an der Ost- und Nordküste Südamerikas eingezeichnet und benannt.

Dieser Vergleich der Werte erlaubt es, die Informationen Schöners ins rechte Licht zu rücken. Es sind erstaunlich viele sehr gute und gute Angaben dabei, die unser Bild von der Vermessungskunst der Zeit korrigieren – vor allem die Längen betreffend, die ja viel schwieriger zu ermitteln waren als die geographische Breite. Überliefert sind jedoch nur die genannten Zahlen. Es ist weder bekannt, woher Schöner sie bezogen hat, noch wer die Messungen durchgeführt hat und mit welchen Mitteln. Allerdings ist Schöner in der Astronomiegeschichte kein ganz Unbekannter, da er sich u. a. um die Verbreitung des Werkes von Regiomontan gekümmert hat.

Recht ähnlich fällt Amerika auf den anonymen, wohl in Ingolstadt gedruckten Globussegmenten aus den zwanzi-

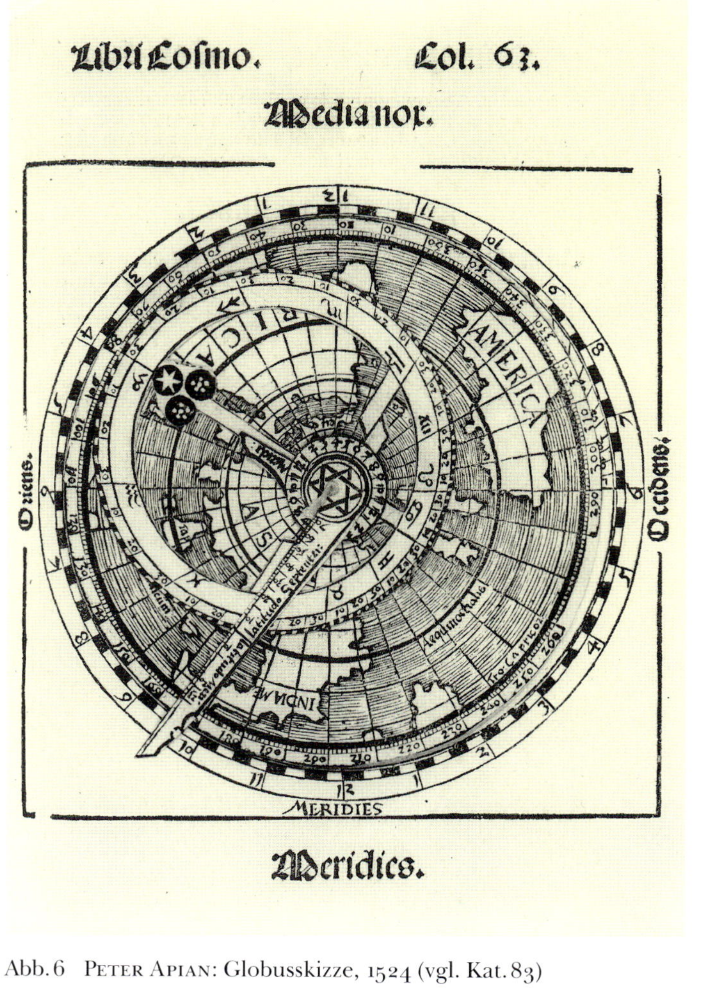

Abb. 6 Peter Apian: Globusskizze, 1524 (vgl. Kat. 83)

4 Nordenskiöld 1889, S. 76, Taf. XXXVII; Kretschmer 1892, Taf. XI, 2; Shirley 1983, S. 43.
5 Nordenskiöld 1889, S. 77; Kretschmer 1892, Taf. XI, 3.
6 Nordenskiöld 1889, S. 75; Kretschmer 1892, Taf. XI, 1; Muris/Saarmann 1961, S. 71, Abb. 16.
7 Kapitza 1990, Bd. 1, S. 51-61.
8 Kretschmer 1892, Taf. XI, Nr. 4; bei Nordenskiöld (1889, S. 78-79) »nach Jomard« abgebildet.

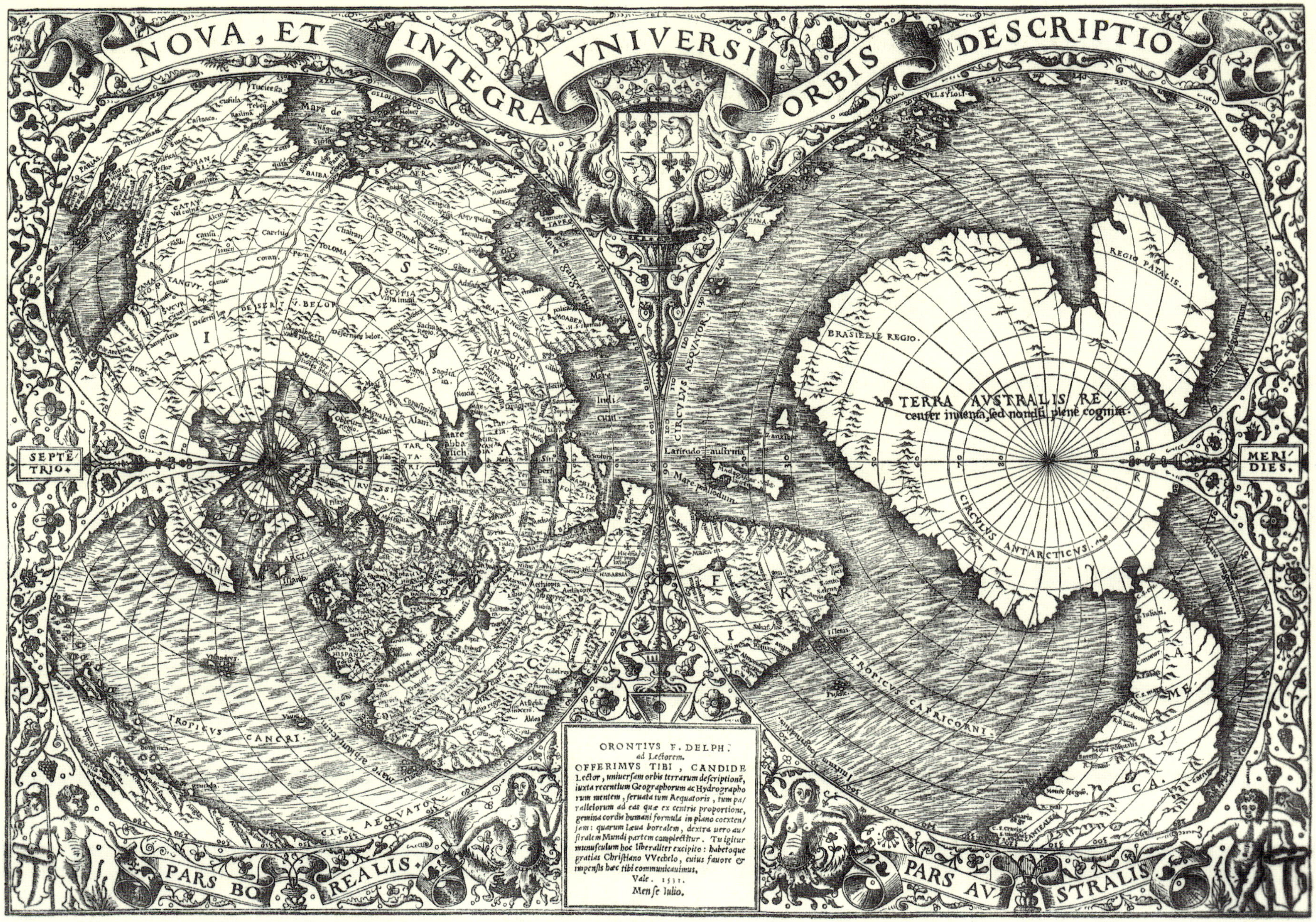

ORONTIUS FINÆUS 1531

ger Jahren des 16. Jahrhunderts[9] aus: Südamerika reicht auch hier nur bis 45° nach Süden, und die Spitze liegt bei 320°, also 5° westlicher als bei Schöner. Noch ungeklärt ist, ob diese Globensegmente von Peter Apian stammen, der 1525 als Professor für Mathematik und Astronomie an die Universität nach Ingolstadt ging und dort eine Druckerei gründete. Bereits als Student hatte er 1520 in Wien eine zwiebelförmige Weltkarte publiziert, die sich deutlich an die große Weltkarte von Waldseemüller anlehnt (Kat. 81). Der südliche Kartenrand schneidet hier jedoch die Spitze von Südamerika nicht ab. Dadurch wird deutlich, daß sie auch hier nur bis 45° Breite auf 320° Länge reicht, während das Kap der Guten Hoffnung auch bis 45°, also 10° zu weit in den Süden ragt, ein Irrtum, den er allerdings ebenfalls mit Waldseemüller teilt. Korrigiert ist die Darstellung von Afrika auf einer Globusskizze in

Abb. 7 Orontius Finaeus: Doppelherzförmige Weltkarte, 1531 (Kat. 85)

9 Shirley (1983, S. 50) hält bereits 1518 als Druckdatum für möglich (ohne Begründung).
10 Nordenskiöld 1889, Taf. XLVI, 2.
11 Novaco: *Cartografia rara*. 1986, S. 112-113.

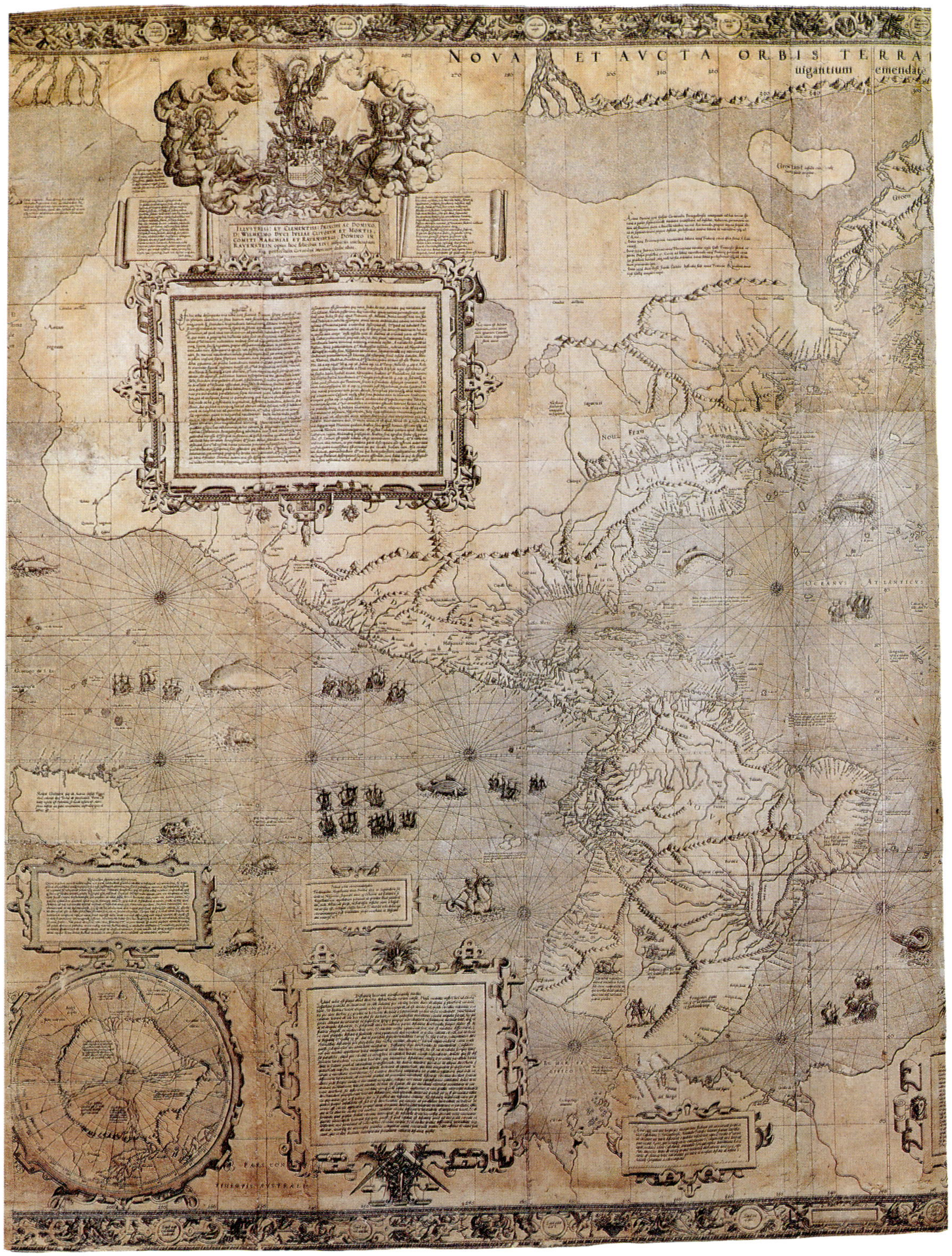

Abb. 8 Amerika auf der Weltkarte von GERHARD MERCATOR, 1569 (Kat. 98)

der ersten Auflage von APIANS *Cosmographiae Introductio* (Landshut 1524), die in späteren Auflagen nicht mehr enthalten ist (Abb. 6). Den Abstand zwischen Afrika und Amerika gibt er dort im Text mit weniger als 20 Längengraden richtig an, mehr Gradangaben zu Amerika findet man aber nicht. Südamerika ist für PETER APIAN 1524 noch eine von Nordamerika getrennte Insel, 1530 erscheint es auf der neuen herzförmigen Weltkarte mit Nordamerika verbunden (S. 166, Abb. 8). Allerdings ist der südliche Teil von Südamerika in Höhe der La-Plata-Mündung abgetrennt, als wüßte man schon von der Magellanstraße. Die Südspitze reicht auch hier nur bis 45°. Außer dem Zusammenwachsen von Nord- und Südamerika gibt es in PETER APIANS Amerika-Bild keine nennenswerten Wandlungen. Ganz ähnlich wie auf der Weltkarte von 1520 zeigt sich Amerika bei JOHANNES HONTER in dessen *Rudimenta Cosmographica* (Zürich 1546; Kat. 92).[10]

Unabhängig davon entstand 1531 die doppelherzförmige Weltkarte des Pariser Mathematikers und Kartographen ORONTIUS FINAEUS (Abb. 7): Südamerika – und zwar in Dreiecksform – ragt wie auf dem sog. ›Lenox-Globus‹ bis 55° nach Süden, und Nordamerika ist erstmals in seiner vollen Ausdehnung von ca. 120 Längengraden von Ost nach West dargestellt, im Westen allerdings noch ohne Beringstraße. Die Amerika und Asien verbindende Landmasse beginnt vielmehr bei ca. 20° nördlicher Breite – die Kenntnis der Westküste Nordamerikas reichte also noch nicht sehr weit. Die Südspitze Südamerikas ist bei ORONTIUS FINAEUS bis 310° nach Westen gerückt, was der Wirklichkeit sehr nahe kommt. Der östlichste Punkt erreicht 330° nicht ganz, ist also mehr als 15° nach Westen verrutscht.

Auf MERCATORS erster Weltkarte von 1538, ebenfalls einer doppelherzförmigen Projektion (S. 167, Abb. 9), unterscheidet sich das Amerika-Bild von dem des ORONTIUS FINAEUS in mehreren Punkten: Amerika und Asien sind durch einen Ozean voneinander getrennt, in dem bei 50° nördlicher Breite (!) die Insel *Sypango* liegt. Die Westküste Nordamerikas war MERCATOR allerdings noch unbekannt. Zwischen Nord- und Südamerika gibt es keine Unterbrechung der Landmasse. Die Südspitze ist als *Fretum antarcticum sive Magellanicum* bezeichnet und liegt bei ca. 53° südlicher Breite und 300-310° Länge. Der östlichste Punkt erreicht fast 350°, befindet sich also ein ganzes Stück zu weit im Osten, während die Landenge von Panama bei ca. 293° Länge fast 10° zu weit im Westen liegt. Der westlichste Punkt bei Punto Parinas erreicht etwa 288°. Das – deutlich dreieckige – Südamerika von MERCATOR ist demnach etwa 15° zu breit geraten, was jedoch bei der komplizierten Projektion nicht sehr ins Auge springt. Von dieser Karte erschienen unzählige, nicht immer autorisierte Nachdrucke.[11]

Schon 1532 publizierte SEBASTIAN MÜNSTER eine Amerika-Karte, auf der Nordamerika noch eher fragmentarisch, Südamerika jedoch deutlich in Dreiecksform dargestellt ist, wenn auch zu weit nach Westen reichend (Kat. 86). Da die Karte keine Gradskalen enthält, läßt sie sich nicht näher beurteilen. Sie war zwei humanistischen Drucken beigegeben, und zwar dem *Novus Orbis Regionum* von S. Grynaeus und J. Huttich sowie einer Ausgabe von Solinus' *Collectanea rerum memorabilium*.

Merkwürdigerweise erschienen sowohl die Baseler Ptolemäus-Ausgabe 1540 als auch die Kosmographie von Sebastian Münster ab 1544 mit einem anderen Amerika-Bild, bei dem Südamerika eher die Form einer Kartoffel hatte (Abb. 14). Auf dem Dresdener Mercator-Globus, der 1541 datiert ist, und auf seiner Weltkarte von 1569 (Abb. 8), die erstmals mit der später nach ihm benannten Projektion hergestellt ist, zeigt sich Amerika, vor allem Südamerika, sehr ähnlich deformiert. Wodurch dieser Wandel hervorgerufen wurde, ist unbekannt. Es könnte vermutet werden, daß die iberischen Mächte die Informationen über ihre Entdeckungen nicht unbedingt verbreiten wollten. In diesem Zusammenhang wird immer wieder mit der Geheimhaltungspolitik der iberischen Mächte argumentiert. Harley[12] verglich in einem ausführlichen Artikel Spanien und Portugal mit dem »monopoly capitalism«, denn es bestehe dasselbe Interesse am Zurückhalten von Informationen. Als Historiker kann man allerdings mit dem Mangel an Quellen niemals gut arbeiten. Spanische ›Instrucciones‹ zur amerikanischen Landes- respektive Küstenaufnahme scheint es erst aus der zweiten Hälfte des 16. Jahrhunderts zu geben.[13]

Sowohl Mercator als auch Münster hatten mit ihren auch im ästhetischen Sinn schönen Publikationen ungeheuren Erfolg. Mercator stellte zudem Metallgloben her, die großen Anklang fanden; u. a. gehörte Kaiser Karl v. zu denen, die seine Werke sehr schätzten. Ein kürzlich aufgetauchtes vergoldetes Globenpaar soll 1579 von Mercator oder seiner Werkstatt für Sultan Murad ii. hergestellt worden sein – sein Ruf reichte also weit.[14] Wie sehr sich die Hohe Pforte für die neuen Entdeckungen interessierte, dokumentierte schon die Karte von Pîrî Reîs aus dem Jahr 1513, die den größten Teil der Ostküste Süd- und Mittelamerikas verzeichnete (Kat. 62). Noch auf der Weltkarte von Mercators Sohn Rumold (1587) für das berühmte Atlaswerk ist Amerika in der Weise wie 1569 und speziell Südamerika in den unförmigen Umrissen dargestellt (Kat. 103).

Die bisher betrachteten Amerika-Karten, die Südamerika richtig als Dreieck zeigen, waren für ein Laienauge nicht besonders gut lesbar, da durch ihre besondere Projektion und Zerschneidung Amerika stets in mehrere Teile zerfiel, die allenfalls auf dem fertigen Globus zusammenkamen. Gut erkennbar und einprägsam jedoch erscheint dieses Amerika-Bild 1544 auf einer Weltkarte, die Gemma Frisius in Antwerpen zusammen mit Peter Apians Kosmographie von 1524 druckte (Abb. 9), sowie ein weiteres Mal im gleichen Jahr bei Sebastian Cabot, einem Sohn des schon erwähnten John Cabot, ebenfalls in einem Antwerpener Druck, hier sogar mit Gradnetz in Ovalprojektion (Kat. 91). Diese Karte begleitete ein Heft mit – mehr oder weniger gleichlautend – spanischen und lateinischen Erläuterungen.[15] Darin erklärt Cabot, der unter Kaiser Karl v. das Amt eines Admirals bekleidete, nach einer kurzen Entdeckungsgeschichte die notwendigen Peilungen auf der Amerikaroute, die er durch präzise Hinweise auf die Deklination der Magnetnadel ergänzt. Zwei Jahre später druckte Jacopo Gastaldi eine ganz ähnliche Weltkarte in Venedig (Kat. 93)[16], und aus dem Jahr 1568 stammt der Dresdener Messingglobus, den Johann Praetorius in Nürnberg herstellte. Auf diesen Karten präsentiert sich Nordamerika jeweils noch unfertig und Südamerika ca. 15° zu breit. Die Übertreibung der Breite verstärkte sich in den folgenden Jahrzehnten sogar teilweise noch, und keiner der großen Geographen machte dabei eine Ausnahme. Nicht einmal der östlichste Punkt ist immer richtig dargestellt. Im allgemeinen schiebt sich Amerika weit in den Pazifik hinaus, ein Fehler, der vermut-

Abb. 9 R. Gemma Frisius: Zwiebelförmige Weltkarte, 1544 (Kat. 90)

12 Harley 1988, S. 64.

13 Edwards 1969.

14 Allerdings gab es in Mercators Leben auch einen Einbruch: 1544 stand er zusammen mit einer Gruppe von Bürgern aus Löwen unter der Anklage der Ketzerei, der er nach neun Monaten Kerkerhaft nur mit knapper Not entkam. Die Inquisitionsakten sind nicht erhalten. In den darauffolgenden Jahren publizierte er fast nichts mehr, und 1552 wanderte er nach Duisburg aus.

15 *Declaratio chartae novae navigatoriae domini Almirantis* (1544). Für den Hinweis darauf danke ich Herrn Dr. H. Wolff sehr herzlich.

16 Edwards 1969, S. 69 f.

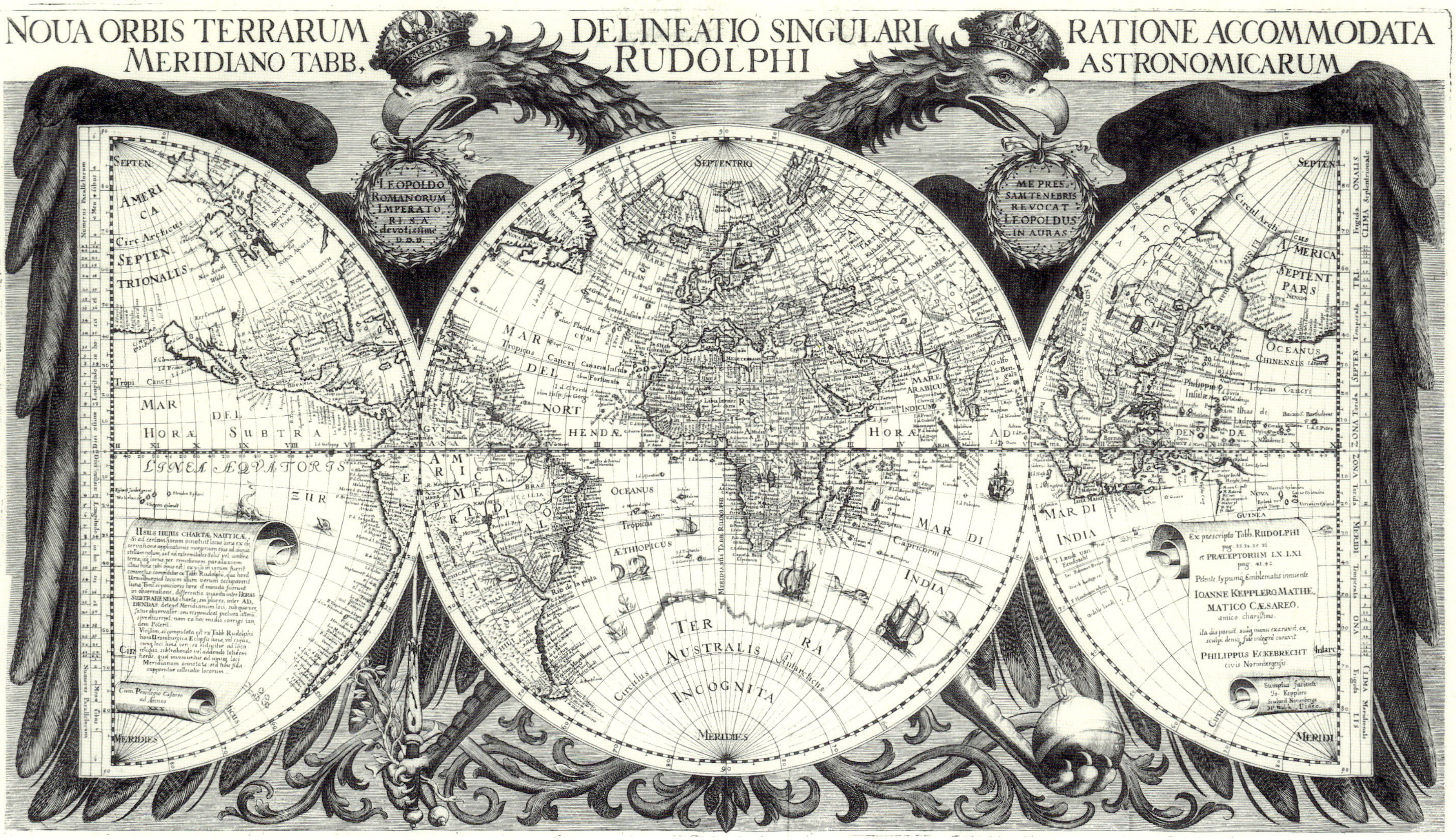

Abb. 10 Johannes Kepler: Weltkarte, 1630

lich für Europäer nicht besonders interessant war und, wie erwähnt, erst in der zweiten Hälfte des 18. Jahrhunderts durch neue Vermessungen aufgehoben wurde.[17] Insofern ist es nicht allzu verwunderlich, daß auch die Weltkarte, die Johannes Kepler 1630 für die Rudolphinischen Tafeln anfertigen ließ, ein zu breites Südamerika aufweist (Abb. 10).[18] Hier beträgt der Fehler jedoch nur noch 5°, um die die Westküste Südamerikas zu weit westlich liegt.

Unvollständige Amerika-Karten

Amerika-Karten, bei denen entweder nur Inseln gezeichnet sind oder die Küstenlinie Südamerikas abbricht, sind zwar die ältesten, aber sie entstanden merkwürdigerweise auch noch, als man längst vollständige Konturen zeichnen konnte, was doch jedenfalls auf gut begründeten Vermutungen beruhte. Auf die ältesten Zeichnungen dieser Art, die vor Martin Waldseemüllers Weltkarten von 1507 entstanden, wurde oben schon eingegangen. Von Waldseemüller selbst stammen mehrere Karten dieses zweiten Typs, zuerst, wie erwähnt, im Straßburger Ptolemäus von 1513 (zwei Karten), sodann in einer erweiterten Ausgabe von Gregor Reischs *Margarita Philosophica* 1515, auf die der Text allerdings nicht eingeht und die auch in späteren Ausgaben nicht wieder gedruckt wird (Kat. 80). Auf allen drei Karten fehlt übrigens die Bezeichnung *America*; man findet in Südamerika nur *Terra Incognita* bzw. *Paria Seu Prisilia* und einmal als Blattüberschrift *Tabula Terre Nove*. Mangels Längenangaben läßt sich die Lage der Ostküste, die nicht nach Südwesten zurückweicht, schwer beurteilen. Auf der Karte von 1515 ist die Küstenlinie bis fast 50° nach Süden gezogen, ehe sie abbricht, auf den beiden anderen

17 Hier errangen vor allem französische Ingenieure große Verdienste: Nachdem Frankreich 1763 sämtliche Kolonien an England verloren hatte, rüstete es mehrere große Expeditionen aus, die in den Pazifik gingen.

18 Edwards 1969, S. 358 f. Die Karte wurde von Philip Eckebrecht nach Keplers Angaben gezeichnet und von J. P. Walch in Nürnberg 1630 gestochen. Beigebunden als Faltkarte in Tycho Brahe: *Tabulae Rudolphinae*. Um 1627

endet sie vorher. So ähnlich hatte 1507/08 schon Johannes Ruysch eine Weltkarte für die römische Ptolemäus-Ausgabe gestaltet (Kat. 77). Während aber Waldseemüller den Kartenrand so legte, daß er den Pazifik abschneidet, hat Ruysch seinen Torso von Südamerika mitten im Ozean plaziert und fehlende Küsten mit einer Schriftrolle zugedeckt.[19] Auch auf seiner berühmten *Carta Marina* von 1516 (S. 120/121, Abb. 14) kehrte Waldseemüller nicht zur Amerikaform von 1507 zurück, sondern führte den Typ von 1513 fort (S. 118, Abb. 9). Sein Erbe Lorenz Fries druckte diese Karte 1522 und später mehrmals nach. Andere torsohafte Darstellungen findet man z. B. auf den Karten Jorge Reinels (S. 133, Abb. 4), Juan Vespuccis 1526 (Kat. 68), auf der ›Salviati-Planisphäre‹ (Kat. 67) und auf einer Weltkarte Lopo Homems 1554 (Abb. 12). Bei der zuletzt genannten ist schon ein guter Teil des nordamerikanischen Kontinents dargestellt, von Südamerika der Nordosten und der Nordwesten, aber im Süden des Kontinents brechen die Küstenlinien ab. Und in einer venezianischen Ausgabe seiner Geschichte Westindiens von Petrus Martyr[20] war noch 1534 nur die Ostküste Südamerikas gezeichnet, diese allerdings bis 55° im Süden, wo die Magellanstraße vermerkt ist. Dort ist der südliche Subkontinent auch wesentlich zu breit geraten.

Die Darstellung nur einer Inselgruppe für den ganzen neu entdeckten Doppelkontinent findet man zuletzt noch bei Pietro Coppo, Venedig 1528 (Abb. 11).[21] Diese Abbildung erinnert an die spätmittelalterlichen Inselkarten des *Isolario* von Benedetto Bordone, Venedig 1528, in deren Tradition auch der ›Cosmógrafo Mayor‹ Kaiser Karls v., Alonso de Santa Cruz, mit seinem *Isolario General* von 1541 steht, der aber das umliegende Festland von Amerika doch andeutet.[22]

Südamerika als ›Kartoffel‹

Mit den torsohaften Amerika-Darstellungen könnte die letzte Gruppe der Karten zusammenhängen, auf denen Südamerika unförmig, im einzelnen teilweise recht unterschiedlich, kartoffelähnlich gestaltet ist. Eine der frühesten Karten (wenn nicht gar die früheste) dieses Typs ist die Weltkarte, die Lorenz Fries für die Straßburger Ptolemäus-Ausgabe von 1522 herstellte[23] und die auch keine ganz durchgehende Küstenlinie aufweist. Der östlichste Punkt von Südamerika liegt darauf ca. 10° zu weit im Osten, und die Ostküste verläuft nicht nach Südwesten. Als querliegendes Oval hat B. Bordone Südamerika 1528 dargestellt (Kat. 84), darin aber wohl keine Nachahmer gefunden.[24] Sehr plump, wenn auch noch vage an die Dreiecksform erinnernd, ist Südamerika auf drei deutschen Globensegmenten zu sehen: Bei Georg Hartmann (Nürnberg 1535, Abb. 13)[25], bei Caspar Vopel (Köln 1536)[26] und auf einem anonymen Blatt aus Nürnberg, 1540.[27] Dort sind aber auch schon die Ansätze zu jener Deformation zu sehen, die nach Sebastian Münsters Weltkarte von 1540 (Abb. 14)[28] diese Gruppe beherrschen sollte. Nordamerika hängt nicht mehr mit Asien zusammen, ist aber so breit wie Europa und Asien gemeinsam. Südamerika beginnt meistens 5-10° zu weit östlich, erstreckt sich ebenfalls 5-10° zu weit nach Westen und reicht im Süden (richtig) bis ca. 55°. Eine kräftige Ausbuchtung an der Südwestküste und zu geringer Westwärts-Verlauf der Südostküste verfälschen aber den optischen Eindruck am entschiedensten. Dieser Kartentyp enthält also alle Fehler, die den Karten der ersten Gruppe auch anhafteten, und ein paar zusätzliche. Vor allem geben sie keinen zutreffenden Eindruck von den Umrissen Südamerikas. In diese Gruppe gehören Karten von großen Kartographen wie Mercator 1569 (Abb. 8), Girolamo Ruscelli im venezianischen Ptolemäus von 1561 (Kat. 94), von Ortelius 1570 (Abb. 15), der große Münchener Globus von Philipp Apian von 1576 (Kat. 76) sowie Karten von Cornelis de Jode 1593 (Kat. 112) und Johann Rauw 1597 (Abb. 16). Im weiteren Verlauf des 17. Jahrhunderts setzte sich dann schließlich die Dreiecksform für Südamerika durch, wenn auch nicht immer frei von Deformationen.

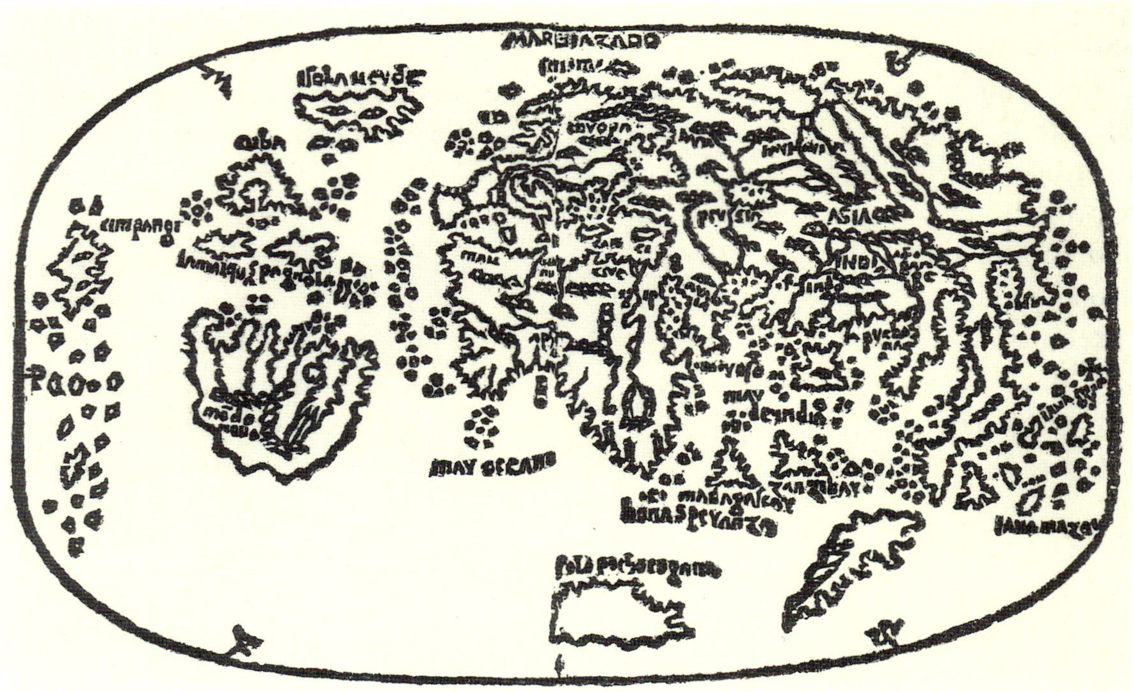

Abb. 11 Pietro Coppo: Die Neue Welt als Inselgruppe, 1528. British Library, London

19 Shirley 1983, S. 25 ff.
20 Nordenskiöld 1889, S. 107.
21 Ebenda, S. 103; Shirley 1983, S. 65.
22 Faksimile-Ausg. Herausgegeben von F. v. Wieser. Innsbruck 1908.
23 Shirley 1983, S. 54; Bagrow/Skelton 1973, S. 145.
24 Bagrow/Skelton 1973, S. 122.
25 Shirley 1983, S. 79 ff.
26 Nordenskiöld 1889, Taf. XL, 2; Shirley 1983, S. 82 f.
27 Nordenskiöld 1889, Taf. XL, 1.
28 Bagrow/Skelton 1973, S. 141 f.

Abb. 12 Lopo Homem: Weltkarte, 1554 (Kat. 74)

Wie schon vorher bei Münster und Mercator, stellt das Amerika-Bild Philipp Apians keinen Fortschritt dar, denn von seinem Vater Peter kannte er ja bereits die Dreiecksform. Verschlechtert gegenüber den Kenntnissen des Vaters hat sich bei Philipp auch der östlichste Vorsprung Südamerikas, der mit 349° Länge zu weit im Osten liegt. Verbessert wurde allerdings die Lage der Südspitze mit 54° südlicher Breite. Besonders bemühte sich Apian um die Darstellung des südamerikanischen Festlands in der Nordwestecke, dem Territorium, das den Welsern von Kaiser Karl v. überlassen worden war und das in deren Auftrag Nikolaus Federmann, der mit spanischen Soldaten und über 100 deutschen Bergleuten dorthin segelte, 1529 vergeblich in Besitz zu nehmen versucht hatte.

Die beiden stärksten Gruppen dieser Übersicht folgen, was gedruckte Vorläufer betrifft, den älteren Waldseemüller-Karten von 1507 sowie der Lorenz-Fries-Karte von 1522 und der von Sebastian Münster von 1540, die Südamerika als ›Kartoffel‹ zeigen. Dabei ist der gute Entwurf Waldseemüllers ebenso erstaunlich und unerklärlich, wie das lange Fortwirken der unförmigen Südamerika-Karte. Man könnte dies darauf zurückführen, daß die von Europa abgewandte Seite Südamerikas wenig Aktualität für Europa besaß. Aber was bedeutet Aktualität in diesem Fall? Die Eroberung und Kolonisation Südamerikas wurde im 16. Jahrhundert von Kastilien und Portugal aus betrieben, während die Karten hauptsächlich von Deutschen stammten, gefolgt von Italienern. Dieser hohe deutsche Anteil an den Amerika-Karten entspricht der Bedeutung der deutschen Instrumenten- und Kartenmacher im 16. Jahrhundert, nicht aber dem politischen oder wirtschaftlichen Interesse.

Geographische Literatur

Im Gegensatz zu den Karten blieb die geographische Literatur, die im 16. Jahrhundert in Deutschland über Amerika erschien, noch recht bescheiden. Erwähnt wurde bereits das enzyklopädische Werk von Gregor Reisch, die in der ersten Auflage 1496 oder 1503 erschienene *Margarita Philosophica*. Sie enthält u.a. den klassischen Bildungskanon der sieben freien Künste, deren Inhalt allerdings nicht festgelegt war. So fehlt in den ältesten Auflagen der *Margarita* die Länderkunde ganz. Zur Geographie gehörten damals auch schon die Kartographie und das Vermessen der geographischen Lage von Orten, was oft in der Astronomie abgehandelt wurde. Auf den Einfluß der Entdeckungen des späten 15. Jahrhunderts könnte es zurückgehen, daß G. Reisch auf die Kugelgestalt der Erde ausdrücklich eingeht und dazu sogar einen Holzschnitt bringt. An sich war die Kugelgestalt während des gesamten Mittelalters bekannt, und die Beweise, die Aristoteles (in *De coelo* I,14) bringt, waren wesentlich wissenschaftlicher als bei Reisch. Aber es kann wohl sein, daß die südliche Umschiffung Afrikas 1488 und die Entdeckung Amerikas 1492 das Problem erst ins allgemeine Bewußtsein brachten und Reisch diesem Bildungsbedürfnis Rechnung trug.

Die *Margarita* wurde (spätestens seit 1512) mit naturwissenschaftlichen und technischen Anhängen anderer Autoren versehen, da Reisch bemüht war, sein Werk auch in eine Richtung zu aktualisieren, die ihm selbst weniger lag. So enthielt die Ausgabe von 1515 eine mehrfach gefaltete Weltkarte von Waldseemüller, etwas kleiner, aber inhaltlich entsprechend derjenigen Weltkarte, die in der Kosmographie des Ptolemäus, Straßburg 1513, abgedruckt worden war (vgl. S. 118, Abb. 9). Die Weltkarte der *Margarita* wurde auf fünf der sechs Außenseiten bedruckt mit der vielverheißenden Überschrift *Nova terre descriptio. Nova terre succincta descriptio*. Auf der ersten Seite wird die Dreiteilung der Erde erklärt, es folgen kurze Abschnitte über Europa, Afrika und Asien. Amerika sucht man vergebens. Es schließen sich Kapitel über die Projektion, Klimazonen und eine Erklärung des Gradnetzes an, also theoretische Erörterungen zur Geographie. Auf der Karte selbst ist Südamerika beschriftet: *Paria Sev Prisilia*. Die späteren Auflagen verzichten wieder auf diese Karte.

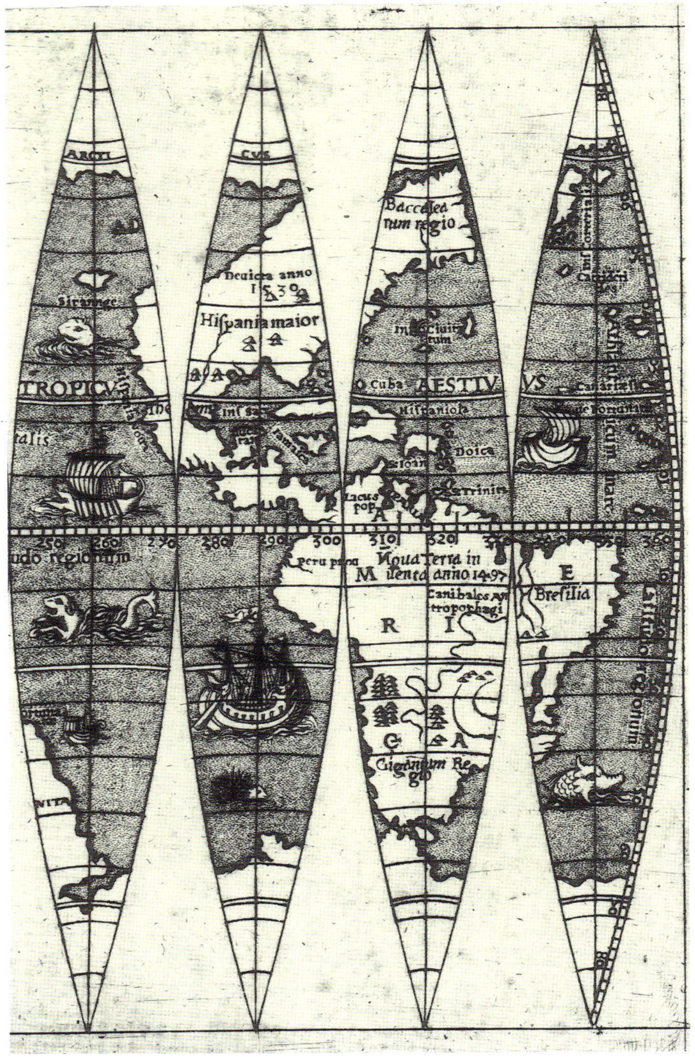

Abb. 13 Amerika auf den Globensegmenten von Georg Hartmann, um 1535. Württembergische Landesbibliothek, Stuttgart

Stattdessen griff man dort – noch bis zum Ende des 16. Jahrhunderts (so in den Ausgaben von 1517, 1535, 1595) – auf die spätmittelalterlichen Weltkarten im Ptolemäus-Stil zurück. Nur in einer italienischen Ausgabe aus dem Jahr 1600 ist (auf Seite 410) auf einer Halbkugelprojektion Nord- und Südamerika in Umrissen abgebildet und trägt als einzige Beschriftung *Mundus Novus*; Seite 1083 enthält eine Polarprojektion mit Nordamerika und der Aufschrift *America*. Ein 15seitiger *Discorso di cosmografia in Dialogo* geht wieder ausdrücklich von der Dreiteilung der Erde aus, wobei Amerika auch nicht – wie das bei Sebastian Münster der Fall ist – dem Kapitel über Asien subsumiert ist. Wir haben keine Erklärung für dieses Verschweigen der ›Neuen Welt‹. Man könnte vermuten, daß die katholischen Gegner im sich anbahnenden religiös-politischen Glaubenskampf mit Nichtbeachtung belegt worden wären. Aber gegen diese Annahme spricht, daß Spanien und Österreich nicht mit Stillschweigen übergan-

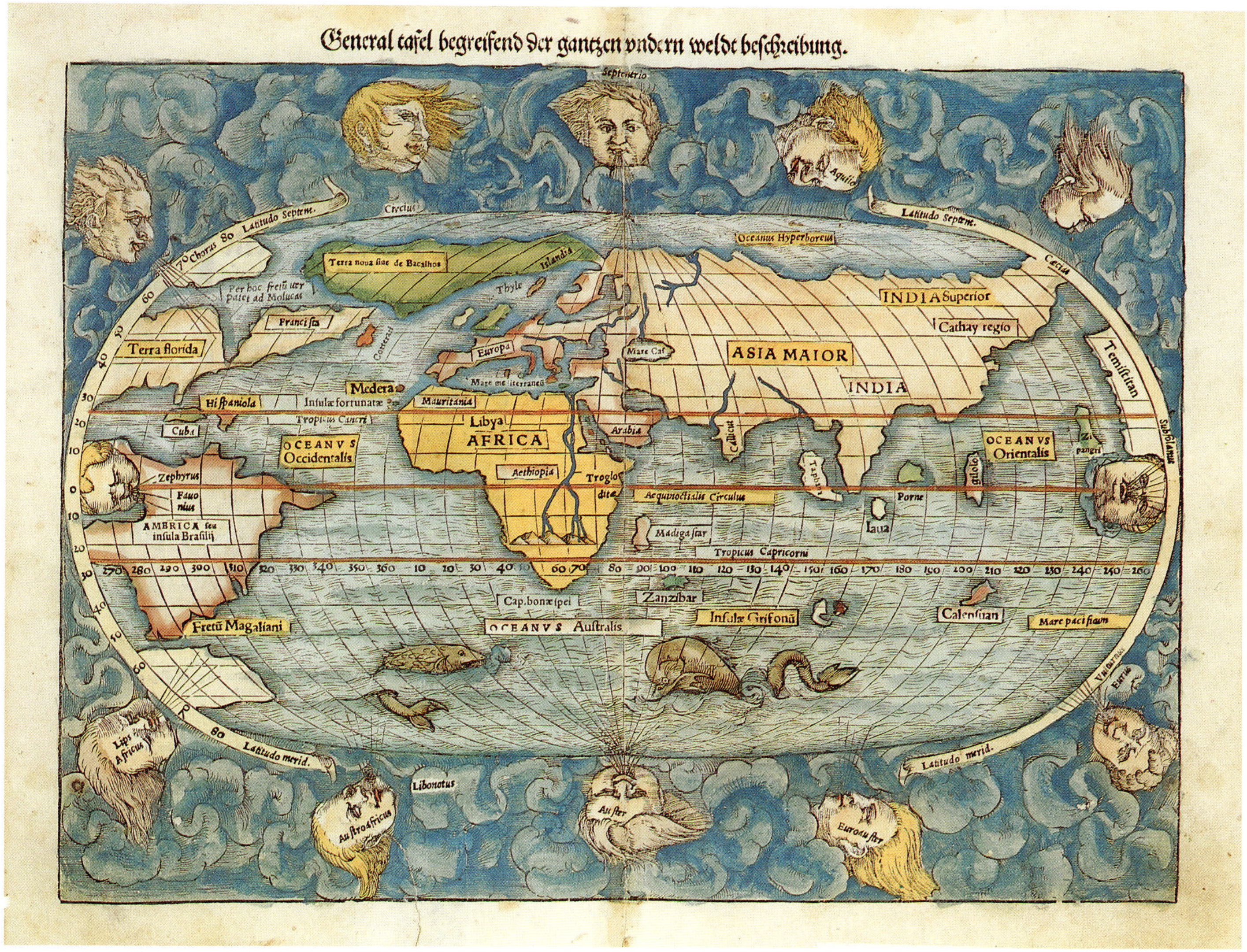

Abb. 14 Sebastian Münster: Ovale Weltkarte, 1540 (Kat. 89)

gen werden; ganz abgesehen davon, daß G. Reisch zeitweise Beichtvater von Kaiser Karl v. war.

Das gleiche Phänomen gilt für zwei geographische Schriften, die von Heinrich Petri (Basel 1557) in einem Sammelband veröffentlicht wurden: *Marius Nigri, Geographiae Commentariorum libri XI...*, und *Laurentio Corvini, Geographia ostendens omnes regiones terrae habitabiles...* Während Nigri gar nicht erst den Anspruch erhebt, läßt dagegen Corvinus den Leser doch auf Informationen über die Neue Welt hoffen. Aber beide geben ausschließlich das Wissen der antiken Geographen wieder. Corvinus' 16. Kapitel *De insulis extremo mari iacentibus* enthält nur die Hesperiden, Hybriden und Thule. Weder wird Amerika erwähnt, noch enthält das Werk eine Weltkarte. Eine ähnliche Enttäuschung erlebt man mit der kleinen anonymen Schrift *Partitio magnitudinis universi orbis in iugera terrae*, Köln 1597. Auf die verkleinerte Mercator-Weltkarte von 1569 folgen dort nur Flächenangaben von europäischen Ländern.

Andere Autoren, zu denen L. Fries (1527 und 1530), H. Glarean (1528 und 1530) und (als Herausgeber) Sigmund Feyrabend (1576 und 1581), Myritius (1590), J. Boterus (1596 und 1597) sowie J. Rauw (1597) gehören, erwähnen Amerika immerhin, wenn sie auch nicht viel dazu zu sagen wissen. Bemerkenswert ist Fries, der 1525 und 1527 ein Begleitheft (*Uslegung der Mercarthen oder Cartha Marina*) zu seiner großen, noch auf Waldseemüller zurückgehenden *Carta Marina* veröffentlichte, das schon 1530 in etwas veränderter und erweiterter Auflage neu erschien (Kat. 23). Die Stichworte sind hier alphabetisch, nicht in ihrem geographischen Zusammenhang angeordnet. Zur Neuen Welt gibt es vier Eintragungen:

Das nü land America genannt..., welches ein Viertel des festen Landes der Erde einnehmen soll und von Ameri-

cus Vesputius 1497 entdeckt worden sei. Darüber hinaus wird nur das Erstaunen über die *nackende lüt* ausgedrückt;

Von Canibalien, eine Insel, von »Christoffel Dauber von Janua« (Verdeutschung des Namens von Christoph Columbus) gefunden, auf der gräßliche, menschenfressende Leute wohnen;

Von Cuba (im Alphabet zwischen T gerutscht), das durch seine großen Schlangen charakterisiert wird,

und schließlich *Prasilia*.

Auf der *Carta Marina* findet man in Nordamerika die Aufschrift *Terra de Cuba partis affrice*, im nördlichen Südamerika *Das nüw erfunden land, Terra Parias, Terra nova* und, weiter südlich, *prisilia sive terra papagalli Anthropophagorum genus hic est*. Die Menschenfresser, die auf mittelalterlichen Karten an das unwirtlichste Ende von Nordostasien verbannt worden waren, erschienen also in Mittel- und Südamerika schon bald nach der Entdeckung und jedenfalls lange bevor Hans Stadens Bericht über seine Erfahrun-

Abb. 15
Abraham Ortelius:
Ovale Weltkarte, 1570
(Kat. 99)

Abb. 16 Johann Rauw: Weltkarte, 1597 (Kat. 106)

gen in Südamerika (Kat. 34) erschien – wohl ein Zeichen der riesigen Entfernung und der mangelhaften Information. Dasselbe gilt in dieser Zeit auch für die zwischen Australien und Ostasien liegenden Inseln. Warum Kuba als Teil Afrikas angesehen wurde, ist nicht zu erklären. Dies spiegelt aber die Schwierigkeit wieder, die neuen Entdekkungen in das bestehende Weltbild einzuordnen, das von einer Dreiteilung in Europa, Afrika und Asien im T-Schema ausging und keinen Platz für einen weiteren Erdteil ließ. Obwohl Fries schon bekannt und bewußt war, daß die ›Neue Welt‹ im Vergleich zur ›Alten‹ ungeheure Dimensionen besaß, versuchte er doch nicht, eine neue Ordnung vorzuschlagen. Der Begriff des Kontinents wurde erst im 17. Jahrhundert geprägt. Diese Unsicherheit der Zuordnung läßt sich auch in anderen Werken feststellen.

Das Büchlein *de geographia liber unus* von Heinrich Glarean (1528, Neuauflage 1539; Kat. 24) umfaßt nach allgemeinen Kapiteln und der Erklärung der Längen- und Breitenbestimmung sowie des Meßwesens noch zehn Seiten Länderkunde von Europa, Afrika und Asien nach antiken Autoren. Nur das letzte Kapitel widmet wenige Zeilen *de regionibus extra Ptolemaeum*, worin gesagt wird, daß im Westen *terra est, quam Americam vocant*, welche von Columbus und Vespucci entdeckt wurde. Der Rest des Kapitels befaßt sich mit der Frage, warum die Antike Amerika nicht gekannt hat. Die Dimension Amerikas wird hier kräftig übertrieben. Während die größte Breite Südamerikas in Wirklichkeit keine 50° erreicht, wurde sie, wie bereits dargelegt, meist mit 60-70° angegeben, hier aber sogar mit 80°.

Häufig erschienen die Amerika-Kapitel solcher Werke merkwürdig aufgebläht. In dem sehr weit verbreiteten ›Weltbuch‹ Sebastian Francks von 1533 (Kat. 28) füllt Amerika scheinbar fol. 210v bis 237v, jedoch sind die eigentlichen geographischen Informationen so knapp wie bei Glarean. Auf den ersten 20 Seiten dieses Kapitels wird von den portugiesischen Entdeckungen im 15. Jahrhundert bis hin zu den ostasiatischen Gewürzinseln berichtet, dann folgen Auszüge aus verschiedenen zeitgenössischen Briefen und Aristoteles und schließlich auf den letzten beiden Seiten *Von der Heyden superstition / Aberglauben / falschen religion…*

In der von Feyrabend 1576 erstmals herausgegebenen *Cosmografia* werden Amerika nur zwei Seiten gewidmet, die uns nicht eigentlich geographische Informationen geben. Aufschlußreich ist dagegen die Einleitung, *Beschreibung der neuwen Welt:*

»Daß dises halbe theil des gantzen Erdbodems / welches America genennt wird / den Alten biß in das 1492 jar / da es erstlich vom Christophoro Columbo erfunden wurde / gantz unbekannt blieben / ist so sehr zu verwundern / daß es (meines erachtens) alle verwunderung ubertrifft.«

Mag sein, daß er damit die Verwunderung seiner Zeitgenossen, die immerhin schon mehr als 80 Jahre, fast drei Generationen lang, dauerte, prägnant zum Ausdruck brachte; jedenfalls erklärt diese Verwunderung die Kargheit der Literatur. Etwa eine Seite folgt dann über antike Prophetien und ›Hinweise‹ auf die westliche Welt. Die letzte halbe Seite schließlich ist dem Goldreichtum, der plötzlichen Zuckerschwemme in Europa und der ungewohnten Fauna Südamerikas, insbesondere dem Fehlen von Arbeitstieren gewidmet.

Bei einer Gruppe von Autoren – der letzten, auf die hier eingegangen werden kann – finden sich geographische Daten, die den Grundstein für eine Geographie Südamerikas auch im modernen Sinn bildeten. Zuerst wurden die Küsten genau beschrieben, dann die Flußläufe, die das Land gliedern. Für die Gebirge – übrigens auch für die europäischen – hat man sich damals noch nicht interessiert. Hierzu gehören Hans Stadens *Warhaftige Historia und beschreibung eyner Landschaft… in der newen welt America gelegen* von 1557 (Kat. 34), Levinus Hulsius' *Kurtze Wunderbare Beschreibung Deß Goldreichen Königreichs Guianae in America* 1599 (vgl. Kat. 41), Johannes Boterus' *Allgemeine Historische Weltbeschreibung* von 1611, Caspar Barlaeus'

Brasilianische Geschichte von 1652, JOHANN LUDWIG GOTTFRIEDS *Historia Antipodum oder Newe Welt* 1631 und schließlich auch SEBASTIAN MÜNSTERS *Cosmographia* (Kat. 31), die in ihren Ausgaben von 1540 bis 1628 einen guten Teil des Wandels des Weltbildes mitvollzog, was auch am Anschwellen ihres Amerika-Teils von sieben auf 67 Seiten abzulesen ist. Diese Gruppe ist heterogener als die vorigen, setzt – wenn man nur den deutschen Sprachraum betrachtet – später ein und umfaßt auch Werke, die nur einen Teilbereich Südamerikas betreffen. Freilich darf man diese Schriften nicht isoliert betrachten, man muß sie im Zusammenhang der großen spanischen und italienischen Amerika-Werke von VESPUCCI (Kat. 14), CADAMOSTO 1508, PETRUS MARTYR, 1511/1530, OVIEDO Y VALDES 1535, LÓPEZ DE GÓMARA 1556, BENZONI 1579 (Kat. 37) und JOSÉ D'ACOSTA 1590 sehen, die z. T. bald in deutschen Übersetzungen erschienen. Sie waren, wie Bibliothekskataloge (und -bestände) bezeugen, auch in Deutschland vorhanden, und die umfangreichen Auszüge bei GOTTFRIED und MÜNSTER belegen, daß sie auch gelesen wurden. Es handelte sich dabei jedoch in erster Linie um historische Werke, die die Heldentaten und Leiden der Conquistadoren schilderten, eventuell noch Reichtümer der Neuen Welt rühmten. Die eigentlich geographische Beschreibung trat hier stark in den Hintergrund.

Durch die genaueren Berichte füllten sich dann auch die leeren weißen Stellen auf den Weltkarten. Sie enthalten meist Entfernungsangaben in Meilen und häufig Angaben der geographischen Breiten, während Längenangaben dagegen noch lange selten blieben. Nach SCHÖNERS *Luculentissima... descriptio* von 1515 (Kat. 19) machten auch GLAREAN (Kat. 24) und APIAN vereinzelte Angaben. Eine kleine Tabelle mit Gradangaben von amerikanischen Orten befindet sich in der *Cosmographia sive Descriptio universi Orbis, Petri Apiani et Gemmae Frisii, mathematicorum insignium...*, Antwerpen 1584[29], wobei noch der Brauch übernommen wurde, das ›Medium‹ anzugeben. Eine weitere Tabelle enthält die *Kurtze wunderbare Beschreibung...* von LEVINUS HULSIUS (1599).

Es bleibt unklar, woher die Kartenstecher ihr Wissen hatten. Die älteste Ausgabe des Reiseberichts von STADEN gibt durch eine Zeichnung einen Hinweis auf die Bedeutung der astronomischen Positionsmessung. Man sieht darauf einen stehenden Mann, der mit dem Jakobsstab einen Stern oder ein Horn der Mondsichel anpeilt, neben einem knienden, der mit einem runden Instrument (vielleicht APIANS Organon) die Sonnenhöhe bestimmt, aus der man die geographische Breite erschließen kann.

Zu den Autoren, die wenigstens Breitenangaben machten, gehört MARTIN FERNANDEZ mit seiner *Suma de geographia* von 1530, die von JUAN CROMBERGER (JACOB KROMBERGER), einem deutschen Drucker, in Sevilla verlegt wurde. Er schließt mit der höchst interessanten Darlegung seiner wissenschaftlichen Methode: *Haze fin la suma de geographia... Conviene a saber de la historia batriana. Los dos tholomeos. Erastotenes (!), Plinio. Strabon. Josepho. Anselmo. La biblia. la general historia: y otros muchos. y la experiencia de nuestros tiempos que es madre de todas las cosas...*

Die wirkliche Wende aber setzte erst mit MORITZ VON NASSAU ein, der als Statthalter der Niederlande (1637-1644) einen ganzen Troß von Wissenschaftlern mit nach Recife nahm.[30]

29 Nach F. van Ortroy (*Bio-Bibliographie de Gemma Frisius.* Brüssel 1920) erschien eine erste Auflage 1547 in Paris.

30 G. de Werd (Hrsg.): *Soweit der Erdkreis reicht. Johann Moritz von Nassau-Siegen (1604-1679).* Kleve 1979. 2. Aufl. 1981. 436 S., Abb., Kt., 12 gez. Taf.

Die Erdkugel in ebenen Bildern

Projektionen von Weltkarten vor 1550

Rüdiger Finsterwalder

Karten sind nach einer vereinfachten Definition verebnete Bilder des räumlichen Erdkörpers. Betrachtet man die Erde als Ganzes, so sind die die gesamte Erde darstellenden Weltkarten ebene Bilder der Erdkugel.

Nun läßt sich bekanntlich die Oberfläche einer Kugel nicht ohne Verzerrungen, d.h. ohne Dehnungen und Stauchungen in die Ebene ausbreiten, was zur Folge hat, daß das Bild des Erdglobus von einer Weltkarte in geometrischer Hinsicht z.T. sehr erheblich abweicht. Diese Abweichungen hängen davon ab, nach welchem mathematischen Abbildungsnetz man die Verebnung durchführt.

Um nun eine Zuordnung von Punkten auf der Kugel und in der Kartenebene im Sinne einer umkehrbar eindeutigen mathematischen Abbildung vornehmen zu können, benötigt man auf beiden Flächen ein Bezugssystem (Koordinatennetz), in dem die Punkte festgelegt sind. Auf der Kugel benutzt man dazu das Netz der Längen- und Breitenkreise. Die Übertragung dieser Linien in die Ebene liefert das zweite Netz, auf das die Punkte der Karte bezogen werden und in das die Kartenpunkte nach ihren geographischen Koordinaten (Länge λ und Breite φ) eingetragen werden können.

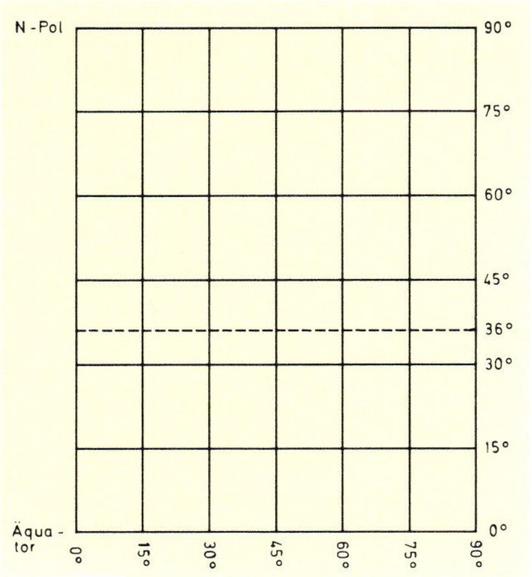

Abb. 1 Rechteckige Plattkarte. Projektion des Marinos von Tyros, um 100 n. Chr.

Die Form der geographischen Netzlinien in der Karte wird durch das Abbildungsgesetz der Verebnung der Kugel bestimmt und umgekehrt. Legt man nämlich die Form der Netzlinien in der Kartenebene fest, so wird dadurch das Abbildungsgesetz bestimmt.

In der Frühzeit der Kartographie, also schon im Altertum, war man bestrebt, sehr einfache Netzformen zu benutzen, die leicht zu konstruieren waren und möglichst nur aus geraden Linien und Kreisen bestehen sollten. Die ersten derartigen Weltkartennetze gehen auf den berühmten Astronomen und Geographen des Altertums, Claudius Ptolemäus (um 100- nach 160) aus Alexandria und seinen Zeitgenossen Marinos von Tyros zurück. Die Weltkarten der Antike basierten alle auf diesen Netzen, und auch die zu Beginn der Renaissancezeit erstellten und auf den Grundlagen von Ptolemäus entwickelten Weltkarten zeigen zunächst noch diese Netzformen. Eine Fortentwicklung der Kartennetze bahnte sich jedoch an, als durch die Entdeckungsreisen gegen Ende des 15. Jahrhunderts sich das Weltbild erweiterte und die kartographisch wiederzugebende Fläche der Erdkugel sich so vergrößerte.

Dieser Zwang zur Darstellung immer größerer Gebiete und schließlich der ganzen Erdkugel in einem Stück, ausgelöst vor allem durch die Entdeckung Amerikas, regte dazu an, nunmehr auch neue Kartennetze zu entwickeln, die eine bessere kartographische Abbildung der Erde ermöglichten als die aus der Antike überlieferten. Diese Entwicklung war besonders stürmisch in der ersten Hälfte des 16. Jahrhunderts, in der eine Reihe von neuen Weltkartennetzen zur Anwendung kam. So kann das 16. Jahrhundert als eine erste große Blüteperiode in der Entwicklung der Kartenprojektionslehre angesehen werden. Die Entwicklung der Weltkartennetze in der ersten Hälfte dieses Jahrhunderts soll im folgenden Beitrag aufgezeigt werden.

Der Stand der Kartennetze vor der Entdeckung Amerikas

Das Weltbild vor der Entdeckung Amerikas unterschied sich nicht wesentlich von dem der Antike. Eine Erweiterung hatte lediglich in Richtung Süden bis zur Südspitze Afrikas stattgefunden sowie nach Osten bis Japan. Das in Weltkarten abzubildende Gebiet reichte somit nach unserer heutigen Zählung der Längengrade von etwa $\lambda = -25°$ bis $\lambda = +140°$ und von $\varphi = +67°$ bis $\varphi = -35°$.

Zur Darstellung wurden zunächst die auch schon in der Antike bekannten Weltkartenprojektionen benutzt: die sog. Plattkarte nach Marinos von Tyros und die beiden Projektionen nach Ptolemäus.

Bei den Plattkarten wird das Grundnetz der Kugel als ein Netz von gleich großen Rechtecken in die Ebene abgebildet (Abb. 1). Das Verhältnis der Rechteckseiten ist dabei

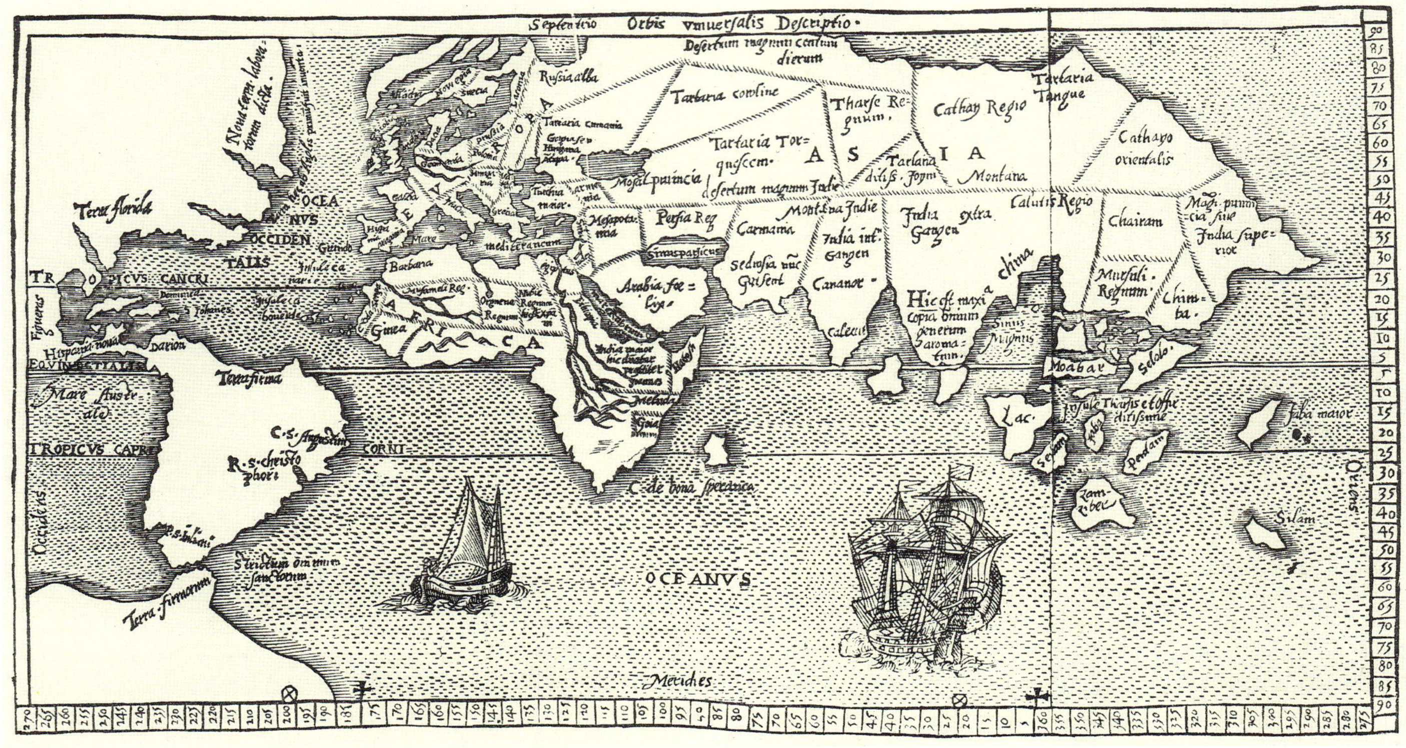

Abb. 2 Quadratische Plattkarte. ROBERT THORNE: Weltkarte, 1527. Bayerische Staatsbibliothek München

noch frei wählbar. Da die Projektion des MARINOS zunächst für Karten des Mittelmeerraums angewandt wurde, hat man das Seitenverhältnis einer Gradabteilung auf der Kugel in diesem Bereich gewählt, d. h. es wurde als längentreuer Breitenkreis derjenige durch die Insel Rhodos mit $\varphi = 36°$ gewählt. Dadurch ergibt sich ein Seitenverhältnis der Rechtecke von 1 : 0,81 bezüglich der Nord-Süd- und der Ost-West-Ausdehnung.

Dieselbe Projektion dürfte auch den Portolankarten des Mittelmeerraums des 14. und 15. Jahrhunderts zugrunde gelegen haben, auch wenn diese kein Koordinatennetz aufweisen. Nimmt man nämlich an, daß diese Portolane aus Kompaßpeilungen und Wegstrecken konstruiert wurden und alle Kompaßrichtungen von einer gemeinsamen Bezugsrichtung (Meridian) aus abgetragen wurden, ergibt sich zwangsweise eine der rechteckigen Plattkarte entsprechende Projektion.

Bei der Ausdehnung der Portolane über den Mittelmeerraum hinaus und ihrer Erweiterung zur Weltkarte war es nicht mehr angebracht, den Breitenkreis von Rhodos als längentreu beizubehalten. Für diese Weltkarten fanden deshalb auch teilweise Plattkarten mit längentreuem Äquator oder mit einem anderen längentreuen Breitenkreis Anwendung. Ihre Konstruktion geschah nicht mehr unter Verwendung von Kompaßpeilungen und Wegstrecken, sondern durch Auftragen der geographischen Koordinaten (φ und λ) in einem quadratischen Netz (quadratische Plattkarte). Diese Seekartenprojektion wurde dann allerdings rasch durch die MERCATOR-Projektion (1569) verdrängt, die den großen Vorteil hat, daß sich die Kurslinie als Gerade abbildet und der Kurswinkel für die Navigation so sehr einfach der Karte entnommen werden kann.

Bis dahin sind jedoch eine Reihe von Weltkarten als Plattkarten ausgeführt worden. Als Beispiel sei die bekannte *Carta Marina* von LORENZ FRIES (1525; vgl. S. 125) erwähnt. Sie ist als rechteckige Plattkarte mit dem Seiten-

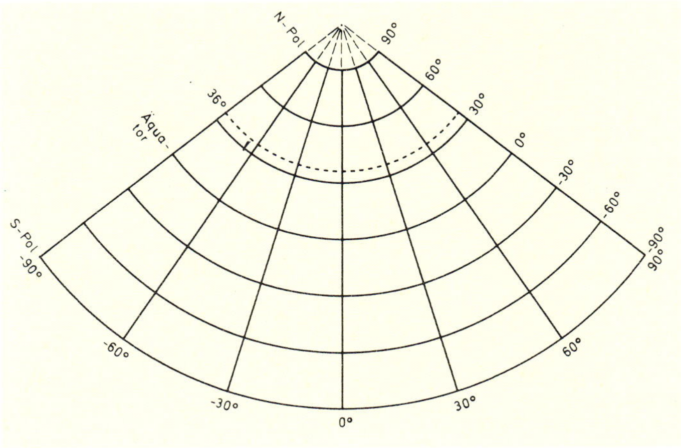

Abb. 3 Erste Projektion von CLAUDIUS PTOLEMÄUS, um 100-nach 160

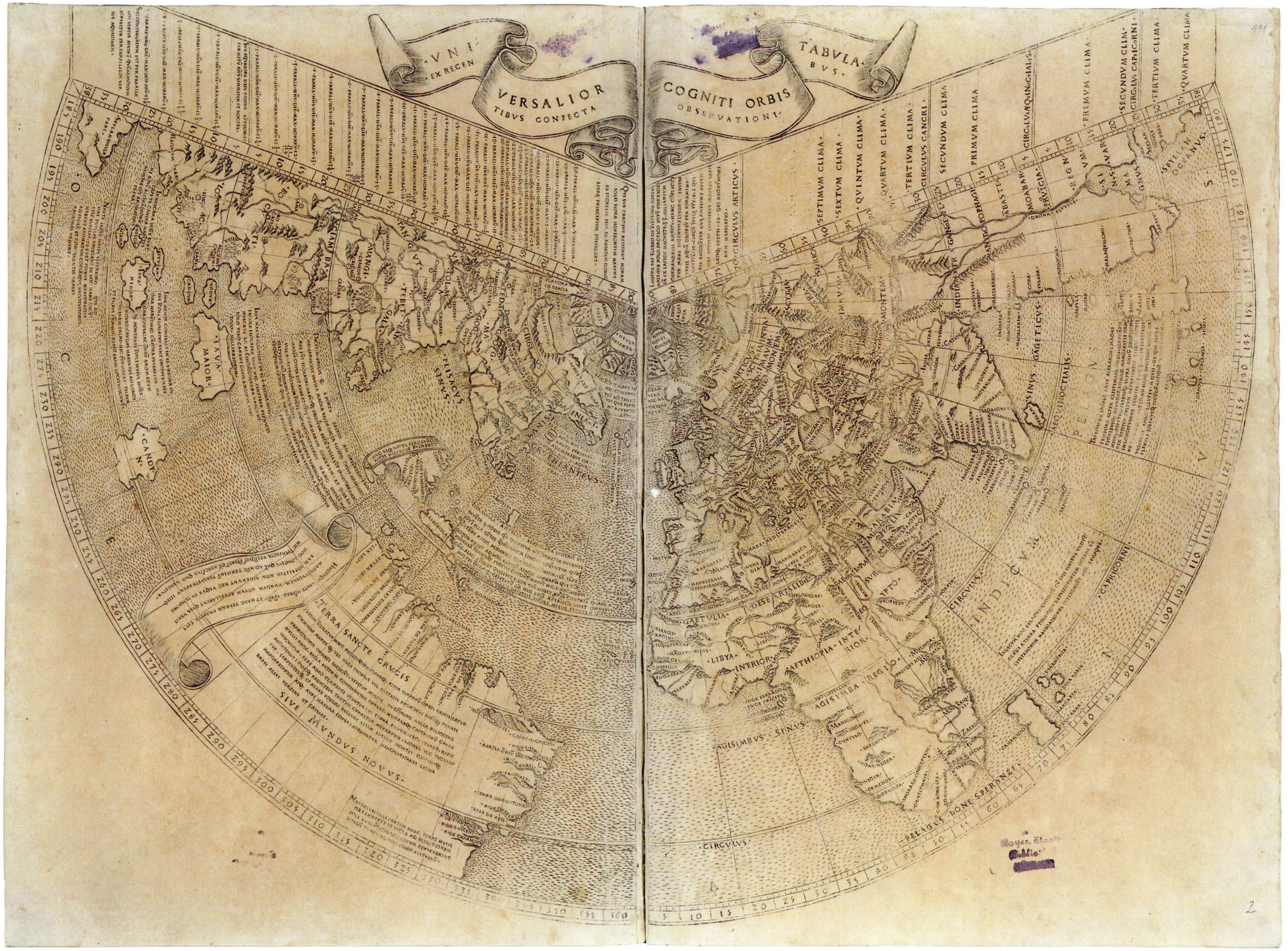

Abb. 4 Erste Ptolemäische Projektion mit Pol als Punkt. Johannes Ruysch: Fächerförmige Weltkarte, 1507/1508 (Kat. 77)

verhältnis 1 : 0,59, also dem längentreuen Breitenkreis 54° konstruiert. Als quadratische Plattkarte mit längentreuem Äquator sei die Weltkarte von Robert Thorne (1527) angeführt (Abb. 2).

Ein gravierender Nachteil der Plattkarte ist die starke Dehnung des Kartenbildes in Ost-West-Richtung für die polnahen Gebiete. Dies galt besonders für die Gebiete der nördlichen, weniger für die südlichen Breiten, da für den Zeitraum vor der Entdeckung Amerikas die bekannte Erde mit der Südspitze Afrikas endete. Die dem Nordpol näheren Gebiete ließen sich durch die beiden Ptolemäischen Projektionen besser abbilden als durch die Plattkarten.

Die erste Ptolemäische Projektion

Zur Konstruktion werden nur Gerade und Kreise benutzt, das heißt, sie ist sehr leicht durchzuführen. Die Breiten-

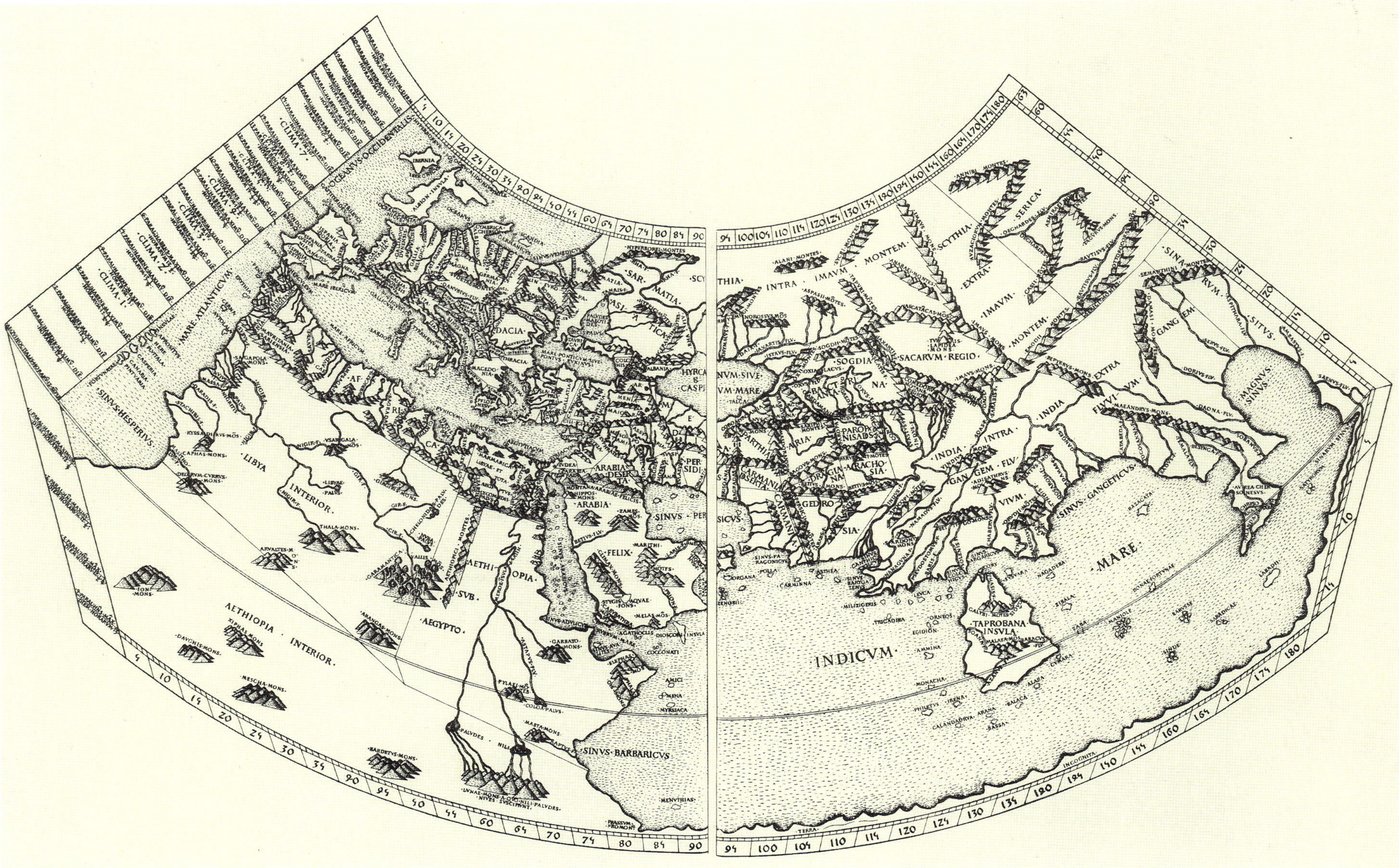

kreisbilder sind konzentrische Kreise, deren Abstände konstant und den Abständen auf der Erdkugel gleich sind. Von den Breitenkreisbildern wird das mit der Gradzahl 36° (der durch Rhodos laufende Breitenkreis) entsprechend der wahren Länge auf der Kugel unterteilt. Die geradlinigen Verbindungen dieser Teilungspunkte mit dem gemeinsamen Mittelpunkt der Breitenkreisbilder liefern die Meridianbilder (Abb. 3).

Eine der bekanntesten Weltkarten in dieser ersten Ptolemäischen Projektion ist die von Johannes Ruysch in der Ptolemäus-Ausgabe von Rom 1508 (Abb. 4). Die Darstellung reicht dabei vom Nordpol bis $\varphi = 38°$ südliche Breite und von $\lambda = +180°$ bis $\lambda = -175°$, einschließlich des zur damaligen Zeit üblichen Längenfehlers. Ein Nachteil der hier geschilderten ersten Ptolemäischen Weltkartenprojektion ist die starke Flächenvergrößerung, die mit der Entfernung vom Rhodos-Breitenkreis nach Süden stark zunimmt. Bei Ruysch ist die Flächenvergrößerung für Südamerika besonders auffallend. Eine Möglichkeit, die Flächenvergrößerung zu reduzieren, ergibt sich dadurch, daß man die Meridiane am Äquator knickt und sie gradlinig in einem weit im Süden auf dem Mittelmeridian liegenden Punkt zusammenlaufen läßt (Abb. 5).

Eine andere Möglichkeit besteht darin, daß bei der ursprünglich geschilderten ersten Ptolemäischen Konstruktion nicht nur der 36. Breitenkreis, sondern alle Breitenkreise längentreu unterteilt werden. Damit können aber die Meridiane keine geraden Linien mehr sein, son-

Abb. 5 Erste Ptolemäische Projektion mit Pollinie und geknickten Meridianen. Ptolemäus-Ausgabe, Rom 1490

dern sie werden Kurven. Das so entstehende flächentreue Netz wurde im 18. und 19. Jahrhundert viel benutzt und wird heute als ›Bonnesche Projektion‹ bezeichnet (Abb. 6). Dieses Netz liefert die Basis für die sog. zweite Ptolemäische Projektion.

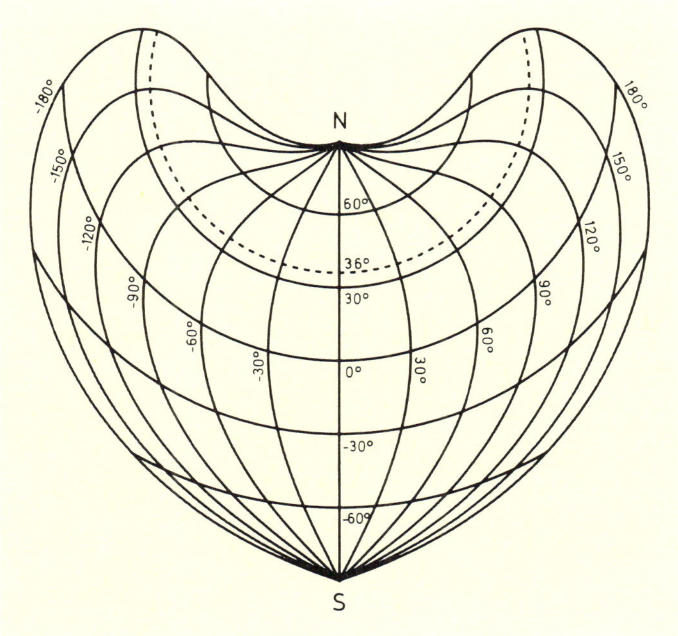

Abb. 6 Projektion nach Rigobert Bonne, 1727-1795

Die zweite Ptolemäische Projektion

Die zweite Ptolemäische Projektion ist eine Modifikation der Bonneschen Projektion: Nicht alle Breitenkreise werden dabei längentreu abgebildet, sondern nur drei, nämlich die durch Thule, Rhapta und Syene.[1] Auch der Äquator erscheint längentreu. Durch die Vorgabe von nur vier Breitenkreisen ist die Form der Meridiane nicht exakt festgelegt und kann in einem engen Spielraum noch variiert werden. Dies erfolgt verschiedentlich in der Weise, daß die Meridiane beim Durchgang durch die längentreuen Breitenkreise leicht geknickt werden.

Die zweite Ptolemäische Projektion war für Weltkarten sehr verbreitet; sie fand in den ersten Ptolemäus-Ausgaben des 15. Jahrhunderts, aber auch bis über die erste Hälfte des 16. Jahrhunderts hinaus Verwendung. Ein Beispiel zeigt Abb. 7, eine Weltkarte von Johannes Honter aus dem Jahre 1546.

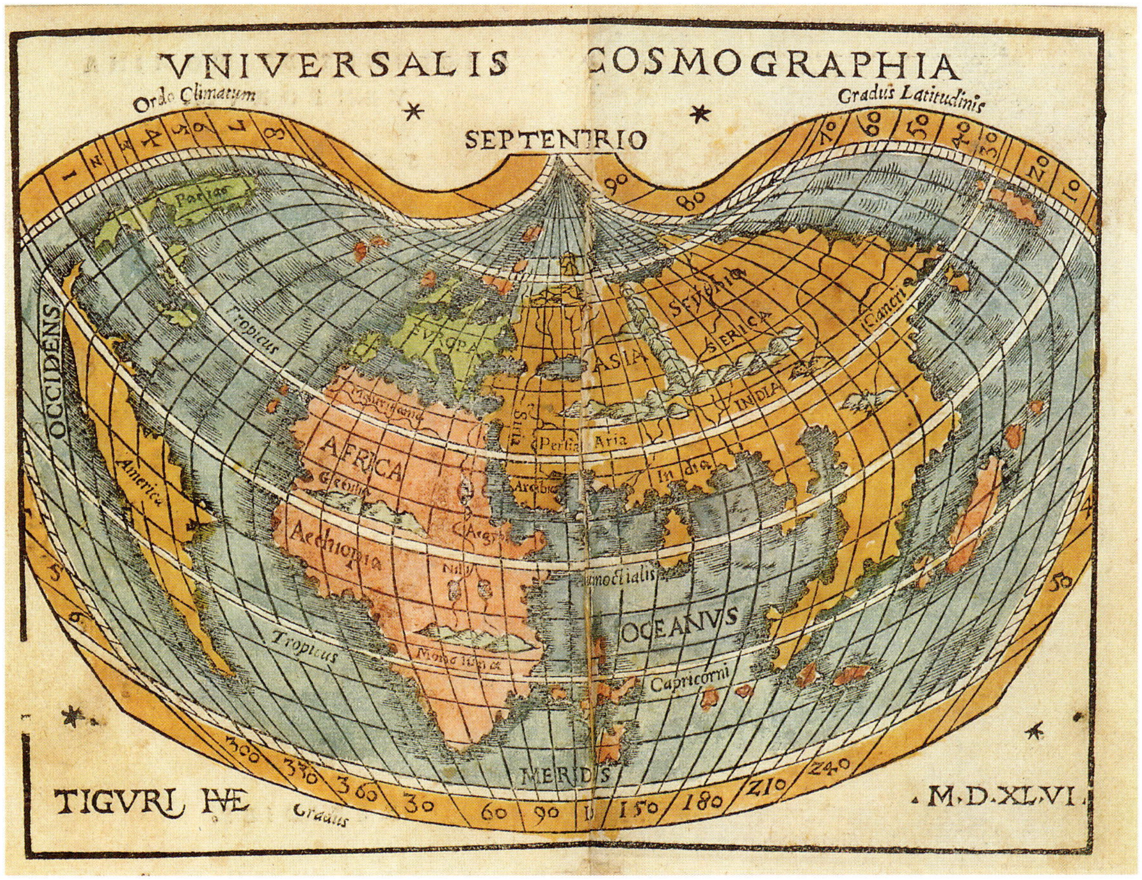

Abb. 7 Zweite Ptolemäische Projektion. Johannes Honter: Zwiebelförmige Weltkarte, 1546 (Kat. 92)

Allerdings wurde in dieser Projektionsart nicht die gesamte Erdkugel wiedergegeben, sondern die Darstellung im Norden und Süden beschnitten, so daß die dort auftretenden Spitzen und die dadurch bedingte zwiebelähnliche Form meist nicht zum Ausdruck kommen. Wird außer der Alten Welt auch noch die Neue mitdargestellt, wie das etwa bei der Weltkarte von Waldseemüller (1507) der Fall ist (S. 114/115, Abb. 6), so ergibt sich als Kartenbild die Form einer stark gedehnten Zwiebel, die dem Abbild der Erdkugel bereits sehr widerspricht. (In der Literatur über Kartennetze wird für die zwiebelförmige Projektion verschiedentlich auch der Ausdruck ›herzähnlich‹ oder ›herzförmig‹ benutzt, eine Bezeichnung, die jedoch auf die echte herzförmige Projektion des folgenden Kapitels beschränkt bleiben soll.) Gerade die Waldseemüller-Karte zeigt sehr gut die Schwächen und Grenzen der zweiten Ptolemäischen Projektion als Weltkartenprojektion für die gesamte Erde.

Es ist daher nicht verwunderlich, daß ab der Wende des 15. Jahrhunderts nach neuen, besseren Darstellungsmöglichkeiten für die gesamte Erde gesucht wurde. Als erste Neuerung in dieser Hinsicht ist die herzförmige Projektion nach Stabius und Werner zu sehen.

1 Nordenskiöld 1889, S. 86.

Entwicklung neuer Projektionen

Die herzförmige Projektion

Dieses Weltkartennetz geht auf den Mathematiker Johann Stabius (nach 1460-1522) zurück und wurde von seinem Nürnberger Kollegen Johann Werner 1514 veröffentlicht. Die Projektion läßt sich wieder als Sonderfall der bereits erwähnten Bonneschen Projektion ableiten, wobei der Nordpol identisch ist mit dem Mittelpunkt der konzentrischen Breitenkreisbilder. Durch diese Punktwahl geht die zwiebelähnliche Form des Kartennetzes in eine herzähnliche Form über. Dadurch, daß die Breitenkreise in ihrer wahren Länge unterteilt sind, ihr Abstand konstant ist und dem auf der Kugel entspricht, ergibt sich bei dieser Projektion ein flächentreuer Entwurf, der erste dieser Art in der langen Entwicklung der Kartennetze. Das Prinzip der Flächentreue war den Kartographen der damaligen Zeit allerdings noch nicht bewußt, und auch die Erfinder dieser Projektion erwähnen diese Eigenschaft noch nicht. Stabius und Werner haben auch noch keine Weltkarte in dieser Projektion entworfen. Die erste gedruckte kartographische Anwendung stammt von Peter Apian, der sie für seine Weltkarte vom Jahre 1530 benutzt (Abb. 8).

Mit Hilfe dieser Projektion läßt sich die Erdkugel in ihrer ganzen Längenausdehnung $\lambda = +180°$ bis $\lambda = -180°$ in einer günstigeren, mehr der Kugelform entsprechenden Abbildung darstellen als bei der zweiten Ptolemäischen Projektion. Allerdings ist wie bei letzterer auch der südliche Teil der Erdhalbkugel stark deformiert.

Die Projektion nach Stabius und Werner war in der ersten Hälfte des 16. Jahrhunderts sehr beliebt, und es existiert eine Reihe recht bedeutender Weltkarten dieser Art, z. B. von Orontius Finaeus 1531 (Kat. 85) und Gerhard Mercator 1538 (Abb. 9). Um die Verzerrung der südlichen Erdhalbkugel zu vermeiden, benutzen diese beiden Kartographen die doppelte herzförmige Projektion. Dabei wird die nördliche und die südliche Erdhalbkugel jeweils in einer eigenen Projektion dargestellt, die immer am Äquator endet. Die beiden Hälften werden dann wieder so zusammengesetzt, daß sie einen gemeinsamen Punkt am Äquator besitzen und denselben gradlinigen Mittelmeridian haben. Damit ist bereits eine neue Art der Abbildung der Erdkugel vorgestellt, nämlich die getrennte Abbildung in zwei Hälften und deren symmetrische Zusammensetzung an einem gemeinsamen Punkt. Diese Entwicklung hat ebenfalls im ersten Viertel des 16. Jahrhunderts eingesetzt und soll im folgenden dargestellt werden.

Abb. 8 Herzförmige Projektion. Peter Apian: Weltkarte, Ingolstadt 1530. British Library, London

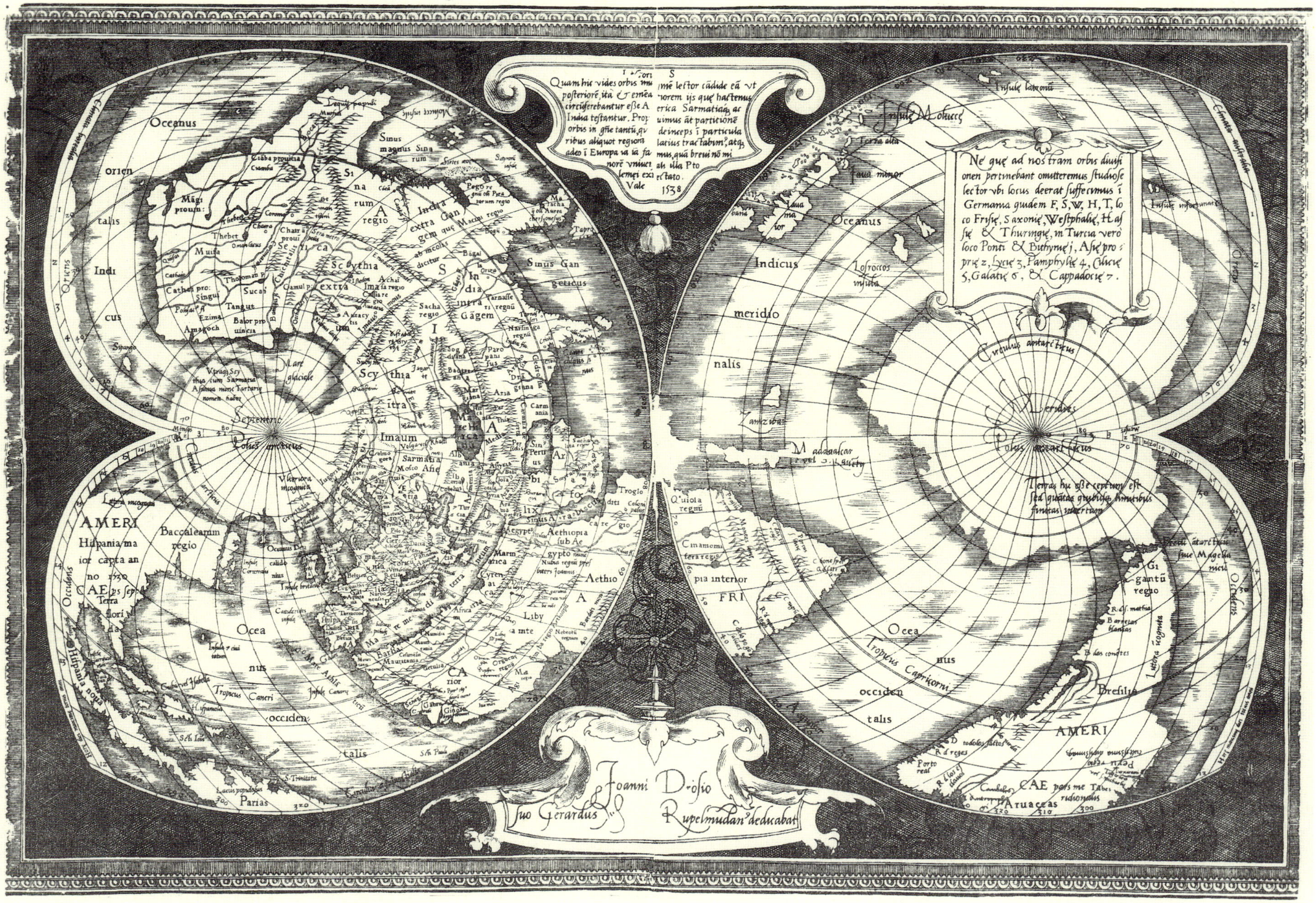

Abb. 9 Doppelte herzförmige Projektion. Gerhard Mercator: Weltkarte, 1538. Public Library, New York

Getrennte Abbildung zweier Erdhälften (Planigloben)

Hier wird die Erdkugel längs eines Meridians getrennt und jede der beiden Hälften als gleich große Kreisfläche abgebildet. Die Abbildung jeder Halbkugel erfolgt symmetrisch zum Äquator, der als horizontale Gerade den Kreis in der Mitte halbiert. Die Anordnung der beiden Kreise erfolgt so, daß die beiden Äquatorhälften eine gemeinsame Gerade ergeben und die Kreise sich am Äquator berühren. Dadurch, daß der Äquator die Symmetrielinie der Abbildung ist, wird die nördliche Halbkugel nicht mehr bevorzugt, wie es bei den Ptolemäischen Projektionen und der herzförmigen Projektion der Fall ist. Allerdings handelt es sich um keine einheitliche Projektion mehr, sondern um zwei getrennte Abbildungen mit einer Punktgemeinsamkeit (Abb. 10).

Um die Konstruktion der Breitenkreise und Meridiane möglichst einfach zu gestalten, werden zunächst nur Gerade und Kreise benutzt. Eine Prinzipskizze für das Netz findet sich im *Liber de geographia* des Schweizer Gelehrten Heinrich Glarean vom Jahre 1527. Darin werden Gerade parallel zum Äquator eingezeichnet; die Pole sind diejenigen beiden Punkte des Kreisumfangs, die vom Äquatorbild den größten Abstand haben. Zur Konstruktion der Meridianbilder wird der Äquator in gleiche Teile unterteilt und durch jeden Teilungspunkt und durch die beiden Pole ein Kreis gelegt, dessen Mittelpunkt am Äquator liegt. Das Auffinden der Kreisradien erfolgt durch Probieren mit dem Zirkel sehr einfach. Die Radien der Meridiane nehmen von außen nach innen, d.h. vom Begrenzungskreis zum Mittelmeridian hin zu, wobei letzterer als geradlinige Verbindung der beiden Pole wieder eine Symmetrieachse bildet.

Die erste kartographische Anwendung dieses Netzes dürfte bei der Weltkarte des Franciscus Monachus vom Jahre 1526 vorliegen. Bei ihr wurden die Neue und die Alte Welt getrennt in zwei Halbkreisen wiedergegeben (Abb. 11). Diese Abbildungsart findet sich während des ganzen 16. Jahrhunderts sehr häufig.

Ab der Jahrhundertmitte wird zusätzlich zu der beschriebenen Projektion auch die sog. stereographische Projektion in querachsiger Lage verwendet, die die Eigenschaft der Winkeltreue besitzt. Bei dieser Projektionsart sind die Breitenkreisbilder keine Geraden mehr, sondern – wie auch die Meridiane – Kreise. Lediglich der Mittelmeridian und der Äquator bleiben als Symmetrieachsen geradlinig. Die leichte Konstruktion mit dem Zirkel ist auch hier gegeben. Der erste kartographische Nachweis stammt nach Keuning[2] aus dem Jahr 1542: eine Weltkarte in zwei Teilen von von Jean Rotz (Kat. 71).

Ein schönes Beispiel für diese Projektion zeigt die Weltkarte von Rumold Mercator vom Jahre 1587 (Abb. 12). Ab dem 17. Jahrhundert hat sich die stereographische Projektion dann endgültig durchgesetzt.

Die Darstellung der Erde auf zwei Kreisflächen (Planigloben) ist bis in unsere Zeit erhalten geblieben. Zu einer Aufteilung der Erde längs eines Meridians kam bald auch die längs des Äquators, wobei sich als Projektionsart dafür die azimutalen Projektionen angeboten haben (Abb. 13). Bemerkenswert ist jedenfalls, daß die Entstehungszeit der Planigloben mit den geographischen Entdeckungen um die Wende des 15. Jahrhunderts zusammenfällt.

Die ›ovalen‹ Netze

Unter ovalen Weltkarten versteht man Abbildungen der Erdkugel in der Ebene, bei denen die Begrenzung des Erdbildes ovalförmig ist. Die Form des Ovals ist zunächst nicht exakt festgelegt und schwankt zwischen einer Ellipse und einer stärker abgeplatteten Figur. Die Abplattung wird sogar so weit getrieben, daß an den Erdpolen eine gerade Pollinie entsteht. Die ovale Form des Kartennetzes entspricht eher dem natürlichen Bild der Erdkugel. Es enthält keine ›unnatürlichen‹ Ecken und Spitzen wie die zwiebel- und herzförmigen Bilder der zeitgenössischen Karten. Diesem Bestreben nach einem der Erde ähnlichen Bild kommt auch die perspektivische Abbildung der Erdkugel in der sog. Weltkarte von Albrecht Dürer[3] nach. Man kann die Darstellung Dürers allerdings nicht als Weltkartenprojektion in der hier gebrauchten Definition bezeichnen, da bei der perspektivischen Abbildung höchstens die halbe Erdkugel wiedergegeben werden kann. Für eine Gesamtdarstellung der Erde müßte zusätzlich in der Art der Planigloben auch die verdeckte zweite Erdhälfte gesondert abgebildet werden.

Die ovalen Weltbilder lassen sich aber auch aus der Bestrebung erklären, die beiden Erdhälften der Planigloben wieder zu einem einheitlichen Bild zusammenzufügen. Dabei wird das Bild der einen Erdhälfte halbiert und nach einer entsprechenden Deformation links und

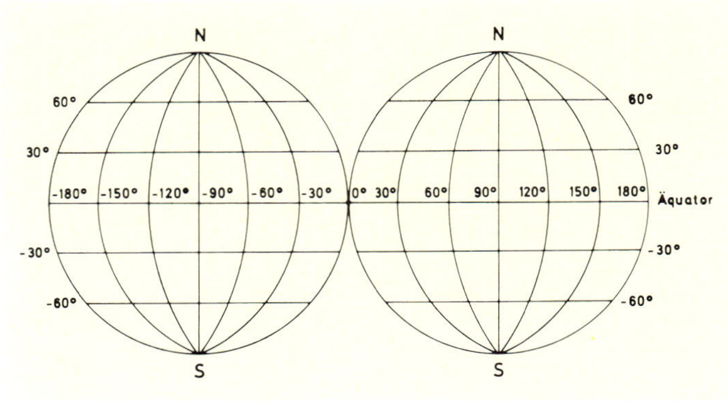

Abb. 10 Netz für einen Planiglobus mit geraden Breitenkreisen und kreisförmigen Meridianen

2 J. K. Keuning: ›The history of geographical map projections until 1600.‹ In: *Imago Mundi*, 1955, 12, S. 8.
3 Ebenda, S. 6.
4 M. Eckert: *Die Kartenwissenschaften*. Bd. 1. Berlin 1921, S. 122.
5 R. Finsterwalder: ›Die Projektion der Weltkarte in den Atlanten des Battista Agnese. Ein Beitrag zur Entwicklung der Kartennetze in der ersten Hälfte des 16. Jahrhunderts.‹ In: *Acta Albertina Ratisbonensia*, 1989, 46, S. 21.

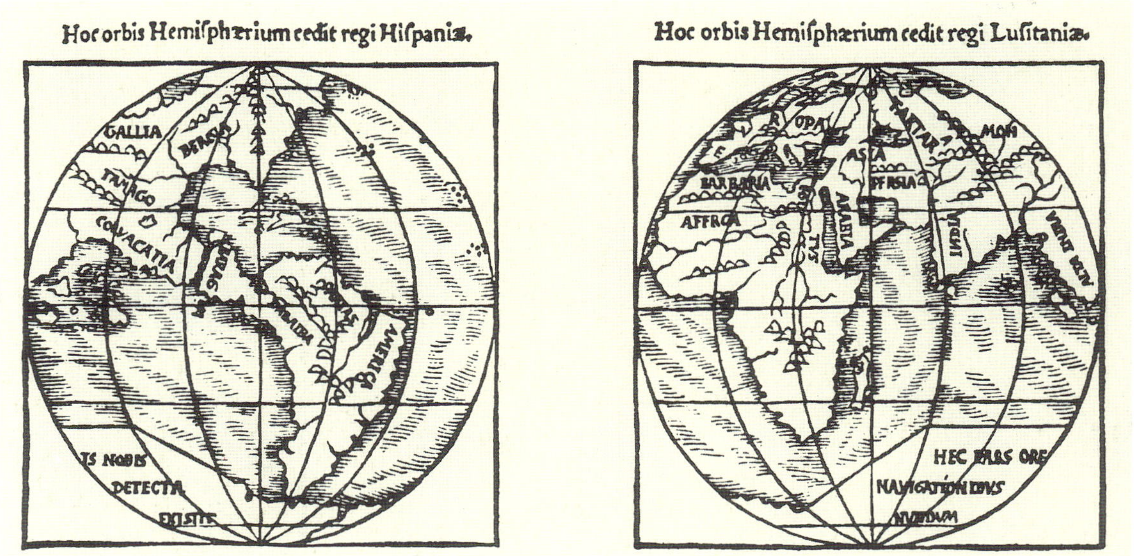

Abb. 11 Getrennte Darstellung der West- und Osthälfte der Erde. Franciscus Monachus: Weltkarte, 1526. British Library, London

Abb. 12 Planiglobus in stereographischer Projektion. Rumold Mercator: Weltkarte in zwei Hemisphären, 1587/1595 (Kat. 103)

rechts an das der anderen Erdhalbkugel angesetzt. Dadurch entsteht ein Oval mit einem Achsenverhältnis von etwa 1 : 2 zwischen Polabstand und Äquatorlänge. Das Kartenbild hat wieder zwei Symmetrieachsen, nämlich den als gerade Linie abgebildeten Äquator und den darauf senkrecht stehenden, durch die beiden Pole verlaufenden, geraden Mittelmeridian. Die Breitenkreise sind bei den ovalen Projektionen parallele und gleichabständige Gerade. Die Meridiane sind gekrümmte Linien, deren Form durch das jeweils angewandte Abbildungsgesetz festgelegt wird. Entsprechend kann man zwei Arten von ovalen Netzen feststellen, nämlich eine mit annähernd ellipsenförmigen Meridianen und eine zweite mit kreisförmigen Meridianen und Pollinie. Das erste Netz wurde lange Peter Apian oder Benedetto Bordone[4], das zweite Battista Agnese[5] zugeschrieben.

Die ovale Projektion nach Francesco Rosselli/Peter Apian

Vorschläge für die geschilderte Abbildungsart des Gradnetzes der Erdkugel finden sich im *Cosmographicus Liber* Peter Apians vom Jahre 1524 (vgl. Kat. 83). Hier sind einem 7,5 cm langen und 5,5 cm hohen Oval die ellipsenähnlichen Meridiane, in einem anderen Oval mit den Durchmessern von 9 cm und 5,5 cm die geradlinigen Breitenkreise im Abstand von 10° eingezeichnet. Das gesamte Gradnetz findet sich hingegen nicht.

Vor P. Apian hat jedoch bereits der Florentiner Francesco Rosselli eine Weltkarte in ovaler Projektion entworfen, die um 1508 und nochmals 1532 zum Druck kam (Abb. 14), so daß nun Rosselli als der Erfinder der ovalen Projektion gelten muß. Als die erste gedruckte Karte in

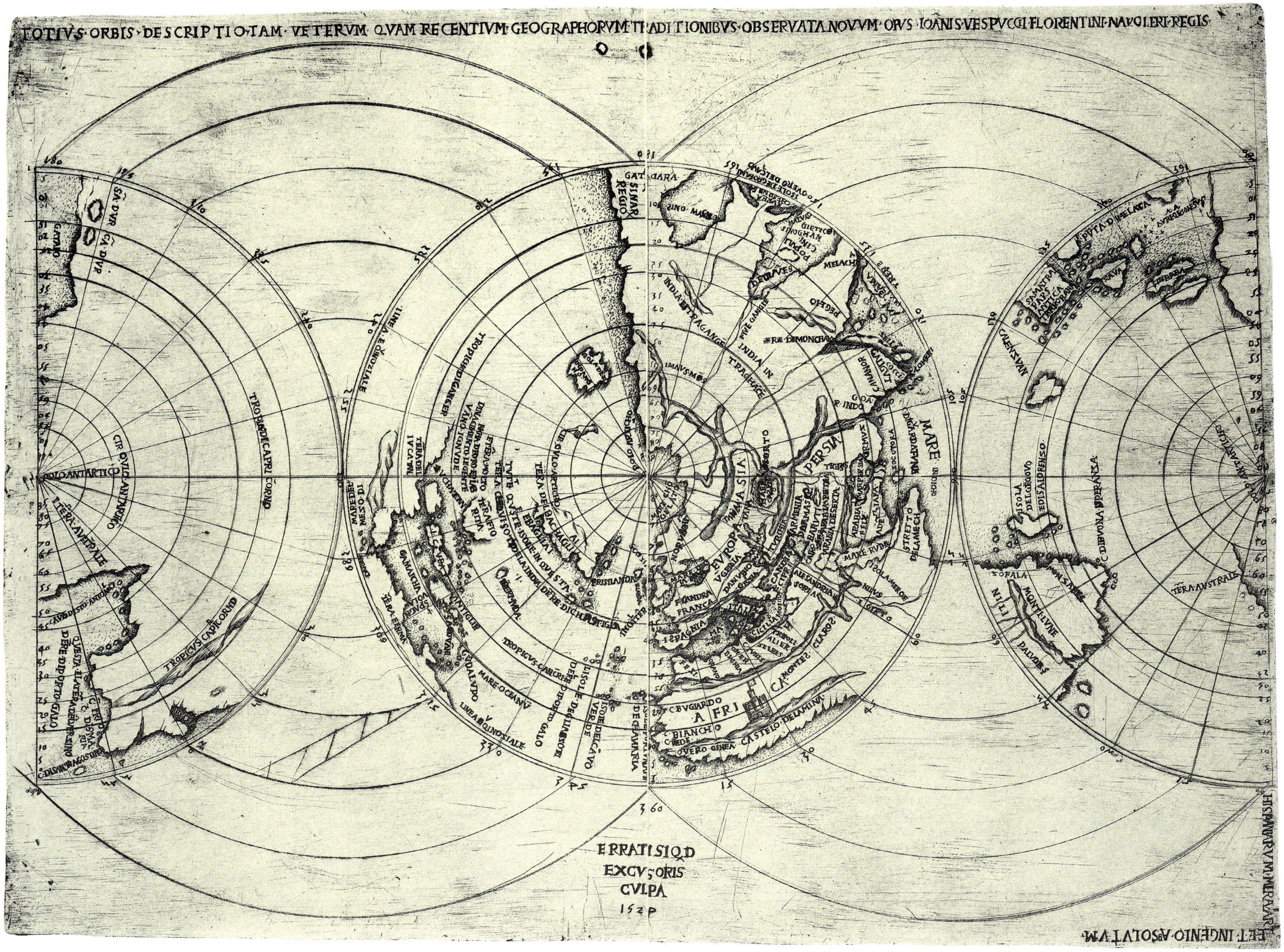

dieser Projektion galt lange die Weltkarte in Benedetto Bordones *Isolario*, Venedig 1528 (Kat. 84). Das Begrenzungsoval hat das Achsenverhältnis von genau 1:2, die Meridiane sind im Abstand von 20°, die Breitenkreise im Abstand von 11¼° (entsprechend dem Verhältnis 180:16) eingezeichnet. Die Meridianbilder sind allerdings keine exakten Ellipsen. Die zeichnerische Ausführung der Ellipse stieß offensichtlich bei den Kartographen in der ersten Hälfte des 16. Jahrhunderts noch auf erhebliche Schwierigkeiten.

Die Konstruktion des Netzes muß man sich so vorstellen, daß zunächst ein achsensymmetrisches Oval als Begrenzungslinie gezeichnet wurde, in dem die Einzeichnung der geradlinigen, gleichabständigen Breitenkreisbilder erfolgte. Jeder Breitenkreis wurde in gleich viele Stücke gleicher Länge unterteilt, was durch Probieren mit

Abb. 13 Planiglobus in abstandstreuer Azimutalprojektion. Juan Vespucci: Weltkarte, 1524 (Kat. 82)

Abb. 14 ›Ovale‹ Projektion mit ellipsenähnlichen Meridianen. Francesco Rosselli: Ovale Weltkarte, um 1508 (Kat. 78)

dem Zirkel leicht zu bewerkstelligen ist. Die Meridianbilder ergeben sich dann durch Verbindung entsprechender Teilpunkte auf den verschiedenen Breitenkreisen. Wäre die Begrenzungslinie des Netzes eine exakte Ellipse mit dem Achsenverhältnis 1 : 2, müßten auch die Meridianbilder wieder Ellipsen ergeben. Dieses Ideal wird bei keiner dieser ovalen Projektionen im 16. Jahrhundert erreicht. Eine verhältnismäßig gute Ellipsenform hat die genannte Weltkarte von F. Rosselli um 1508 (Abb. 14) und im *Isolario* von Sonetti, Venedig 1532. Andere Netze weichen sehr stark von der Ellipsenform ab, und auch das Achsenverhältnis schwankt sehr stark, so daß man von einem einheitlichen Konstruktionsprinzip für diese Art von ovalen Netzen kaum sprechen kann. Ein solches ist erst bei den ovalen Netzen mit Pollinie nach Battista Agnese zu erkennen.

Die ovale Projektion nach Battista Agnese

Dieses Kartennetz wurde zum ersten Mal angewandt in der Weltkarte, die den Atlanten des venezianischen Kartographen Battista Agnese beigegeben ist. Solche Atlanten erschienen in prachtvoller Ausführung von 1536 bis 1564 (vgl. 138 ff.). Etwa 60 dieser Werke sind bekannt, fast alle mit der ovalen Weltkarte (Abb. 15). Das Gradnetz entsteht nach folgendem Konstruktionsprinzip: Die Erdkugel wird genauso abgebildet wie bei den oben behandelten Planigloben, nämlich auf eine Kreisfläche mit geradlinigen, parallelen und gleichabständigen Breitenkreisen und kreisförmigen Meridianen, die den Äquator senkrecht durchsetzen und in gleich große Abschnitte unterteilen. Die Abbildung des Gradnetzes der noch fehlenden Halbkugel erfolgt dadurch, daß die Breitenkreise als Gerade nach außen verlängert werden und die beiden äußersten Halbkreise (Meridiane) parallel nach außen verschoben werden. Die Verschiebungsbeträge sind konstant

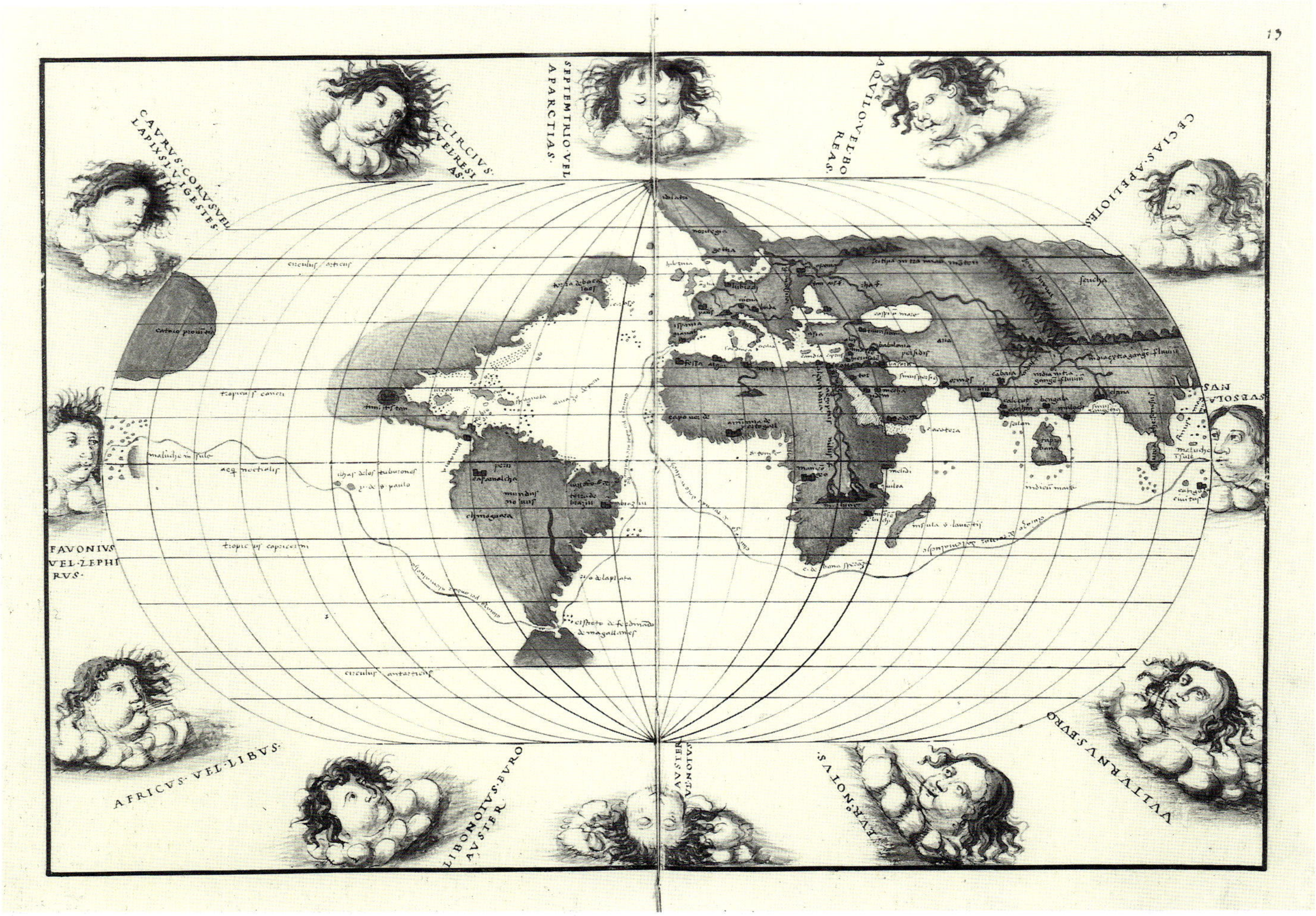

Abb. 15 ›Ovale‹ Projektion mit kreisförmigen Meridianen. BATTISTA AGNESE: Portolanatlas, um 1535–1542 (Kat. 59a)

und gleich den Abständen der Meridianbilder auf dem Äquator. Die Meridiane enden oben und unten auf einer geraden Linie, der sog. Pollinie, die die halbe Länge des Äquators hat. Das Verhältnis zwischen Äquatorlänge und Abstand der Pole beträgt genau 2 : 1.

Mit der Version von BATTISTA AGNESE hat die ovale Projektion eine mathematisch klare Form erhalten. Da die Netzlinien nur aus Geraden und Kreisen bestehen, läßt sich die Konstruktion einfach mit Lineal und Zirkel durchführen. Die leichte Konstruierbarkeit bedeutete in der damaligen Zeit ein entscheidendes Kriterium für die Anwendung eines Kartennetzes. So gehörte die AGNESE-Projektion zu den beliebtesten Weltkartenprojektionen des 16. Jahrhunderts. Sie wurde zunächst vor allem in den Zentren der italienischen Kartographie, in erster Linie in Venedig benutzt, verbreitete sich aber auch über die anderen Länder Europas. Ein besonders schönes Anwendungsbeispiel für diese Projektion zeigt die Weltkarte im Atlas von A. ORTELIUS vom Jahre 1570 (Kat. 99). Im 17. Jahrhundert geht die Anwendung der AGNESE-Projektion dann zurück, die letzte Karte in der Projektion erschien in der bekannten Kartenoffizin LOTTER in Augsburg im Jahre 1783.

Das ovale Netz mit ellipsenförmiger Begrenzung (Entwurf nach ROSSELLI/APIAN) findet hingegen eine Renaissance im 19. Jahrhundert durch die Entwürfe von MOLLWEIDE, AITOFF und HAMMER.[6]

Rechnerische Behandlung der ovalen Projektionen

Im 16. Jahrhundert erfolgte die Konstruktion der Kartennetze noch rein graphisch. Man hatte auch noch keine rechten Vorstellungen über die bei der Verebnung der Kugel auftretenden Verzerrungen, die die Qualität des Netzentwurfes beeinflussen. Die Bestimmung der Verzerrungsverhältnisse setzt die mathematische Formulierung der Abbildung voraus, was durch die Aufstellung entsprechender Abbildungsgleichungen geschieht. Die Abbildungsgleichungen geben die Beziehung zwischen den rechtwinkligen Koordinaten x und y in der Kartenebene

6 Eckert 1921 (wie Anm. 4), S. 169.
7 Finsterwalder 1989 (wie Anm. 5), S. 23 f.

Abb. 16 Flächenverzerrung der ›ovalen‹ Projektionen

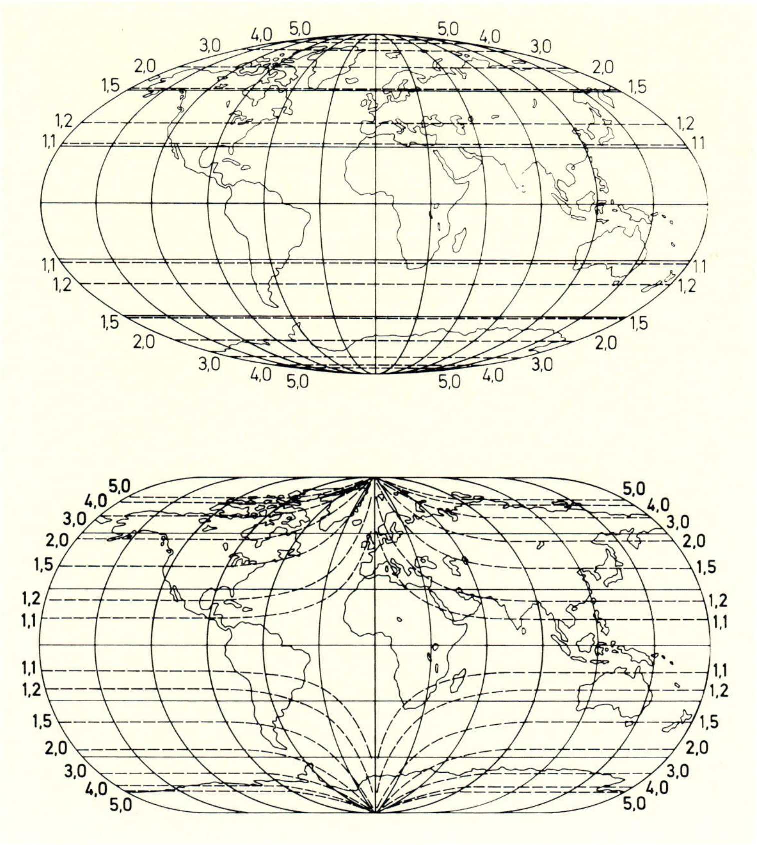

und den geographischen Koordinaten φ (geographische Breite) und λ (geographische Länge) auf der Kugel an.

Für den Entwurf nach Rosselli/Apian lauten die Abbildungsgleichungen, wenn der Erdradius gleich 1 gesetzt wird:

$$x = \varphi \qquad y = \frac{\lambda}{\pi}\sqrt{\pi^2 - 4\varphi^2} \qquad \text{mit } \pi = 3{,}14$$

Für den Agnese-Entwurf sind die Abbildungsgleichungen für die zwei Erdhälften unterschiedlich. Für den sog. Innenraum (innere Kreisfläche) gelten die folgenden Gleichungen[7]:

$$x = \varphi \qquad y = \frac{\frac{\pi^2}{4} - \lambda^2}{2\lambda} \pm \sqrt{\left(\frac{\frac{\pi^2}{4} - \lambda^2}{2\lambda}\right)^2 - \varphi^2 + \frac{\pi^2}{4}}$$

Und für den Außenraum:

$$x = \varphi \qquad y = \pm\sqrt{\frac{\pi^2}{2} - \varphi^2} + \left(\lambda - \frac{\pi}{2}\right)$$

Unter Zuhilfenahme der Methoden der Differentialgeometrie lassen sich aus den Abbildungsgleichungen die Flächenverzerrung und die Winkelverzerrung an jedem Punkt des Entwurfs berechnen. Die Ergebnisse dieser Berechnung sind für die beiden ovalen Projektionen in Form von Linien gleicher Verzerrung wiedergegeben (Abb. 16, 17). Verfolgt man diese Linien, so wird man bald feststellen, daß hinsichtlich der Verzerrungsverhältnisse, insbesondere der Flächenzerrung, die Rosselli-Apian-Version der von Agnese überlegen ist. Die Agnese-Projektion weist nur im Innenraum ungefähr gleichwertige Verzerrungsverhältnisse auf, während sie im Außenraum schneller ungünstig werden.

Für die Anwendung der Entwürfe spielten die Verzerrungsverhältnisse im 16. und 17. Jahrhundert keine Rolle. Entscheidender war die leichte Konstruktion eines Kartennetzes, wie sie etwa bei der ovalen Projektion nach Agnese gegeben war.

Resümee

Die Erweiterung des Weltbildes um die Wende des 15. Jahrhunderts hat zu einer stürmischen Entwicklung der Weltkartenprojektionen in der ersten Hälfte des 16. Jahrhunderts geführt. So erfolgte zunächst eine Erweiterung der schon in der Antike bekannten Netze, nämlich der rechteckigen Plattkarte als Seekarte zur quadratischen Plattkarte hin. Die erste Ptolemäische Projektion wurde als Kegelprojektion mit der Abbildung des Nordpols als Punkt erweitert, und der in der zweiten

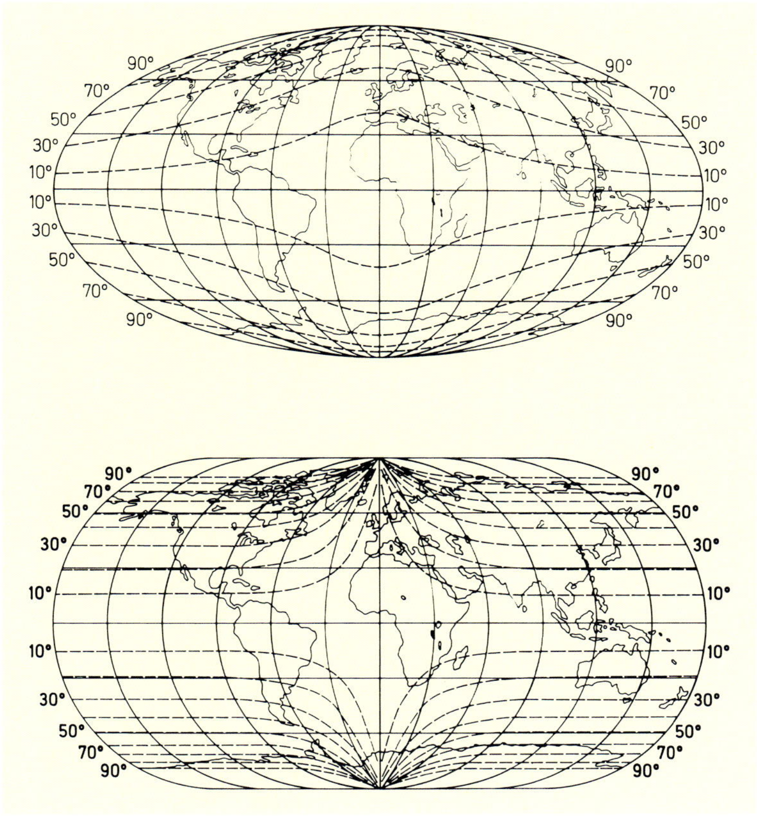

Abb. 17 Maximale Winkelverzerrung der ›ovalen‹ Projektionen

Ptolemäischen Projektion zur Abbildung kommende Erdausschnitt wurde in Ost-West-Richtung auf den ganzen Erdkreis ausgedehnt und auch nach Süden zu erweitert.

An neuen Projektionen kam die herzförmige Weltkartenprojektion nach STABIUS-WERNER, die erste flächentreue Weltkartenprojektion, hinzu. Dann erfolgte die Abbildung der Erdkugel auf zwei getrennte Kreisflächen (Planigloben). Dabei dominierte zunächst die Darstellung mit parallelen geraden Breitenkreisen und kreisförmigen Meridianen, die dann durch die querachsige stereographische Projektion mit kreisförmigen Meridianen und Breitenkreisen in der zweiten Hälfte des 16. Jahrhunderts ersetzt wurde.

Als wichtigste Weltkartenprojektion entstand in der ersten Hälfte des 16. Jahrhunderts die sog. ovale Projektion in zwei Varianten, nämlich mit ellipsenförmigen Meridianen nach FRANCESCO ROSSELLI/PETER APIAN und mit kreisförmigen Meridianen nach BATTISTA AGNESE. Bei letzterer Projektion findet zum ersten Mal auch die gerade Pollinie ihre Anwendung.

Holzfäller und Kannibalen

Brasilianische Indianer auf frühen Karten

Susi Colin

1 Viele der Gebrauchskarten der Renaissance sind mit sehr einfachen Figuren illustriert – winkenden Strichmännchen, Leuten in Booten und Kanus, Hütten, von denen Rauch aufsteigt etc. –, die als Navigationshilfen dienten.
2 Vgl. Colin 1988, S. 58f.

Abb. 1 Anonymus: Nordamerika-Karte aus dem ›Haager Atlas‹, Dieppe um 1536-1540. Königliche Staatsbibliothek, Den Haag

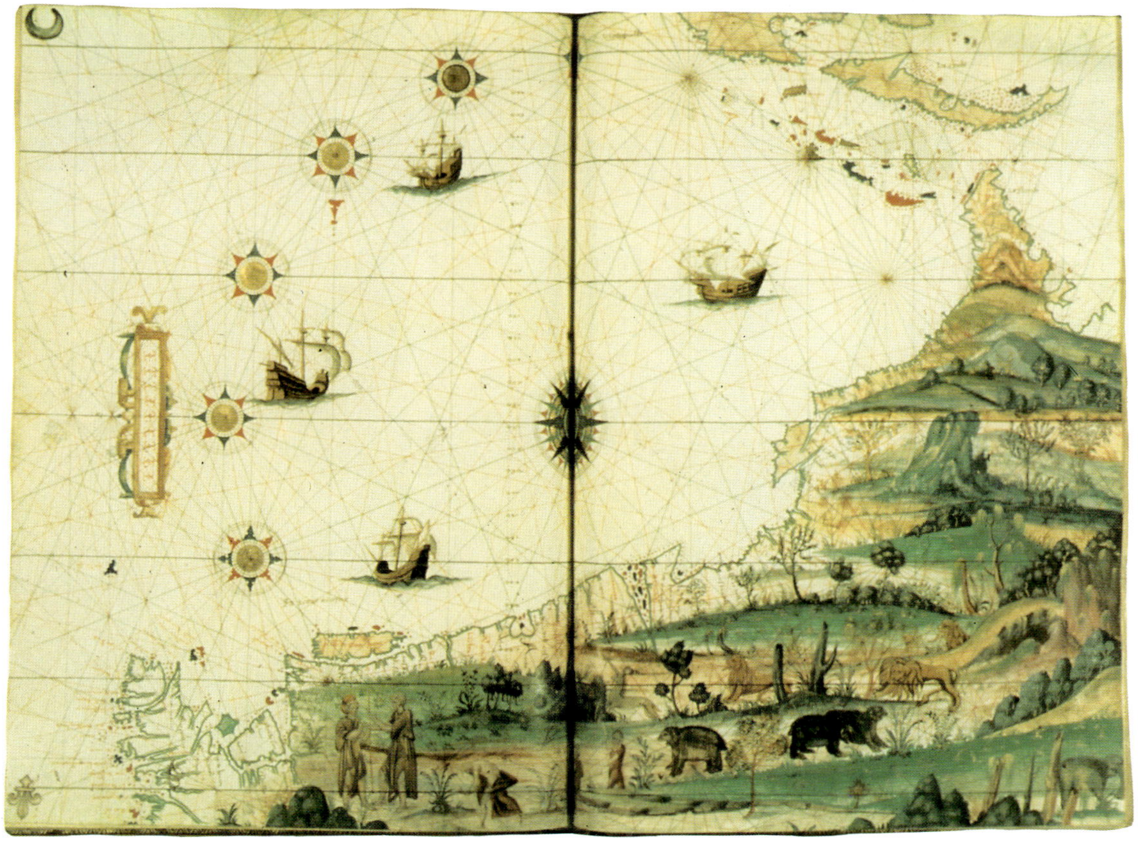

Die Entdeckung und Erforschung der Neuen Welt wurde von den zeitgenössischen Kartographen in Europa mit Spannung verfolgt. Kilometer um Kilometer verlängerten sie unfertige Küstenstriche und zeichneten sich auf wilden Flußläufen unaufhaltsam landeinwärts. Aber von den Wundern und Geheimnissen des neuen Erdteils, von denen die Augenzeugen berichteten, gaben die meisten Karten der Renaissance – zum Großteil Gebrauchskarten, die sich auf die Vermittlung rein kartographischer Daten beschränken[1] – nichts preis. Nur wenige der handgezeichneten und gedruckten Karten betreiben Erdkunde im weiteren Sinne und machen den Betrachter durch Inschriften und Illustrationen auf Staunenswertes und Nützliches im Pflanzen- und Tierreich der Neuen Welt oder auf die Sitten und Gebräuche der Völker Amerikas aufmerksam.[2]

Es liegt nicht zuletzt an der Indianerliteratur und an Hollywood, daß man sich heute einen nordamerikanischen Prärieindianer des 19. Jahrhunderts vorstellt, wenn man an Indianer denkt – einen Sioux etwa. In der Renaissance spielen Nordamerika und seine Völker nur eine untergeordnete Rolle. Sie tauchen zuerst in der Folge von Cartiers Entdeckungen im Gebiet des St.-Lorenz-Stroms auf den Karten der ›Diepper Schule‹ auf. Die sehr schönen, aber manchmal auch stark romantisierten Darstellungen Nordamerikas und seiner Bewohner – wie etwa auf der Nordamerika-Karte des ›Haager Atlas‹ von 1536-1540 (Abb. 1) – fanden jedoch keine Nachfolge in der Kartenillustration des 16. Jahrhunderts. Erst die reich illustrierte Reihe von Büchern über Amerika, die ab 1590 von dem Frankfurter Verleger Theodor de Bry herausgegeben und von seinen Erben fortgeführt wurde (vgl. Kat. 40), räumt den Indianern Nordamerikas einen Platz in der europäischen Kunst ein. De Bry wurde wahrscheinlich bei einem Aufenthalt in England durch die schönen und ethnographisch genauen Aquarelle John Whites, des Gouverneurs der ersten, gescheiterten Kolonie auf Roanoke Island in der Chesapeake Bay, zu dieser Serie angeregt. De Brys Nachstiche der Zeichnungen im ersten Teil der Amerika-Reihe[3], der eine Beschreibung der Indianer des damaligen Virginia und ihrer Sitten und Gebräuche enthält, dienten als Vorlagen für eine Reihe von gedruckten Karten. Sechs Indianer, die über de Bry auf John White zurückgehen, erscheinen nur drei Jahre später auf einer Vignette der Nordamerika-Karte in Cornelis de Jodes *Speculum orbis terrae* (Abb. 2).

Die Entdeckungsreisen im frühen 16. Jahrhundert konzentrierten sich zunächst auf die Karibik, Mittel- und vor allem Südamerika.[4] So verwundert es nicht, daß die Indianer Lateinamerikas – vor allem die Kariben und Arauak Guayanas – und die Tupi-Guarani Brasiliens die ethnographische Literatur wie auch die Kartenillustration des 16. Jahrhunderts beherrschen.

Nur wenige der schönen Manuskriptkarten sind in Spanien entstanden, wo man Konkurrenz in der Neuen Welt befürchtete und bemüht war, seine Karten geheimzuhalten. Der Großteil der repräsentativen handgezeichneten Karten der Renaissance stammt aus Portugal und Frankreich. Portugal wurde nach CABRALS Entdeckung Brasiliens im Jahre 1500 neben Spanien zur bedeutendsten Kolonialmacht der Neuen Welt. Diese Stellung wurde seit den zwanziger Jahren von Frankreich bedroht, dessen Diepper Seefahrer heimlich mit den Indianern Handel trieben. Eine kurzlebige Siedlung in Brasilien (1555) bildete den Höhepunkt französischer Kolonialbestrebungen in Südamerika und markiert gleichzeitig das Ende der schönen Diepper Karten (vgl. Kat. 70-73).[5]

Die älteste Karte, auf der ein Indianer erscheint, ist ›Kunstmann II‹, eine portugiesische Manuskriptkarte des Südatlantik, zwischen 1502 und 1506 entstanden (Abb. 3; vgl. S. 134).[6] An der Ostspitze Südamerikas sind zwei Figuren zu sehen: Ein Indianer hat den Rumpf eines Weißen auf einen Bratspieß gesteckt und brät ihn genüßlich über einem Feuer. Die Szene geht vermutlich auf einen tragischen Zwischenfall auf GONÇALO COELHOS Reise von 1501-1502 zurück, an der auch VESPUCCI teilnahm. Dieser berichtet, daß die Frauen eines besonders kontaktscheuen Stammes einen jungen Seemann angelockt und mit einer Keule erschlagen hätten. Die Männer trieben COELHOS Mannschaft mit einem Pfeilhagel auf die Schiffe zurück, von wo aus sie hilflos zusehen mußte, wie die Indianer den Leichnam ihres Genossen in Stücke zerteilten, über einem Feuer brieten und verspeisten.[7]

Die Lebendigkeit der Szene läßt den Eindruck entstehen, der Zeichner habe den Zwischenfall selbst miterlebt. Wie man sieht, wußte er, daß die Alltagskleidung südamerikanischer Indianer oft nur aus einer Penishülle oder einem Lendenschurz bestand. Ähnlich war auch der ›Tarairiu-Mann‹, den ALBERT ECKHOUT 1641 auf die Leinwand bannte, ›gekleidet‹ (Abb. 4).[8] Zwar ist auf der frühen Karte die kupferne Hauttönung des Mannes ebenfalls korrekt wiedergegeben, aber der Lockenschopf und der Vollbart des Menschenfressers lassen erkennen, daß unser Miniaturist nie einen Indianer mit eigenen Augen gesehen hat: Die Indianer Südamerikas waren stolz auf ihr glattes Haupthaar und verabscheuten jegliche Körperbehaarung. Dies hebt auch VESPUCCI hervor, um einer Verwechslung von Indianern mit traditionellen Monstern wie den Kynokephalen (hundsköpfigen Menschen) Asiens oder den heimischen ›Wilden Männern‹[9] vorzubeugen und die Menschlichkeit der Indianer zu betonen: »Sy haben kein har am leyb wann das haupthar dz sy lāg und schartz tragen ... di leüt in irē augprowē od aug felen vñ am gatzē lyb (vß genōmen das haupthar) kein har wachßē vm des will das sy nienē har am leyb haben fyhish sein.«[10] Mit solch einer Beschreibung aus erster Hand war unser Illustrator offenbar nicht vertraut. Aber es mag ihm eine Beschreibung der Indianer aus zweiter Hand zu Ohren gekommen sein.

Intensivierte Kontakte mit den Küstenstämmen durch zunehmenden Handel und Koloniegründungen sorgten für einen steten Informationsfluß über indianische Kultur nach Europa. Vermutlich schlug sich das besonders in der Kartenillustration der Entdeckerländer nieder, wo man voraussetzen kann, daß fortschrittliche Kartographen Umgang mit Kapitänen und Navigatoren pflegten. Die Dekoration von JORGE REINELS Südatlantik-Karte aus dem um 1519 entstandenen ›Miller-Atlas‹ legt davon Zeugnis ab (Abb. 5).[11] Hier sieht man indianische Holzfäller und Jäger in einer tropischen Waldlandschaft voll farbenprächtiger Vögel und wilder Tiere. Der Miniaturist war offenbar nicht nur mit der physischen Erscheinung der Eingeborenen – vielleicht durch Indianer, die nach

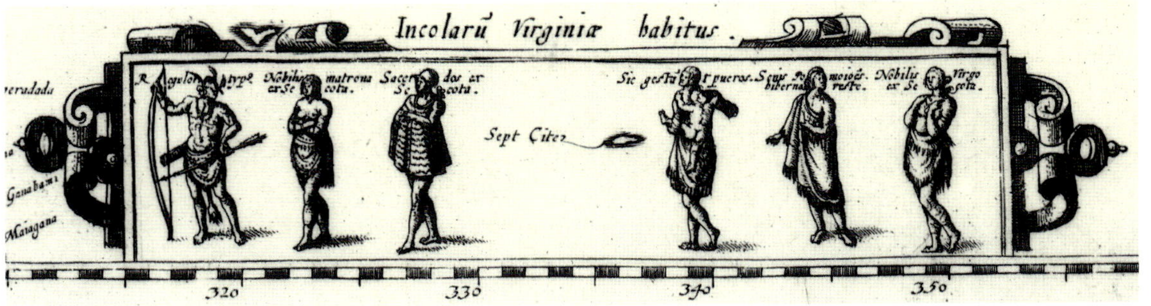

Abb. 2 Vignette mit Darstellung der Trachten der Indianer Virginias aus der Nordamerika-Karte von CORNELIS DE JODE, 1593 (Kat. 112)

3 *Admiranda narratio fida tamen de commodis et incolarum ritibus Virginias...* Frankfurt: Johann Wechel und Theodor de Bry 1590.
4 Im Vergleich zu Südamerika galt Nordamerika wahrscheinlich als wirtschaftlich wenig attraktiv.
5 Vgl. R. Johnson Tomlinson: *The struggle for Brazil. Portugal and ›the French Interlopers‹ 1500-1550.* New York 1970.

Abb. 3 Indianer beim Grillen eines Mitgliedes der Mannschaft GONÇALO COELHOS. Ausschnitt aus der ›Kunstmann-II-Karte‹, zwischen 1502 und 1506 (Kat. 57)

Abb. 4 Albert Eckhout: Tarairiu-Mann, 1641. Öl auf Leinwand, 266 x 160 cm. Nationalmuseum Kopenhagen, Ethnologische Sammlung

Abb. 5 Südamerikanische Indianer. Ausschnitt der Südatlantik-Karte von Jorge Reinel aus dem ›Miller-Atlas‹, um 1519 (vgl. Kat. 65)

6 Zur Illustration: Colin 1988, K. 1., S. 296 f.; W. C. Sturtevant: ›First Visual Images of Native America.‹ In: Chiapelli 1976, Bd. I, S. 420.

7 Hierzu z. B. die deutsche Ausgabe: A. Vespucci: *Diß büchlin saget …* Straßburg: Johannes Grüninger 1509, fol. E 5 r-v.

8 Zu Albert Eckhout siehe: B. L. Döry: ›Nachtrag Exoten.‹ In: *Reallexikon zur deutschen Kunstgeschichte*. Bd. VI, München 1973, Sp. 1496 f.; B. M. Baumuck: ›Von brasilianischen fremden Völkern. Die Eingeborenen-Darstellungen Albert Eckhouts.‹ In: Kohl 1982, S. 188-199.
Zur Kleidung brasilianischer Indianer siehe: R. H. Lowie: ›The tropical forests: An introduction.‹ In: *Handbook of South American Indians*. Bd. III, New York 1963, S. 19; A. Métraux: ›The Guarani.‹ Ebenda, S. 82 f.; A. Métraux: ›The Tupinamba.‹ Ebenda, S. 105.

9 Vgl. S. Colin: ›The Wild Man and the Indian in early 16th century book illustration.‹ In: Ch. F. Feest (Hrsg.): *Indians and Europe*. Aachen 1987, S. 5-36; Colin 1988, S. 63-89.

10 Vespucci (wie Anm. 7), fol. B 2 r.

11 Zu den Indianern des ›Miller-Atlas‹ siehe: Sturtevant 1976 (wie Anm. 6), S. 424; Colin 1988, K. 4, S. 298 f.

Europa gekommen waren –, sondern auch mit ihren Waffen und Federarbeiten vertraut. Wahrscheinlich hat er originale Federumhänge und -kronen gesehen, die im Gepäck eines Seemanns als Kuriosa nach Europa gekommen sein mögen. Ähnliche Federcapes und -kronen lassen sich bei historischen und heutigen Stämmen nachweisen[12], aber man kann keine befriedigenden Parallelen zu den Federkilts in Südamerika finden. Vielleicht gehen sie auf eine mündliche Beschreibung von federgeschmückten Gürteln zurück, wie sie z.B. heute bei den Karaja (Abb. 6) getragen werden. Unser Künstler mochte sich wohl – angesichts der eindrucksvollen anderen Federarbeiten – mit so sparsamen Kleidungsstücken nicht zufriedengeben.[13] Federkilts tauchen das erste Mal auf einem Flugblatt von 1505 in der europäischen Kunst auf (Kat. 15) und haben als ›indianisches‹ Kleidungsstück eine steile Karriere gemacht.

Die Südatlantik-Darstellung im *Boke of Idrography*, einem Manuskriptatlas des Diepper Kartographen Jean Rotz aus dem Jahre 1542 (vgl. Kat. 71), gehört zu den wenigen Manuskriptkarten der Renaissance, deren Dekoration auf Feldstudien, d.h. auf direkte Beobachtung der indianischen Kultur zurückgeht (Abb. 7).

Das Bild, das sich über den ganzen Osten Südamerikas erstreckt, schildert das Leben der Tupinamba, die im 16. Jahrhundert die Küste südlich des Amazonas beherrschten.[14] Ein Tupinamba-Dorf im Zentrum des Kartenbildes macht den Betrachter mit Einzelheiten vertraut – angefangen von der Palisade, bis zu den Feuern, die unter den Hängematten im Inneren der Langhäuser brennen. Außerhalb einer Wehranlage aus Fallgruben und Baumstümpfen sieht man Indianer bei verschiedenen Tätigkeiten; darunter einen Kampf und einen feierlichen Tanz von Indianern mit Federkronen. Der rituelle Kannibalismus wird mit zwei Bildern vorgeführt: Das erste zeigt die Tötung eines Kriegsgefangenen mit einer Tellerkopfkeule, das zweite die Zubereitung des Leichnams auf einem Grill. Solch Detailwissen kann nur durch eigene Beobachtung erworben werden. Man nimmt an, daß Rotz, der seinen Atlas selbst mit dem figürlichen Schmuck ausgestattet hat, an einer Amerikafahrt teilgenommen hat.[15]

Kartographen, die ihre Werke selbst illuminierten, scheinen allerdings im 16. Jahrhundert die Ausnahme gewesen zu sein, obwohl bisher nur sehr wenige Kartenillustratoren aus dieser Zeit mit Namen bekannt sind. Wahrscheinlich wurden besonders Manuskriptkarten und -Atlanten Berufsminiaturisten zur Ausmalung anvertraut. Meist entstanden die prächtigen Werke als Auftragsarbeiten für gekrönte Häupter oder einflußreiche Adelige bei Hofe. Einigen Kartographen, die sie – wie Rotz – ihrem Herrscher präsentierten, um einen Posten bei Hofe zu ergattern, dienten sie zur Eigenwerbung. Das bedeutet in jedem Fall, daß die Illustrationen nicht nur der Unterhaltung und Unterweisung dienten, sondern auf die jeweiligen Empfänger zugeschnitten waren und oft auch politische Aufgaben zu erfüllen hatten. Die Holzfäller des im Auftrag des portugiesischen Königs entstandenen ›Miller-Atlas‹ sollten König Franz I. von Frankreich, für den der Atlas wahrscheinlich bestimmt war, auch auf die wirtschaftliche Bedeutung seines Besitzes in Übersee hinweisen (Brasilien fiel erst neun Jahre nach Fertigstellung der Karte durch die päpstliche Teilung an Portugal). Die Karten der ›Diepper Schule‹ waren einflußreichen Personen bei Hofe gewidmet und sollten zur Förderung des Überseehandels sowie wohl auch zur Kolonisation einladen. Deshalb weisen alle Diepper Karten auf den Brasilholzhandel mit den Indianern hin, denn dieser von der nordfanzösischen Textilindustrie begehrte Rohstoff, der zum

Abb. 6 Karaja-Mann von der Bananal-Insel im Rio Araguaya, Brasilien, mit Federornamenten, 1934

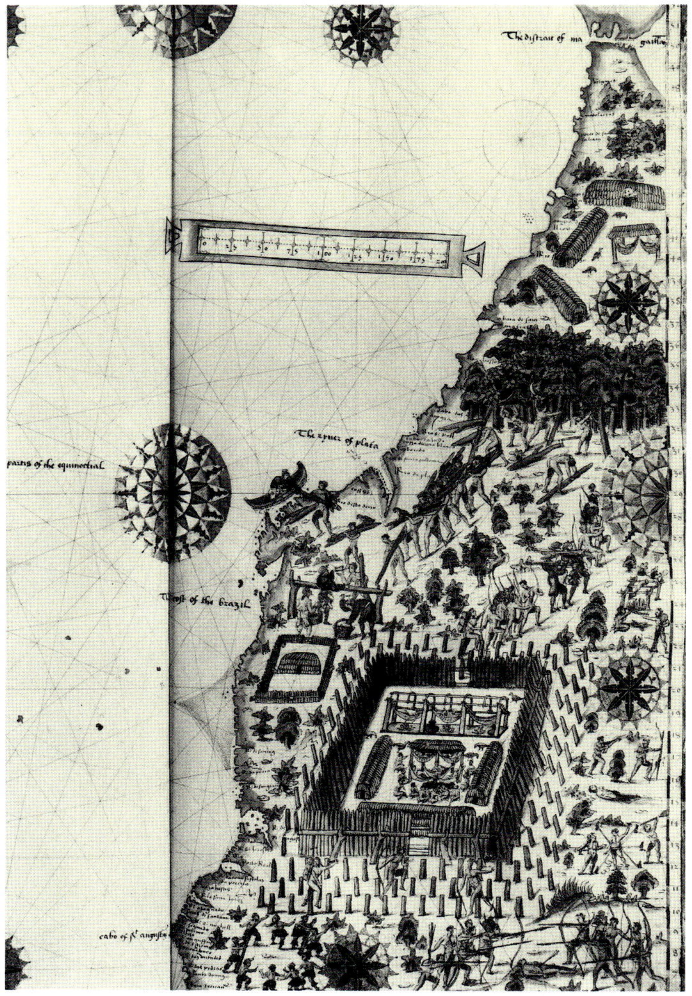

Abb. 7 Tupinamba-Dorf. Ausschnitt der Südatlantik-Karte aus dem *Boke of Idrography* von Jean Rotz, 1542 (vgl. Kat. 71)

12 Zur Identifizierung der Umhänge: Sturtevant 1976 (wie Anm. 6), S. 424. Zu den Federkronen: Lowie 1963 (wie Anm. 8), S. 19; Métraux, ›The Guarani‹, 1963 (wie Anm. 8), S. 83; J. Gillin: ›Tribes of the Guianas.‹ In: *Handbook of South American Indians.* Bd. III, New York 1963, S. 835.

13 Sturtevant 1976 (wie Anm. 6), S. 420.

14 Zu den Tupinamba siehe: Métraux, ›The Tupinamba‹, 1963 (wie Anm. 8), S. 95-133.

15 Sturtevant 1976 (wie Anm. 6), S. 427; Ders. in: Wallis 1981.

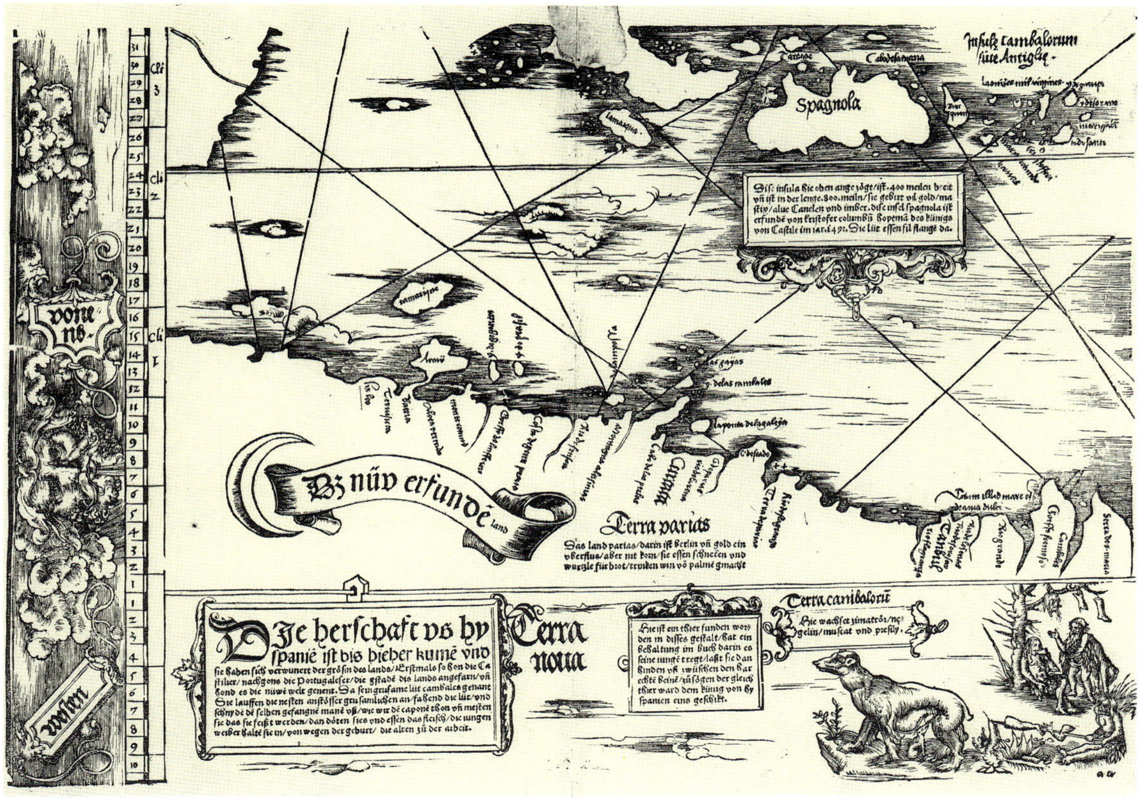

Abb. 8 Grillende Kannibalen. Ausschnitt der *Carta Marina* von Lorenz Fries, 1525/1530 (Kat. 50/51)

Färben von Stoffen verwendet wurde, war im 16. Jahrhundert der wichtigste Exportartikel Brasiliens.[16]

Die Dekoration gedruckter Karten unterlag dagegen anderen Bedingungen, weil sie auf das breitere gebildete Publikum zugeschnitten werden mußten – Kaufherren etwa, die auf ihren Kontorwänden ihre geographischen Kenntnisse und ihre weltweiten Handelsverbindungen zur Schau stellen wollten. Das bedeutete meistens, daß die ethnographischen Illustrationen dieser Karten dem Publikumsgeschmack angepaßt wurden. Das ist auch bei den Indianern auf der riesigen Weltkarte Martin Waldseemüllers von 1516 der Fall, der den Kannibalismus als wesentlichstes Kulturmerkmal südamerikanischer Indianer hervorhob. Die Darstellung beschränkt sich auf einen Kannibalenkoch, der auf ›Kunstmann II‹ (vgl. Abb. 3) zurückgeht, und zwei weitere Menschenfresser (S. 120/121, Abb. 14).[17] Waldseemüllers Karte fand einen so guten Absatz, daß sich der Straßburger Verleger Johannes Grüninger 1525 entschloß, die Karte überarbeiten zu lassen und erneut zu drucken. Diese Aufgabe wurde Lorenz Fries anvertraut, einem Gelehrten, der eher zu volksnaher Großzügigkeit als zu wissenschaftlicher Pedanterie neigte (vgl. S. 126, Abb. 23). Der Begleittext, die *Uslegung der Mercarthen*, in der Wissenswertes über die Länder der Erde und ihre Bewohner zusammengetragen war, vereinte Fakten und Phantasie. Das trifft auch für die Illustrationen zu.[18] Das Projekt brachte so viel ein, daß Karte und Text 1527, 1530 und 1531 erneut in den Druck gingen.

Die Menschenfresser-Szene, die Fries mit nur wenigen unerheblichen Abänderungen von Waldseemüller übernahm, ist durch ihre Konzentration auf den spektakulärsten Aspekt indiogener Kultur den Bildern der Populärliteratur der Renaissance eng verpflichtet (Abb. 8). Einige Elemente der Darstellung, wie ein Baum mit dörrenden Leichenteilen, gehen über einen mehrfach verwendeten Holzschnitt Jan van Doesborchs (Abb. 9) auf das berühmte Augsburger Flugblatt von 1505 zurück (Kat. 15), auf dem auch eine vergnüglich speisende Kannibalenrunde zu sehen ist.[19] Obwohl diese Illustrationen auf die Sensationslüsternheit des zeitgenössischen Publikums abzielen und sogar die gräßlichen ›Wilden Leute‹ der heimischen Tradition heraufbeschwören[20], kann man sie nicht als völlig irrelevant abtun. Die Künstler bezogen besonders im frühen 16. Jahrhundert ihre Information oft von Augenzeugenberichten, deren Realitätsgehalt sie nicht überprüfen konnten. Vespucci z. B. bemerkte wohl, daß die Indianer der südamerikanischen Ostküste nur ihre Kriegsgefangenen verzehrten. Er schrieb: »… alle ire feind die sy toedten oder gefan halten mañ vnd frawē vnuerscheidenlich/ verschlucken sy…«[21] Aber es blieb ihm

Abb. 9 Jan van Doesborch: Kannibalenfamilie. Holzschnitt in: *Of the newe lande…* Antwerpen 1510-1515. British Library, London

16 Vgl. Tomlinson 1970 (wie Anm. 5); Colin 1988, S. 133-150; dagegen P. Chaunu: *Conquête et exploitation des Nouveaux Mondes*. Paris 1969, S. 346 f.
17 Zu den Illustrationen: Colin 1988, K. 3, S. 297 f.
18 Vgl. zur *Uslegung*: Colin 1988, B. 26, S. 197 f.; H. Binder Johnson: *Carta Marina. World geography in Straßburg, 1525*. Minneapolis 1963. 159 S., 2 Kt. (mit ausführl. Beschr. u. Lit.).
19 Vgl. Colin 1988, B. 10, S. 186 f.; B. 19, S. 191 f.; S. 16 ff. Zu den Holzschnitten: Honour 1976, S. 12; R. Schuller: ›Die älteste bekannte Darstellung südamerikanischer Indianer.‹ In: *Gutenberg Festschrift*. Mainz 1925, S. 179 ff.; M. E. Kronenberg: *De novo mondo Antwerp. Jan van Doesborch*. Den Haag 1927.
20 Colin 1987 (wie Anm. 9).
21 Vespucci (wie Anm. 7), fol. B 5 v.

Abb. 10 Abraham Ortelius: Allegorien der vier Kontinente 1570/1574 (Kat. 38)

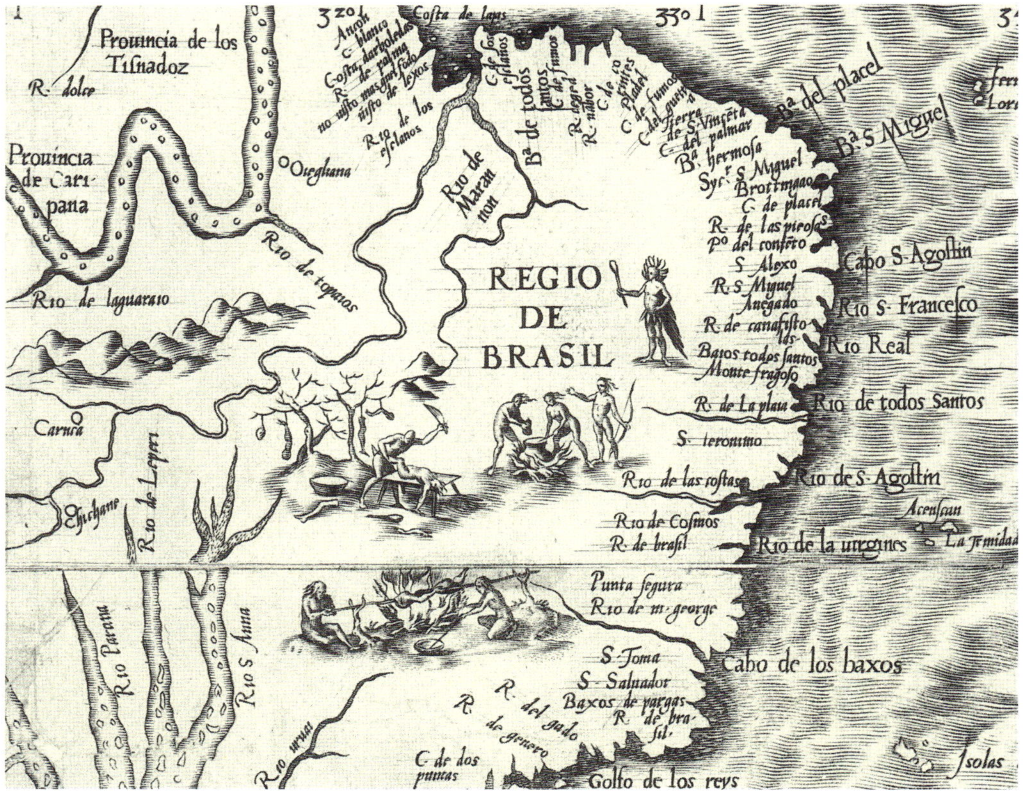

Abb. 11 Brasilianische Kannibalen. Ausschnitt aus Diego Gutiérrez: *Americae Sive Qvartae Orbis partis Nove*… Kupferstich von Hieronymus Cock (zugeschrieben), Antwerpen 1562. Library of Congress, Washington D.C.

verborgen, daß es sich um rituellen Kannibalismus handelte: »Ander fleisch anders den von menschē essent sy seltē/ In etlichem mesche fleisch zů fressen seind sy so unmenschlich vngezem/ das sy in dem alle wilde vnd fyhyschen weisen übertreffen.«[22] Zudem erlag gerade er oft der Versuchung, seinen Eindrücken durch Einflechten von sensationellen Unwahrheiten Substanz zu verleihen, was dann von den populären ›Nachrichten‹ weitergetragen wurde: »Sy essen auch ainander selbs die erschlagen werden, vnd hencken das selbig fleisch in den rauch.«[23]

Wie sehr der Kannibalismus der brasilianischen Küstenstämme die Vorstellung der Europäer beherrschte, läßt sich auch an Personifikationen des neuen Erdteils sehen. So zeigt etwa das Titelblatt zu Abraham Ortelius' *Theatrum Orbis Terrarum* Amerika als kannibalische Indianer-

Abb. 12 Südamerikanische Indianer. Ausschnitt der Regionalkarte Südamerikas von Diogo Homem, 1558 (vgl. Kat. 75)

Abb. 13 Vignette der Amerika-Karte aus dem MERCATOR-HONDIUS-Atlas, 1606 (Kat. 115)

prinzessin mit Kampfkeule und abgetrenntem Menschenkopf (Abb. 10).

WALDSEEMÜLLERS Menschenfresser-Szene, die durch FRIES' Riesenkarte weite Verbreitung fand, war eine der einflußreichsten Indianer-Darstellungen in der Kartenillustration der Renaissance. Man findet sie in vielfältigen Variationen wieder, wie etwa auf DIEGO GUTIÉRREZ' Amerika-Karte von 1562 (Abb. 11).[24] Für das brasilianische Gebiet beschränken sich gedruckte Karten oft auf die Darstellung des Kannibalismus, während Indianer, die Brasilholz fällen, gar nicht vorkommen. Sie sind hauptsächlich auf Manuskriptkarten anzutreffen, erscheinen aber häufig in Verbindung mit dem spektakulären Kannibalismus. Die vielleicht poetischste Illustration dieser Art findet sich auf der Regionalkarte Südamerikas in DIOGO HOMEMS Manuskriptatlas von 1558 (Abb. 12).[25] Neben ethnographisch recht akkuraten Einzelheiten finden sich hier Elemente, die auf die frühen Riesenkarten zurückgehen, z. B. Kannibalenköche und menschliches Rauchfleisch. Die Darstellungen eines indianischen Jägers und eines Holzfällers sind wohl den Figuren des ›Miller-Atlas‹ entlehnt (Abb. 5).

Selbstverständlich kommen auch andere Themen wie Kampfdarstellungen und Szenen aus dem Alltagsleben brasilianischer Indianer auf Renaissance-Karten vor.

Ein besonders schönes Beispiel findet sich in einer Vignette der Amerika-Karte des Atlas von MERCATOR und HONDIUS von 1606 (Abb. 13). Die Szene illustriert die Zubereitung und den Genuß eines Rauschgetränks: Rechts sieht man, wie Tupinamba-Frauen Maniokwurzeln zerkauen und in einen großen Topf spucken. Der Speichel fermentiert das Getränk, das die Frauen in einem hohen Topf – in der Mitte des Bildes – mehrere Tage lang stehen lassen. Das Rauschmittel wurde für bestimmte Feste zubereitet, so gab es etwa rituelle Trinkgelage am Vorabend einer kannibalischen Zeremonie. Die Darstellung auf der Karte ist eine seitenverkehrte Kopie einer Illustration aus dem dritten Teil der Amerika-Serie DE BRYS, die neben dem Brauen des Tranks auch jenes Gelage der festlich geschmückten Männer und tanzenden Schamanen mit ihren prächtigen Federmänteln und magischen Rasseln zeigt.[26]

Bildliche Wiedergaben von weniger bemerkenswerten Tätigkeiten brasilianischer Indianer in der Kartenillustration sind selten und erscheinen erst spät im 16. Jahrhundert.[27] Jedoch schon wenige Jahre nach der Entdeckung Amerikas bildeten sich zwei Grundthemen heraus: Der brasilianische Kannibale auf gedruckten Karten, die für das allgemeine Publikum bestimmt waren, und der brasilianische Holzfäller der auf hochgestellte Personen zugeschnittenen Manuskriptkarten. Die ethnographischen Darstellungen brasilianischer Indianer auf Karten wurden von diesen Grundthemen überlagert, die der Sensationslüsternheit der Allgemeinheit (und sicher auch des Adels), aber auch nüchternen wirtschaftspolitischen Interessen entsprangen.

22 Ebenda.
23 Augsburger Flugblatt von 1505 (Kat. 15).
24 Colin 1988, K. 28, S. 321; Schwartz/Ehrenberg 1980, S. 66.
25 Colin 1988, K. 26, S. 320; Sturtevant 1976 (wie Anm. 6), S. 438; Honour 1976-1977, Nr. 21.
26 *America tertia pars. Morabile provinciae Brasiliae historiam*... Fankfurt: Theodor de Bry 1592, Nr. II. 20. Siehe hierzu: Colin 1988, S. 262. Zur Zubereitung von Maniok-Bier bei den Tupinamba vgl. auch Métraux, ›The Tupinamba‹, 1963 (wie Anm. 8), S. 127.
27 SEBASTIAN CABOTS riesige Kupferstichkarte von 1544 (Kat. 91) zeigt neben einer Darstellung der Conquista Perus Indianer mit Krügen; ähnliche Wasserträger sind auf GUTIÉRREZ' Weltkarte von 1551 abgebildet; eine portugiesische Manuskriptkarte von 1545 zeigt Herrscherfiguren.

Nachwort

Hans Wolff

»Der Indianer, der den Columbus als erster entdeckte, machte eine böse Entdeckung.«

Georg Christoph Lichtenberg

In Land- und Seekarten, Entdeckungsberichten und Flugschriften, Reisesammlungen und Kosmographien wie auch Darstellungen seiner Bewohner, Tiere und Pflanzen erschloß sich Amerika nach seiner Entdeckung 1492 den Europäern. Neben der geographisch-kartographischen Entwicklung bis um 1600 haben wir auch landeskundliche und ethnographische Aspekte im frühen Bild der Neuen Welt nicht ganz außer Acht gelassen, uns hier jedoch beschränkt, da diese vielseitige Thematik in jüngerer Zeit verschiedentlich ausführlich behandelt wurde.[1]

Die Rezeption Amerikas in der frühen Neuzeit, die natürlich einerseits von der Weltanschauung des ausgehenden Mittelalters und der Renaissance mit ihren geistigen Umwälzungen und Erschütterungen, andererseits auch von handfesten wirtschaftlichen Interessen geprägt war, erfährt gegenwärtig eine distanzierte und mit der notwendigen Kritik versehene Bewertung, was nicht immer so war.

Wie F. Gewecke ausführt, war der französische Philosoph Michel de Montaigne (1580) ein früher Protagonist, der ausführlich und scharfsinnig die eurozentrische und ethnozentrische Wahrnehmung und Bewertung anderer Völker kritisierte, was folgende Zitate hier nur andeuten können: »...daß jedermann das Barbarei nennt, was nicht seiner Gewohnheit entspricht... wie wir denn in der Tat keinen Prüfstein der Wahrheit und der Vernunft haben als das Beispiel und Vorbild der Meinungen und Bräuche des Landes, in dem wir leben. Hier herrscht stets die vollkommene Religion, die vollkommene Staatsordnung, die vollkommene und unübertreffliche Gepflogenheit in allen Dingen.«[2]

Die beiden folgenden resümierenden Textzitate dokumentieren die auffallend unterschiedlichen Sichtweisen des 20. Jahrhunderts. 1904 schrieb Max Böhme: »In dieser Eigenschaft als Volksbücher liegt demnach auch die allgemeine Bedeutung der Reisesammlungen. Sie lenkten das Interesse des Volkes auf die neuentdeckten Gebiete, sowie deren wunderbare Schönheit und hohen Nutzen, sie erweckten die Liebe zur Kolonisation fremder Lande und hoben den nationalen Stolz, sie trugen geographische, geschichtliche und naturwissenschaftliche Kenntnisse in die breitesten Schichten des Volkes und wurden so zu den besten Mitteln einer allgemeinen Verbreitung der Bildung. Dabei lassen die oft mehrfachen Ausgaben erkennen, wie gross die Nachfrage war und dass sie mit zu den bedeutendsten Quellen gehörten, aus denen das gebildete Publikum damaliger Zeit sein Wissen schöpfte.«[3]

Der Text atmet, wie zahlreiche andere vor unserem Jahrhundert, noch den Geist zivilisatorischen Sendungsbewußtseins des Zeitalters der Entdeckungen, des Kolonialismus und Imperialismus aus.

Dagegen kommentierte Hans-Joachim König, einer der jüngsten Vertreter einer von der eurozentrischen Konzeption seit den ersten Jahrzehnten unseres Jahrhunderts abweichenden und zunächst sich noch zaghaft andeutenden, besonders jedoch in den letzten Jahrzehnten zunehmend verbreiteten universalen Sichtweise: »Aus den alten Büchern des ausgehenden 15., des 16. und beginnenden 17. Jahrhunderts tritt uns ein Bild des Indio entgegen, das sich folgendermaßen zusammenfassen läßt. In den deutschen Texten gibt es nicht die grundsätzliche Debatte über die Inferiorität des Indio und seine Position innerhalb der kolonialen Gesellschaft und Wirtschaft, wie sie in Spanien so heftig geführt wurde. Allerdings weist die Sichtweise in Deutschland dasselbe Unvermögen auf, das Andersartige, das Fremde der indianischen Kultur als etwas Eigenes, als Ergebnis eines eigenen historischen Prozesses zu würdigen. Denn die Konzeptionen und Wertvorstellungen, sowohl von Autoren, Druckern und Verlegern als auch vom Leserpublikum, gründeten immer noch in den Vorstellungen des Mittelalters vom Fremden, vom Wilden Mann, vom Barbaren und Nicht-Christen...«[4]

Und solche, dem mittelalterlichen Denken entsprungene Vorstellungen, verbunden mit kultureller Intoleranz, dem rigorosen Streben nach Herrschaft, Macht, wirtschaftlicher Prosperität und Reichtum sowie der tech-

1 z. B. von Sixel 1966; Bitterli 1976; Chiapelli 1976; Quetsch 1983: Gewecke 1986; oder in den Ausstellungskatalogen Kohl 1982 und *Die Neuen Welten* 1988.
2 Gewecke 1986, S. 227 ff.
3 Böhme 1904, S. 163.
4 *Die Neuen Welten* 1988, S. 90.
5 Kohl 1982, S. 233.

nischen und militärischen Überlegenheit, hatten eine der größten und schrecklichsten Katastrophen der Menschlichkeit und damit der Menschheit zur Folge. Nach der Entdeckung Amerikas wurde in wenigen Jahrzehnten die eingeborene Bevölkerung weitgehend versklavt, ausgerottet oder durch importierte epidemische Krankheiten vernichtet und ihre Kultur verständnislos und unwiederbringlich großenteils zerstört.

Mit einem Zitat von Friedrich W. Sixel von 1982 sei schließlich eine Brücke geschlagen zwischen Columbus, dem Entdeckungszeitalter und der Gegenwart mit ihrer globalen Industrialisierung und Ausbeutung noch unerschlossener Regionen, in der trotz eines verbreiteten Wertungswandels noch vielfach kulturelle Beeinflussung, Bevormundung und mangelnde Solidarität kulturelle und wirtschaftliche Beziehungen zwischen Ländern, Ländergruppen und Völkern mit unterschiedlichem Entwicklungsstand negativ prägen:

»So wenig Christoph Columbus im 16. Jahrhundert den Indianern Gutes brachte, so wenig tut es die Entwicklungshilfe heute. Zu tun hat das wohl damit, daß wir uns in unseren Forschungen immer nur mit unseren Vorstellungen auseinandersetzen, nicht aber mit den Menschen, die wir vor uns haben. Selbst dafür werden wir Erklärungen haben, gelehrte, wenn es sein muß, aber sie ändern nichts daran, daß heute noch Indianer unter uns leiden. Ob wir das ändern können, muß sich zeigen. Wenn wir es ändern, geht das sicher an die Wurzeln unserer westlichen Tradition und an das, was uns die Macht gegeben hat, die Welt so zu verstehen und die Dinge so zu benennen, wie es uns paßt. In diesem Sinne ist es immer noch ›1492‹, als wir ›Amerika‹ entdeckten.«[5]

Die ungeheure Aktualität dieses Zitats untermauern immer wieder Berichte über die derzeitige Situation der Indianer Südamerikas, so etwa ein Artikel vom 18. Oktober 1991 in der Süddeutschen Zeitung mit dem Titel ›Nur fünf Prozent der Ureinwohner überlebten die Christianisierung‹. Darin hieß es anläßlich des Besuches von Papst Johannes Paul II. in Brasilien:

»›Der Boden Brasiliens ist mit Indianerblut getränkt‹, klagte ein Häuptling des Macuxi-Stammes dem Oberhaupt der katholischen Kirche. ›Wir sind auch ein von Gott gesandtes Volk, nicht nur die Weißen. Doch man behandelt uns wie Tiere.‹ Vor dem Papst und laufenden Kameras trat auch die Indianerin Edna Tupa auf, deren Vater, der Guarani-Häuptling Marcal, im November 1980 ermordet worden war, wenige Monate, nachdem er als Indianer-Vertreter mit dem Papst während dessen erster Reise durch Brasilien gesprochen hatte. ›Wie vor 500 Jahren erleiden die indianischen Völker heute den hinterhältigen Überfall einer Ideologie der Beherrschung, die uns unser Existenzrecht als eigenständige Völker abzuerkennen versucht‹, erklärte Edna Tupa.

Für einen anderen Indianer-Sprecher … sind die Waldbewohner ›Opfer einer Politik der Ausrottung durch große Projekte der Regierung im Namen der Entwicklung und des Fortschritts‹. Er beklagte den ›Tod unserer Flüsse und unserer Fische‹.

Vehement wehrten sich die Indianer gegen die Absicht auch der Kirche, 1992 das 500. Jahr der Entdeckung Amerikas zu feiern: ›Wir haben Jahrhunderte gelitten, der Prozeß der Auslöschung hat seither nie aufgehört. Mit Leiden und Schmerzen haben die Indianer die sogenannte Entdeckung Amerikas bezahlt‹.«

Literaturverzeichnis

1. Abgekürzt zitierte Literatur

Alden/Landis 1980
Alden, John und Dennis C. Landis (Hrsg.): *European Americana. A chronological guide to works printed in Europe relating to the Americas, 1493-1776.* Bd. I: *1493-1600.* New York 1980. LIII, 467 S.

Almagià 1944 ff.
Almagià, Roberto: *Monumenta cartographica vaticana, iussu Pii XII P. M. consilio et opera procuratorum, Bibliothecae Apostolicae Vaticanae.* 4 Bde. Rom 1944-1955

Averdunk/Müller-Reinhard 1914
Averdunk, Heinrich und Josef Müller-Reinhard: *Gerhard Mercator und die Geographen unter seinen Nachkommen.* Gotha 1914. VIII, 188 S. (Petermanns Geograph. Mitteilungen. Erg.-H. 182)

Baginsky 1942
Baginsky, Paul B.: *German works relating to America, 1493-1800. A list compiled from the collections of the New York public library by Paul Ben Baginsky.* New York 1942. XV, 217 S.

Bagrow/Skelton 1973
Bagrow, Leo und R. A. Skelton: *Meister der Kartographie.* 4. Aufl. Berlin 1973. 594 S., 29 Farbtaf., 141 Taf., 83 Kt., biograph. Angaben zu 1450 Kartographen

Bitterli 1976
Bitterli, Urs: *Die ›Wilden‹ und die ›Zivilisierten‹. Grundzüge einer Geistes- und Kulturgeschichte der europäisch-überseeischen Begegnung.* München 1976. 494 S., 29 Abb. (Beck'sche Sonderausgaben, 37)

Böhme 1904
Böhme, Max: *Die grossen Reisesammlungen des 16. Jahrhunderts und ihre Bedeutung.* (Phil. Diss. Leipzig) Straßburg 1904. 164 S.

Brandmair 1914
Brandmair, Eduard: *Bibliographische Untersuchungen über Entstehung und Entwicklung des Ortelianischen Kartenwerkes.* München (Diss. Techn. Hochschule) 1914

Bricker/Tooley 1969
Bricker, Charles und Ronald V. Tooley: *Gloria Cartographiae. Geschichte der mittelalterlichen Kartographie.* Gütersloh u. a. 1969. 240 S., zahlr. Abb. u. Taf.

Bruman 1989
Bruman, Henry J.: ›The Schaffhausen Carta Marina of 1531.‹ In: *Imago Mundi,* 1989, 41, S. 124-132

Buczek 1935
Buczek, Karol: ›Ein Beitrag zur Entstehungsgeschichte der ‚Kosmographie' von Sebastian Münster.‹ In: *Imago Mundi,* 1935, 1, S. 35-40

Burmeister 1963
Burmeister, Karl Heinz: *Sebastian Münster. Versuch eines biographischen Gesamtbildes.* (Phil. Diss. Mainz 1961) Basel u. a. 1963. XIX, 211 S., Abb. (Basler Beiträge zur Geschichtswissenschaft, 91)

Campbell 1981
Campbell, Tony: *Early maps.* New York 1981. 148 S., zahlr. Abb., Kt.

Campbell 1987
Campbell, Tony: *The earliest printed maps: 1472-1500.* Berkeley u. a. 1987. XI, 244 S., 69 Abb.

Chiapelli 1976
Chiapelli, Fredi (Hrsg.): *First images of America. The impact of the New World on the Old.* 2 Bde. Berkeley u. a. 1976. 957 S., Abb., Taf. u. Kt.

Cline 1962
Cline, Howard F.: ›The Ortelius maps of New Spain, 1579, and related contemporary materials, 1560-1610.‹ In: *Imago Mundi,* 1962, 16, S. 98-115

Colin 1988
Colin, Susi: *Das Bild des Indianers im 16. Jahrhundert.* Idstein 1988. 466 S., 84 Abb. (Wissenschaftliche Schriften: Reihe 12, Beiträge zur Kunstgeschichte, 102)

Cortesão 1935
Cortesão, Armando: *Cartografia e cartógrafos portugueses dos Séculos 15 e 16.* 2 Bde. Lissabon 1935

Cortesão/Teixeira da Mota 1960
Cortesão, Armando und Avelino Teixeira da Mota: *Monumenta. Comemoracoes do 5 centenário da morte do Infante d'Henrique. Portugaliae Monumenta Cartographica.* 6 Bde. Lissabon 1960. CLXII, 894 S., 625 Taf.

Cumming u. a. 1972
Cumming, William P., R. A. Skelton und D. B. Quinn: *Die Entdeckung Nordamerikas.* München u. a. 1972. 304 S., 362 Abb.

Degenhard 1987
Degenhard, Ursula: *Entdeckungs- und Forschungsreisen im Spiegel alter Bücher.* Ausst. Kat. Württemberg. Landesbibliothek. Stuttgart 1987. 191 S., 195 Abb. (Exotische Welten, europäische Phantasien, 7)

Destombes 1955
Destombes, Marcel: ›The chart of Magellan.‹ In: *Imago Mundi,* 1955, 12, S. 65-88

Destombes 1964
Destombes, Marcel: *Mappemondes. A. D. 1200-1500.* Amsterdam u. a. 1964. XXXII, 322 S. (Monumenta cartographica vetustioris aevi, 1.; Imago Mundi. Suppl. 4.)

Dörflinger u. a. 1977
Dörflinger, Johannes, Robert Wagner und Franz Wawrik: *Descriptio Austriae: Österreich und seine Nachbarn im Kartenbild von d. Spätantike bis ins 19. Jh.* Wien 1977. 215 S., Abb.

Dreier 1979
Dreier, Franz A.: *Winkelmeßinstrumente vom 16. bis zum frühen 19. Jahrhundert.* Ausst. Kat. Berlin 1979. 168 S., Abb., Taf., Kt.

Dreyer-Eimbcke 1991
Dreyer-Eimbcke, Oswald: *Kolumbus. Entdeckungen und Irrtümer in der deutschen Kartographie.* Frankfurt a. M. 1991. 311 S., Abb., Kt.

Edwards 1969
Edwards, Clinton R.: ›Mapping by questionnaire: an early Spanish attempt to determine New World geographical positions.‹ In: *Imago Mundi,* 1969, 23, S. 17-28

Elter 1896
Elter, Antonius: *De H. Glareano geographo et antiquissima forma Americae commentatio.* Festschrift der Univ. Bonn 1896. 30 S., 7 Taf.

Falk 1987
Falk, Tilman: ›Frühe Rezeption der Neuen Welt in der graphischen Kunst.‹ In: *Mitteilung … d. Kommission für Humanismusforschung,* 1987, 15, S. 37-64

Fauser 1964
Fauser, Alois: *Ältere Erd- und Himmelsgloben in Bayern.* Stuttgart 1964. 184 S., Abb.

Fauser 1967
Fauser, Alois: *Die Welt in Händen. Kurze Kulturgeschichte des Globus.* Stuttgart 1967. 184 S. m. Abb. u. Taf.

Fischer 1910
Fischer, Joseph: *Der ›Deutsche Ptolemäus‹ aus dem Ende des 15. Jahrhunderts (um 1490). Im Faksimiledruck hrsg. und mit einer Einleitung versehen.* Straßburg 1910. 45 S., 3 Kt., 70 S. (Drucke u. Holzschnitte d. 15. u. 16. Jhs. in getreuer Nachbildung, 13)

Fischer/Wieser 1903
Fischer, Joseph und Franz R. von Wieser: *Die älteste Karte mit dem Namen Amerika aus dem Jahre 1507 und die Carta Marina aus dem Jahre 1516 des M. Waldseemüller (Ilacomilus).* Faksimile-Ausg. Innsbruck 1903. 4 Bl., 55 S., 26 Kt.-Bl.

Fite/Freeman 1926
Fite, Emerson D. und Archibald Freeman: *A book of old maps delineating American history from the earliest days down to the close of the Revolutionary War.* Cambridge (Mass.) 1926. Repr. New York 1969. XV, 299 S., zahlr. Abb.

Flamm 1912
Flamm, Hermann: ›Die Herkunft des Geographen Martin Waldseemüller (Walzenmüller).‹ In: *Zeitschrift für d. Geschichte d. Oberrheins,* NF. 1912, 17, S. 42-51

Gallois 1890
Gallois, Lucien: *Les géographes allemands de la Renaissance.* Paris 1890. XX, 266 S., 6 Taf.

Gewecke 1986
Gewecke, Frauke: *Wie die neue Welt in die alte kam.* Stuttgart 1986. 315 S., 29 Abb.

Grosjean/Kinauer 1970
Grosjean, Georges und Rudolf Kinauer: *Kartenkunst und Kartentechnik vom Altertum bis zum Barock.* Bern u. a. 1970. 144 S., Abb.

Die großen Entdeckungen 1984
Die großen Entdeckungen. Hrsg. v. Matthias Meyn u.a. München 1984. 659 S. (Dok. z. Gesch. d. europäischen Expansion, 2)

Günther 1882
Günther, Siegmund: *Peter und Philipp Apian*. Prag 1882. 136 S. (Abhandlungen d. Kgl. böhm. Gesellschaft d. Wissenschaften, VI. F. 11)

Häbler 1900
Häbler, Konrad (Hrsg.): *Der deutsche Kolumbus-Brief*. Straßburg 1900. 24 S. m. 1 Taf. (Drucke u. Holzschnitte d. 15. u. 16. Jhs. in getreuer Nachbildung, 6)

Hamann 1968
Hamann, Günther: *Der Eintritt der südlichen Hemisphäre in die europäische Geschichte. Die Erschließung des Afrikaweges nach Asien vom Zeitalter Heinrichs des Seefahrers bis zu Vasco da Gama*. Wien 1968. 477 S., Taf. (Sitzungsberichte d. Österreich. Akademie d. Wissenschaften, Phil.-hist. Kl., 260)

Hamy 1891
Hamy, Ernest T.: *L'œvre géographique des Reinel et la découverte des Moluques*. Paris 1891. 35 S.

Hantzsch 1895
Hantzsch, Viktor: *Deutsche Reisende des 16. Jahrhunderts*. Leipzig 1895. VII, 140 S. (Leipziger Studien aus d. Gebiet d. Geschichte 1, 4)

Hantzsch 1898
Hantzsch, Viktor: *Sebastian Münster. Leben, Werk, wissenschaftliche Bedeutung*. Leipzig 1898. 187 S. (Abhandlungen d. Königl. Sächs. Gesellschaft d. Wissenschaften, 41)

Harley 1988
Harley, John B.: ›Silences and secrets: the hidden agenda of cartography in early modern Europe.‹ In: *Imago Mundi*, 1988, 40, S. 57-76

Harris 1985
Harris, Elizabeth: ›The Waldseemüller world map: a typographic appraisal.‹ In: *Imago Mundi*, 1985, 37, S. 30-53

Harrisse 1866
Harrisse, Henry: *Biblioteca Americana Vetustissima. A description of works relating to America, publ. between the years 1492 and 1551*. New York 1866. LIV, 520 S.; Additions 1872. XXXIX, 199 S. Repr. Madrid 1958

Harrisse 1892
Harrisse, Henry: *The discovery of North America. A critical, documentary and historic investigation, with an essay on the early cartography of the New World*. Paris u.a. 1892. Repr. Amsterdam 1961. 802 S.

Herde 1989
Herde, Peter: ›Die Anfänge der europäischen Expansion an der Schwelle vom Mittelalter zur Neuzeit.‹ In: *Afrika. Entdeckung u. Erforschung eines Kontinents*. Köln u.a. 1989, S. 97-131

Honour 1976
Honour, Hugh: *The new golden land. European images of America from the discoveries to the present time*. London 1976. 299 S., zahlr. Abb.

Honour 1976-1977
Honour, Hugh: *The European vision of America*. Ausst. Kat. The National Gallery of Art, Washington D.C.; The Cleveland Museum of Art; Grand Palais, Paris, 1976-1977. VIII, 389 S., 8 Taf.

Hooykaas 1980
Hooykaas, Reijer: ›Von der ‚physica' zur Physik.‹ In: *Humanismus und Naturwissenschaften*. Boppard 1980, S. 9-39 (Beiträge zur Humanismusforschung, 6)

La Imagen del Indio 1990
Consejo Superior de Investigaciones Cientificas (Hrsg.): *La Imagen del Indio en la Europa moderna*. Sevilla 1990. 514 S.

Jandesek 1991
Jandesek, Reinhold: ›Wandel (?) des Weltbildes: Reisende des Mittelalters und ihr Beitrag zu den Asienkenntnissen der Neuzeit.‹ In: *Focus Behaim-Gobus*. Referate d. internat. Kolloquiums im German. Nationalmuseum Nürnberg 1990. S. 37-40 (Anzeiger d. German. Nationalmuseums u. Berichte aus d. Forschungsinstitut für Realienkunde, 1991)

Kahle 1933
Kahle, Paul: *Die verschollene Columbus-Karte von 1498 in einer türkischen Weltkarte von 1513*. Berlin u.a. 1933. 52 S., 9 Kt.

Kammerer 1952
Kammerer, Albert: *La Mer Rouge, l'Abyssinie et l'Arabie depuis l'Antiquité*. Bd. 3: *La cartographie du monde oriental*. Kairo 1952. 268 S., 48 Taf. (Mémoires de la Société Royale de Géographie d'Egypte. 17,3)

Kapitza 1990
Kapitza, Peter: *Japan in Europa. Texte und Bilddokumente zur europäischen Japankenntnis von Marco Polo bis Wilhelm von Humboldt*. 3 Bde. München 1990

Keuning 1947
Keuning, Johannes: ›The history of an atlas. Mercator-Hondius.‹ In: *Imago Mundi*, 1947, 4, S. 37-62

Kish 1965
Kish, George: ›The cosmographic heart: cordiform maps of the 16th century.‹ In: *Imago Mundi*, 1965, 19, S. 13-21. 13 Kt.

Klemp 1976
Klemp, Egon: *America in maps. Dating from 1500 to 1856*. New York 1976. 15, 76 Kt. m. Erl. (engl. u. deutsch)

Klingelhöfer 1972
Klingelhöfer, Hans: *Peter Martyr von Anghiera. Acht Dekaden über die Neue Welt. Übersetzt, eingeführt u. mit Anmerkungen versehen*. 2 Bde. Darmstadt 1972-1973. XIV, 435 S., 7 Kt.; XII, 415 S., 4 Kt. (Texte zur Forschung, 5-6)

Koeman 1964
Koeman, Cornelis: *The history of Abraham Ortelius and his Totius Orbis Terrarum*. New York 1964. 64 S., 1 Taf., Abb.

Koeman 1967 ff.
Koeman, Cornelis: *Atlantes Neerlandici*. 6 Bde. Amsterdam 1967 ff.

Kohl 1869
Kohl, Johann G.: *A history of the discovery of Maine*. Portland 1869. 535 S., 22 Kt. (Documentary history of the state of Main, 1)

Kohl 1982
Kohl, Karl-Heinz (Hrsg.): *Mythen der Neuen Welt. Zur Entdeckungsgeschichte Lateinamerikas*. Ausst. Kat. 2. Festival d. Weltkulturen. Berlin 1982. 358 S., 301 Abb.

Kohut 1987
Kohut, Karl: ›Humanismus und Neue Welt im Werk von Gonzalo Fernándes de Oviedo.‹ In: *Mitteilung... d. Kommission für Humanismusforschung*, 1987, 15, S. 65-88

Kretschmer 1892
Kretschmer, Konrad: *Die Entdeckung Amerikas in ihrer Bedeutung für die Geschichte des Weltbildes*. 2 Bde. Berlin 1892. Textbd. XXIII, 471 S., Atlasbd. 40 Taf.

Kretschmer 1991
Kretschmer, Konrad: *Die historischen Karten zur Entdeckung Amerikas. Atlas nach Konrad Kretschmer*. Überarb. Repr. d. Orig. von 1892. Frankfurt a. M. 1991. 118 S., XXII Kt.-Taf.

Kunstmann 1859
Kunstmann, Friedrich: *Die Entdeckung Amerikas. Nach d. ältesten Quellen geschichtlich dargestellt, mit e. Atlas alter bisher ungedr. Karten*. München 1859. 151 S. (Monumenta Saecularia, III Kl., Bd. 2)
– mit K. v. Spruner und M. Thoma (Hrsg.): *Atlas zur Entdeckungs-Geschichte Amerikas. Aus Handschriften d. K. Hof- und Staatsbibliothek d. K. Universität u. d. Hauptkonservatoriums d. K. B. Armee*. München 1859. XIII Taf.

Landmarks 1968
Tooley, Ronald V. und Charles Bricker: *Landmarks of mapmaking. An illustrated survey of maps and mapmakers*. Amsterdam u.a. 1968. 276 S., zahlr. Abb.

LaRoncière/Mollat 1984
LaRoncière, Monique de und Michel Mollat du Jourdin: *Portulane. Seekarten vom 13. bis zum 17. Jh.* München 1984. 290 S., zahlr. Abb.

Laubenberger 1959
Laubenberger, Franz: ›Ringmann oder Waldseemüller? Eine kritische Untersuchung über die Urheber des Namens Amerikas.‹ In: *Erdkunde*, 1959, 13,3, S. 163-179

Laubenberger 1965
Laubenberger, Franz: ›Martin Waldseemüller. Ein kurzer Abriß über Leben und Werk des Freiburger Kartographen.‹ In: *Vermessungs-techn. Rundschau*, 1965, 27, 8, S. 306-310; 9, S. 356-358; 10, S. 384-386

Lexikon zur Geschichte der Kartographie 1986
Lexikon zur Geschichte der Kartographie. Von den Anfängen bis zum Ersten Weltkrieg. Verf. von zahlr. Experten, bearb. von Ingrid Kretschmer, Johannes Dörflinger und Franz Wawrik. Bd. 1.2. Wien 1986. 988 S., zahlr. Abb. u. Taf. (Die Kartographie u. ihre Randgebiete. Enzyklopädie. C.)

Lindgren 1985 (1)
Lindgren, Uta: ›Eine Abstraktion des Weltbildes: Schemakarten.‹ In: *Geschichte in Wissenschaft u. Unterricht*, 1985, 36, S. 23-32

Lindgren 1985 (2)
Lindgren, Uta: ›Die Geographie des Claudius Ptolemaeus in München. Beschreibung der gedruckten Exemplare in der Bayerischen Staatsbibliothek.‹ In: *Archives internationales d'histoire des sciences*, 1985, 35 = 114/115, S. 147-239

Lindgren 1985 (3)
Lindgren, Uta: ›Geographische Schemakarten in Handschriften der Bayerischen Staatsbibliothek.‹ In: *Kartographiehistor. Colloquium Lüneburg '84*. Lüneburg 1985, S. 215-230. 33 Abb.

Mayer 1904
Mayer, Hermann: ›Der Freiburger Geograph Martin Waldseemüller (Ilacomilus) und die neuentdeckten Karten desselben.‹ In: *Schauinsland*, 1904, S. 16-29

Meine 1971
Meine, Karl-Heinz: *Erläuterung zur ersten gedruckten (Straßen-) Wandkarte von Europa, der Carta Itineraria Europae von Martin Waldseemüller*. Bonn-Bad Godesberg 1971. 23 S., 12 Abb., 1 Faltkt. (Waldseemüller, Martin: Carta Europe topica ..., 2)

Meine 1972
Meine, Karl-Heinz: ›Anmerkungen zu

Werken von Martin Waldseemüller.‹ In: *Kartograph. Nachrichten*, 1972, 22, 5, S. 191-197. 5 Abb.
Meine 1982
Meine, Karl-Heinz: *Die Ulmer Geographia des Ptolemäus von 1482*. Ausst. Kat. Ulm. Weißenhorn 1982. 120 S., 74 Abb. (Veröffentlichungen d. Staatsbibl. Ulm, 2)
Meurer 1984
Meurer, Peter H.: *Mappae Germaniae. Die schönsten u. bedeutendsten Deutschlandkarten von 1482 bis 1803*. Faksimile-Ausg. von 22 Karten mit Kommentarbd. Bad Neustadt a.d. Saale 1984. 22 Kt., Erl. 72 S.
Meurer 1988
Meurer, Peter H.: *Atlantes Colonienses. Die Kölner Schule der Atlaskartographie 1570-1610*. Bad Neustadt a.d. Saale 1988. 244 S., Ill., Kt. (Fundamenta cartographica historica, 1)
Meurer 1991
Meurer, Peter H.: *Fontes Cartographici Orteliani. Das ›Theatrum Orbis Terrarum‹ von Abraham Ortelius und seine Kartenquellen*. Weinheim 1991. 360 S., 79 Abb.
Muris/Saarmann 1961
Muris, Oswald und Gert Saarmann: *Der Globus im Wandel der Zeiten. Eine Geschichte der Globen*. Berlin u.a. 1961. 287 S.

Nebenzahl 1990
Nebenzahl, Kenneth: *Der Kolumbus-Atlas. Karten aus d. Frühzeit d. Entdeckungsreisen*. Braunschweig 1990. 166 S., 50 Taf.
Die Neuen Welten 1988
Die Neuen Welten in alten Büchern. Entdekkung und Eroberung in frühen deutschen Schrift- und Bildzeugnissen. Von Ulrich Knefelkamp u. Hans-Joachim König, Ausst. Kat. Staatsbibliothek Bamberg 1988. 302 S., 99 Abb.
Nordenskiöld 1889
Nordenskiöld, Adolf E.: *Faksimile-Atlas to the early history of cartography, with reproductions of the most important maps printed in the XV and XVI centuries*. Stockholm 1889. Repr. New York 1973. 141 S., 102 Taf., 84 Kt.-Taf.
Nordenskiöld 1897
Nordenskiöld, Adolf E.: *Periplus. An essay on the early history of charts and sailing-directions*. Stockholm 1897. Engl. Ausg. New York 1964. 208 S., 100 Abb., 60 Kt.-Taf. (Burt Franklin research and source works Series)

Oberhummer 1892
Oberhummer, Eugen: ›Zwei handschriftliche Karten des Glareanus in der Münchner Universitätsbibliothek.‹ In: *Jahresbericht d. Geograph. Gesellschaft in München für 1890 u. 1891*, 1892, 14, S. 67-74, mit Faks. der Karte
Oehme 1951
Oehme, Ruthardt: ›Martin Waldseemüller und der Straßburger Ptolemäus von 1513.‹ In: *Beiträge zur Sprachwissenschaft und Volkskunde. Festschrift für E. Ochs*. Lahr 1951, S. 155-167. 1 Abb.
Ortelius 1966
Ortelius, Abraham: *Die schönsten Karten aus dem Theatrum Orbis Terrarum 1570*. Hamburg 1966. 29 Bl. Kt., Text XXII S.
Ortroy 1902
Ortroy, Fernand van: *Bibliographie de l'œuvre de Pierre Apian*. 1902. Repr. Amsterdam 1968. 120 S.

Petrzilka 1970
Petrzilka, Meret: *Die Karten des Laurent Fries von 1530 und 1531 und ihre Vorlage, die ›Carta Marina‹ aus dem Jahre 1516 von Martin Waldseemüller*. Zürich (Diss. 1968) 1970. 170 S. m. Abb., 3 Taf.
Pilz 1977
Pilz, Kurt: *600 Jahre Astronomie in Nürnberg*. Nürnberg 1977. 376, 32 S., Abb.

Quetsch 1983
Quetsch, Cäcilie: *Die ›Entdeckung der Welt‹ in der deutschen Graphik der beginnenden Neuzeit. (Ende 15. bis Wende 16./17. Jh.)*. (Diss. phil.) Erlangen 1983. Bd. 1-2 Textbde. 167, 71, 24, 32 S.; Bd. 3 Bildbd. 235 Abb.
Quinn 1979
Quinn, David B.: *America from concept to discovery. Early exploration of North America*. London 1979. 486 S., 68 Taf. (New American world. A documentary history of North America to 1612. 1)

Raccolta di carte 1954-1955
Raccolta di carte e documenti eposti alla mostra tenut in Palazzo Vecchio a Firenze nel V. centenario della nascita di Amerigo Vespucci. Hrsg. v. Alberto Giraldi. Florenz 1954-1955. 14 S., 34 Taf.
Randles 1988
Randles, W. G. L.: ›From the mediterranean portolan chart to the marine world chart of the great discoveries: the crisis in cartography in the sixteenth century.‹ In: *Imago Mundi*, 1988, 40, S. 115-118
Ravenstein 1908
Ravenstein, Ernst G.: *Martin Behaim – his life and his globe*. London 1908. VIII, 123 S., 17 Abb., 11 Kt.
Rech 1987
Rech, Bruno: ›Bartolomé de Las Casas und die Antike.‹ In: *Mitteilung ... d. Kommission für Humanismusforschung*, 1987, 15, S. 167-197
Rey Pastor/Garcia Camarero 1960
Rey Pastor, Julio und Ernesto Garcia Camarero: *La Cartografia mallorquina*. Madrid 1960. XV, 207 S. m. Abb.
Rosenthal 1944
Rosenthal, Erwin: ›The German Ptolemy and its world map.‹ In: *Bulletin of the New York Public Library*, 1944, 48, 2, S. 135-147
Rücker 1988
Rücker, Elisabeth: *Hartmann Schedels Weltchronik. Das größte Buchunternehmen der Dürer-Zeit*. München 1988. 240 S.
Ruge 1892
Ruge, Sophus: *Die Entwicklung der Kartographie von Amerika bis 1570. Festschrift zur 400jährigen Feier der Entdeckung Amerikas*. Gotha 1892. Repr. Hildesheim u.a. 1962. 85 S. (Petermanns Geograph. Mitteilungen. Erg.-H. 106)
Ruge 1911
Ruge, Walther: *Älteres karthographisches Material in deutschen Bibliotheken. 4. Bericht über die Jahre 1906-1909*. Göttingen 1911. 166 S. (Nachrichten von d. Königl. Gesellschaft d. Wissenschaften zu Göttingen, Phil.-Hist. Kl. 1911, Beih.)
Ruge 1916
Ruge, Walther: *Älteres karthographisches Material in deutschen Bibliotheken. 5. Bericht über die Jahre 1910-1913*. Göttingen 1916. 128 S. (Nachrichten von d. Königl. Gesellschaft d. Wissenschaften zu Göttingen, Phil.-Hist. Kl. 1916, Beih.)
Ruland 1962
Ruland, Harold L.: ›A survey of the double-page maps in thirty-five editions of the ‚Cosmographia Universalis' 1544-1628 of Sebastian Münster and his editions of Ptolemy's ‚Geographia' 1540-1552.‹ In: *Imago Mundi*, 1962, 16, S. 84-97

Sanz Lopez 1959
Sanz Lopez, Carlos: *El gran secreto de la Carta de Colón*. Madrid 1959. 523 S., Faks.
Schilder 1986-1988
Schilder, Günter: *Monumenta Cartographica Neerlandica*. 2 Bde. Repr. Alphen 1986-1988. 50 Kt. und Erl., 170 S.
Schmeller 1843
Schmeller, Johann A.: *Über einige ältere handschriftliche Seekarten. Gelesen von J. A. Schmeller, in d. Sitzung d. ersten Classe am 2. Dezember 1843*. München 1843 (Abhandlungen der I. Classe d. Akademie d. Wissenschaften, Abt. I, 4, S. 243-273)
Schmitz/Krafft 1980
Schmitz, Rudolf und Fritz Krafft (Hrsg.): *Humanismus und Naturwissenschaften*. Boppard 1980. 210 S., 4 gez. Taf. (Beiträge zur Humanismusforschung, 6)
Schwartz/Ehrenberg 1980
Schwartz, Seymour J. und Ralph E. Ehrenberg: *The mapping of North America*. New York 1980. 363 S., 223 Abb.
Seifert 1973
Seifert, Traudl: *Dokumente zur Geschichte der Kartographie*. Unterschneidheim 1973. Mappe von 47 Karten. Folio. Mit Beiheft, 58 S., 46 Abb.
Seifert 1979
Seifert, Traudl: *Die Karte als Kunstwerk*. Ausst. Kat. München. Unterschneidheim 1979. 159 S., zahlr. Abb. (Bayer. Staatsbibliothek. Ausstellungskataloge. 19)
Shirley 1983
Shirley, Rodney W.: *The mapping of the world. Early printed world maps 1472-1700*. London 1983. 669 S., 440 Abb.
Sixel 1966
Sixel, Friedrich W.: ›Die deutsche Vorstellung vom Indianer in der ersten Hälfte des 16. Jahrhunderts.‹ In: *Annali del Pontif. Museo Miss. Etnol.*, 1966, 30, S. 9-230
Stevenson 1904
Stevenson, Edward L.: ›Martin Waldseemüller and the early Lusitano-Germanic cartography of the New World.‹ In: *Bull. of the American Geograph. Soc.*, 1904, 36, 4, S. 193-215. Repr. in: *Acta Cartographica*, 1972, 15, S. 315-337

Thesaurus Librorum 1983
Thesaurus Librorum: 425 Jahre Bayerische Staatsbibliothek. Ausst. Kat. München. Wiesbaden 1983. 435 S., Abb. (Bayer. Staatsbibliothek. Ausstellungskataloge. 28)
Thieme/Becker
Thieme, Ulrich und Felix Becker: *Allgemeines Lexikon der bildenden Künstler. Von der Antike bis zur Gegenwart*. 37 Bde. Repr. Leipzig 1907-1948

Vigneras 1962
Vigneras, L. A.: ›The cartographer Diogo Ribeiro.‹ In: *Imago Mundi*, 1962, 16, S. 76-83

Wagner 1931
Wagner, Henry R.: ›The manuscript atlases of Battista Agnese.‹ In: *The papers of the Bibliographical Society of America*, 1931, 25, S. 1-110
Wagner 1937
Wagner, Henry R.: *The cartography of the northwest coast of America to the year 1800*. 2 Bde. Berkeley 1937. Repr. Amsterdam 1968

Wagner 1949
Wagner, Henry R.: ›Marco Polo's narrative becomes propaganda to inspire Colon.‹ In: *Imago Mundi*, 1949, 6, S. 3-13
Wallis 1981
Wallis, Helen (Hrsg.): *The maps and texts of the Boke of Idography. Presented by Jean Rotz to Henry VIII.* 1542. Faksimile-Ausg. Oxford 1981
Wawrik 1982
Wawrik, Franz: *Berühmte Atlanten. Kartographische Kunst aus fünf Jahrhunderten.* Dortmund 1982. 331 S., Abb. (Die bibliophilen Taschenbücher, 299)
Die Welt in Händen 1990
Die Welt in Händen: Globus und Karte als Modell von Erde und Raum. Von Lothar Zögner, mit Beitr. v. F. A. Dreier u. a. Ausst. Kat. Berlin 1990. Berlin 1989. 148 S., zahlr. Ill. (Staatsbibliothek Preußischer Kulturbesitz. Ausstellungskataloge. 37)
Wieser 1881
Wieser, Franz von: *Magelhâes-Strasse und Austral-Continent auf den Globen des Johannes Schöner. Beiträge zur Geschichte der Erdkunde im XVI. Jahrhundert.* Innsbruck 1881. Repr. Amsterdam 1967. 122 S., 5 Kt.
Wieser 1901
Wieser, Franz von: ›Die älteste Karte mit dem Namen ‚America' aus dem Jahre 1507 und die Carta Marina vom Jahre 1516 des Martin Waldseemüller‹. In: *Petermanns Geograph. Mitteilungen*, 1901, 47, S. 271-275
Wingen-Trennhaus 1991
Wingen-Trennhaus, Angelika: ›‚Geographia' von Ptolemaeus zu Pirkheimer. Die Editionsgeschichte eines ‚geographischen' Werkes.‹ In: *Focus Behaim-Globus*. Referate d. internat. Kolloquiums im German. Nationalmuseum Nürnberg 1990. S. 61-70 (Anzeiger d. German. Nationalmuseums u. Berichte aus d. Forschungsinstitut für Realienkunde, 1991)
Winter 1936
Winter, Heinrich: ›Das falsche Labrador und der schiefe Meridian.‹ In: *Forschungen und Fortschritte*, 1936, 12, S. 117-119. 3 Taf.
Winter 1938
Winter, Heinrich: ›Die Erkenntnis der magnetischen Mißweisung und ihr Einfluß auf die Kartographie.‹ In: *Comptes rendu du Congrès International de Géographie Amsterdam*, 1938, 2, Trav. de la Séct. 4, S. 55-80
Winter 1939
Winter, Heinrich: ›Der deutsche Besitz an portugiesischen Karten der Entdeckungszeit.‹ In: *Forschungen u. Fortschritte*, 1939, 15, S. 188-189. 2 Taf.
Winter 1940
Winter, Heinrich: ›Die portugiesischen Karten der Entdeckungszeit, insbesondere die deutschen Stücke.‹ In: *Congresso mundo português.* Publicacoes, 3,1,I. Lissabon 1940. S. 505-528
Winter 1947
Winter, Heinrich: ›On the real and the pseudo-Palestrina maps and on the early Portuguese maps in Munich.‹ In: *Imago Mundi*, 1947, 4, S. 25-27. 1 Taf., 1 Fig.
Wolff 1989
Wolff, Hans (Hrsg.): *Philipp Apian und die Kartographie der Renaissance*. Ausst. Kat. München. Weißenhorn 1989. 237 S., 175 Abb. (Bayer. Staatsbibliothek. Ausstellungskataloge. 50)
Wolff 1991
Wolff, Hans (Hrsg.): *Bayern im Bild der Karte. Cartographia Bavariae.* Mit Beiträgen von Gerfried Appelt u. a. Ausst. Kat. München. 2. Aufl. Weißenhorn 1991. 451 S., 320 Abb. (Bayer. Staatsbibliothek. Ausstellungskataloge. 44)
Wolkenhauer 1909
Wolkenhauer, August: *Sebastian Münsters handschriftliches Kollegienbuch aus dem Jahre 1515-1518 und seine Karten*. Berlin 1909. 68 S., 1 Kt. (Abhandlungen d. Kgl. Gesellschaft d. Wissenschaften zu Göttingen. Phil.-hist. Kl., NF. 11, Nr. 3)
The world encompassed 1952
The world encompassed. An exhibition of the history of maps held at the Baltimore Museum of Art... Ausst. Kat. Baltimore 1952. XIV, 60 Bl., 60 Taf.

Zinner 1967
Zinner, Ernst: *Deutsche und niederländische astronomische Instrumente des 11.-18. Jahrhunderts*. 2. Aufl. München 1967. X, 678 S., 80 Taf.

2. Weitere Literatur in Auswahl

Siehe auch die Literaturangaben in den Anmerkungen zu den Textbeiträgen und zu den einzelnen Werken im Katalogteil.

Almagià, Roberto (Hrsg.): *Monumenta Italiae cartographica. Riproduzioni di carte... d'Italia dal sec XIV al XVII.* Florenz 1929

Bagrow, Leo: *Ortelii Catalogus Cartographorum.* Gotha 1928. (Petermanns Geograph. Mitteilungen, Erg.-H. 199, S. 11-25)
Bitterli, Urs: *Alte Welt – neue Welt. Formen des europäisch-überseeischen Kultur-Kontaktes vom 15. bis zum 18. Jahrhundert.* München 1986. 242 S.
Bitterli, Urs (Hrsg.): *Die Entdeckung und Eroberung der Welt. Dokumente und Berichte.* Bd. 1: *Amerika, Afrika.* Bd. 2: *Asien, Australien, Pazifik.* München 1980-1981. 354, 364 S.
Boas, Marie: *Die Renaissance der Naturwissenschaften 1450-1630. Das Zeitalter des Kopernikus.* Gütersloh 1965. 406 S., Abb. (Geschichte und Kosmos, 1)
Braun, Georg und Franz Hogenberg: *Civitates orbis terrarum. 1572-1618.* In 6 Teilen. Beratende Hrsg. R. A. Skelton u. A. D. Vietor. Mit e. Einf. v. R. A. Skelton. Kassel u. a. 1965. (Das Bild d. Welt. I, 1-3).
Brincken, Anna-Dorothee von den: ›Die Kugelgestalt der Erde in der Kartographie des Mittelalters‹ In: *Archiv für Kulturgeschichte*, 1976, 58, S. 77-95
Brincken, Anna-Dorothee von den: ›Universalkartographie und geographische Schulkenntnisse im Inkunabelzeitalter (unter besonderer Berücksichtigung des ‚Rudimentum Novitiorum' und Hartmann Schedels).‹ In: *Abhandlungen d. Akademie d. Wissenschaften zu Göttingen*, phil.-hist. Kl. 1983, 3. F., S. 398-429
Büttner, Manfred: ›Die Bedeutung von Karte und Globus innerhalb der Entwicklung des geographischen Denkens vom Zeitalter des Humanismus bis zur Aufklärung.‹ In: *Der Globusfreund*, 1978, 25-27, S. 77-95
Büttner, Manfred (Hrsg.): *Zur Entwicklung der Geographie vom Mittelalter bis zu Carl Ritter.* Paderborn u. a. 1982. 248 S., Abb. (Abhandlungen u. Quellen zur Geschichte d. Geographie u. Kosmologie, 3)

Caraci, Giuseppe: ›La produzione cartografica di Vesconte Maggiolo (1511-1549) ed il Nuovo Mondo.‹ In: *Memorie geografiche*, 1958, 4, S. 222-289
Charles, Heinrich: *Der deutsche Ursprung des Namens Amerika.* New York, 1922. 199 S., 1 Bl.
Codazzi, A.: ›Beccario, Battista.‹ In: *Dizionario biografico degli Italiani.* Bd. 7, 1965
Colombo, Christoforo: *Bordbuch. Aufzeichnungen seiner ersten Entdeckungsfahrt nach Amerika 1492-1493.* Zürich u. a. 1941. 343 S., 4 Taf., 1 Faks., Kt.

Denucé, Jean: *Les origines de la cartographie portugaise et les cartes des Reinel.* Gent 1908. Repr. Amsterdam 1963. 136 S. (Recueil de Travaux de la Faculté de Philosophie et Lettres, 35)
Dörflinger, Johannes: ›Die Erforschung der Erde und ihr kartographischer Niederschlag im Zeitalter der Aufklärung – Grundzüge und Marksteine.‹ In: *Europäisierung der Erde.* München 1980, S. 39-54 (Wiener Beiträge zur Geschichte der Neuzeit, 7)
Sir Francis Drake. An exhibition to commemorate Francis Drake's voyage around the world 1577-1580. Ausst. Kat. British Museum. London 1977. 128 S., zahlr. Abb.

Die Entdeckung und Erforschung der Welt. Mit einem ABC der großen Entdecker und Forscher. Leipzig 1949. 343 S.
Erwerbungen aus drei Jahrzehnten 1948-1978. Bayerische Staatsbibliothek. Abendländische und orientalische Handschriften, Inkunabeln und seltene Drucke, Noten und Landkarten. Ausst. Kat. München. Wiesbaden 1978. 185 S., Taf. (Bayer. Staatsbibliothek. Ausstellungskataloge. 16)

Der Frühdruck im deutschen Südwesten 1473-1500. V. Peter Amelung. Ausst. Kat. Württemberg. Landesbibliothek. Stuttgart 1979. Bd. 1: Ulm. XXIV, 407 S., 291 Abb.

Focus Behaim-Globus. Referate d. internat. Kolloquiums im German. Nationalmuseum Nürnberg 5.4.-6.4.1990. 120 S. (Anzeiger des German. Nationalmuseums u. Berichte aus d. Forschungsinstitut für Realienkunde. 1991)

Gallois, Lucien: ›Améric Vespuce et les géographes de St-Dié.‹ In: *Bulletin de la Société de Geographie de l'Est,* 1900, S. 66-87

Gallois, Lucien: ›Le gymnase vosgien.‹ In: *Bulletin de la Société de Geographie de l'Est,* 1900, S. 88-94

Garcia Camarero, E.: ›Evolución de la cartografia naútica mallorquina del siglo XIV al XVII.‹ In: *Historia de la cartografia.* Madrid 1982, S. 21-34

Ghillany, Friedrich Wilhelm: *Geschichte des Seefahrers Ritter Martin Behaim nach den ältesten vorhandenen Urkunden bearbeitet. Eingeleitet durch eine Abhandlung: Über die ältesten Karten des neuen Continents und den Namen Amerika von Alexander von Humboldt. Mit einer genauen Abbildung des Behaim'schen Globus von 1492 in zwei Planigloben nach seiner natürlichen Größe, und drei der ältesten Karten von Amerika.* Nürnberg 1853. 4, 122 S.

Hamann, Günther: ›Geographische und nautische Planung und Methodik zu Beginn des Entdeckungszeitalters.‹ In: *Rete,* 1971, 1, 1, S. 97-115

Hamann, Günther: ›Kartographisches und wirkliches Weltbild in der Renaissancezeit. Zum wechselseitigen Verhältnis von Theorie und Praxis im Zeitalter der großen Entdeckungsfahrten.‹ In: *Beiträge zur Humanismusforschung,* 1980, 6, S. 155-180

Hamann, Günther: ›Zur Restaurierung und Reproduktion von Waldseemüllers Carta Itineraria Europae.‹ In: *Mitteilungen d. Institutes für Österreich. Geschichtsforschung,* 1976, 84, S. 144-151

Hantzsch, Viktor: ›Die deutschen Geographen der Renaissance.‹ In: *Geographische Zeitschrift,* 1897, 3, S. 507-514, 557-566, 618-624

Harley, John B. und D. Woodward (Hrsg.): *The history of cartography.* Bd. 1-. Chicago u.a. 1987-

Hartmann, Leo: *Seekarten-Almanach. Geschichte – Handhabung – Hilfsmittel – Arbeiten mit der Karte.* Hamburg 1982. 109 S., Abb.

Hennig, Richard: ›The representation on maps of the Magalhâes straits before their discovery.‹ In: *Imago Mundi,* 1948, 5, S. 33-38

Hennig, Richard: *Terrae incognitae. Eine Zusammenstellung und kritische Bewertung der wichtigsten vorkolumbischen Entdeckungsreisen an Hand der darüber vorliegenden Originalberichte.* 4 Bde. Leiden 1936-1939

Henze, Dietmar: *Enzyklopädie der Entdecker und Erforscher der Erde.* Lfg. 1-. Graz 1975-

Herde, Peter: ›Das geographische Weltbild und der Beginn der Expansion an der Schwelle der Neuzeit.‹ In: *Nassauische Annalen,* 1976, 87, S. 69-100

Hulton, Paul und David B. Quinn (Hrsg.): *The American drawings of John White 1577-1590.* 2 Bde. London u.a. 1964

Humboldt, Alexander v.: *Kritische Untersuchungen über die historische Entwicklung der geographischen Kenntnisse von der Neuen Welt und die Fortschritte der nautischen Astronomie in dem 15. und 16. Jahrhundert.* Berlin 1836. 2 Bde., 528 S.

Kayser, Kurt (Hrsg.): *Die berühmten Entdecker und Erforscher der Erde.* Köln 1965. 362 S.

Koeman, Cornelis (Hrsg.): *Land- und Seekarten im Mittelalter und in der frühen Neuzeit.* München 1980. 213 S., Kt. (Wolfenbütteler Forschungen, 7)

LaRoncière, Monique de: ›Les Cartes marines de l'époque des grandes découvertes.‹ In: *Rev. Hist. Econ. Soc.,* 1967, 14, 1, S. 15-28

Levillier, Roberto: ›New light on Vespucci's third voyage. Evidence of his rout and landfalls.‹ In: *Imago Mundi,* 1954, 11, S. 37-46

MacGuirk, Donald L. (Jr.): ›Ruysch world map. Census and commentary.‹ In: *Imago Mundi,* 1989, 41, S. 133-141. Auch in: Terrae Incognitae 1989, 20, S. 89-97

Mahieu, Jacques de: *Wer entdeckte Amerika? Geheimgeographie vor Kolumbus.* Tübingen 1977. 232 S., Abb.

Marques, Alfredo Pinheiro: ›The dating of the oldest Portuguese charts.‹ In: *Imago Mundi,* 1989, 41, S. 87-97

Mercator, Gerhard: *Gerhard Mercator's map of the world (1569) in the form of an atlas in the Maritiem Museum ‚Prins Hendrik' at Rotterdam.* Faksimile-Ausg. mit einer Einführung von B. Van't Hoff. Rotterdam/ s'Gravenhage 1961. Erl. 69 S.

Mercator, Gerhard, Jodocus Hondius und Joannes Jansson: *Atlas or a geographicke description of the world.* Amsterdam 1636. Faksimile-Ausg. mit einer Einführung von R. A. Skelton. 2 Bde. Amsterdam 1968 (Theatrum orbis terrarum. IV.)

Mesenburg, Peter: ›Untersuchungen zur kartometrischen Auswertung mittelalterlicher Portolane.‹ In: *Kartograph. Nachrichten,* 1990, 1, S. 9-18

Minow, Helmut: ›Sind die frühen Portolankarten das Ergebnis antiker großräumiger Vermessungen?‹ In: *Kartographiehistor. Colloquium Lüneburg '84.* Berlin 1985, S. 161-172

Morison, Samuel E.: *The European Discovery of America: The Southern Voyages 1492-1616.* New York 1974

Münzel, Gustaf: ›Der Kartäuserprior Gregor Reisch und die Margarita philosophica.‹ In: *Zeitschrift d. Freiburger Geschichtsvereins,* 1938, 48. 87 S., 2 Taf.

Muris, Oswald: ›Der ‚Erdapfel' des Martin Behaim.‹ In: *Ibero-Amerikanisches Archiv,* 1943, 17, 1/2, S. 49-64

Ortelius, Abraham: *Theatrum orbis terrarum.* Antwerpen 1570. Faksimile-Ausg. mit einer Einführung von R. A. Skelton. Amsterdam 1964. XI, 53 Kt., 69 Bl. (Theatrum orbis terrarum)

Ortelius, Abraham: *The theatre of the world.* London 1606. Faksimile-Ausg. mit einer Einführung von R. A. Skelton. Amsterdam 1968. XXII, 652 S. m. Portr., 4 Taf., 157 Kt. (Theatrum orbis terrarum. IV)

Ortroy, Fernand van: *L'œuvre cartographique de Gérard (de Jode) et de Corneille de Jode.* Gent: Van Goethem 1914. Repr. Amsterdam 1963. 1 Portr., XXXV, 130 S. m. Tab., 5 Taf.

Ptolemäus, Claudius: *Cosmographia.* Rom 1478. Faksimile-Ausg. mit einer Einführung von R. A. Skelton. Amsterdam 1966. XIII, 137 S., 27 gez. Kt. (Theatrum orbis terrarum. Ser. II.)

Ptolemaeus, Claudius: *Cosmographia.* Ulm 1482. Faksimile-Ausg. mit einer Einführung von R. A. Skelton. Amsterdam 1963. XII, 270 gez. S. m. Kt. (Theatrum orbis terrarum. Ser. I.)

Ptolemaeus, Claudius: *Geographia.* Straßburg 1513. Faksimile-Ausg. mit einer Einführung von R. A. Skelton. Amsterdam 1966. 4 T. m. getr. Pag. (Theatrum orbis terrarum. Ser. II.)

Putman, Robert: *Early sea charts.* New York 1983. 143 S., 76 Abb.

Quad, Matthias: *Geographisch Handtbuch.* Köln 1600. Faksimile-Ausg. mit einer Einführung von Wilhelm Bonacker. Amsterdam 1969. XXXIX, 162 S., 82 gez. Kt. (Theatrum orbis terrarum, 4, 6)

Reinhard, Wolfgang (Hrsg.): *Humanismus und Neue Welt.* Weinheim 1987. 206 S., Abb. (Mitteilung der Kommission für Humanismusforschung, 15)

Ruge, Walther: *Älteres karthographisches Material in deutschen Bibliotheken. 1. und 2. Reisebericht.* Göttingen 1904. 69 S. – *3. Bericht über die Jahre 1904 und 1905.* Göttingen 1905. 39 S. – *4. Bericht über die Jahre 1906-1909.* Göttingen 1911. 166 S. – *5. Bericht über die Jahre 1910-1913.* Göttingen 1916. 128 S. (Nachrichten von d. Königl. Gesellschaft d. Wissenschaften zu Göttingen, Phil.-Hist. Kl. 1904, 1905, 1911, 1916, Beih.)

Sabin, Joseph: *A dictionary of books relating to America from its discovery to the present time.* 32 Bde. New York 1868-1936. Repr. 1961-1962

Salentiny, Fernand: *Das Lexikon der Seefahrer und Entdecker.* Tübingen u.a. 1974. 519 S., mit 134 Bilddok. u. 10 Kt.

Sammet, Gerald: *Der vermessene Planet. Bilderatlas zur Geschichte der Kartographie.* Hamburg 1990. 347 S., zahlr. Abb.

Santa Cruz, Alonso de: *Die Karten von Amerika in dem Islario General des Alonso de Santa Cruz, Cosmografo Mayor des Kaisers Karl V.* Faks.-Ausg. Hrsg. v. Franz R. von Wieser. Innsbruck 1908, XX S., 2 Bl., 59 S., 15 Kt.

Die sieben Meere. Ausst. Kat. Schleswig-Holstein. Landesbibliothek. Kiel 1983. 56 S., Abb., Kt. (Die Welt d. Seekarten)

Skelton, Raleigh A.: *Explorers' maps. Chapters in the cartographic record of geographical discovery.* London 1958. XI, 337 S. m. Abb.

Stephen, Leslie und S. Lee: *Dictionary of national biography.* 22 Bde. Repr. London 1949-1950

Strosetzki, Christoph (Hrsg.): *Der Griff nach der Neuen Welt. Der Untergang der indianischen Kulturen im Spiegel zeitgenössischer Texte.* Frankfurt a. M. 1991. 288 S.

Taylor, Eva G.: ›Hudson's strait and the oblique meridian.‹ In: *Imago Mundi,* 1964, 3, S. 48-52

Thacher, John B.: *The continent of America. Its discovery and its baptism. An essay on the nomenclature of the old continents.* New York 1986. 270 S., Abb. u. Taf.

Uhden, Richard: ›Die antiken Grundlagen der mittelalterlichen Seekarten.‹ In: *Imago Mundi,* 1935, 1, S. 1-20

Uzielli, Gustavo und P. Amat di San Filippo: *Mappa mondi, carte nautiche, portolani et altri monumenti cartografici specialmente italiani dei secoli XIII-XVII.* Rom 1882, XVI, 326 S.

Wagner, Henry R.: ›Additions to the manuscript atlases of Battista Agnese.‹ In: *Imago Mundi*, 1947, 4, S. 28-30
Wagner, Henry R.: *The discovery of Yucatan by Francisco Hernández de Cordoba. A translation of the original texts, with an introduction and notes.* Berkeley 1942 (Documents and narratives concerning the discovery and conquest of Latin America). VII, 85 S., Kt.
Wagner, Hermann: *Leitfaden durch den Entwicklungsgang der Seekarten vom 13.-18. Jahrhundert oder bis zur allgemeinen Einführung der Mercator-Projektion und der Breitenminute als Seemeile. An Hand der Ausstellung 1895 dargestellt.* Bremen 1895. 36 S. (11. Deutscher Geographentag in Bremen. 1895)
Waldseemüller, Martin: *The world-renowned Hauslab-Liechtenstein world global map of 1507 by Martin Waldseemüller.* New York 1950. 20 S., Abb., Kt.
Wilma, George: *Animals in maps.* London 1969
Winter, Heinrich: ›A late portolan chart in Madrid and late portolan charts in general.‹ In: *Imago Mundi*, 1950, 7, S. 36-46
Winter, Heinrich: ›Das katalanische Problem in der älteren Kartographie.‹ In: *Ibero-Amerikan. Archiv*, 1940, 14, S. 89-126. 1 Taf., 22 Kompaßrosen
Wolkenhauer, August: ›Zur Geschichte der Kartographie und Nautik des 15.-17. Jahrhunderts.‹ In: *Mitteilungen der Geograph. Gesellschaft München*, 1904, 1
Wuttke, Heinrich: *Die Karten der seefahrenden Völker Südeuropas bis zum ersten Druck der Erdbeschreibung des Ptolemäus. Zur Geschichte der Erdkunde im letzten Drittel des Mittelalters.* Osnabrück 1985. 66 S., 10 Bl., Kt.

Zinner, Ernst: *Leben und Wirken des Johannes Müller von Königsberg, genannt Regiomontanus.* München 1938. XIII, 46 S. (Schriftenreihe zur Bayer. Landesgeschichte, 31)
Zögner, Lothar: *Amerika im Kartenbild. Karten und Dokumente zur Entwicklung der Vereinigten Staaten von Amerika.* Ausst. Kat. Staatsbibliothek Preußischer Kulturbesitz anläßlich der 200jährigen Unabhängigkeit der USA im Amerika-Haus Berlin. Berlin 1976. 64 S. (Staatsbibliothek Preußischer Kulturbesitz. Ausstellungskataloge. 6)
Zögner, Lothar (Hrsg.): *Von Ptolemaeus bis Humboldt. Kartenschätze der Staatsbibliothek Preußischer Kulturbesitz.* Ausst. Kat. Berlin. Weißenhorn 1984. 168 S., Abb., Kt. (Staatsbibliothek Preußischer Kulturbesitz. Ausstellungskataloge. 24)

Namenregister

Kursiv gestellte Ziffern verweisen auf Seiten mit Abbildungen

Abbildungsnachweis

Abbildungen ohne Photonachweis stammen von den Autoren bzw. wurden uns von den jeweils angegebenen Institutionen zur Verfügung gestellt.

Benzingers Magazine, Juni 1902, 4, Nr. 9, S. 401: S. 118 rechts
Rüdiger Finsterwalder: S. 161, 162 unten, 165 oben, 168 oben, 173 (2)
Fischer/Wieser 1903: S. 114/115, 120/121
Germanisches Nationalmuseum Nürnberg: S. 24 unten, 67
Mit freundlicher Genehmigung der Hispanic Society of America, New York: S. 54
Y. Kamal: *Monumenta cartographica Africae et Aegypti*. Bd. 4, 4: *Epoque des Portulans, suivie par l'époque des découvertes*. Kairo 1939: S. 128
Kretschmer 1892: S. 147
Kunstmann 1859: S. 133, 136
Rebecca E. Marvil: S. 11
Nordenskiöld 1889: S. 162 oben, 164, 167
Franca Principe: S. 155
Fotografo Roncaglia: S. 46/47
Staatliche Graphische Sammlung München: S. 61 rechts
Elizabeth K. Steen, 1934. Mit freundlicher Genehmigung der Smithsonian Institution, National Museum of the American Indian: S. 178 oben
J. B. Thacher: *The continent of America. Its discovery and its baptism. An essay on the nomenclature of the old continents*. New York 1896: S. 111 unten